Festschrift für

JULIUS VON GIERKE

Julius von Gierke.

FESTSCHRIFT

FÜR

JULIUS VON GIERKE

ZU SEINEM GOLDENEN DOKTORJUBILÄUM
AM 25. OKTOBER 1948

DARGEBRACHT VON DER
RECHTS- UND STAATSWISSENSCHAFTLICHEN
FAKULTÄT GÖTTINGEN

BERLIN 1950

WALTER DE GRUYTER & CO.

vormals G. J. Göschen'sche Verlagshandlung - J. Guttentag, Verlagsbuchhandlung
Georg Reimer - Karl J. Trübner - Veit & Comp.

Archiv-Nr. 240650

Druck: Parzeller & Co. vormals Fuldaer Actiendruckerei, Fulda

HOCHVEREHRTER HERR KOLLEGE!

Ihr goldenes Doktorjubiläum am heutigen Tage gibt der Rechts- und Staatswissenschaftlichen Fakultät, die Sie mit Stolz zu den ihrigen rechnet, den erwünschten Anlaß, Ihnen zugleich mit den herzlichsten Glückwünschen den tiefgefühlten Dank für alles das auszusprechen, was Sie in den langen Jahren Ihrer Zugehörigkeit zur Fakultät dieser, der Rechtswissenschaft und den Studierenden als Forscher und als Lehrer gegeben haben. Es ist für uns die größte Freude, daß Sie in unermüdlichem Eifer noch mit uns arbeiten und uns helfen, in dieser schwierigen Notzeit zum Wiederaufbau eines gesunden Rechtslebens beizutragen. Wir danken Ihnen insbesondere dafür, daß Sie trotz mancher körperlicher Beschwerden dem akademischen Unterricht in so hervorragender Weise Ihre Kraft widmen und uns mit Ihrem altbewährten Rat und Ihren großen Erfahrungen zur Seite stehen.

Es ist unser aufrichtiger und warmer Wunsch, daß Ihnen noch lange Zeit Ihre rüstige Arbeitskraft erhalten bleibe und daß Sie nach manchem bitteren Erlebnis in der Vergangenheit vom Schicksal mit einem ruhigen und ungetrübten Lebensabend beschenkt werden.

In diesem Sinne bringen Ihnen die Mitglieder der Fakultät an Ihrem Ehrentage herzliche Grüße und Wünsche entgegen. Als bescheidenes Zeichen aufrichtiger Verehrung überreichen wir Ihnen diese Festgabe.

Göttingen, den 25. Oktober 1948.

EBERHARDT SCHMIDT, Dekan.

INHALTSVERZEICHNIS

Ein Beitrag von *Herbert Kraus,* „Ueber kulturelle Zusammenarbeit der Völker (Unesco-Europaplan)", ist gesondert im Verlag von Karl Fr. Fleischer, Göttingen, 1948, erschienen.

Ein Beitrag von *Hans Niedermeyer,* „Fragen zur conditio sine qua non im Privatrecht", der dem Jubilar gleichfalls gewidmet ist, wird seines Umfanges wegen in Buchform erscheinen.

Probleme des Kontokorrents

Von
GÜNTHER BEITZKE

Unsere Kontokorrenttheorie ist noch immer voller Streitfragen und Unklarheiten. Auch gibt die immer wieder vorgetragene Lehre vom Staffelkontokorrent[1]) Anlaß, die herrschende Kontokorrenttheorie erneut zu durchdenken. Allerdings läßt sich mit Sicherheit sagen, daß der Staffelkontokorrent nicht der Kontokorrent ist, von dem §§ 355 ff. HGB sprechen.[2]) Andererseits ist der Staffelkontokorrent in § 19 Abs. IV DepotGes. ausdrücklich anerkannt. Man hat sich also damit abzufinden, daß beide Kontokorrentarten nebeneinander zulässig sind und vorkommen können. Es dürfte vielleicht zu erwägen sein, ob der Staffelkontokorrent, der vor allem am Bankgirokonto entwickelt worden ist und im Bankwesen auch gesetzlich anerkannt ist, dort auch sein eigentümliches Anwendungsgebiet hat, und das Bankgirokonto ein Kontokorrent besonderer Art ist.

Zu weitgehend scheint mir jedenfalls die Annahme, alle Kontokorrente seien notwendig Staffelkontokorrente. Denn der Staffelkontokorrent bringt auch wesentliche Nachteile mit sich. Er schließt es z. B. aus, daß Forderungen mit verschiedener Zinshöhe einander bis zur Saldoziehung gegenüberstehen; es mag zwar zugegeben werden, daß gerade beim Bankkonto ein Stehenlassen von unverrechneten Forderungen mit verschiedenem Zinsfuß nicht vorkommt; aber bei anderen Geschäftsverbindungen kann sich durchaus ein Bedürfnis danach ergeben. Ferner läßt der Staffelkontokorrent Einwendungen

---

[1]) Mohr, Der Kontokorrentverkehr, Berlin 1902; Kopfstein ZHR 77, 78; Göppert ZHR 102, 161; Krapf, Der Kontokorrentvertrag, 1936; Weispfennig JW 1938, 3091.

[2]) So mit Recht J. v. Gierke, Handelsrecht, 5. Aufl. S. 540.

und Einreden gegen einzelne Forderungen schon vor Abschluß der Rechnungsperiode erlöschen; sobald nur ein Gegenposten auftaucht, wird die Forderung verrechnet; das dürfte oft ein untragbares Ergebnis sein.[3])

Immerhin sollten einzelne Lehren der Theorie vom Staffelkontokorrent auch im Rahmen der herrschenden Kontokorrenttheorie etwas mehr Beachtung finden. Mit gutem Grund hat Ulmer[4]) nach einer vergleichenden Betrachtung der anglo-amerikanischen Theorie vom Staffelkontokorrent den Schluß gezogen, mit gewissen Uebertreibungen der kontinentaleuropäischen Doktrin müsse gebrochen werden.

I.

Ein Punkt der Lehre vom Staffelkontokorrent, der m. E. besondere Beachtung verdient, ist die Auffassung, daß die gegenseitige Verrechnung der Kontokorrentposten sich automatisch, kraft der Kontokorrentabrede vollziehe.[5]) Wenn auch die Theorie vom Staffelkontokorrent diese automatische Verrechnung stets annimmt. sobald sich nur zwei verrechenbare Posten gegenüberstehen, so kann diese Auffassung doch auch für die Verrechnung zahlreicher Posten am Ende einer Rechnungsperiode bedeutsam werden.

Die herrschende deutsche Kontokorrenttheorie nimmt an, die Verrechnung der ins Kontokorrent aufgenommenen Posten vollziehe sich erst durch die Saldierung seitens des einen Kontokorrentpartners und die Anerkennung des Saldos durch den anderen.[6]) Vor der Saldierung und der Anerkennung des Saldos besteht, da die einzelnen Posten als gestundet gelten,[7]) überhaupt keine Forderung. Diese Auffassung hat eine Reihe sehr bedenklicher Folgen:

a) Der Kontokorrentpartner, zu dessen Gunsten sich ein Ueberschuß ergeben würde, kann gegen den anderen wegen der Saldo-

---

[3]) Fuchs ZHR 106, 112.

[4]) Rvgl. Hdwb. Bd. 5 S. 217.

[5]) Darüber Göppert ZHR 102, 203 bei Anm. 13 und 103, 335.

[6]) RGZ 132, 222; Gessler bei Schlegelberger Anm. 30 u. 34 zu § 335 HGB; Koenige-Teichmann Anm. 5 zu § 355 HGB.

[7]) Ueber das Bedenkliche dieser Auffassung s. Göppert ZHR 102, 182 ff.

forderung keinen Arrest ausbringen, bevor der Saldo nicht anerkannt ist.[8]) Der andere Kontokorrentpartner kann durch Verweigerung der Anerkennung sich dem Arrest entziehen. Das wird der h. M. mit Recht zum Vorwurf gemacht.[9])

b) Die h. M. muß im Konkurs- und Vergleichsverfahren versagen. Selbst wenn, wie die h. M. annimmt, die Eröffnung dieser Verfahren das Kontokorrentverhältnis oder wenigstens die Rechnungsperiode beendet,[10]) so könnte doch eine Abrechnung und Saldoanerkennung erst nach Eröffnung dieser Verfahren erfolgen. Würde erst die Saldoanerkennung die Saldoforderung begründen, so würde das vom Gemeinschuldner abgegebene Anerkenntnis zu einer erst nach Konkurseröffnung begründeten, also konkursfreien Forderung führen; der Gemeinschuldner würde daher wohl kurzerhand die Anerkennung verweigern; ein Anerkenntnis des Konkursverwalters würde aber eine Masseschuld begründen (§ 59 KO); der Gläubiger erhielte dann zu viel. Entsprechend würde am Vergleichsverfahren die Saldoanerkennung durch den Vergleichsschuldner zu einer vergleichsfreien neuen Forderung führen.

c) Die h. M. kommt bei konsequenter Durchführung auch zu dem Ergebnis, daß bei Verweigerung der Saldoanerkennung durch den Kontokorrentpartner der sich rechnerisch ergebende Saldo nicht direkt eingeklagt werden kann. Es muß vielmehr zunächst auf Anerkennung des Saldos geklagt werden. Klagegrund wären dann noch die einzelnen Posten des Kontokorrents. Das kann zu Schwierigkeiten in der Frage der Zuständigkeit des Gerichts führen, wenn in dem Saldo Posten enthalten sind, für die eine ausschließliche Zuständigkeit eines bestimmten Gerichts oder etwa der Höhe der Forderung wegen die Zuständigkeit des Landgerichts begründet wäre, während der Saldo seiner Höhe nach vor das Amtsgericht gehört[11]).

Die Praxis ist wenigstens in einem Punkte diesen mißlichen Ergebnissen ausgewichen und zwar da, wo Abhilfe am dringendsten war. Man hat nämlich gestattet, daß mit der Klage auf Anerkennung

---

[8]) Gessler bei Schlegelberger Anm. 34 zu § 355 HGB.

[9]) z. B. von Weispfennig JW 1938, 3091.

[10]) Darüber s. unten III.

[11]) Vgl. Lehmann-Ring Anm. 28 zu § 355 HGB.

des Saldos gleich die Zahlungsklage verbunden werde, um schließlich auch die einfache Klage auf Zahlung ohne vorherige oder gleichzeitige Klage auf Anerkennung des Saldos zuzulassen[12]). Wie das gerechtfertigt werden soll, darüber findet man freilich kaum etwas gesagt.

Das Problem, wieso neben der Klage auf Anerkennung des Saldos oder auch ohne sie gleich auf Leistung geklagt werden könne, erinnert lebhaft an das Verhältnis von Vertrags- und Herstellungstheorie bei der Wandlung. So liegt es zunächst nahe, eine Lösung aus diesem Problemkreis vergleichsweise heranzuziehen, nämlich die Auffasung, daß bei fehlender Tätigkeit der Parteien der Richter durch Gestaltungsakt die Tätigkeit der Parteien ersetze[13]). So ist auch im Schrifttum angenommen worden, die unmittelbare Klage auf Zahlung des Saldos sei möglich, weil der Richter durch Urteil die Forderung feststelle und damit die von den Parteien versäumte Saldierung und Anerkennung des Saldos ersetze[14]). Diese Auffassung fügt sich zwanglos in die herrschende Kontokorrenttheorie ein. Sie löst aber nicht die Zuständigkeitsprobleme und die Fragen des Arrestes oder Konkurses. Sie kann darum nicht befriedigen.

Man könnte darum daran denken, die Saldierung nur von der Erklärung einer Partei abhängen zu lassen, ihr sozusagen ein Gestaltungsrecht auf Saldierung einzuräumen. Indessen kann es nicht vom Willen einer Partei abhängen, welche Forderungen gegeneinander verrechnet werden sollen. Das ist regelmäßig vorher allgemein im Kontokorrentvertrag festgelegt. Es kommt daher auf den Willen eines Partners und eine von ihm abzugebende Gestaltungserklärung gar nicht an. Es bleibt nur die Auffassung übrig, daß mit Schluß der Rechnungsperiode oder mit Schluß des Kontokorrentverhältnisses die von den Parteien in der anfänglichen Kontokorrentabrede vereinbarte Abrechnung sich von selbst voll-

---

12) Lehmann-Ring a. a. O.; Ritter Anm. 5 zu § 355 HGB; Gadow Anm. 17 u. 23 zu § 355 HGB; wohl auch Breit Anm. 55 zu § 355 u. 21 zu § 357 HGB.

13) Vgl. Bötticher, Die Wandlung als Gestaltungsakt 1938.

14) Gadow Anm. 23 zu § 355 HGB unter Berufung auf Greber, Das Kontokorrentverhältnis, 1893, S. 127.

zieht und dadurch der Anspruch auf den Saldo automatisch fällig wird.

Diese Auffassung wird im Schrifttum schon heute vielfach vertreten, ohne daß man sich dabei des Widerspruchs mit der herrschenden Kontokorrenttheorie immer voll bewußt geworden wäre[15]). Sie allein kann die aufgezeigten Mängel der h. M. beseitigen und den praktischen Erfordernissen der Durchsetzung der Rechte genügen. Sie ermöglicht nicht nur die sofortige Klage auf Zahlung vor einem für den einheitlichen Anspruch sicher zuständigen Gericht, sondern auch den sofortigen Arrest. Sie macht den Anspruch auf den Saldo im Konkurs zu einer einfachen Konkursforderung, im Vergleichsverfahren zu einer Vergleichsforderung.

Die Auffassung, daß die Saldierung sich kraft der Kontokorrentabrede mit dem Ende der Rechnungsperiode von selbst vollziehe, ist auch mit dem HGB vereinbar. Zwar scheint § 355 HGB dem entgegenzustehen, denn er verlangt, daß die Rechnung der Kontokorrentpartner „durch Verrechnung und Feststellung des Ueberschusses ausgeglichen werde". Aber dem Gesetzgeber lag es wohl fern, hier eine gesetzliche Definition des Kontokorrents zu geben und die unbedingt begriffswesentlichen Elemente des Kontokorrents zu nennen. Er hat lediglich eine im kaufmännischen Verkehr vorkommende Erscheinung umschreiben wollen und die üblicherweise vorkommende Verrechnung und Feststellung des Saldos zur Kennzeichnung des Kontokorrents genannt, ohne damit eine unmittelbare Klage auf den Saldo für den Fall der Verweigerung der Abrechnung ausschließen zu wollen. Die Nennung der üblicherweise vorkommenden Verrechnung und Feststellung des Ueberschusses ist auch nur erfolgt, um die Zinspflicht hinsichtlich des Saldos festzulegen. Und gerade diese Zinspflicht spricht in ihrer praktischen Handhabung durchaus für die hier vertretene Auffassung. Denn die Zinsen hinsichtlich des Saldos werden nicht von dem Tage an gerechnet, an dem der Saldo aner-

[15]) Heymann-Kötter zu § 357 HGB; OLG Düsseldorf JW 1935, 2355. Ulmer, Rvgl. Hdwb. Bd. 5 S. 199 sagt: Am Ende der Kontokorrentperiode vollzieht sich die bis dahin aufgeschobene Verrechnung. Gessler Anm. 57 zu § 355 vertritt die automatische Verrechnung für das Ende des ganzen Kontokorrentverhältnisses — im Gegensatz zur Beendigung der einzelnen Rechnungsperiode, ohne diesen Unterschied näher zu begründen.

kannt wird — sonst könnte man durch Verzögerung der Anerkennung die Zinspflicht verringern —, sondern die Zinsen werden von dem Tage an berechnet, auf den der Saldo datiert ist, also von der Beendigung der Rechnungsperiode oder des ganzen Kontokorrentverhältnisses an.

Die h. M. wird auch noch darauf gestützt, daß § 356 HGB eindeutig ergebe, daß die Saldoforderung erst mit der Anerkennung des Saldos entstehe[16]), da der Gesetzgeber erst für den Fall der Saldoanerkennung das Schicksal der Sicherheiten besonders regele. Doch scheint mir auch dies Argument nicht notwendig, gegen die automatische Verrechnung zu sprechen. Der sich automatisch ergebende Saldo bleibt zunächst ein Produkt der einzelnen Posten. Die für eine Einzelforderung gegebene Sicherung bleibt daher zunächst selbstverständlich erhalten. Erst die Anerkennung des Saldos, die novierende Kraft hat, macht eine Sonderregelung hinsichtlich der Sicherheiten notwendig, welche die Forderungsauswechselung bei den Sicherheiten gestattet.

Damit zeigt sich, daß sich die automatische Saldierung auch durchaus in den Rahmen der herrschenden Kontokorrenttheorie einfügen läßt. Denn dem doch im Regelfall erfolgenden Saldoerkenntnis wird nichts Entscheidendes von seiner Bedeutung genommen. Es verliert nur die Bedeutung, die Geltendmachung des Saldos überhaupt zu ermöglichen. Im übrigen bleibt es aber ein Feststellungsvertrag und behält auch seine novierende Kraft. Vor dieser Novation können Einwendungen gegen die einzelnen Posten des Kontokorrents noch vorgebracht werden. Die automatische Saldierung ist insoweit nur eine vorläufige und hinsichtlich etwaiger echter Einreden auflösend bedingte. Der sich automatisch ergebende Saldo ist und bleibt nur ein Produkt der einzelnen Posten. Im Prozeß zeigt sich dies darin, daß bei Klage auf Zahlung des Saldos notfalls die einzelnen Posten bewiesen werden müssen. Erst die Anerkennung des Saldos verwandelt diesen in eine Forderung, die nur noch durch Kondizierung des Anerkenntnisses bei Beweis der ungerechtfertigten Einstellung einzelner Posten ins Kontokorrent angreifbar ist.

---

[16]) Gessler bei Schlegelberger Anm. 30 zu § 355 HGB.

II.

Mannigfache Schwierigkeiten bereitet die Pfändung von Forderungen aus dem Kontokorrent.

1. Bei der Pfändung von Kontokorrentforderungen steht außer Streit, daß die einzelne in die Kontokorrentrechnung aufgenommene Forderung nicht gepfändet werden kann. Pfändbar ist nur der Saldo. Ob aber der „gegenwärtige" oder der „künftige" Saldo pfändbar sei, bleibt ungewiß. Die Meinungen gehen hier so auseinder, daß die Praxis sich genötigt sieht, regelmäßig beide Salden zu pfänden, um zu versuchen, wenigstens in irgendeiner Richtung Erfolg zu haben.

Für die Anhänger der Lehre vom Staffelkontokorrent versteht es sich von selbst, daß angesichts der laufenden Saldierung auch jederzeit ein pfändbarer „gegenwärtiger" Saldo vorliegt. Auch nach h. M. dürfte sicherlich wenigstens da der „gegenwärtige" Saldo pfändbar sein, wo es einem Kontokorrentpartner gestattet ist, ohne förmliche Saldierung und ohne Abschluß einer Rechnungsperiode den sich ergebenden Ueberschuß herauszuverlangen, wie etwa beim Bankkunden. Kann der Bankkunde jederzeit sein Guthaben abziehen, so kann es auch von einem Gläubiger jederzeit gepfändet werden.

Im übrigen aber müßte auf der Grundlage der herrschenden Kontokorrenttheorie die Pfändung eines „gegenwärtigen" Saldos unmöglich sein, da während des Laufs der Rechnungsperiode überhaupt kein Saldo vorhanden ist. Wenn gleichwohl ein Teil der h. M.[17]) den „gegenwärtigen" Saldo für pfändbar erklärt, so wird damit den praktischen Erfordernissen nachgegeben, alsbald über die Höhe des gepfändeten Betrages Klarheit zu schaffen und dem Gläubiger möglichst schnell zu seinem Recht zu verhelfen. Aber die Annahme der Pfändbarkeit eines „gegenwärtigen" Saldos steht in unlösbarem Widerspruch zu der gleichzeitig gebrachten Lehre, daß eine

---

[17]) J. v. Gierke a. a. O. S. 541; Müller-Erzbach, Handelsrecht S. 651; Neufeld-Schwarz Anm. 1 zu § 357 HGB; Gessler bei Schlegelberger Anm. 2 zu § 357 HGB; Goldschmidt, Zivilprozeßrecht 2. Aufl. § 96. Doch beruft man sich m. E. zu Unrecht auf RGZ 140, 219.

Saldoforderung erst mit der Feststellung und Anerkennung des Saldos entstehe. Und auch vom Standpunkt der hier vorgetragenen Anschauung aus, daß die Saldierung sich am Ende der Rechnungsperiode von selbst vollziehe, sähen die Dinge nicht anders aus. Vor Ende der Rechnungsperiode ist kein pfändbarer Saldo vorhanden. Insoweit haben also die Anhänger der Gegenansicht[18]) Recht, daß stets nur der „künftige", bei Ende der Rechnungsperiode entstehende Saldo pfändbar sei. Die Denkschrift zum HGB[19]) geht auch von dieser Rechtslage aus und berichtet, daß gerade deshalb die Bestimmung des § 357 HGB erforderlich sei, um zu verhindern, daß nach der Pfändung des „künftigen" Saldos durch Belastung der gepfändeten Rechnungsseite mit neuen Schuldposten der künftige Saldo geringer ausfalle als der (nur immaginär gezogene) gegenwärtige Saldo. Dem Gläubiger soll nach Saldierung am Ende der Rechnungsperiode das zufallen, was er erhalten würde, wenn zur Zeit seiner Pfändung die Rechnungsperiode abgelaufen und saldiert worden wäre. Insoweit wird dann im Endergebnis doch der immaginäre „gegenwärtige" Saldo gepfändet und insoweit kann der Lehre, welche den „gegenwärtigen" Saldo für pfändbar erklärt, zugestimmt werden.

Der Streit um die Pfändung des „gegenwärtigen" oder „künftigen" Saldos geht letzten Endes nur darum, ob dem Gläubiger auch noch nachträgliche Erhöhungen im Guthaben seines Schuldners zugute kommen sollen[20]) oder nicht. Nach der Denkschrift zum HGB sollten solche Erhöhungen dem Gläubiger nicht zustatten kommen. Im Gesetz hat diese Meinung der Denkschrift aber keinen Ausdruck gefunden und der Wortlaut des Gesetzes läßt beide Auslegungen offen. Im Endergebnis ist m. E. keine der beiden Lösungen befriedigend. Läßt man zu, daß dem Gläubiger Erhöhungen auf dem Guthaben seines Schuldners zustatten kommen, soll das Guthaben aber nicht durch weitere Schuldposten verringert werden, so würde die weitere Verrechnung eine recht einseitige werden. Das

---

[18]) Baumbach Anm. 1 zu § 357 HGB; Ritter Anm. 1 zu § 357 HGB; Breit bei Düringer-Hachenburg Anm. 1 ff. zu § 357 HGB.

[19]) S. 200 ff.

[20]) Dafür Breit a. a. O. in eingehenden Darlegungen.

widerspräche dem Wesen des Kontokorrents (§ 355 HGB) und würde auch den Interessen des anderen Kontokorrentpartners zuwiderlaufen; dieser würde wahrscheinlich eine derartige einseitige Rechnung alsbald aufkündigen. Stellt man sich aber mit der überwiegenden Meinung auf den Standpunkt, daß weder neue Schuldposten noch auch neue Gutschriften auf die Rechnung des Vollstreckungsschuldners kommen können, so bedeutet das im Endergebnis, daß die Rechnungsperiode abgeschlossen ist und bei Fortsetzung des Kontokorrentverhältnisses durch die beiden Kontokorrentpartner eine ganz neue Rechnung aufgemacht wird. Diese ganz klare Konsequenz wagt man aber nicht zu ziehen, sondern erklärt ausdrücklich, daß die Pfändung die Rechnungsperiode nicht beende[21]). Vielmehr muß der Gläubiger nach der Denkschrift zum HGB und der h. M. bis zum Ablauf der normalen Rechnungsperiode warten. Da muß dann von den Kontokorrentpartnern ein doppelter Saldo gezogen werden: einmal für den Gläubiger auf den Zeitpunkt der Pfändung, und zum anderen für sie selbst über die fortgeführte Rechnung. Erst dann soll der Gläubiger seinen Saldo fordern können. Die Denkschrift begründet dies damit, daß der Gläubiger nicht mehr Rechte erwerben könne, als sein Schuldner hatte, und dem Pfändungsschuldner ein Anspruch auf den Saldo ja auch erst mit Ablauf der Rechnungsperiode zustehe. Doch ist dies Argument kaum durchschlagend, wenn mit der Pfändung praktisch eine Rechnungsperiode abgeschlossen und saldiert werden muß; in die Rechtsstellung des Vollstreckungsschuldners wird nicht ungebührlich eingegriffen; auch der andere Kontokorrentpartner wird aber nicht ungebührlich betroffen, wenn er den Saldo sofort an den Vollstreckungsgläubiger auskehren muß, denn er muß ohnehin mit einer jederzeitigen freien Kündigung des Kontokorrentverhältnisses und auch mit einem Fälligwerden des derzeitigen Saldos rechnen (Vgl. § 355 Abs. III HGB).

Mir scheint nach alledem die Meinung richtig zu sein, daß die Pfändung die Rechnungsperiode beendet, zu sofortiger Saldierung führt und dem Gläubiger ein sofortiges Recht auf den Saldo gibt, sofern ihm die Forderung auch — wie es die Regel ist — zur Ein-

[21]) Gessler bei Schlegelberger Anm. 4 zu § 357.

ziehung überwiesen wurde[22]). Damit allein wird man den Interessen des Gläubigers gerecht, ohne daß die Interessen der Kontokorrentpartner ungebührlich geschmälert würden.

2. Die h. M. hält außer der Pfändung des „gegenwärtigen" Saldos auch noch die Pfändung eines „künftigen" Saldos für denkbar, also des Saldos beim Ablauf der normalen Rechnungsperiode. In diesem Fall soll § 357 HGB nicht anwendbar sein, da sich sonst kein Unterschied zu der Pfändung des „gegenwärtigen" Saldos ergeben würde. Diese Pfändung ermöglicht es dem Gläubiger, neuere Guthaben seines Schuldners, welche nach der Pfändung des „gegenwärtigen" Saldos entstehen, zu erfassen. Insofern ist es verständlich, wenn die Praxis gerne den gegenwärtigen und den künftigen Saldo pfändet.

Demgegenüber hat die Lehre Breits, daß es nur eine einheitliche Pfändung des künftigen Saldos gebe, wobei dem Gläubiger die nach der Pfändung eintretenden Erhöhungen des Guthabens zugute kommen, den Vorteil, daß sie mit einer einheitlichen Pfändung auskommt. Doch muß dann der Gläubiger unter allen Umständen auf den Ablauf der normalen Rechnungsperiode warten. Ich glaube, daß man den Umstand der mehrfachen Pfändung auf sich nehmen kann, wenn der Gläubiger dafür — entsprechend der hier vertretenen Ansicht — aus der Pfändung des „gegenwärtigen" Saldos sofort befriedigt wird. Muß er dagegen wie nach h. M. bis zum Ablauf der normalen Rechnungsperiode warten, dann erscheint doch die Lösung Breits vorteilhafter.

3. Läßt man neben der Pfändung des „gegenwärtigen" Saldos auch noch die Pfändung des „künftigen" Saldos zu, so erhebt sich die Frage, wieweit man die Pfändung künftiger Salden erstrecken kann, da ja das Kontokorrentverhältnis weder mit der Pfändung noch mit der Abhebung des Guthabens, noch mit dem Ende der Rechnungsperiode endet[23]), sondern bis zum Ende der Geschäftsverbindung oder bis zur Kündigung weiterläuft. An sich wäre eine unbegrenzte Pfändung aller künftigen Salden denkbar. Das Reichs-

[22]) Lehmann, Handel und Gewerbe S. 146; im Ergebnis offenbar auch Hans. RGZ 1930 B 106 (die Entscheidung war mir nicht zugänglich).

[23]) RGZ Bd. 140 S. 219. Gadow Anm. 40 zu § 355 HGB. Gessler bei Schlegelberger Anm. 53 zu § 355 HGB.

gericht hat jedoch die Pfändung auf den nächsten Saldo beschränkt[24]); die Pfändung weiterer künftiger Salden soll wegen mangelnder Bestimmtheit der gepfändeten Forderung unwirksam sein. Ich glaube freilich, daß bei der Pfändung späterer Salden die gepfändete Forderung genau so bestimmt — oder richtiger bestimmbar — ist, wie beim ersten Saldo. Gleichwohl ist der Entscheidung aus praktischen Erwägungen zuzustimmen. Eine langwährende Pfändung würde das Kontokorrentverhältnis unbillig belasten und stören. Sie würde notwendig zu dem Bestreben beider Kontokorrentpartner führen, zur Abwicklung ihrer geschäftlichen Beziehungen andere Wege einzuschlagen. Die Kündigung des Kontokorrents wäre die sichere Folge. Damit würde auch eine Pfändung wertlos.

4. Häufig ist vereinbart, daß der Saldo auf neue Rechnung vorzutragen sei. Für diesen Fall wird im Schrifttum angenommen, der Gläubiger könne die Ueberweisung des Saldos an sich nicht erreichen, er müsse vielmehr bis zur Auflösung des ganzen Kontokorrentverhältnisses warten[25]). Das wäre praktisch kaum tragbar und kann nicht richtig sein. Soweit der Saldo trotz Vortrags auf neue Rechnung für eine Partei abziehbar ist, wie beim Bankkunden, muß der Saldo auch dem Gläubiger zufließen können. Aber auch sonst würde die Einstellung des gepfändeten Saldos in die neue Rechnung keinen rechten Sinn haben können, da dieser Betrag zufolge § 357 HGB weder zum Nachteil noch nach der herrschenden Lehre auch zum Vorteil des Gläubigers verändert werden kann. Was soll der tote Posten durch die Rechnung geschleppt werden? Der Vortrag eines Postens auf neue Rechnung hat doch nur den Sinn, daß der Posten in der Rechnung der Kontokorrentpartner verrechnet wird. Das kann er aber zufolge der Pfändung nicht mehr. Die Abrede des Vortrags auf neue Rechnung hier nur zu dem Zweck aufrechtzuerhalten, die Befriedigung der Ansprüche des Gläubigers hinauszuziehen, scheint mir ein bedenkliches Unterfangen zu sein.

---

[24]) RGZ Bd. 140 S. 219; zustimmend Gadow Anm. 2 zu § 357 HGB, Gessler bei Schlegelberger Anm. 11 zu § 357 HGB. Dagegen Koenige Anm. 2 zu § 357 HGB.

[25]) Gessler Anm. 5 zu § 357 HGB.

5. Es wurde oben (II Ziff. 1 am Ende) die Meinung vertreten, daß die Pfändung des „gegenwärtigen" Saldos zum Abschluß der Rechnungsperiode führt und diese Pfändung nur dann einen Sinn hat, wenn der Gläubiger aus der Pfändung sofort befriedigt wird. Will man der Ansicht nicht zustimmen, daß die Rechnungsperiode automatisch beendet wird — was ich für zweckmäßig und richtig halte —, so wird man den Interessen des Gläubigers nur dann gerecht, wenn man ihm die Möglichkeit gibt, seinerseits die Rechnungsperiode zu Ende zu bringen, insbesondere das Kontokorrentverhältnis zu kündigen. Die Pfändung als solche ist noch keine Kündigung[26]), und es wäre auch nicht zweckmäßig, ihr diese Wirkung beizulegen, da die Kontokorrentpartner meist das Kontokorrentverhältnis fortsetzen wollen. Das Recht des Vollstreckungsschuldners zur Kündigung des Kontokorrents (§ 355 Abs. III HGB) dürfte der Gläubiger als unselbständiges Recht nicht pfänden können. Daher erhebt sich die Frage, ob etwa die Pfändung des Saldos die Pfändung des Kündigungsrechts mit umfasse. Im Schrifttum wird die Frage bejaht[27]), von der Rechtsprechung aber mit Recht verneint[28]). Die Entscheidung ergibt sich m. E. daraus, daß der Schuldner selbst das Recht zu jederzeitiger Kündigung haben und behalten muß[29]). Somit wäre ein selbständiges Kündigungsrecht des Gläubigers erforderlich. Dieses ließ sich m. E. aus einer analogen Anwendung der §§ 725 BGB und 135 HGB herleiten. Diese Vorschriften enthalten den allgemeinen Rechtsgedanken, daß ein Gläubiger, der die aus der Beendigung von Dauerrechtsverhältnissen sich ergebenden Ansprüche pfändet, auch das Recht haben muß, dies Dauerrechtsverhältnis zur Durchsetzung seiner Ansprüche zu beenden. Dann könnte der Gläubiger alsbald nach der Pfändung das Kontokorrentverhältnis kündigen und so zu einer baldigen Befriedigung kommen. Da aber die Kontokorrentpartner häufig das Kontokorrentverhältnis fortsetzen wollen, scheint mir die Lösung zweckmäßiger, daß der Gläubiger

[26]) RGZ Bd. 140 S. 219; Gadow Anm. 6 zu § 357 HGB; Gessler bei Schlegelberger Anm. 4 zu § 355 HGB.

[27]) Breit bei Düringer-Hachenburg Anm. 20 zu § 357 HGB.

[28]) RGZ Bd. 140 S. 219.

[29]) Koenige Anm. 2 zu § 357 HGB.

den Saldo aus der Pfändung auch ohne Kündigung des Kontokorrents sofort verlangen kann. Allenfalls wäre auch die Lösung denkbar, daß man dem Kontokorrentpartner des Vollstreckungsschuldners analog § 268 BGB das Recht zugesteht, den Pfändungsgläubiger zu befriedigen, damit das Kontokorrentverhältnis ungestört fortgesetzt werden kann.

6. Nach Beendigung der Rechnungsperiode — sei es als automatische Folge der Pfändung, sei es zufolge der Kündigung — muß der Gläubiger nach h. M. warten, bis die Kontokorrentpartner die Saldierung vorgenommen haben und der Saldo anerkannt ist. Erst dann läge die gepfändete Forderung realisierbar vor. Wird nun die Saldierung verzögert, so muß dem Gläubiger die Möglichkeit zum Eingreifen gegeben sein. Er könnte allenfalls berechtigt erscheinen, den Schuldner analog § 836 Abs. III ZPO und vielleicht auch seinen Kontokorrentpartner auf Vollzug der Saldierung zu verklagen; ein weitläufiger Umweg, bei dem der Vollstreckungserfolg nicht gewährleistet ist (§ 888 ZPO). Näher läge es, daß einfach der Gläubiger an Stelle des Schuldners die Saldierung vornähme. Doch wird dies Recht dem Gläubiger nicht zugestanden; die Saldierung soll nach wie vor Sache des Schuldners sein[30]). Dann bleibt dem Gläubiger nur der kürzeste Weg, den anderen Kontokorrentpartner auf Grund der Pfändung und Ueberweisung unmittelbar auf Zahlung des Saldos zu verklagen. Die h. M. kann dies allein zweckmäßige Ergebnis nicht rechtfertigen. Für uns ergibt sich diese Möglichkeit einer unmittelbaren Klage für den Gläubiger ganz einfach aus der Annahme, daß die Saldierung sich kraft der Kontokorrentabrede von selbst vollzieht (s. oben I).

III.

Die Eröffnung des Konkursverfahrens läßt nach h. M.[31]) entsprechend der ausdrücklichen Normierung in ausländischen Rech-

---

[30]) Breit bei Düringer-Hachenburg Anm. 21 zu § 357 HGB; Gessler bei Schlegelberger Anm. 5 zu § 357 HGB.

[31]) RGZ 162, 243; 149, 19; 125, 411; 22, 150. Breit Anm. 61 zu § 355 HGB mit eingehenden Nachweisungen; Baumbach Anm. 5 zu § 355 HGB;

ten[32]) das Kontokorrentverhältnis erlöschen. Dagegen wollen andere das Kontokorrentverhältnis nur bei Kündigung oder Auflösung der Geschäftsverbindung erlöschen lassen[33]). Eine durchschlagende Begründung ist für die h. M. bisher nicht beigebracht worden. Es bedarf daher einer nochmaligen Durchprüfung der gesetzlichen Bestimmungen, der Interessenlagen und aller Argumente, die für die Aufrechterhaltung oder Auflösung des Kontokorrentverhältnisses sprechen.

1. § 65 KO ergibt für die Entscheidung der Frage nichts. Betagte Forderungen sollen durch den Konkurs fällig werden. Die im Kontokorrent enthaltenen Forderungen sind aber nicht „betagt" in diesem Sinne, da sie bestimmt sind, einmal im Saldo aufzugehen. Die Saldoforderung selbst entsteht frühestens mit dem Ablauf der Rechnungsperiode und kann daher für die Beendigung des Kontokorrentverhältnisses als solchen gar nicht bestimmend sein.

2 § 55 KO[34]) verbietet für bestimmte Fälle eine einseitige Aufrechnung, hindert aber nicht das Weiterbestehen einer gegenseitigen Bindung über Verrechnungen, zumal hier nicht nur Forderungen, sondern auch Leistungen zu verrechnen sind[35]).

3. Im allgemeinen begnügt man sich im Schrifttum mit der Feststellung, daß die Fortführung des Kontokorrents mit dem Konkurszweck in Widerspruch stehe[36]). Doch wird das im einzelnen nicht belegt. Schönke[37]) hat versucht, die Beendigung des Kontokorrentverhältnisses aus dem persönlichen Vertrauensverhältnis der Parteien abzuleiten. Indessen ist das Kontokorrent m. E. eine recht formale Bindung; ein persönliches Vertrauensverhältnis ist allenfalls die zugrundeliegende Geschäftsverbindung. Sollte diese durch den Konkurs aufgelöst werden, so findet damit auch das Kontokorrentverhältnis

---

Gadow Anm. 41a zu § 355 HGB; Gessler Anm. 55 zu § 355 HGB; Ritter Anm. 8 zu § 355 HGB; Jaeger Anm. 8 zu § 65 KO; Mentzel Anm. 4 zu § 55 KO; Bley Ak. Ztschr. 1937 S. 42.

[32]) Jaeger Anm. 10 zu § 65 KO.

[33]) Z. B. Lehmann-Ring Anm. 34 zu § 355 HGB.

[34]) Auf ihn beruft sich Mentzel Anm. 4 zu § 55 KO.

[35]) Kopfstein ZHR 77,89.

[36]) Jaeger Anm. 8 zu § 65 KO.

[37]) JW 1934, 2745.

sein Ende. Schönke hätte m. E. aus der persönlichen Natur des Krediteröffnungsvertrages auch auf die Beendigung des Kontokorrents schließen dürfen, nicht aber umgekehrt. Auch Bley[38]) nennt die Tätigkeiten der Kontokorrentpartner höchstpersönlich. Doch gibt es m. E. auch Geschäftsverbindungen, die nicht so stark persönlicher Natur sind, z. B. ein kreditlos laufendes Konto bei einer Bank. Solche Kontokorrentverhältnisse brauchen nicht notwendig zu erlöschen. Sie könnten sowohl vom Gemeinschuldner für konkursfreien, insbes. nach der Konkurseröffnung erfolgenden Erwerb weitergeführt werden, als auch vom Konkursverwalter zum Zwecke der Verwaltung der Masse. Gerade letzteres geschieht häufig, ohne daß es dabei zu Konflikten mit den Regeln des Konkursrechts käme. So namentlich, wenn das Bankkonto zuletzt ein Guthaben für den Gemeinschuldner aufwies[39]), wie auch in den Fällen, wo der Konkurs nicht wegen Zahlungsunfähigkeit, sondern wegen Ueberschuldung eröffnet wurde.

4. Auch § 17 KO spräche eher dafür, daß das Kontokorrentverhältnis weiterbesteht und seine Beendigung von der Entscheidung des Konkursverwalters abhängt.[40]) Doch dürfte § 17 KO auf das Kontokorrent nicht anwendbar sein; die Vorschrift setzt selbständige Verträge über Leistungsaustausch voraus. Das Kontokorrent geht aber nicht auf Leistungsaustausch, sondern auf Verrechnung;[41]) es ist kein selbständiges Rechtsverhältnis, sondern ein Anhang zu einer Geschäftsverbindung. Endlich ist das Kontokorrent ein Dauerrechtsverhältnis,[42]) auf das am ehesten eine analoge Anwendung der §§ 19,22 KO passen würde. Doch bedarf es dieser Analogie nicht, da das Kontokorrentverhältnis anläßlich des Konkurses jedenfalls kündbar ist (§ 355 Abs. III HGB) und dem Konkursverwalter nach § 6 KO ein Kündigungsrecht zustehen dürfte, weil die Kündigung des Kontokorrents zur Vermögensverwaltung zu zählen ist.

---

[38]) Anm. I 1 e zu § 4 Vergleichsordnung.

[39]) Diesen Fall nennt Kopfstein ZHR 77, 90.

[40]) Für die Anwendung von § 17 KO Schönke, JW 1934, 2745; Ritter Anm. 13 zu § 355 HGB. Dagegen Gessler bei Schlegelberger Anm. 55 zu § 355 HGB.

[41]) Kopfstein a. a. O.

[42]) Müller-Erzbach, Handelsrecht S. 661.

5. Die Notwendigkeit, Kontokorrentverhältnisse nicht durch den Konkurs automatisch erlöschen zu lassen, sondern sie fortzuführen und nur ihre Kündbarkeit vorzusehen, ist damit begründet worden, daß ein Gläubiger möglicherweise unter Verzicht auf Anmeldung seiner Forderung das Kontokorrent fortführen wolle, oder ebenso der Konkursverwalter, ohne ein etwaiges Guthaben des Gemeinschuldners zur Masse zu ziehen.[43]) Beide Fälle scheinen mir aber so ungewöhnlich zu sein, daß es ihretwegen keiner Ausnahmeregelung bedürfte. In einer großen Zahl von Fällen wird durch Eröffnung des Konkurses die dem Kontokorrent zugrundeliegende Geschäftsverbindung von selbst erlöschen oder vom Konkursgläubiger gelöst werden; insbes. wird regelmäßig ein „Widerruf" von Kreditzusagen gemäß § 610 BGB erfolgen. Damit erlischt dann das Kontokorrentverhältnis von selbst. Im übrigen wird den Interessen der Konkursgläubiger mit der Kündigungsmöglichkeit vollkommen genügt. Notwendig ist für sie die Kündigung aber nicht. Es wird ihnen auch nicht geschadet, wenn das Kontokorrentverhältnis erlischt.

Die Probleme der Aufrechterhaltung des Kontokorrents liegen auf seiten der Konkursverwaltung. Häufig wird der Konkursverwalter ein Bankkonto des Gemeinschuldners weiterführen oder es wird eine Geschäftsverbindung mit Rücksicht auf die vom Verwalter nach § 17 KO getroffene Entscheidung auf Durchführung eines schwebenden Geschäfts weiterbestehen und damit auch das Kontokorrent aufrechterhalten. Der Konkursbeschlag hat dann die Wirkung einer Pfändung. Nach § 357 HGB kann daher das Kontokorrent nicht zu Lasten der Masse mit neuen Posten beschwert werden. Doch können Posten auf Grund eines schon früher geschlossenen Geschäfts noch in das Kontokorrent eingestellt werden. Sie werden freilich nur da in Betracht kommen, wo zufolge § 17 KO ein Geschäft noch zu Lasten der Masse abgewickelt wird. Dann entstehen aber Masseschulden. Ihre Aufnahme ins Kontokorrent würde zu einer Vermengung mit Konkursforderungen führen. Dagegen wäre die Aufnahme der Schadensersatzansprüche aus § 26 KO ins Kontokorrent unbedenklich, zumal sie an den Sicherungen des Hauptanspruchs teilnehmen.

---

[43]) Lehmann-Ring Anm. 34 zu § 355 HGB.

Schwierigkeiten können aber auch hier entstehen, wenn im Kontokorrent gesicherte und ungesicherte Forderungen nebeneinander vorkommen und eine Schadensersatzforderung wegen Nichtabwicklung eines ungesicherten Geschäfts erhoben und ins Kontokorrent aufgenommen würde, um dann über den Saldo an den Sicherungen anderer Geschäfte teilzunehmen (§ 356 HGB)[44]. Neue Posten zugunsten der Masse sollen nach h. M. nicht ins Kontokorrent aufgenommen werden (vgl. oben II 1); ließe man aber mit Breit ihre Aufnahme zu, so würde dies zu einer Verrechnung von Forderungen führen, bei denen die Aufrechnung nach § 55 Ziff. 1 KO unzulässig wäre; das liefe dem Konkurszweck zuwider.

Danach ergäben sich also in der Tat aus der Fortführung der Kontokorrente möglicherweise Folgerungen, die für das Konkursverfahren nicht tragbar wären. Doch könnte der Konkursverwalter überall dort, wo solche Folgerungen drohen, mit einer Kündigung zuvorkommen. Darf man aber dem Konkursverwalter die Prüfung der Frage, ob Kontokorrente gekündigt werden müssen oder nicht, überhaupt aufbürden? Vielfach könnte es zu einer Einstellung neuer, unerwünschter Posten kommen, bevor der Konkursverwalter diese Prüfung beendet hat. Eine vorsorgliche allgemeine Kündigung käme im Ergebnis der automatischen Beendigung der Kontokorrente sehr nahe. Jedenfalls wäre die automatische Beendigung der Kontokorrente für den Konkursverwalter gefahrloser und praktischer. Das ist m. E. der einzige und entscheidende Grund, der die herrschende Meinung stützen kann.

Dagegen wäre es kein Argument für die h. M., daß eine Kündigung der Kontokorrente durch den Konkursverwalter während des Konkursverfahrens etwa neue Masseschulden hervorrufen würde (§ 59 KO). Denn die Salden wären nicht aus Geschäften des Konkursverwalters entstanden, soweit die Einzelposten, welche den Saldo ergeben, auf alten Geschäften des Gemeinschuldners beruhten. Und soweit die Posten auf Geschäften des Konkursverwalters beruhten, wären sie ohnehin Masseschulden.

---

[44]) Aus diesem Grund hält Bley, Ak. Ztschr. 1937, 42, das Erlöschen des Kontokorrents für zweckmäßig.

Andererseits endlich würde die Beendigung aller Kontokorrente durch die Konkurseröffnung dem Konkursverwalter die Möglichkeit einer Weiterbenützung von Konten des Gemeinschuldners nehmen.

6. Bei Abwägung aller dieser Gesichtspunkte scheint mit der richtige Mittelweg darin zu liegen, daß der Konkurs die laufende Rechnungsperiode beendet. Das gewährleistet eine reinliche Scheidung von Konkursforderungen und Masseschulden und verhindert Verrechnungen von Posten, bei denen die Aufrechnung nach § 55 KO unzulässig wäre, ohne daß der Konkursverwalter die Frage der Kündigung des Kontokorrents näher zu prüfen brauchte. Auf der anderen Seite ermöglicht diese Lösung dem Konkursverwalter die Fortführung derjenigen Kontokorrente des Gemeinschuldners, deren er zur Abwickelung schwebender Geschäfte und zur Verwaltung der Masse bedarf. Die übrigen Kontokorrente werden durch Beendigung der Geschäftsverbindung oder Kündigung ohnehin erlöschen.

Diese Auffassung ist auch deshalb der h. M. vorzuziehen, weil sie eine gleichmäßige Behandlung von Pfändung und Konkurs ermöglicht: in beiden Fällen wird die laufende Rechnungsperiode beendet. Diese Auffassung ist auch für das Vergleichsverfahren durchführbar; dort ist schon bisher die Auffassung vertreten worden, daß die Eröffnung des Verfahrens die laufende Rechnungsperiode beendet[45]).

---

[45]) Bley Anm. I 1 e zu § 4 Vergl. O.

Strafe und Erziehung

Von
PAUL BOCKELMANN

Ueber das Verhältnis von Strafe und Erziehung ist in den letzten Jahrzehnten unendlich viel nachgedacht, geschrieben und geredet worden. Das Thema bezeichnet einen der hervorragendsten Streitpunkte des strafrechtlichen Schulenkampfes. Ob die Strafe Erziehung sein müsse oder doch wenigstens sein könne, eben darum ging es — unter anderem — in den Auseinandersetzungen zwischen „Klassikern" und „Modernen". Inzwischen haben andere Fragen das Interesse einer Strafrechtswissenschaft in Anspruch genommen, für die der Schulenstreit eine historische Erinnerung geworden ist. Nicht nur auf dogmatischem, selbst auf kriminalpolitischem Gebiet sind neue Probleme aufgetaucht, die wichtiger erscheinen als die abgelebte Erziehungsfrage. Wer sie unter solchen Umständen neu aufwirft, muß den Vorwurf erwarten, daß er Staub aufwirbele, der sich schon lange, und zu jedermanns Befriedigung, gesetzt habe.

Gleichwohl darf, jedenfalls neuerdings, das Problem „Strafe und Erziehung" wieder als aktuell gelten. Das Zeitalter ist pädagogisch gestimmt. Unter den Mitteln, von denen die kranke Welt sich Heilung erhofft, gehört die Erziehung zu den am meisten empfohlenen. Es liegt in der Konsequenz solcher Bestrebungen, daß auch der Rechtsbrecher wieder als Erziehungsobjekt, ja in erster Linie als Erziehungsobjekt erscheint, daß die Frage, ob die Strafe Erziehung sein solle, eine vor kurzem noch ungeahnte Bedeutung gewonnen hat. Und es liegt in derselben Konsequenz, daß man allgemein, so scheint es, zu ihrer Bejahung geneigt ist. Nicht wenige Menschen sind wirklich überzeugt, daß die Kriminalstrafe Erziehung, nicht bloße Uebelszufügung um der Vergeltung oder Abschreckung willen sein soll.

Als Erziehung betrachtet und gehandhabt, verliert sie jene Verwandtschaft mit dem barbarischen Institut der Rache, die sie in den Augen vieler als Vergeltung behält, mag auch die Forderung nach gerechter Sühne noch so tiefsinnig oder noch so geistreich begründet werden. Als Zögling und nicht als Sträfling behandelt, entgeht der Verurteilte jenem Makel, ein Verworfener zu sein, der dazu führt, daß nicht die Zeit im Gefängnis, sondern die Zeit nach der Entlassung zur eigentlichen Strafvollstreckung wird. Erziehung schließlich scheint die einzig zweckmäßige Form der Bestrafung zu sein. Was ist mit strengster und gerechtester Vergeltung gewonnen, wenn ihr Opfer nach verbüßter Strafe nicht geläutert, sondern als verhärteter Feind der Gesellschaft in das bürgerliche Leben zurückkehrt? Umgekehrt ist alles gewonnen, was die Gesellschaft vom Strafvollzug erwarten darf, wenn der Gefangene nach ehrlicher innerer Umkehr als wahrhaft Gebesserter die Strafanstalt verläßt. So bietet sich für eine Anzweiflung der Erziehungsstrafe zunächst kaum ein Ansatzpunkt. Zwar ist das Lager der Anhänger einer Vergeltungsstrafe nach wie vor groß. Aber die meisten von ihnen wird man gar nicht zu den Gegnern des Erziehungsgedankens rechnen dürfen. Denn daß jedenfalls im Rahmen der als Sühne für Schuld zu verhängenden Strafe alles getan werden muß, was zur Erziehung des Rechtsbrechers nur immer geschehen kann, das wird eine überwältigende Mehrheit unterschreiben. Umgekehrt aber ist auch der Abstand, der die Vertreter der Spezialprävention von denen der Sühnestrafe trennt, nicht mehr bedeutend. Denn daß mit der staatlichen Zwangserziehung, welche die Strafe darstellt, nicht schon dann begonnen werden darf, wenn ein Mensch erziehungsbedürftig ist, sondern erst dann, wenn er durch eine konkrete Straftat Schuld auf sich geladen hat, das wird kein Verfechter des Erziehungsgedankens bestreiten. Und daß Art und Maß der anzuwendenden Zuchtmittel zu begrenzen sind nicht nur nach dem pädagogischen Ziel, das erreicht werden soll, sondern auch nach dem Gewicht der Schuld, die sich in der Straftat offenbart hat, das werden heute sehr viele von ihnen bereitwillig zugestehen.

So könnte es scheinen, daß wirklich allgemeine Einigkeit über den Erziehungscharakter der Strafe bestehe, und jedenfalls hat sich der für Deutschland zur Zeit maßgebende Gesetzgeber ausdrücklich zum Erziehungsgedanken bekannt. An die Spitze der „Grundsätze für die Verwaltung der deutschen Gefängnisse und Zuchthäuser" stellt die Kontrollratsdirektive Nr. 19 das Prinzip der Rehabilitierung und Umerziehung der Verurteilten. Sie folgt damit den Maximen, die auch nach den „Grundsätzen für den Vollzug von Freiheitsstrafen" von 1934 maßgebend waren (freilich nicht mehr nach der Strafvollzugsordnung von 1940). Und an ihrem Ende fordert sie die Anerkennung des Prinzips, daß kein menschliches Geschöpf hoffnungslos verwahrlost oder verdorben ist, und bekundet damit jenen pädagogischen Optimismus, der die moralische und zugleich die praktische Voraussetzung jeder Erziehungsarbeit ist.

Aber wer die Wirklichkeit der Strafrechtspflege an jenem Ideal der Erziehungsstrafe mißt, der findet, daß sie sehr weit von ihm entfernt ist, jedenfalls was den Vollzug an Erwachsenen anlangt. Den Jugendstrafvollzug darf man — hoffentlich — zuversichtlicher beurteilen. Einmal ist der Jugendliche wirklich ein taugliches Erziehungsobjekt. Er ist kein fertiger, sondern ein werdender Mensch, eben darin besteht ja seine Jugendlichkeit, und es darf also darauf vertraut werden, daß es möglich ist, ihn umzugestalten. Dazu kommt, daß die Straftat eines Jugendlichen, mag sie auch noch so furchtbar gewesen sein, eben als Delikt eines jungen Menschen nicht so schwerwiegend erscheint wie das Verbrechen eines Erwachsenen. Darum sind der Abscheu und die Ablehnung, die man dem Verbrecher gegenüber empfindet, dort nicht so groß wie hier. Das bedeutet für den Erzieher eine wesentliche psychologische Erleichterung. Niemand wird so schnell bereit sein, einen Jugendlichen verloren zu geben. Endlich aber gibt es für junge Menschen ein treffliches Erziehungsmittel, das sich zur Anwendung auf Erwachsene nur selten eignet: den Unterricht, nicht nur in Form theoretischer Unterweisung, sondern in Form handwerklicher Ausbildung zu einem Beruf. So sind die Erfolgsaussichten für eine Erziehung im Jugendstrafvollzug grundsätzlich gut, und man darf vielleicht erwarten, daß die praktischen Wirkungen dem eines Tages entsprechen werden.

Aber wie steht es mit der Erziehung erwachsener Gefangener? Hier gilt es, sich zuerst darüber klar zu werden, daß der erwachsene Mensch ein völlig ungeeignetes Erziehungsobjekt ist. Hat sich ein

Charakter erst einmal geformt, so ist es nicht so leicht, ihn umzubilden. Dies bleibt richtig auch für den, der überzeugt davon ist, daß kein Mensch als hoffnungslos verwahrlost oder verdorben angesehen werden darf. Zwischen der Anerkennung einer Anlage zum Guten selbst in der Seele des verworfensten Verbrechers und der erzieherischen Ausbildung dieser Anlage zum beherrschenden Charakterzug besteht ein großer Unterschied. Vielleicht braucht man nicht so pessimistisch zu sein, wie Franz von Liszt es war, der die Grenze der Erziehbarkeit des Menschen schon bei Vollendung des 21. Lebensjahres erreicht glaubte. Immerhin muß es zu denken geben, daß der bedeutendste Vertreter der Spezialprävention und eifrigste Verfechter des Erziehungsgedankens im Strafrecht die Aussichten eines erfolgreichen Erziehungsstrafvollzuges so skeptisch beurteilte. Und jedenfalls wird man damit rechnen müssen, daß auf den höheren Altersstufen die praktischen Möglichkeiten der Erziehung sehr gering sind. Einen alten Baum, der krumm gewachsen ist, biegt keine Kunst des Gärtners wieder gerade.

Nun ist aber nicht nur der erwachsene Strafgefangene ein besonders untaugliches Erziehungsobjekt — es ist auch die Atmosphäre des Strafvollzugs einer fruchtbaren Erziehung so ungünstig wie möglich. Von selbst versteht sich, daß der Verurteilte der Strafe mit leidenschaftlicher innerer Ablehnung gegenübersteht. Das ist nur menschlich. Die Fälle, in denen er als bußfertiger und reuevoller Sünder die Strafe mit dem ehrlichen Willen antritt, sein Unrecht durch eigenes Leiden zu sühnen, sind selten. Von allen Arten der Bestrafung aber stößt gerade die, welche in Erziehung bestehen soll, auf den heftigsten Protest. Nicht als ob der Strafgefangene die Vorteile und Vergünstigungen, die mit einem Erziehungsvollzug regelmäßig verbunden sind, etwa verschmähte. Natürlich nimmt er sie begierig an. Aber darin liegt keine Bereitschaft, sich erziehen zu lassen. Dieser Bereitschaft steht die unerhörte Beeinträchtigung des Selbstgefühls entgegen, die für den erwachsenen Menschen in der Zumutung liegt, sich einer Erziehung zu unterwerfen. Eine solche Zumutung bedeutet ja in der Tat nichts weniger als eine täglich und stündlich wiederholte Verurteilung. Sie enthält die ständige Erneuerung des Vorwurfs: Du bist nicht, wie du sein sollst, du bist von minderem Wert, du bist, immer noch und immer wieder, schuldig! Das erträgt niemand leicht. Zwar legt eine echte Erziehung dem Täter seine menschliche Unzulänglichkeit durchaus nicht zur Last. Sie will ihn fördern, sie geschieht zu seinen Gunsten. Aber das hilft dem Zögling nicht viel. Denn tatsächlich ist die staatliche Zwangserziehung nun einmal die Folge der Straftat, also ist sie Strafe, und sie bliebe das, selbst wenn man ihr sogar diesen Namen nehmen wollte. Darum wird notwendig auch jeder Akt des Vollzuges als Bestrafung, also als Schuldvorwurf empfunden. Im übrigen aber leitet der Sträfling aus der allgemeinen menschlichen Schwachheit, welche ihm der Erziehungsvollzug zugute halten will, die Folgerung ab, daß weder seine charakterlichen Mängel noch die konkrete Tat überhaupt einen Vorwurf gegen ihn rechtfertigen. Und er gründet diese Ueberzeugung nicht allein auf seine eigene menschliche Unvollkommenheit, sondern namentlich auf die der anderen, die über ihn gesetzt sind und ihn bessern sollen. Wirklich wird die Straftat nicht selten so liegen, daß der Gefangene sich mit bitterem Gefühl sagen darf, es habe der, welcher mit der Sicherheit und Autorität des strafenden Erziehers ihm gegenübertritt, mehr seinem Glück als seinem Verdienst dafür zu danken, daß er nicht ganz dasselbe beging. Wiederum nicht selten wird der Gefangene an seinem Aufseher Mängel der Haltung und Gesinnung erkennen, die ihn zu dem hohnvollen Urteil berechtigen: Sieh an, auch du! Bekanntlich hat niemand einen so scharfen Blick für die Schwächen eines anderen, wie der Zögling in seinem Verhältnis zum Lehrer, und der Strafgefangene sieht noch wesentlich genauer als der Schüler oder der Rekrut. Dazu kommt ein durch nichts auszuräumendes Mißtrauen der Gefangenen, das ihnen jeden Schatten zur düstersten Schwärze verdunkelt und jeden Verdacht zur Gewißheit macht.

In einer solchen, aus innerer Auflehnung und Mißtrauen gemischten Stimmung können die bestgemeinten Erziehungsversuche an Strafgefangenen schwerlich gute Früchte zeitigen.

Nun liegt der Einwand nahe, daß die erste Aufgabe eines Erziehungsvollzuges eben darin bestehen müsse, diese Bedingungen zu ändern und jenes Verhältnis offenen Vertrauens zwischen Gefangenen und Erziehern zu schaffen, das die unerläßliche Voraussetzung für jeden pädagogischen Versuch ist. Aber man mache sich keine Illusionen über das, was in dieser Richtung erreichbar ist. Es gibt freilich Beispiele, die zu bestätigen scheinen, daß eine gute Zwangserziehung auch gute Resultate haben kann. In den Endphasen des Stufenstrafvollzuges konnte man Gefangenen begegnen, deren Arbeitsleistung vorzüglich war, die keinerlei Einschließung und kaum einer Aufsicht mehr bedurften. Aber aus dem Wohlverhalten eines Gefangenen in der Strafanstalt folgt nicht viel für seine wahre innere Einstellung. Der Hausordnung sich zu fügen, die Vergünstigungen des Stufenvollzuges sich zu verdienen, das liegt so sehr im eigenen materiellen Interesse des Sträflings, daß tadellose Führung in der Haft durchaus kein Anzeichen für wahrhafte Besserung zu sein braucht. Ist man einmal Gefangener, so fährt man am besten, wenn man ein guter Gefangener ist. Jeder Strafanstaltsleiter bestätigt darum die Erfahrung, daß gerade der alte Zuchthäusler, der immer wieder straffällig wird, sich in der Haft gewöhnlich am besten benimmt. So erzielt ein trefflicher Strafvollzug zwar sicher treffliche Gefangene — ob auch treffliche Menschen, das steht dahin.

Offenbar stellt sich wirklich durchgreifenden Erfolgen im Strafvollzug noch ein anderes Hindernis als die oben beschriebenen entgegen. Dieses Hindernis liegt in dem Mangel eines wirksamen Erziehungsprogramms. Ein solches Programm braucht, wer wirklich fruchtbare Erziehungsarbeit leisten soll. Er muß wissen, wozu er erziehen will. Er muß ein Menschenbild (in Wahrheit wohl noch mehr als das) vor Augen haben, dem er den Zögling annähern möchte. Eines verbindlichen Idealtypus aber entbehrt die Erziehung im Strafvollzug durchaus.

Das mag überraschend klingen, und es läßt sich erwidern, daß es doch nur auf den Entschluß und den inneren Aufschwung des einzelnen Erziehers ankomme, sich selbst das ideale Bild zu schaffen, nach dem er den Zögling zu formen unternimmt. Wie ratlos aber in Wahrheit die Straferziehung als ganze ist, das geht mit erschütternder Deutlichkeit aus den Weisungen und Ratschlägen hervor, in denen sie selbst oder in denen der Gesetzgeber die Richtlinien der Erziehung aufzustellen sich bemüht. Diese Richtlinien kommen durchweg über Formulierungen nicht hinaus, die, genau besehen, auf den

Gemeinplatz hinauslaufen, daß der Gefangene zu einem nützlichen Mitgliede der menschlichen Gesellschaft erzogen werden solle. Das wird zwar neuerdings nirgends mehr mit diesen Worten ausgedrückt. Aber wenn, ohne weitere Erläuterung, z. B. in den Strafvollzugsgrundsätzen von 1934 von „sittlicher Festigung“ der Verbrecher die Rede ist, oder, um wieder Liszt zu zitieren, von „Resozialisierung“ oder „bürgerlicher Besserung“, so bedeutet das nicht mehr als jene alte Wendung von der Erziehung zu einem nützlichen Mitglied der menschlichen Gesellschaft. Das Fatale an dieser Prägung ist nun, daß sie allein im Negativen deutlich ist. Sie verlangt einen Menschen, der nicht stiehlt, nicht betrügt, keine Urkunden fälscht, sich nicht an Kindern vergreift, den Hausfrieden nicht bricht, keinen ruhestörenden Lärm erregt, kurz: der die Strafgesetze nicht übertritt. Indessen daß man dies alles nicht tun soll, das weiß auch der Verbrecher, und er billigt es sogar, in aller Regel wenigstens, möchte er doch selber nicht gern bestohlen, beleidigt und betrogen werden. Die Schwierigkeit für ihn ist, diese theoretisch anerkannten äußeren Normen für das Zusammenleben von Menschen auch zu den inneren Gesetzen seines eigenen Wesens zu machen und ihre Herrschaft dort so fest zu verankern, daß sie sein Tun und Lassen von selber regeln, und zwar für die Dauer und auch in schwierigen Situationen. Dazu gehört aber die Hinwendung zu einem Persönlichkeitsideal, das durch konkrete, positive Lebenswerte bestimmt wird. Man kann ein guter Mensch nicht dadurch schon werden, daß man sich vornimmt, kein böser zu sein. Denn das Gute ist etwas ganz anderes als das Nicht-Böse. Aber was es wirklich sei, darüber schweigt bisher jede Erziehungsordnung, die man für den Strafvollzug aufgestellt hat.

Gewiß versucht manche Vorschrift, mehr ins Detail zu gehen. Die Strafvollzugsgrundsätze von 1934 sprachen von der Gewöhnung an Zucht und Ordnung, Arbeit und Pflichterfüllung. Jedoch mit Zucht und Ordnung kann im Strafvollzug nichts anderes gemeint sein als Hausordnung und Disziplin — und das sind auch nur negative Ordnungen, Verbotsordnungen, Systeme des Nicht-Dürfens. Den Segen der Arbeit aber kann man nicht in der Zwangsarbeit kennenlernen, und die Pflichterfüllung, wenn sie nur die befohlene Pflicht betrifft, ist ebenfalls kein positiver sittlicher Wert. Nicht der handelt gut, der, unter Aufsicht, tut, was er muß, sondern erst der, der sich in Freiheit zum Guten entscheiden kann. Die Kontrollratsdirektive Nr. 19 ist darum wesentlich bescheidener und zugleich genauer. Nach Ziffer 3a soll die Erziehung den Gefangenen die Ueberzeugung beibringen, „daß körperliche Arbeit an sich selbst einen ausreichenden Ersatz für verbrecherische Tätigkeit bietet". Aber dem steht entgegen, daß die Mehrzahl der Sträflinge vor der Einlieferung in das Gefängnis die durchaus gegenteilige Erfahrung gemacht hat, und dann bedeutet doch auch diese Forderung im Grunde nur eine Wiederholung der alten Sentenz: Hüte dich vor allem Bösen.

Nun kann eine Strafanstaltsordnung kein Kompendium der Ethik sein. Jede Kodifizierung ethischer Normen liefe auf eine Verballhornung hinaus, wahrscheinlich auf eine Entethisierung. Das Schweigen der Vollzugsordnungen über positive ethische Werte brauchte darum kein Nachteil zu sein, und die allgemeine Erklärung, daß die Gefangenen „sittlich zu festigen" seien, würde völlig genügen — wenn damit auf eine in der menschlichen Gemeinschaft wirklich lebendige, allgemein anerkannte sittliche Ordnung Bezug genommen wäre, die als solche auch im Erziehungsstrafvollzug maßgeblich sein müßte. Aber besteht eine solche Ordnung? Sind wir uns über ein sittliches Grundgesetz wahrhaft einig?

Es ist eine schwerwiegende Frage, die damit gestellt wird. Manchem mag sie vermessen, vielen ihre Bejahung selbstverständlich erscheinen. In der Tat ist ja richtig, daß über wesentlichste ethische Maximen mindestens theoretische Uebereinstimmung besteht und daß diese Uebereinstimmung nicht nur Negationen betrifft, sondern einen ganzen Komplex positiver Regeln. Jedermann weiß, daß das Sittengesetz nicht nur den Meineid v e r bietet, sondern Aufrichtigkeit und Ehrlichkeit in allen Lebenslagen g e bietet; daß nicht erst der Eingriff in fremdes Eigentum verwerflich ist, sondern daß der Mensch sein Herz überhaupt nicht an Besitz und Erwerb hängen soll; daß man nicht nur akute Beleidigungen eines anderen unterlassen, sondern Achtung vor seiner ganzen Persönlichkeit haben muß; daß zur geschlechtlichen Zucht noch wesentlich mehr gehört als das Fernbleiben von Ehebruch und Kinderschändung. Gewiß, über all das besteht volle Einmütigkeit.

Aber wenn jemand, der diesen Grundsätzen nachlebt (und zwar aus innerster Ueberzeugung, nicht weil Konvention oder Zwang ihn dazu nötigen), wenn er sich einbilden wollte, mit einem soldhermaßen gerechten Leben den Ansprüchen zu genügen, welche die Mitwelt an ihn stellt, so befände er sich in einem verhängnisvollen Irrtum. Ein exemplarischer Wandel selbst nach den höchsten sittlichen Prinzipien gilt im Weltleben wenig. Denn neben und über den Kodex der sittlichen Grundbegriffe setzt die Gemeinschaft stets ein System von Regeln und Anforderungen, das sie aus ihren jeweiligen Weltanschauungen und Ideologien sich zurechtzimmert, eine Zwangsjacke, welche die gerade an der Macht befindliche Gruppe allen ihrem Einfluß erreichbaren Menschen aufzustreifen pflegt und deren Druck für die Betroffenen dadurch nicht leichter wird, daß man sie von Zeit zu Zeit auswechselt. Erst die Erfüllung der Normen aber, die diese weltanschaulichen, kirchlichen, politischen, oder wie sie immer deklariert sein mögen, die jene Gebote der jeweils herrschenden Schicht aufstellen —, erst die Befolgung dieser Weisungen verleiht dem einzelnen moralische Achtung.

Natürlich braucht zwischen dem Programm der gerade regierenden Ideologie und den Maximen der einfachen menschlichen Sittlichkeit nicht notwendig ein Widerspruch zu bestehen. Die verschiedenen Weltanschauungen pflegen sogar meist laut zu verkünden, daß erst sie den Geboten des Sittengesetzes zur Anerkennung verholfen hätten. Aber es hat auch Beispiele dafür gegeben (und gibt sie noch), daß die offizielle Ideologie in groben Widerspruch zum sittlichen Grundgesetz trat, und immer führt sie zu seiner Abwertung. „Oh, man ist auch verzweifelt wenig, wenn man weiter nichts ist als ehrlich" — so wird es einmal bei Lessing formuliert, im Scherz zwar, und doch voll Bitterkeit. In der Tat: silberne Löffel gestohlen zu haben, ist schlimm; aber es ist unter Umständen auch verzeihlich und braucht das Leben des Täters nicht völlig zu zerstören. Doch ein Ketzer zu sein, zur falschen Fahne geschworen zu haben, das ist schlechthin unverzeihlich, das ist immer tödlich.

Hier liegt das moralische Dilemma der Gegenwart, damit zugleich aber auch das Dilemma aller Erziehung überhaupt, und das der Straferziehung im besonderen. Es führt dazu, daß auch der

Verbrecher geneigt ist, auf jede sittliche Vermahnung mit einem Augurenlächeln zu antworten.

Damit wendet sich die Erörterung noch einmal den Menschen zu, die dem Erziehungsstrafvollzug unterworfen werden sollen, und das lenkt den Blick auf eine letzte Hemmung, die einer wirksamen Erziehung entgegensteht. Nicht ganz wenige der Strafgefangenen nämlich sind einer Erziehung überhaupt nicht bedürftig, und zwar alle die nicht, welche nichts anderes ins Gefängnis gebracht hat, als der Ungehorsam gegen irgendein konkretes staatliches Gebot, das aus reinen Zweckmäßigkeitsgründen erlassen wurde und dessen moralische Berechtigung nicht immer über jeden Zweifel erhaben ist. Der moderne Staat pflegt mit Hilfe von Strafgesetzen zu regieren und zu verwalten. Was immer er einzurichten und durchzusetzen wünscht, das befiehlt er, und die Befolgung seines Befehls sucht er durch Strafgesetze zu sichern. Dabei ist er im Gebrauch der Strafdrohung weder wählerisch noch zurückhaltend. So geartete Strafgesetze, mögen sie den Impfzwang oder die Erfüllung von Melde- und Arbeitspflichten, die Ueberschreitung von Strom- und Gaskontingenten oder die Beschilderung von Haustüren, die Nichtbeachtung von Preisgrenzen oder die Versäumung von Streupflichten betreffen, mögen sie der Wohnungszwangswirtschaft oder der Flüchtlingsbetreuung, der Devisen- oder der Paßkontrolle dienen, werden vielen Menschen zum Verhängnis, deren sittliche Lauterkeit über jeden Zweifel erhaben ist. Die Zahl dieser Opfer einer reinen Zweckmäßigkeitsstrafgesetzgebung darf man nicht unterschätzen. Aus jüngster Zeit fehlen Zahlen. Aber schon die aus früherer Zeit sind erschreckend. In dem halben Jahrhundert von 1882 bis 1932 ist die Kriminalität in Deutschland um 13 Prozent gestiegen. Diese ganze Steigerung aber ist so gut wie ausschließlich durch eine Vermehrung von Strafdrohungen hervorgerufen worden, welche allein gewerblichen, politischen, polizeilichen und ähnlichen Zweckstrebungen dienten und keinerlei ethischen Bezug hatten. Solange aber die Gefängnisse angefüllt sind mit Verurteilten, die lediglich das Opfer einer Hypertrophie der Strafgesetze sind, ist jede Erziehung im Strafvollzug ein fragwürdiges Unternehmen. Solchen Gefangenen gegenüber bleibt ein einziges Erziehungsziel: ihnen Respekt vor staatlichen Befehlen beizubringen. Aber ist unbedingter Gehorsam gegenüber obrigkeitlichen Machtgeboten wirklich erstrebenswert? Wo man es mit eigentlich nichtkriminellen Straffälligen zu tun hat, muß man schon zufrieden sein, wenn sie im Strafvollzug nicht eine Erziehung zum Schlechten erleben.

Bei diesem Ueberblick über die Schwierigkeiten, welche sich einem fruchtbaren Erziehungsstrafvollzug in den Weg stellen, mag es bewenden. Er ist keineswegs vollständig. Denn er hat alle äußerlichen und technischen Hemmungen ganz außer acht gelassen: die hoffnungslose Ueberfüllung der Strafanstalten; den Mangel an geeigneten Baulichkeiten; den wichtigeren Mangel an qualifizierten Erziehern; Schwierigkeiten der Verpflegung, Heizung und Beleuchtung in den Gefängnissen; den Arbeitsmangel, hervorgerufen durch Materialknappheit zunächst, durch Konkurrenzsorgen der Wirtschaft demnächst und auf lange Sicht. Alle diese Schwierigkeiten, so augenfällig sie sind, könnten doch, theoretisch wenigstens und bei besserer Lage des Staates auch praktisch, weitgehend überwunden werden. An ihnen brauchte der Erziehungsstrafvollzug nicht notwendig zu scheitern — wenn es nur gelingen könnte, mit den anderen, eben beschriebenen inneren und grundsätzlichen Hemmungen fertig zu werden. Was aber kann dazu geschehen?

Es wird nicht mehr und nicht weniger geschehen müssen, als eine allgemeine Hinwendung des gesamten öffentlichen und privaten Lebens zu jenen Werten der einfachen Sittlichkeit, die so lange und so tief unter dem Gestrüpp ideologischer Postulate verborgen gelegen haben. Es wird nötig sein, daß die schlichte Menschlichkeit wieder zu einem obersten moralischen Prinzip wird. Es gilt einzusehen, daß man ein guter Mensch sein kann, auch wenn man ein schlechter Genosse dieser oder jener oder gleich welcher Richtung ist. Das Wort darf keine Geltung behalten, daß man verzweifelt wenig ist, wenn man nichts weiter ist als ehrlich. Es muß zur Erfüllung eines vollen Persönlichkeitswerts vielmehr durchaus genügen, wenn man ehrlich, anständig, voll Rücksicht auf andere, selbstlos und tüchtig ist (der Katalog der Tugenden braucht hier nicht aufgezählt zu werden), und es muß im übrigen vollkommen gleichgültig sein, ob man im Zirkus zu den Grünen oder zu den Blauen gehört.

Wenn es gelänge, zu einer solchen Lebensform zu finden, so wüßte man, wozu man zu erziehen hätte, und man würde dann vielleicht auch erfolgreich erziehen können. Und zugleich würden sich die Gefängnisse leeren. Denn wenn die Rechtsgenossen das einfache Rechttun gelernt hätten, so wäre dem Strafgesetzgeber der Wind aus den Segeln genommen. Es wäre nicht mehr nötig, die Menschen auf Schritt und Tritt zu gängeln und durch Strafdrohungen zu schrecken. Ein Heer von Paragraphen würde überflüssig und damit so manche Fallgrube zugedeckt werden, die heute noch so manchem ehrlichem Mann zum Verhängnis wird.

Zur Entwicklung der Rechtsform des Tarifvertrages

Von
WALTER BOGS

Das Tarifvertragsgesetz (TVG) des Wirtschaftsrates vom 9. 4. 1949 (WiGBl. S. 55) handelt an zahlreichen Stellen vom „Tarif vertrag". Der Gesetzgeber hat also offensichtlich an der Auffassung festgehalten, die tarifliche Regelung der Arbeitsbedingungen beruhe auf Vertrag — und zwar auf einem frei vereinbarten Vertrage; denn das neue Schlichtungsrecht kennt keine Verbindlicherklärung von Schiedssprüchen[1]) und somit auch keinen „Zwangstarifvertrag". Der Staat hat sich also von der Regelung der Arbeitsbedingungen zurückgezogen. Er hat diese Aufgabe den Verbänden der Arbeitgeber und Arbeitnehmer überlassen, die sich dabei — jedenfalls der äußeren Erscheinung nach — der Rechtsform des Vertrages, eben des Tarifvertrages, bedienen. Damit ist in einem weiten und wichtigen Bereich unseres wirtschaftlichen und sozialen Lebens die Vertragsfreiheit wiederhergestellt,[1a]) zwar nicht in einem individuellen Sinne, sondern auf kollektiver Grundlage. Der Gedanke der Vertragsfreiheit erfordert, daß die Parteien des Vertrages seinen Inhalt frei „aushandeln", sich als Gegenspieler gegenübertreten, die sich gegenseitig etwas geben und nehmen können. Ueberall, wo dieses Gleichgewicht der Parteien fehlt, versagt die Vertragsfreiheit. So mußte bei der wirtschaftlichen Ungleichheit zwischen dem einzelnen Arbeitgeber

---

[1]) Vgl. Gesetz des Kontrollrats Nr. 35 v. 20. 8. 1946, betr. Ausgleichs- und Schiedsverfahren in Arbeitsstreitigkeiten, Amtsbl. KR. S. 174. Ohne Zustimmung der Parteien sind Schiedssprüche nur ausnahmsweise verbindlich, wenn nämlich eine Streitigkeit, die die Interessen der Besatzungsmacht berührt, von dem Zonenbefehlshaber dem Schiedsverfahren zugewiesen wird (Art. II Abs. 2, Art. X Abs. 2 Buchst. b).

[1a]) Vgl. dazu auch Storch, Betriebsberater 1949, S. 233.

und Arbeitnehmer die Regelung der Arbeitsbedingungen durch Arbeitsvertrag im Wege „freier Uebereinkunft", wie sie noch § 105 RGO ausdrücklich vorsieht, immer mehr zurücktreten. Erst die Bildung kollektiver Vertragsparteien auf seiten der Arbeitnehmer durch ihren Zusammenschluß zu Gewerkschaften und ihm folgend auch der Zusammenschluß der Arbeitgeber schufen die Grundlage für den freien Abschluß von Verträgen über die Arbeitsbedingungen, weil nunmehr die Arbeitnehmerseite eben als Verband dem einzelnen Arbeitgeber oder dem Arbeitgeberverband als „sozialer Gegenspieler"[2]) gegenübertreten konnte. So erleben wir — wie es scheint — im Bereich des Arbeitsrechts eine Renaissance der Vertragsfreiheit auf kollektiver Ebene: Der Individualwille ist verdrängt durch den Verbandswillen, der nunmehr wieder Rechtsbeziehungen in der Form des Vertrages frei gestalten kann; nicht mehr der Staat — wie im „Dritten Reich" — bestimmt die Arbeitsbedingungen, er hat vielmehr diese Aufgabe den Verbänden der Arbeitgeber und Arbeitnehmer übertragen, die damit im Bereich des Sozialrechts zu Trägern einer neuen Form der Selbstverwaltung geworden sind. Es wird an anderer Stelle zu zeigen sein, daß mit der Uebernahme solcher öffentlicher Aufgaben durch die Verbände, durch ihr Hineinwachsen in Wirtschaft und Staat sich ihre Rechtsnatur notwendig ändern muß. Auch die Rechtsform des Tarifvertrages ist dadurch Wandlungen unterworfen, die gerade seinen Vertragscharakter — trotz seiner Betonung im neuen TVG — in Frage stellen. Die Entwicklungslinien, die zu dieser neuen Gestaltung des Tarifrechts geführt haben, sollen im folgenden in großen Zügen aufgezeigt werden.

I.

Bis zur ersten gesetzlichen Regelung des Tarifvertragsrechts in Deutschland[3]) durch die Tarifvertragsverordnung vom 23. 12. 1918 (TVO) — RGBl. 1456 — war der Tarifvertrag ein rein schuldrecht-

[2]) So Kaskel, Arbeitsrecht, 1925, S. 16, 229.

[3]) In der Schweiz wurde der „Gesamtarbeitsvertrag" bereits im Jahre 1911 in Art. 322, 323 des schweizerischen Zivilgesetzbuches (Obligationenrecht) geregelt, vgl. dazu Boos, Der Gesamtarbeitsvertrag nach schweizerischem Recht, 1916.

licher Vertrag, dem eine normative Wirkung auf die einzelnen Arbeitsverträge der Verbandsmitglieder noch fehlte. Zwar enthielten die Tarifverträge auch damals Bestimmungen über den Inhalt der Arbeitsverträge — also die eigentlichen Arbeitsbedingungen —, aber diese Bestimmungen hatten keine unmittelbare und zwingende Wirkung auf die Rechtsbeziehung zwischen den einzelnen Arbeitgebern und Arbeitnehmern.[4]) Ihre Wirksamkeit für die Gestaltung der Einzelarbeitsverträge beruhte im wesentlichen auf der tatsächlichen Anerkennung der von den Verbänden vereinbarten Arbeitsbedingungen durch deren Mitglieder und auf der Verbandspflicht der Mitglieder, sich bei Abschluß von Arbeitsverträgen nach dem Inhalt des Tarifvertrages zu richten. So konnte die Durchsetzung der im Tarifvertrag festgelegten Arbeitsbedingungen nur mittelbar bewirkt werden: Jede Tarifvertragspartei war gegenüber der anderen schuldrechtlich verpflichtet, auf ihre Mitglieder mit den verbandsmäßigen Mitteln auf die Innehaltung des Tarifvertrages einzuwirken (Durchführungspflicht,[5]) ein entgegen dem Tarifvertrag abgeschlossener Arbeitsvertrag war jedoch voll wirksam. In diesem ersten Entwicklungsstadium stellte der Tarifvertrag somit lediglich einen im Rahmen der allgemeinen Vertragsfreiheit zustandegekommenen schuldrechtlichen Innominalkontrakt dar, auf den die Vorschriften des Bürgerlichen Gesetzbuches über schuldrechtliche Verträge anzuwenden waren.[6]) Der Tarifvertrag erzeugte kein objektives Recht, er war noch nicht Rechtsquelle.

II.

Erst durch die Tarifvertragsverordnung vom 23. 12. 1918 erlangte der Tarifvertrag hinsichtlich der vereinbarten Arbeitsbedin-

---

[4]) Vgl. insbesondere Sinzheimer, Der korporative Arbeitsnormenvertrag, Zweiter Teil, 1908, S. 54 ff. (gegen Lotmar, Der Arbeitsvertrag, Bd. 1, 1902, insbes. S. 780 ff.).

[5]) Vgl. zur damaligen Rechtslage insbesondere Nikisch: „Friedenspflicht, Durchführungspflicht und Realisierungspflicht“ in den Schriften des Instituts für Arbeitsrecht an der Universität Leipzig, Heft 29, 1932, S. 16 ff.

[6]) Vgl. über die damals vertretenen Theorien zum Tarifvertragsrecht Hueck-Nipperdey, Lehrbuch des Arbeitsrechts, Bd. II, 1932, S. 32 ff., ferner Simson bei Kaskel, Hauptfragen des Tarifrechts, S. 15 ff.

gungen normativen Charakter. In Art. 165 Abs. 1 Satz 2 der Weimarer Reichsverfassung wurden die Träger des Tarifvertrages — die Verbände der Arbeitgeber und Arbeitnehmer — sowie ihre „Vereinbarungen" ausdrücklich anerkannt. Nach § 1 Satz 1 und 2 der TVO waren grundsätzlich Arbeitsverträge zwischen den beteiligten Personen insoweit unwirksam, als sie von der tariflichen Regelung abwichen,[7]) und an die Stelle unwirksamer Vereinbarungen traten die entsprechenden Bestimmungen des Tarifvertrages. Es bedarf hier keines Eingehens auf den Streit, ob hiernach die normativen Bestimmungen des Tarifvertrages als Vertragsbestandteile in die einzelnen Arbeitsverträge eingingen oder ob sie als zwingend ergänzendes Recht den Inhalt der Arbeitsverträge „von außen her" bestimmten, ohne selbst zum Inhalt der Verträge zu werden.[8]) Es genügt festzustellen, daß nach der TVO die Rechtsbeziehungen zwischen den einzelnen verbandsangehörigen Arbeitgebern und Arbeitnehmern unmittelbar und zwingend durch den Tarifvertrag bestimmt wurden. Damit war der Tarifvertrag zur Rechtsquelle geworden, er war insoweit objektives Recht. Diese normative Wirkung des Tarifvertrages stand neben der obligatorischen: Die Parteien des Tarifvertrages waren schuldrechtlich gegeneinander und auch in gewissem Umfang Dritten gegenüber (§ 328 BGB)[9]) zu einem bestimmten Verhalten verpflichtet, sie hatten vor allem auf die Einhaltung der tariflichen Arbeitsbedingungen hinzuwirken und — soweit es sich nicht um Streit über außertarifliche Fragen handelte — den Arbeitsfrieden zu waren. So war also der Tarifvertrag nach der TVO vom 23. 12. 1918, deren Vorschriften über den Tarifvertrag bis zum Einbruch des nationalsozialistischen Rechts im wesentlichen unverändert gegolten haben,[10]) ein schuldrechtlicher Vertrag, der sich jedoch von anderen Verträgen dadurch unterschied, daß er hinsichtlich der in ihm vereinbarten Arbeitsbedingungen auch normative Wirkung hatte.

---

[7]) Ausgenommen, wenn sie im Tarifvertrag grundsätzlich zugelassen waren oder eine Aenderung der Arbeitsbedingungen zugunsten des Arbeitnehmers enthielten und im Tarifvertrag nicht ausdrücklich ausgeschlossen waren.

[8]) Vgl. dazu des näheren Kaskel-Dersch, Arbeitsrecht, S. 99; Hueck-Nipperdey, Lehrbuch, Bd. 2, S. 233 ff.

[9]) Vgl. Werner Bogs bei Kaskel, Hauptfragen des Tarifrechts, S. 105.

[10]) In der Fassung der Bekanntmachung vom 1. 3. 1928, RGBl. I, S. 47.

Diese normative Wirkung des Tarifvertrages war aber nach der in Schrifttum und Rechtsprechung einhellig vertretenen Auffassung beschränkt auf solche Arbeitsbedingungen, die bestimmt und geeignet waren, Inhalt von Einzelarbeitsverträgen zu werden;[11]) denn es war der Sinn der tarifvertraglichen Regelung, den Inhalt der Arbeitsverträge zu gestalten. Daher hatten nach dem bis 1933 geltenden Recht Bestimmungen des Tarifvertrages über den Abschluß von Arbeitsverträgen — insbesondere Wiedereinstellungsklauseln nach Streiks — keine normative Wirkung, ihre Befolgung konnte allein mittelbar auf dem Wege über die Durchführungspflicht der Verbände durchgesetzt werden. Es war also der Gesetzescharakter des Tarifvertrages auf die Inhaltsnormen begrenzt, neben denen die schuldrechtlichen Bestimmungen des Tarifvertrages auch für die Durchsetzung der Arbeitsbedingungen erhebliche Bedeutung hatten. — Bemerkenswert ist ferner, daß die normative Wirkung des Tarifvertrages nach allerdings — insbesondere von Nipperdey[11a]) — bestrittener Auffassung nur zur Folge hatte, daß tarifgemäße Ansprüche der einzelnen Arbeitnehmer begründet wurden; eine besondere Sicherung für die Durchsetzung dieser Ansprüche wurde jedoch durch den Tarifvertrag nicht herbeigeführt. Es war daher nach dem bis 1933 geltenden Recht ein nachträglicher Verzicht auf tarifliche Ansprüche grundsätzlich zulässig.

Abgesehen von dem Nebeneinanderbestehen von normativen und obligatorischen Bestimmungen des Tarifvertrages unterschied dieser sich weiter dadurch grundlegend von einer gesetzlichen Regelung, daß sein persönlicher Geltungsbereich auf die Mitglieder der Vertragsparteien beschränkt war.[12]) Sollte er auch für Außenseiter, mithin für alle Arbeitnehmer und Arbeitgeber des betreffenden Berufszweiges gelten, so bedurfte es der Allgemeinverbindlicherklärung durch den Reichsarbeitsminister (§§ 2 ff TVO).

---

[11]) Trotz des Wortlauts des § 1 TVO, der von den „Bedingungen für den Abschluß von Arbeitsverträgen" handelt.

[11a]) Vgl. Hueck-Nipperdey, Lehrbuch des Arbeitsrechts, Bd. II, 1932, S. 266 ff.

[12]) Den Verbandsangehörigen gleichgestellt waren solche Personen, die den Arbeitsvertrag unter „Berufung" auf den Tarifvertrag abgeschlossen hatten (§ 1 Abs. 2 TVO).

Nach richtiger, wenn auch sehr umstrittener Ansicht[13]) verlor der Tarifvertrag durch die Allgemeinverbindlichkeit nicht seinen Vertragscharakter, es wurde nur seine normative Wirkung auf Außenseiter erstreckt.

Wir können also zusammenfassend feststellen, daß nach dem bis zum nationalsozialistischen Umbruch geltenden Recht der Tarifvertrag zwar dank seiner Normenwirkung schon objektives Recht darstellte, aber doch noch seinen Vertragscharakter gewahrt hatte. Das kam auch darin zum Ausdruck, daß als tariffähig nur solche Verbände anerkannt wurden, die von der Gegenseite wirtschaftlich unabhängig waren, also „soziale Gegenspieler" (im Sinne Kaskels) bei Abschluß von Verträgen auf kollektiver Ebene sein konnten.

III.

Die nationalsozialistische Umwälzung brachte einen Bruch der bisherigen Entwicklungslinie,[14]) an die erst wieder das neue Tarifrecht nach 1945 anknüpft. An die Stelle der im Rahmen der Vertragsfreiheit von den Verbänden vereinbarten Tarifverträge traten die vom Staat — den Reichstreuhändern der Arbeit — erlassenen Tarifordnungen (§ 32 AOG). Diese waren ihrer Rechtsnatur nach Rechtsverordnungen. Sie sollten im wesentlichen die gleichen sozialpolitischen Aufgaben erfüllen wie die Tarifverträge:[15]) Die überbetriebliche Regelung der Arbeitsbedingungen, Sicherung eines bestimmten Lohnstandes und gleichen Lohnes für konkurrierende Betriebe desselben Wirtschaftszweiges (Kartellwirkung). Es wurde nunmehr also die infolge des fehlenden wirtschaftlichen Gleichgewichts zwi-

---

[13]) Vgl. Kaskel-Dersch, Arbeitsrecht, S. 119, Hueck-Nipperdey, Lehrbuch, Bd. II, S. 305 ff.

[14]) Einen Uebergang bedeuteten die besonders seit 1930 immer mehr zunehmenden Zwangstarifverträge, die durch Verbindlichkeitserklärung von Schiedssprüchen im Schlichtungsverfahren — auch gegen den Willen beider Tarifvertragsparteien — zustande kamen, vgl. Schlichtungsverordnung v. 30. 10. 23, RGBl. I, S. 1043, § 6.

[15]) Vgl. Hueck, Grundriß des Arbeitsrechts, 1944, S. 152.

schen den einzelnen Arbeitgebern und Arbeitnehmern versagende Regelung der Arbeitsbedingungen im Rahmen der individuellen Vertragsfreiheit ersetzt durch eine obrigkeitliche Ordnung, — wie sie auch schon der Polizeistaat des 17. und 18. Jahrhunderts in seinen Lohntaxen kannte. — Der Rechtsnatur der Tarifordnung als einer Rechtsverordnung entsprach es, daß sie — schon infolge Fortfalls der Verbände als Tarifvertragsparteien — keine obligatorischen Bestimmungen enthielt. Die Tarifordnung war also allein Gesetz im materiellen Sinne, und zwar nach § 32 Abs. 2 AOG zwingendes Gesetz zugunsten der Arbeitnehmer. Im Laufe des Krieges wurde der zwingende Charakter der Tarifordnung dahin erweitert, daß nunmehr auch Höchstlöhne (und sonstige Höchstarbeitsbedingungen) durch Tarifordnung festgesetzt werden konnten.[16])

IV.

Nach dem Zusammenbruch im Frühjahr 1945 galten zunächst die Tarifordnungen weiter.[17]) In der britischen Zone wurde das bisher den Reichstreuhändern der Arbeit zustehende Recht zum Erlaß von Tarifordnungen auf die Präsidenten der Landesarbeitsämter übertragen.[18]) Erst mit dem allmählichen Entstehen von Arbeitnehmerverbänden[19]) und später auch von Arbeitgeberverbänden war wieder die Voraussetzung für den Abschluß von tariflichen Vereinbarungen gegeben. Sie waren zuerst nur in beschränktem Umfang

---

[16]) Lohngestaltungs-VO vom 25. 6. 38 (RGBl. I, S. 691) mit Durchführungs-VO v. 23. 4. 41 (RGBl. I, 222); ferner § 18 Kriegswirtsch.-VO v. 4. 9. 39 (RGBl. I, S. 1609); vgl. dazu Hueck, Grundriß, 1944, Anh. S. 250 f. — Höchstarbeitsbedingungen konnten im übrigen auch nach § 1 der Tarifvertragsverordnung von 1918 im Tarifvertrag festgesetzt werden; es ist von dieser Möglichkeit aber wohl kaum jemals Gebrauch gemacht worden.

[17]) So ausdrücklich im Art. II des KRG Nr. 56 v. 30. 6. 47 (Amtsbl. KR, S. 287) über die Aufhebung des Gesetzes zur Ordnung der Arbeit in öffentl. Verwaltungen und Betrieben v. 23. 3. 34.

[18]) Verordnung Nr. 7 der brit. Mil.-Reg. v. 27. 8. 45, Amtsbl. der Mil.-Reg. Nr. 4, S. 6, Arb.-Bl. brit. Zone 1947, S. 5.

[19]) Zugelassen durch die Kontrollratsdirektive Nr. 31 v. 3. 6. 46, Amtsbl. KR, S. 160.

zum Zwecke der Aenderungen der geltenden Tarifordnungen zulässig[20]) und bedurften der Genehmigung der Arbeitseinsatzbehörden.[21]) — Erst nach Aufhebung des das Recht der Tarifordnungen regelnden AOG durch KRG Nr. 40 vom 30. 11. 1946 (Amtsbl. KR., S. 229) und nach Beseitigung des Lohnstops in den Westzonen[22]) war die Grundlage für eine freiere Entwicklung des Tarifrechts gegeben. Sie erfolgte in der Ostzone und in den Westzonen in grundsätzlich verschiedener Weise, jedoch lassen sich — wie darzulegen sein wird — auch gewisse übereinstimmende Tendenzen der Entwicklung in beiden Gebieten feststellen.

A.

In der Ostzone[22a]) wurde das Tarifvertragsrecht neu geregelt durch Befehl Nr. 61 der Sowjetischen Militär-Administration vom 14. 3. 1947 (Arb.- u. Soz.-Fürs. S. 168), der eine generelle Erlaubnis zum Abschluß von „Kollektivvereinbarungen" mit den in dem Befehl aufgeführten Beschränkungen enthält.[23]) In diesem Befehl tritt die entschiedene Abkehr vom Vertragscharakter der tariflichen Regelung der Arbeitsbedingungen besonders deutlich hervor. Sie zeigt sich vor allem in der grundlegenden Veränderung der Stellung der Tarifvertragsparteien (1), in der Form des Zustandekommens des Tarifvertrages (2), der Erweiterung seiner normativen Wirkung (3) sowie seines persönlichen Geltungsbereiches (4) und end-

---

[20]) Ziff. 3 f. und 4 Kontrollratsdirektive Nr. 14 v. 12. 10. 45 (Amtsbl. KR., S. 4) in der Fassung v. 13. 9. 46, veröffentlicht bei Nipperdey, Arbeitsrecht (Textsammlung), Nr. 180.

[21]) Ueber die Entwicklung im einzelnen vgl. Nipperdey, Befr.-Ber. 1948, S. 157 ff.

[22]) Gesetz des Wirtschaftsrates v. 3. 11. 48 (WiGBl. 1948, S. 117), Landesgesetz Rheinpfalz über die Lockerung des Lohnstops v. 22. 10. 48 (GVBl. S. 390), Badisches Landesgesetz über die Aufhebung des Lohnstops v. 23. 10. 48 (GVBl. S. 215).

[22a]) Ueber die Entwicklung des Tarifrechts in der Ostzone seit 1945 vgl. Schaum, Arbeit und Sozialfürsorge, 1949, Nr. 11, S. 249 f.

[23]) Vgl. Nipperdey, Arbeitsrecht (Textsammlung) 1949, Nr. 500, Anm. 2.

lich in der völlig geänderten sozialen und wirtschaftlichen Funktion des Tarifvertrages (5).

1. Tarifvertragsparteien sind auf Arbeitnehmerseite die dem Freien Deutschen Gewerkschaftsbund (FDGB) angeschlossenen Industriegewerkschaften.[24]) Vereinigungen von Arbeitgebern sind in der Ostzone nicht zugelassen. Tarifverträge werden daher nach Ziff. 5 des Befehls Nr. 61 „zwischen den Freien Deutschen Gewerkschaften und den Betriebsverwaltungen oder ihren Vereinigungen"[25]) abgeschlossen; für kleine und mittlere Betriebe können die Tarifverträge von Handwerkskammern sowie von Industrie- und Handelskammern entsprechend ihren Satzungen vereinbart werden. Wie Nikisch im „Recht der Arbeit" (RDA), 1948, S. 4 ff., in einem aufschlußreichen Aufsatz darlegt, sind danach Tarifvertragsparteien auf Arbeitgeberseite die Industrie- u. Handelskammern und für handwerkliche Betriebe die Handwerkskammern sowie die Großunternehmen mit mehr als 1000 Beschäftigten. Für unsere Betrachtung ist nun entscheidend, daß diese Tarifvertragsparteien keine sozialen Gegenspieler der Gewerkschaften im Sinne des bis 1933 geltenden Tarifrechts darstellen. Die Kammern sind nicht reine Interessenvertretungen der Arbeitgeber, — gehören ihnen doch zu einem Drittel Vertreter des FDGB und zu einem weiteren Drittel Vertreter der öffentlichen Körperschaften an, auf die wiederum der FDGB vielfach Einfluß hat; nur ein Drittel der Sitze in den Kammern ist den Vertretern der Unternehmer vorbehalten. Bei den Großbetrieben, die „Firmentarife" abschließen können, aber handelt es sich im allgemeinen entweder um landeseigene Betriebe oder um sowjetische AG s, so daß auch bei ihnen der Einfluß öffentlicher Stellen entscheidend ist. Die Parteien des Tarifvertrages sind hier also im wesentlichen nicht mehr Vertreter entgegengesetzter Interessen, die die Arbeitsbedingungen im Rahmen kollektiver Vertragsfreiheit aushandeln und durch

---

[24]) Vgl. § 1 des als Anlage dem Befehl Nr. 61 beigefügten „Musterkollektivvertrages", abgedruckt bei Dersch, Textsammlung des Arbeitsrechts, 1. Teil, 1948, S. 137.

[25]) Unter diesen Vereinigungen sind nicht Arbeitgeberverbände, sondern Zusammenschlüsse von landeseigenen Betrieben in öffentlicher Hand zu verstehen, vgl. Nipperdey, a. a. O. Nr. 500, Anm. 3, ebenso Schaum, a. a. O.

einen Vertrag gestalten, sie regeln vielmehr die Arbeitsbedingungen gemeinsam in Erfüllung einer ihnen obliegenden öffentlichen Aufgabe.[25a])

2. Dieser allein schon durch die geänderte Stellung der Tarifvertragsparteien bedingten Wandlung der Rechtsnatur des Tarifvertrags entspricht die gewandelte Form seines Abschlusses. Die freien Verhandlungen über die Arbeitsbedingungen treten zurück gegenüber der staatlichen Mitwirkung bei Aufstellung des Entwurfs und schließlich der Genehmigung und Registrierung des vereinbarten Tarifvertrages. Der von den Gewerkschaften ausgearbeitete Entwurf wird der Deutschen Verwaltung für Arbeit und Sozialfürsorge (jetzt Hauptverwaltung für Arbeit und Sozialfürsorge) und der zuständigen Deutschen Wirtschaftsverwaltung (jetzt Hauptfachverwaltung in der Deutschen Wirtschaftskommission — DWK —) zur Ueberprüfung vorgelegt; nach deren Zustimmung wird er an die Sowjetische Militär-Administration weitergeleitet.[26]) Nach der obrigkeitlichen Billigung beginnen die eigentlichen Verhandlungen mit der Kammer oder dem beteiligten Großunternehmen, denen nach diesem gewichtigen Vorverfahren nur beschränkte Bedeutung zukommt. Erst mit der Registrierung des von beiden Parteien unterzeichneten Tarifvertrages bei den Landes- bzw. Provinzialämtern für Arbeit tritt der Tarifvertrag in Kraft. Der Registrierung kommt also — anders als nach dem TVG des Vereinigten Wirtschaftsgebietes — konstitutive Bedeutung zu.[27])

3. Die Verdrängung der vertraglichen Elemente des „Tarifvertrages" kommt auch in der Erweiterung seiner normativen Wirkung zum Ausdruck. Während nach dem bis 1933 geltenden kollektiven Tarifvertragsrecht nur die den Inhalt der einzelnen Arbeitsverträge betreffenden Bestimmungen normative Wir-

[25a]) Diese Aufgabe ist weitgehend bestimmt durch den Wirtschaftsplan in der sowjetischen Besatzungszone, der Gesetzescharakter hat. Im Plangesetz sind auch die Ausgaben für Arbeitslöhne (im weitesten Sinne) festgelegt, vgl. Schaum, a. a. O.

[26]) Vgl. Ziff. 4 des Befehls Nr. 61, dazu Nikisch, a. a. O.

[27]) Ebenso nach § 3 Abs. 2 der VO des Magistrats der Stadt Berlin, betr. Errichtung eines Tarifregisters, v. 16. 2. 1946, VOBl Groß-Berlin Nr. 18, S. 144, abgedruckt bei Nipperdey, Arbeitsrecht (Textsammlung), Nr. 502.

kung hatten (vgl. oben unter II), können nach Ziff. 2 des Befehls Nr. 61 durch Kollektivvertrag „alle die Arbeitsverhältnisse zwischen den Arbeitgebern einerseits und den Arbeitern und Angestellten andererseits betreffenden Fragen, die Arbeitsbedingungen, die Löhne, ferner auch die in den bestehenden Tarifen enthaltenen sonstigen Bestimmungen" geregelt werden; in Ziffer 3 des Befehls sind weiter u. a. Fragen über Einstellung, Arbeitsschutz, Unfallverhütung und sanitäre Vorschriften ausdrücklich als Gegenstand tariflicher Ordnung aufgeführt. Der Sinn dieser Regelung geht dahin, daß alle diese tariflichen Bestimmungen normativen Charakter haben. — Der Tarifvertrag der Ostzone kennt keinen obligatorischen Teil,[28]) seine Bedeutung liegt allein in seiner Normenwirkung. Er bedarf infolge der Erstreckung der Normenwirkung auf alle Arbeitsbedingungen im weitesten Sinne nicht der Ergänzung durch gegenseitige Pflichten der Tarifvertragsparteien — auch der obligatorischen Friedenspflicht kommt offenbar nach der Wirtschafts- und Sozialordnung der Ostzone keine praktische Bedeutung zu (Nikisch, a. a. O. S. 6).[28a])

4. Durch Vertrag werden im allgemeinen nur die gegenseitigen Beziehungen zwischen den Vertragsparteien geregelt. Auch beim kollektiven Normenvertrag[29]) kommt diese Beschränkung seiner Wirkung darin zum Ausdruck, daß die von Verbänden in den Verträgen vereinbarten Normen grundsätzlich nur für die Rechtsbeziehungen zwischen den Angehörigen der Vertragsparteien gelten. Demgemäß war die normative Wirkung der im Tarifvertrag vereinbarten Arbeitsbedingungen nach früherem Recht auf die Angehörigen der vertragsschließenden Verbände, also die organisierten Arbeitnehmer und Arbeitgeber beschränkt.[30]) Diese Beschränkung des persönlichen Geltungsbereichs ist jedoch dem Tarifvertrag der Ostzone fremd: Die Parteien des Tarifvertrages bestimmen seinen persön-

[28]) Vgl. Nikisch, a. a. O., S. 8.

[28a]) Trotz des in den meisten Länderverfassungen gewährleisteten „Streikrechts", vgl. Verf. von Brandenburg, Art. 6, von Mecklenburg, Art. 14, Abs. 2, von Sachsen, Art. 15, von Sachsen-Anhalt, Art. 16, Abs. 2.

[29]) Vgl. Hueck, Jherings Jahrbuch, Bd. 73, S. 33 ff., 44.

[30]) Nur der für allgemeinverbindlich erklärte Tarifvertrag galt auch für Außenseiter (§§ 2 ff. TVO 1918/1928).

lichen Geltungsbereich ohne Rücksicht auf die Verbandszugehörigkeit der einzelnen Arbeitgeber und Arbeitnehmer.[31]) Die Tarifvertragsparteien haben somit, wie es Nikisch (a. a. O. S. 8) ausdrückt, „Rechtssetzungsbefugnis für alle in den fachlichen Geltungsbereich des Tarifvertrages fallenden Arbeitgeber und Arbeitnehmer." Damit überschreitet der Tarifvertrag der Ostzone die der Autonomie im allgemeinen gesetzten Grenzen. Die autonome Rechtssetzung eines Verbandes — oder mehrerer Verbände — erstreckt sich grundsätzlich nur auf den Kreis der Verbandsangehörigen.[32]) Soweit die Verbände darüber hinaus Recht setzen, handelt es sich in der Regel nicht mehr um autonome Rechtssetzung, sondern um den Erlaß von Rechtsverordnungen kraft Delegation.

Zwar kennt unsere Rechtsordnung als Ausnahme autonome Rechtssetzung mit unmittelbarer Wirkung auch für dem rechtssetzenden Verbande nicht angehörige Personen — so wenn die Berufsgenossenschaft auch für die ihr nicht angehörenden Arbeitnehmer Unfallverhütungsvorschriften erläßt, oder wenn die Innung das Lehrlingswesen für alle Gewerbeangehörigen regelt (Beispiele angeführt bei Peters a. a. O. und Gierke a. a. O.). In allen diesen Fällen handelt es sich jedoch nicht um völlig Verbandsfremde, sondern um Angehörige eines Personenkreises, der von dem Aufgabenbereich des Verbandes noch miterfaßt wird. Nach Gierke a. a. O. liegt dabei

[31]) So heißt es in dem dem Befehl Nr. 61 beigefügten Musterkollektivvertrag in § 1 Nr. 2: „Dieser Vertrag gilt für alle bei Vertragsschluß beschäftigten und danach eingestellten Angestellten und Arbeiter." Vgl. auch Schaum, Arbeit und Sozialfürsorge, 1949, S. 250: „Die tariflichen Außenseiter, die früher durch Allgemeinverbindlicherklärung erfaßt wurden, gibt es nach geltendem Tarifrecht de facto nicht."

[32]) So schon Rosin, Das Recht der öffentlichen Genossenschaft, 1886, S. 185 ff.; vergl. ferner Peters im Handbuch des Deutschen Staatsrechts, Bd. 2, 1932, S. 264 ff., 266; ebenso in seinem Lehrbuch der Verwaltung, 1949, S. 78; a. M. Fleiner, Institutionen des Deutschen Verwaltungsrechts, 1928, S. 78 ff, 80. O. Gierke, Deutsches Privatrecht, Bd. I, S. 153, Anm. 11, läßt Ausnahmen zu. Nach Otto Mayer, Deutsches Verwaltungsrecht, 1924, Bd. I, S. 87, Anm. 11, „sollte es einleuchten", daß eine Satzungsvorschrift, die auch für Nichtmitglieder gilt, „etwas ganz anders ist" als eine Satzung nur für Mitglieder. Ueber die Begrenzung der Satzungsgewalt bei Unternehmerverbänden auf interne Verbandsangelegenheiten vgl. Raiser, Das Recht der Allg. Geschäftsbedingungen, 1935, S. 62.

„stets der Gedanke einer Erweiterung des körperschaftlichen Herrschaftsbereichs auf einen durch die Mitgliedschaft nicht begrenzten Gemeinschaftskreis zugrunde". Wir möchten hier von *erweiterter Autonomie* sprechen, die besonders für das neue Tarifrecht der Westzonen von großer Bedeutung ist (vgl. unter B).

Beim Abschluß von Tarifverträgen in der Ostzone kann jedoch nach geltendem Recht nicht von einer Autonomie und daher auch nicht von einer „erweiterten Autonomie" der Verbände gesprochen werden, weil die entscheidende Mitwirkung des Staates bei dem Zustandekommen des Tarifvertrages es ausschließt, von einer „Eigengesetzgebung" zu sprechen. Die Tarifvertragsparteien der Ostzone regeln die Arbeitsbedingungen nicht selbständig als *eigene* Angelegenheiten, sondern im Auftrage und unter Aufsicht des Staates — ähnlich wie auch Gemeinden Auftragsangelegenheiten kraft Delegation durch Rechtsverordnung (nicht durch Statut) regeln können.[33] Das Erfordernis staatlicher „Bestätigung" der Eigenrechtssetzung schließt die Autonomie zwar grundsätzlich nicht aus.[33a] Die über eine Bestätigung weit hinausgehende Mitwirkung des Staates beim Zustandekommen eines Tarifvertrages in der Ostzone, insbesondere seine Beteiligung auch bei der Vorbereitung (Genehmigung des Entwurfs), läßt aber für die notwendige Selbständigkeit der Tarifvertragsparteien bei der Rechtssetzung keinen Raum und spricht entscheidend gegen ihre Autonomie. Die Tarifverträge der Ostzone sind somit als *Rechtsverordnungen* anzusehen, die von den Tarifvertragsparteien kraft staatlicher Delegation unter Mitwirkung des Staates erlassen werden.[33b]

5. Der Rechtsnatur des Ostzonentarifs als einer Rechtsverordnung entsprechen seine *sozialen und wirtschaftlichen Funktionen*. In der staatlich gebundenen Wirtschaft der Ost-

---

[33]) Peters, Handbuch DStR. II, S. 266.

[33a]) Vgl. Gierke, Deutsches Privatrecht, Bd. I, S. 157 ff., Peters, Handbuch DStR II, S. 268.

[33b]) Vgl. auch Schaum, Arbeit und Sozialfürsorge, 1949, Heft 12, S. 276. Danach wird der Tarifvertrag als „öffentlich-rechtliche Einrichtung" nicht einseitig von der Arbeitsverwaltung erlassen, „sondern in *Zusammenarbeit* aller Beteiligten der Wirtschaft direkt oder durch ihre Organe."

zone können die Löhne nicht durch freien Vertrag, sei es auch auf kollektiver Ebene — eben durch Tarifvertrag —, autonom geregelt werden. Die Lohnfestsetzung ist ein Teil der allgemeinen Wirtschaftsplanung,[34]) und es ist die Aufgabe der Tarifverträge, die Lohngestaltung mit der allgemeinen Wirtschaftspolitik in Einklang zu halten.[35]) Dieser Aufgabe aber wird in einer staatlich straff gelenkten Wirtschaft, wie sie die Ostzone beherrscht, weder die Rechtsform des Vertrages noch die der autonomen, also von den Staatsbehörden gelösten Rechtssetzung gerecht. Die Funktion des Vertrages — auch des Kollektivvertrages — ist vornehmlich der Interessenausgleich der Vertragsparteien. Die Tarifvertragsparteien der Ostzone stehen sich aber grundsätzlich nicht als Vertreter entgegengesetzter Interessen gegenüber; sie durchdringen sich gegenseitig (vgl. oben unter 1) und erfüllen gemeinsam mit den staatlichen Behörden in der Form der Rechtsverordnung die ihnen vom Staat — auftragsweise — übertragene Regelung der Arbeitsbedingungen.

B.

In den Westzonen läßt die neuere Entwicklung des Tarifrechts ebenfalls Tendenzen erkennen, den Vertragscharakter der tariflichen Regelung — wenn auch in weit geringerem Ausmaß — zugunsten einer delegierten Normensetzung zurücktreten zu lassen. Zwar ist — wie am Anfang unserer Ausführungen dargelegt — durch das neue Tarifrecht, das durch das Schiedsgesetz des Kontrollrats ergänzt wird, der Gedanke der Vertragsfreiheit auf kollektiver Grundlage wieder belebt worden; denn das geltende Recht kennt grundsätzlich keinen Zwangstarifvertrag. Eine nähere Betrachtung wird jedoch zeigen, daß trotz der freien Vereinbarung des Tarif-

[34]) Mit dieser Begründung wird neuerdings von Schaum die Auffassung vertreten, daß die Lohnsätze in den Tarifverträgen der Ostzone Höchstlöhne darstellen, vgl. Arb.- u. Soz.-Fürs. 1949, S. 249, ebenso Stavek, Arb.- u. Soz.-Fürs. 1949, S. 277.

[35]) Aehnliche Gedankengänge de lege ferenda für das Tarifrecht der Westzonen bei Hessel, Betr. Ber. 1948, S. 576, zum geltenden Recht in der französischen Zone (unten C) vgl. Hessel, Recht der Arbeit (RDA) 1949, S. 43 ff. über „Gebundenes Tarifrecht“.

vertrages seine normative Wirkung auch im Westen immer mehr in den Vordergrund tritt und die schuldrechtlichen Beziehungen zwischen den Tarifvertragsparteien zurückgedrängt werden. Darüber hinaus ist offenbar auch der Rechtscharakter der tariflichen Normen einer Wandlung unterworfen: Waren sie noch bis 1933 als autonomes Verbandsrecht[36]) nur für die Verbandsangehörigen verbindlich, so erlangen sie nunmehr — ohne Allgemeinverbindlicherklärung — bezüglich bestimmter Angelegenheiten unabdingbare Wirkung auch für Unorganisierte (s. unten unter 3 und 4). Sie durchbrechen damit den herkömmlichen Geltungsbereich autonomer Rechtssetzung und nähern sich staatlich delegiertem, über die Verbandsautonomie hinausgreifendem Recht.[37])

1. Hinsichtlich der Parteien des Tarifvertrages enthält das Tarifvertragsgesetz eine Abweichung von dem bis 1933 geltenden Recht insofern, als nach § 2 Abs. 3 auch Zusammenschlüsse der Gewerkschaften und der Vereinigungen von Arbeitgeberverbänden („Spitzenorganisationen") Parteien des Tarifvertrages sein können.[38]) Das ist für die Erkenntnis der Rechtsnatur des Tarifvertrages nicht ohne Bedeutung: Es wird sich jedenfalls für das neue Tarifrecht nicht mehr die Auffassung Jacobis[39]) rechtfertigen lassen, der Tarifvertrag sei auch hinsichtlich der Regelung der Arbeitsbedingungen nur ein „Vertrag" im Sinne des bürgerlichen Rechts. Die verbindliche Wirkung der im Tarifvertrag (durch „Regelungsvereinbarung") festgelegten Arbeitsbedingungen soll nach Jacobis Lehre darauf beruhen, daß der einzelne Arbeitgeber und Arbeitnehmer, der einem Verband angehört, die vom Verband vereinbarten Bedingungen gegen sich gelten lassen muß, ohne an ihnen durch individuelle Willenserklärung etwas ändern zu können; der kollektive Wille er-

---

[36]) Vgl. Hueck-Nipperdey, Lehrbuch, II, S. 135 ff; Kaskel-Dersch, Arbeitsrecht S. 43 ff, insbes. S. 45; Lehmann Allg. Teil des BGB 1947, S. 15.

[37]) Zur begrifflichen Unterscheidung vgl. Jacobi, Grundlehren des Arbeitsrechts S. 78 ff, insbes. S. 79 Anmerkung 11, Nr. 3, ferner im Handbuch des Deutschen Staatsrechts, Band II S. 236 ff.

[38]) Vgl. dazu des näheren Nipperdey, RDA 1949, S. 81 ff; insbes. S. 83, Herschel, Arb. Bl. brit. Zone, 1949, S. 22 ff.

[39]) Grundlehren, S. 272 ff, insbes. S. 276.

halte rücksichtlich des Inhalts der Arbeitsbedingungen den Vorrang vor dem individuellen Willen[39a]). Hiernach wäre also die Zugehörigkeit des einzelnen Arbeitnehmers und Arbeitgebers zum Verband und seine dadurch begründete Unterworfenheit unter den Willen des Verbandes die Ursache für die Verbindlichkeit der von den Verbänden vereinbarten Arbeitsbedingungen. Wenn aber der Tarifvertrag von Spitzenverbänden als Parteien abgeschlossen wird, dann fehlt jedenfalls diese unmittelbare Beziehung zwischen dem einzelnen Arbeitnehmer und dem einzelnen Arbeitgeber zu der Tarifvertragspartei, mithin auch der von Jacobi vorausgesetzte innere Grund für ihre Bindung an den Willen der Tarifvertragspartei. Es wird also jetzt offenbar — und das galt m. E. auch schon nach altem Recht[40]) —, daß die Wirkung der von den Verbänden vereinbarten Arbeitsbedingungen auf das einzelne Arbeitsverhältnis nicht entscheidend auf der Unterwerfung des einzelnen Arbeitnehmers und Arbeitgebers unter den Kollektivwillen seines Verbandes beruht; denn nicht sein Verband, dem er sich freiwillig angeschlossen hat, sondern ein vielleicht mehrgliedrig entfernter Spitzenverband kann nunmehr auch gegen den Willen des engeren Verbandes die Arbeitsbedingungen bestimmen.[41]) Nun haften zwar nach § 2 Abs. 4 TVG bei Abschluß eines Tarifvertrages durch eine Spitzenorganisation die angeschlossenen Verbände für die Erfüllung der gegenseitigen Verpflichtungen der Tarifvertragsparteien. Diese Vorschrift vermag aber über die normative Wirkung des Tarifvertrages nichts auszusagen, da sie lediglich

---

[39a]) „Dem Willen des Individuums (wird) das zugerechnet . . ., was der Verband innerhalb seiner Zuständigkeit an allgemeinen Arbeitsbedingungen für die Einzelarbeitsverträge des Individuums vereinbart hat", so Jacobi a. a. O. S. 274.

[40]) Vgl. gegen die Lehre Jacobis u. a. Kaskel-Dersch, Arbeitsrecht, S. 45, Anmerkung 5; Hueck-Nipperdey, Lehrbuch II, S. 135 ff.

[41]) Zutreffend nimmt Herschel (a. a. O.) an, daß nach § 2 des TVG — trotz des scheinbar entgegenstehenden Wortlautes — „auch Zusammenschlüsse von Zusammenschlüssen", also übergeordnete Spitzenverbände Tarifverträge abschließen können. In solchen Fällen entfernt sich das einzelne Verbandsmitglied immer weiter von der Tarifvertragspartei, und es wird deutlich, daß eine solche nur mittelbare Beziehung zwischen Verbandsmitglied und Spitzenorganisation nicht ausreicht, um seine Unterworfenheit unter den im Tarifvertrag zum Ausdruck gebrachten Willen der Spitzenorganisation zu begründen.

die „gegenseitigen Verpflichtungen der Tarifvertragsparteien", also den obligatorischen Teil des Tarifvertrages betrifft. Die Zulassung der Spitzenorganisationen als Tarifvertragsparteien ist mithin ein Argument mehr gegen die Lehre Jacobis von der Vertragsnatur des gesamten Tarifvertrages. Nicht ihre Stellung als Vertragsparteien ist für Verbände und Spitzenorganisationen bei der tariflichen Regelung der Arbeitsbedingungen charakteristisch, sie erhalten vielmehr ihr Gewicht und ihr Gesicht entscheidend durch die ihnen im Gesetz ausdrücklich verliehene Rechtsmacht (§ 1 TVG), durch den Tarifvertrag objektives Recht („Rechtsnormen") zu setzen.

Dieser Aufgabe entspricht auch die Stellung, die die Tarifvertragsparteien, insbesondere die Gewerkschaften, im modernen Staat einnehmen. Es muß einer besonderen Untersuchung vorbehalten bleiben, im einzelnen darzulegen, wie sie sich von privatrechtlichen Vereinen, deren Hauptaufgabe die Interessenvertretung ihrer Mitglieder war, zu Organisationen entwickelt haben, denen öffentliche Aufgaben in weitem Umfange übertragen sind und deren Rechtsstellung im Staate gerade durch die Erfüllung solcher Aufgaben in der Form einer neuen Selbstverwaltung gekennzeichnet wird.[42]) Die tarifliche Regelung der Löhne und Arbeitsbedingungen ist auch in den Westzonen für die Verbände nicht mehr eine Angelegenheit des Aushandelns möglichst günstiger Bedingungen mit einem Vertragspartner, sondern die in Verantwortung gegenüber der Gesamtheit gemeinsam von Arbeitgebern und Arbeitnehmern durchgeführte Erfüllung einer wirtschaftspolitischen und sozialpolitischen Aufgabe größten Ausmaßes. Es erhellt, daß einer solchen veränderten Aufgabenstellung auch eine Wandlung der Rechtsform entsprechen muß, in der nunmehr die Arbeitsbedingungen bestimmt werden. Nicht der einen Interessengegensatz der Parteien widerspiegelnde und ausgleichende Vertrag, sondern die gemeinsame Schöpfung objektiver Rechtssätze ist die dieser Aufgabe gemäße Rechtsform. Diese Rechtsschöpfung ist der Kern jeder tariflichen Regelung, gegenüber der die damit ver-

---

[42]) Vgl. über die neue Rechtsstellung der Gewerkschaften: Rosenberg, RDA 1948 S. 123 ff; Bührig, RDA 1948 S. 11 ff insbes. unter IV 4; Zusammenfassend: Franz Spliedt, Die Gewerkschaften, Entwicklung und Erfolge seit 1945.

bundene Begründung schuldrechtlicher Beziehungen der Tarifvertragsparteien zueinander immer mehr an Bedeutung verliert.[43])

2. Hinsichtlich der Form des Abschlusses des Tarifvertrages ist im § 1 Abs. 2 TVG Schriftlichkeit vorgesehen. Das entspricht dem früheren Recht (§ 1 TVO). Eine Fortentwicklung im Sinne einer Betonung des Gesetzescharakters des Tarifvertrages lassen jedoch die Vorschriften in §§ 6 und 7 TVG erkennen, wonach Abschluß, Aenderung und Aufhebung des Tarifvertrages in einem öffentlichen Tarifregister eingetragen werden und die Arbeitgeber verpflichtet sind, die für ihre Betriebe maßgebenden Tarifverträge an geeigneter Stelle im Betrieb auszulegen. Nach dem bis 1933 geltenden Recht (§ 5 TVO) waren nur für allgemeinverbindlich erklärte Tarifverträge — offenbar im Hinblick auf ihre normative Wirkung auch für Außenseiter — in einem vom Reichsarbeitsminister geführten Tarifregister einzutragen und im RABl. bekanntzugeben; erst mit der Veröffentlichung im RABl. wurde die Allgemeinverbindlicherklärung wirksam.[44]) Die nunmehr im TVG vorgeschriebene Registrierung und Auslegung aller — auch der nicht für allgemeinverbindlich erklärten — Tarifverträge hat zwar keine konstitutive Wirkung.[45]) Dennoch zeigt sich in den Vorschriften über die Eintragung in das Register und die Auslegung des Tarifvertrages im Betrieb ein Bedürfnis nach Publizität, wie es gemeinhin für Gesetze und Rechtsverordnungen besteht (vgl. auch Aushang der Ar-

---

[43]) Es könnte daher gerechtfertigt erscheinen, in Anlehnung an den Vorschlag von Herschel, RDA 1948, S. 47, die Betriebsvereinbarung als „Betriebssatzung" zu bezeichnen, auch von einer Tarifsatzung oder richtiger von einem Tarifstatut (entsprechend dem Gemeindestatut) zu sprechen. Der Auffassung von Herschel über den grundsätzlichen Unterschied zwischen Betriebsvereinbarung und Tarifvertrag (unter III seiner Ausführungen) vermag ich nicht ganz zuzustimmen: Nicht nur die Parteien der Betriebsvereinbarung („Betriebssatzung") sind durch eine „übergeordnete Einheit", den Betrieb, verbunden; auch die Tarifvertragsparteien sind eingeordnet in die höhere Einheit einer gelenkten Wirtschaft. Daß durch das Fortbestehen des obligatorischen Teils des Tarifvertrages ein wesentlicher Unterschied zwischen Betriebsvereinbarung und Tarifvertrag besteht, ist Herschel zuzugeben.

[44]) Kaskel-Dersch, Arbeitsrecht S. 123; Huck-Nipperdey, Lehrbuch, II S. 328.

[45]) Anders in Baden und Württemberg-Hohenzollern, vgl. dazu unten C.

beitsordnungen nach § 134e Abs. 2 RGO). Es wird also auch hier eine Verstärkung der rechtssetzenden Seite des Tarifvertrages sichtbar.

3. Von besonderer Bedeutung für die Erkenntnis des Wandels der Rechtsform des Tarifvertrages ist die Erweiterung seiner normativen Wirkung. Wie schon oben dargelegt worden ist, kam nach bisherigem Recht nur den Inhaltsnormen diese Wirkung zu, d. h. jenen Bestimmungen des Tarifvertrages, die den zulässigen Inhalt von Einzelarbeitsverträgen bilden können und nach dem Willen der Tarifvertragsparteien auch dazu bestimmt sind.[46]) Dazu gehörten vor allem die Lohnfestsetzung, auch die Regelung über die Beendigung von Arbeitsverträgen, nicht aber Bestimmungen über ihren Abschluß (z. B. Formvorschriften, Wiedereinstellungsklausel). Nunmehr enthält der Tarifvertrag nach § 1 TVG „Rechtsnormen, die den Inhalt, den Abschluß und die Beendigung von Arbeitsverhältnissen sowie betriebliche und betriebsverfassungsrechtliche Fragen ordnen können". Außerdem kommt nach § 4 Abs. 2 TVG auch der tariflichen Regelung „gemeinsamer Einrichtungen der Tarifvertragsparteien . . . (Lohnausgleichskasse, Urlaubsmarkenregelung)" normative Wirkung zu: Sie gelten unmittelbar und zwingend für die Satzung dieser Einrichtungen und das Verhältnis der Einrichtung zu den tarifgebundenen Arbeitgebern und Arbeitnehmern. Das Tarifvertragsgesetz bringt also eine Erweiterung der normativen Wirkung des Tarifvertrages für die Bestimmungen über den Abschluß von Arbeitsverträgen, über betriebliche Fragen, über Betriebsverfassungsfragen sowie über gemeinsame Einrichtungen der Tarifvertragsparteien.[47]) Schon durch diese gegenständliche Ausdehnung des normativen Teiles verliert der obligatorische Teil des Tarifvertrages an Bedeutung. Viele Bestimmungen des Tarifvertrages, die früher nur auf dem mittelbaren Wege über die Einwirkungspflicht der Tarifvertragsparteien durchgesetzt werden konnten (insbesondere Einstellungspflichten), begründen nunmehr unmittelbar Rechte und Pflich-

---

[46]) Vgl. Kaskel-Dersch, Arbeitsrecht S. 87; Hueck-Nipperdey, Lehrbuch, II S. 69; ebenso das RAG in ständiger Rechtsprechung, vgl. die bei Hueck-Nipperdey a. a. O. angeführten Entscheidungen.

[47]) Vgl. dazu grundlegend Nipperdey, RDA 1949 S. 81 ff unter VII, ferner Herschel, ArbBl. brit. Zone 1949 S. 22 ff.

ten der betroffenen Arbeitgeber und Arbeitnehmer, so daß es in der Regel der Sicherung durch obligatorische Tarifbestimmungen nicht mehr bedarf.

Wichtiger für unsere Betrachtung ist, daß diese normative Wirkung des Tarifvertrages nunmehr auch Angelegenheiten umfaßt, die ihrer Natur nach nicht die Gestaltung von Einzelarbeitsverträgen betreffen, wie vor allem die Betriebsverfassung und auch die Satzung „gemeinsamer Einrichtungen". Die tarifvertragliche Regelung ist hier auf die Gestaltung des objektiven Rechts eines anderen Rechtsbereichs, nämlich des Betriebes bzw. der „gemeinsamen Einrichtung" gerichtet. Bei der Regelung betriebsverfassungsrechtlicher Fragen werden durch tarifliche Normen nicht Arbeitsverträge, sondern betriebliche Normen geformt, mithin durch den Tarifvertrag ein „Betriebsgesetz" (im materiellen Sinn) geschaffen. Das ist etwas ganz Neues in der bisherigen Entwicklungslinie des Tarifvertragsrechts. Es kommt darin einmal der auch in dem neuen Betriebsrätegesetz des Kontrollrats erkennbare Vorrang der berufsverbandlichen vor der betrieblichen Rechtssetzung zum Ausdruck,[48]) sodann besonders klar die Gesetzgeberfunktion der modernen Berufsverbände: Sie übernehmen hier Aufgaben, die bis 1933 der Gesetzgeber selbst durch Erlaß des Betriebsrätegesetzes vom 4. 2. 1920 (mit seiner eingehenden Regelung der Betriebsverfassung) erfüllt hatte.

Die Bedeutung des normativen Teils des Tarifvertrages ist aber nicht nur durch die Ausdehnung seines gegenständlichen Geltungsbereichs verstärkt worden, sondern auch durch die Erweiterung der Unabdingbarkeit. Unmittelbare (d. h. von dem Willen der Parteien nicht abhängige) und zwingende Wirkung (gegenüber abweichenden Abmachungen) waren bisher die Elemente der Unabdingbarkeit, es kommt jetzt die grundsätzliche Unverzichtbarkeit und Unverwirkbarkeit tariflicher Ansprüche hinzu. Nach § 4 Abs. 4 TVG ist ein Verzicht auf entstandene tarifliche Rechte nur in einem von den Tarifvertragsparteien gebilligten Vergleich zulässig, und die Verwirkung von tariflichen Rechten ist aus-

---

[48]) Und damit auch der Vorrang der Gewerkschaften gegenüber den Betriebsräten, vgl. BRG vom 10. 4. 1946 (Kontrollratsgesetz Nr. 22) Art. IV Abs. 2, Art. V Abs. I Buchst. a und Art. VII.

geschlossen. Entgegen der bisher von einer weitverbreiteten Meinung vertretenen Auffassung[48a]) sichert also der normative Teil des Tarifvertrages nicht nur das Entstehen von Ansprüchen gemäß den tariflichen Arbeitsbedingungen, er sichert nunmehr auch ihren Fortbestand und damit mittelbar ihre Erfüllung. So wird es nach geltendem Recht nur noch selten der Berufung auf die Durchführungspflicht einer Tarifvertragspartei bedürfen, um den tariflichen Arbeitsbedingungen auch tatsächlich Geltung zu verschaffen. Es ist also auch insoweit ein Verblassen des obligatorischen Teiles des Tarifvertrages gegenüber dem normativen festzustellen.[49])

4. In dem gleichen Sinne ist die Erweiterung des persönlichen Geltungsbereichs der tariflichen Normen zu werten. Die schon oben unter 3) — unter dem Gesichtspunkt der gegenständlichen Ausweitung des normativen Teils — erörterten Bestimmungen des Tarifvertrages über betriebliche und betriebsverfassungsrechtliche Fragen (§ 1 TVG) sind nämlich auch für die nicht organisierten Arbeitnehmer zwingend, sofern nur ihr Arbeitgeber tarifgebunden ist (§ 3 Abs. 2 TVG). Gewiß läßt sich sagen, daß die Unorganisierten schon durch ihre Zwangszugehörigkeit zur Belegschaft der Betriebsverfassung unterworfen sein müssen, die kraft Tarifgebundenheit des Arbeitgebers für den Betrieb gilt. Der Arbeitgeber ist aber nach den Grundsätzen unseres Betriebsverfassungsrechts nicht in der Lage, einseitig eine Betriebsverfassung zu erlassen, und es kann nicht angenommen werden, daß der Gesetzgeber des TVG diesen tragenden Grundsatz unserer sozialen Rechtsordnung verlassen wollte. Der innere Grund der tariflichen Regelung betrieblicher Fragen für die gesamte Belegschaft ist also nicht schon die Tarifgebundenheit des Arbeitgebers, sondern die auch die Außenseiter umfassende Rechtssetzungsmacht beider Tarifvertragsparteien.

[48a]) Vgl. oben S. 43.

[49]) Eine gewisse Minderung der normativen Wirkung zeigt das TVG nur insofern, als es — anders als nach der TVO von 1918 und dem Kriegsrecht der Tarifordnungen — nicht mehr möglich ist, im Tarifvertrag Höchstarbeitsbedingungen festzusetzen, also günstigere Arbeitsbedingungen im Einzelarbeitsvertrag auszuschließen. Dieser Einschränkung der Tarifmacht der Verbände kommt aber in der Praxis keine Bedeutung zu.

Diese gemeinsame Rechtssetzung der Verbände auch für Außenseiter ginge aber über die Verbandsautonomie hinaus, sofern man mit der wohl überwiegenden Meinung (vgl. oben Anm. 32) annimmt, daß sie sich nur auf den engen Kreis der Verbandsangehörigen erstreckt. Es ist jedoch schon oben (S. 50, 51) kurz darauf hingewiesen, daß diese Abgrenzung des Begriffs der Autonomie[50]) zu eng ist. Die heute in unserer Rechtsordnung vielfach zum Ausdruck kommende geringere Bewertung des Individualwillens und die Verstärkung der Verbandsmacht auf vielen Gebieten des wirtschaftlichen und sozialen Lebens hat zur Folge, daß der einzelne in den vom Gesetz gezogenen Grenzen einer rechtssetzenden Verbandsgewalt unterworfen sein kann, auch wenn er nicht dem Verbande angehört (Beispiele oben S. 50)[50a]). Man würde den Sinn dieser Entwicklung verkennen, wenn man in solcher Rechtssetzung den Erlaß von Rechtsverordnungen kraft staatlicher Delegation sehen wollte. Es handelt sich vielmehr um eine erweiterte Autonomie; denn die Verbände regeln auch insoweit selbständig die ihnen vom Gesetzgeber als eigene Angelegenheiten überlassenen Aufgaben (dazu Peters a. a. O. S. 267). Das wird besonders deutlich gerade beim Tarifvertrag, weil hier der Wille der Tarifvertragsparteien von vornherein darauf gerichtet ist, die Arbeitsbedingungen (im weitesten Sinne) für den ganzen Berufskreis, auf den sich der Tarifvertrag nach seinem sachlichen Geltungsbereich bezieht, zu ordnen. Schon Lotmar[51]) sagt treffend, der Tarifvertrag werde abgeschlossen für alle, „die es angeht". Die Regelung betrieblicher und betriebsverfassungsrechtlicher Fragen geht aber die gesamte Belegschaft — Organisierte und Nichtorganisierte — in gleicher Weise an. Dieser Wille der Tarifvertragsparteien zur allgemeinen Regelung der Arbeitsbedingungen ist nun allerdings für die autonome

---

[50]) Vgl. insbes. Peters, Handbuch des Deutschen Staatsrechts, 1932, Bd. II, S. 264 ff.

[50a]) Es wird dann eine ähnliche Wirkung erreicht wie durch Zwangsmitgliedschaft bei den Verbänden; die erweiterte Autonomie erscheint so als Vorstadium des Zwangsverbandes.

[51]) Lotmar, Die Tarifverträge zwischen Arbeitgebern und Arbeitnehmern, Archiv für Sozialgesetzgebung und Statistik, Bd. 15, S. 87, auch S. 82, 83. Vgl. dazu Sinzheimer, Der korporative Arbeitsnormenvertrag, Erster Teil, S. 65, auch Zweiter Teil, S. 36.

Rechtssetzung der Verbände nur insoweit wirksam, als der Gesetzgeber ihnen das Recht zur autonomen Rechtssetzung auch für Außenseiter verliehen hat — was jedenfalls für die betrieblichen und betriebsverfassungsrechtlichen Fragen im Rahmen des § 3 Abs. 2 TVG zutrifft. Es sind somit nach neuem Tarifrecht hinsichtlich dieser Fragen auch nichtorganisierte Arbeitnehmer der erweiterten Autonomie der Tarifvertragsparteien unterworfen.

Im Sinne einer erweiterten Autonomie will auch die Allgemeinverbindlichkeit (§ 5 TVG) verstanden sein. Früher war es umstritten,[51a] ob der für allgemeinverbindlich erklärte Tarifvertrag eine Rechtsverordnung ist (Gesetzestheorie), oder ob durch Allgemeinverbindlicherklärung nur der Geltungsbereich des Tarifvertrages unter Beibehaltung seines Vertragscharakters auf die Außenseiter ausgedehnt wird (Vertragstheorie). Praktische Bedeutung kam der Streitfrage namentlich für die Wirkung der Beendigung des Tarifvertrages zu: Nach der Gesetzestheorie blieb die Allgemeinverbindlicherklärung auch nach Beendigung des Tarifvertrages (z. B. infolge Kündigung) weiter wirksam, bis sie durch besonderen Verwaltungsakt aufgehoben wurde; nach der Vertragstheorie dagegen war die Allgemeinverbindlichkeit nur so lange wirksam, als der Tarifvertrag nach dem Willen der Tarifvertragsparteien unverändert galt. Das neue TVG stellt sich im § 5 Abs. 5 auf den Boden der Vertragstheorie, indem es bestimmt, daß die Allgemeinverbindlichkeit des Tarifvertrags — sofern sie nicht schon vorher durch Verwaltungsakt aufgehoben wird — mit dem Ablauf des Tarifvertrages endet. Die normative Wirkung des für allgemeinverbindlich erklärten Tarifvertrages auf die Außenseiter kann also jetzt — nach richtiger Ansicht (Vertragstheorie) auch schon bisher — keinesfalls auf eine staatliche Rechtsverordnung, eben die Allgemeinverbindlicherklärung, zurückgeführt werden, sondern nur auf den Tarifvertrag selbst. Daß dieser auch Außenseiter erfassen kann, beruht auf der erweiterten Rechtssetzungsmacht der Tarifvertragsparteien.

Der Umfang jeder Autonomie richtet sich nach der ihr zugrundeliegenden gesetzlichen Ermächtigung (Billigung).[52] Diese Er-

---

[51a] Vgl. Hueck-Nipperdey, Lehrbuch, II S. 305 ff.

[52] Vgl. Peters, Handbuch DStR., Bd. II, S. 264.

mächtigung hat beim autonomen Tarifrecht einen zweifachen Inhalt: Sie berechtigt zunächst die Tarifvertragsparteien, die im § 1 und 4 Abs. 2 TVG genannten Fragen[53]) für die Verbandsangehörigen und hinsichtlich der betrieblichen und betriebsverfassungsrechtlichen Fragen auch für nicht organisierte Arbeitnehmer, deren Arbeitgeber tarifgebunden ist, zu regeln; darüber hinaus erstreckt sie sich auf die Regelung der Arbeitsbedingungen auch für Außenseiter, jedoch mit der Maßgabe, daß die Wirksamkeit der tarifvertraglichen Normensetzung insoweit von der Allgemeinverbindlicherklärung abhängig gemacht ist. Da der Rechtssetzungswille der Tarifvertragsparteien schon bei Abschluß des Tarifvertrages darauf gerichtet war, die Arbeitsbedingungen für den ganzen Berufskreis — „die es angeht" —, also auch für die Außenseiter zu regeln (vgl. oben), so bedarf es nur des Hinzutritts des Verwaltungsaktes der Allgemeinverbindlicherklärung, um ihrem rechtssetzenden, im Tarifvertrag schon ausgedrückten Willen auch die rechtssetzende Kraft gegenüber den Außenseitern zu verleihen. — Die Rechtslage ist ganz ähnlich wie bei der Bestätigung einer autonomen Satzung durch Verwaltungsakt: Durch das Erfordernis staatlicher Bestätigung wird die Autonomie zwar eingeschränkt, aber nicht aufgehoben, „das bestätigte Statut bleibt Statut und wird nicht Gesetz" (Gierke, Dt. Priv. Recht I S. 157). Die Allgemeinverbindlicherklärung ist also — ebenso wie die Bestätigung[54]) — ein Verwaltungsakt, dessen Erlaß Voraussetzung der Wirksamkeit der autonomen Rechtssetzung für die Außenseiter ist. Für das Bestehen einer Autonomie ist allein entscheidend, daß sie auf dem Gesetz beruht; in

[53]) Das sind die den Inhalt, den Abschluß und die Beendigung von Arbeitsverhältnissen sowie gemeinsame Einrichtungen der Tarifvertragsparteien betreffenden Fragen, ferner betriebliche und betriebsverfassungsrechtliche Fragen.

[54]) Vgl. Peters, Handbuch DStR., Bd. II, S. 268. — Daß die Allgemeinverbindlicherklärung mit der „Bestätigung" zu vergleichen ist, läßt auch das frühere Hausarbeitsgesetz v. 27. 6. 1923 (RGBl. I S. 472, 730) erkennen, das von der „Genehmigung" eines Tarifvertrages für Hausarbeiter „als allgemeinverbindlich" handelte (§§ 31 ff). Diese Genehmigung eines Tarifvertrages als allgemeinverbindlich war nur eine besondere Art der Allgemeinverbindlicherklärung, vgl. Jacobi, Grundlehren des Arbeitsrechts, S. 130 ff.

welcher Weise die Billigung des Gesetzgebers herbeigeführt wird, ob er sie insbesondere von der nachfolgenden Zustimmung einer Verwaltungsbehörde abhängig macht,[55]) ist unerheblich. Natürlich wird eine von der Allgemeinverbindlicherklärung abhängige Rechtssetzung erst mit der Allgemeinverbindlicherklärung wirksam. Die kraft der erweiterten Autonomie für den ganzen Berufskreis gesetzten Normen des Tarifvertrages wirken also für Außenseiter erst mit der Allgemeinverbindlicherklärung des Tarifvertrages.[56]) — Mit der Bestätigung hat die Allgemeinverbindlichkeit weiter gemein, daß sie nicht den Inhalt des autonomen Rechtssatzes ändern kann. Wohl aber kann die Verwaltungsbehörde ebenso wie eine Bestätigung auch die Allgemeinverbindlicherklärung aufheben (§ 5 Abs. 5 TVG). Dann verlieren die Satzung bzw. der Tarifvertrag ex nunc ihre normative Kraft, soweit diese von der Bestätigung bzw. der Allgemeinverbindlicherklärung abhängig waren. Der Tarifvertrag büßt damit seine erweiterte Wirkung gegenüber den Außenseitern ein,[57]) er gilt aber im übrigen weiter.

5. Als Ausfluß der erweiterten Autonomie der Berufsverbände ist auch die Wirkung von rechtskräftigen Entscheidungen in Rechtsstreitigkeiten zwischen Tarifvertragsparteien über die Auslegung oder das Bestehen eines Tarifvertrages gegenüber den der Autonomie unterworfenen einzelnen Arbeitgebern und Arbeitnehmern zu verstehen. Nach der schon bisher herrschenden Mei-

---

[55]) Bei zivilistischer Betrachtung könnte man an eine durch die Allgemeinverbindlicherklärung aufschiebend bedingte Ermächtigung zur Rechtssetzung denken; indessen handelt es sich nicht um eine Bedingung, sondern um eine gesetzliche Wirksamkeitsvoraussetzung („Rechtsbedingung"), vgl. Lehmann, Allgemeiner Teil des BGB, 1947, S. 210.

[56]) Nach § 5 Abs. 7 TVG bedarf die Allgemeinverbindlicherklärung der öffentlichen Bekanntmachung (vgl. auch §§ 12 ff der DVO v. 7. 6. 1949, WiGBl. S. 89). Der für allgemeinverbindlich erklärte Tarifvertrag erlangt also erst mit der Veröffentlichung der Allgemeinverbindlicherklärung Rechtswirkung gegenüber den Außenseitern, jedoch ist rückwirkende Bestimmung des Zeitpunktes der Tarifbeteiligung der Außenseiter zulässig. So nach richtiger Auffassung auch schon nach altem Tarifrecht, vgl. Jacobi, Grundlehren des Arbeitsrechts S. 115 ff Kaskel-Dersch, Arbeitsrecht S. 123; Hueck-Nipperdey, Lehrbuch, II S. 328.

[57]) Wegen seiner Nachwirkung vgl. aber die entsprechend anzuwendende Vorschrift des § 4 Abs. 5 TVG.

nung[58]) wirkt das zwischen den Tarifvertragsparteien über die Auslegung normativer Bestimmungen des Tarifvertrages oder über sein Bestehen oder Nichtbestehen ergangene rechtskräftige Urteil auch für und gegen die Verbandsmitglieder. Diese Auffassung ist nunmehr vom Gesetzgeber in § 8 TVG bestätigt worden. Die Bindung der Verbandsangehörigen an das zwischen den Tarifvertragsparteien ergangene Urteil ist — wie schon bisher — keine Rechtskraftwirkung, sondern lediglich eine Folge der Verknüpfung von obligatorischem und normativem Teil des Tarifvertrages;[59]) nach den tarifrechtlichen Vorschriften wird nämlich der Inhalt der für die Einzelverträge verbindlichen Normen durch die zwischen den Tarifvertragsparteien als vereinbart geltenden Arbeitsbedingungen bestimmt. Ebenso wie die Parteien des Einzelarbeitsvertrages etwa an einen interpretierenden Ergänzungsvertrag der Tarifvertragsparteien gebunden sind,[60]) so ist auch eine zwischen den Tarifvertragsparteien ergangene rechtskräftige Entscheidung über die Auslegung des Tarifvertrages für sie bindend, weil durch die Rechtskraft des Urteils ein bestimmter Inhalt des Tarifvertrages zwischen den Tarifvertragsparteien Geltung erlangt.[61])

Diese mittelbare tarifrechtliche Wirkung der Rechtskraft des zwischen den Tarifvertragsparteien ergangenen Urteils für die Parteien der einzelnen Arbeitsverträge gilt nach bisheriger Meinung nur für Angehörige der Verbände, die den Tarifvertrag abgeschlossen haben, nicht dagegen für Außenseiter, die dem Tarifvertrag nur nach seiner Allgemeinverbindlicherklärung unterworfen sind.[62]) Diese Auffassung steht mit der hier vertretenen Deutung des für allgemeinverbindlich erklärten Tarifvertrages als einer durch Verwaltungsakt bestätigten autonomen Rechtssetzung der Ta-

[58]) Vgl. insbesondere Hueck-Nipperdey, Lehrbuch, II, S. 713, Anm. 30 und das dort angeführte Schrifttum; Stein-Jonas, ZPO, 17. Aufl. (1949) § 256 Anm. VI 1.

[59]) Vgl. Nipperdey in „Recht der Arbeit" 1949, S. 81 ff unter XI.

[60]) Vgl. Stein-Jonas, ZPO, 15. Aufl. (1934), § 256 Anm. VI I.

[61]) Vgl. treffend RAG in Arb.-Rechts-Sammlung, Bd. 6, S. 241, vgl. auch Meissinger bei Kaskel, Die Arbeitsgerichtsbarkeit (Arbeitsrechtl. Seminarvorträge), 1929, S. 190, f.

[62]) Vgl. Hueck-Nipperdey a. a. O., Stein-Jonas a. a. O.

rifvertragsparteien nicht in Einklang; denn danach sind auch die Außenseiter dem rechtssetzenden Willen der Tarifvertragsparteien im Rahmen der erweiterten Autonomie grundsätzlich in gleicher Weise unterworfen wie die Verbandsmitglieder, nur daß die Tarifnorm ihnen gegenüber erst mit der Allgemeinverbindlicherklärung Wirksamkeit erlangt. Als Tarifnorm ist somit auch für die Außenseiter diejenige Auslegung des Tarifvertrages maßgebend, die durch rechtskräftiges Urteil zwischen den Tarifvertragsparteien für diese bindend festgestellt worden ist. Diese Auffassung wird nunmehr durch § 8 in Verb. mit § 5 Abs. 4 TVG bestätigt.[63])

Das gleiche gilt entsprechend, wenn im Tarifvertrag betriebliche oder betriebsverfassungsrechtliche Fragen geregelt sind (§ 1 Abs. 1, § 3 Abs. 2 TVG). In diesen Fällen erstreckt sich die erweiterte Autonomie der Tarifvertragsparteien, wie oben dargelegt, auch auf nichtverbandsangehörige Arbeitnehmer, deren Arbeitgeber tarifgebunden ist. Demnach ist auch für diese „halben" Außenseiter der Inhalt der Tarifnorm bestimmt durch die zwischen den Tarifvertragsparteien im Tarifvertrage getroffene Vereinbarung. Ist deren Inhalt durch rechtskräftiges Urteil zwischen den Tarifvertragsparteien bindend festgestellt, so ist damit gleichzeitig die Norm bestimmt, die für alle der Autonomie der Tarifvertragsparteien unterworfenen Arbeitgeber und Arbeitnehmer gilt.

In einem anderen Sinne ist die neue Vorschrift in § 8 TVG zu verstehen, wonach die zwischen Tarifvertragsparteien ergangenen rechtskräftigen Entscheidungen auch in Rechtsstreitigkeiten zwischen tarifgebundenen Parteien und Dritten bindend sind. Diese Vorschrift bedeutet eine Erstreckung der bindenden Wirkung der rechtskräftigen Entscheidung auf einen Personenkreis, der weder unter die einfache (Verbandsangehörige betreffende) noch erweiterte (auch Außenseiter betreffende) Autonomie der Tarifvertragsparteien fällt. Der Dritte im Sinne des § 8 braucht zu keiner Tarifvertragspartei

[63]) § 8 TVG handelt von der Bindung der rechtskräftigen Entscheidung „in Rechtsstreitigkeit zwischen tarifgebundenen Parteien sowie zwischen diesen und Dritten"; durch die Allgemeinverbindlicherklärung werden aber auch die „Außenseiter" tarifgebunden, wie das Wort „bisher" in § 5 Abs. 4 TVG deutlich zeigt.

in irgendeiner rechtlichen Verbindung zu stehen; allein die Tatsache, daß er mit einer tarifgebundenen Partei einen Rechtsstreit führt, der die Auslegung oder das Bestehen des Tarifvertrages betrifft, begründet seine Bindung an das zwischen den Tarifvertragsparteien ergangene rechtskräftige Urteil. Wenn also z. B. ein tarifgebundener Arbeitnehmer gegen irgendeinen Tierhalter Lohnausfall als Schadensersatz einklagt und über die Höhe des Tariflohnes ein rechtskräftiges Urteil zwischen den Tarifvertragsparteien ergangen ist, so ist diese Entscheidung in dem Rechtsstreit gegen den Tierhalter bei der Bemessung der Höhe des entgangenen Verdienstes für das Gericht bindend. Der Tierhalter gehört aber keinesfalls zu dem Personenkreis, der noch von dem Aufgabenbereich der Tarifvertragsparteien erfaßt wird (vgl. oben S. 50, 60), er ist daher ihrer erweiterten Autonomie nicht unterworfen. Die Bindung des Dritten (genauer die Bindung des Gerichts in dem Rechtsstreit gegen den Dritten) an das zwischen den Tarifvertragsparteien über die Auslegung oder das Bestehen des Tarifvertrages ergangene Urteil ist also nicht tarifrechtlich zu erklären; es handelt sich hier vielmehr um eine prozeßrechtliche, vom Gesetzgeber ausdrücklich angeordnete „Fernwirkung" der Rechtskraft auf Dritte, wie sie auch sonst unser Prozeßrecht kennt (vgl. §§ 325 ff. ZPO). — Solche Ausdehnung der Rechtskraftwirkung auf Dritte wird im allgemeinen gerechtfertigt durch das Verhältnis der Rechtsnachfolge, der Repräsentation, der gestaltenden Kraft des Urteils oder durch die Notwendigkeit einheitlicher Entscheidung gegenüber verschiedenen Beteiligten.[64]) Bei der Erstreckung der Rechtskraft auf Dritte nach § 8 TVG ist allein das Bedürfnis einheitlicher Entscheidung maßgebend, wie es sich aus der Notwendigkeit einheitlicher Beurteilung von tariflichen Arbeitsbedingungen ergibt. Dafür spricht insbesondere, daß in dem Prozeß mit dem „Dritten" eine Prozeßpartei immer tarifgebunden ist und daher in allen Prozessen mit tarifgebundenen Parteien schon kraft Tarifrechts das zwischen den Tarifvertragsparteien ergangene rechtskräftige Urteil für und gegen sich gelten lassen muß; es würde nicht gerechtfertigt erscheinen, bei einem ebenfalls den Tarifvertrag betreffenden Streit mit einem „Dritten" anders zu verfahren. So gewinnt hier das

---

[64]) So Stein-Jonas, ZPO, § 325 Anm. I.

Urteil über den Tarifvertrag auf dem Wege prozeßrechtlicher Gestaltung gegenüber „Dritten" im wesentlichen die gleiche Wirkung, die es gegenüber den der Autonomie der Tarifvertragsparteien Unterworfenen kraft Tarifrechts hat. — Auch in dieser weitgehenden „Rechtswirksamkeit" (so § 8 TVG) des durch das Urteil inhaltlich bestimmten Tarifvertrages zeigt sich seine Hinneigung zu der Rechtsform eines die Arbeitsbedingungen eines bestimmten Wirtschaftskreises allgemein, d. h. für jedermann verbindlich regelnden „Gesetzes".

C.

Abweichend von dem für das frühere Vereinigte Wirtschaftsgebiet geltenden TVG vom 9. 4. 1949 ist das Tarifvertragsrecht in der französischen Zone, und zwar in den Ländern Baden und Württemberg-Hohenzollern gestaltet.[65]) Wenn auch den in diesen Ländern geltenden Vorschriften im Hinblick auf Art. 127 des Bonner Grundgesetzes keine lange Lebensdauer beschieden sein dürfte, so soll doch wegen der besonderen Rechtsform, die das Tarifvertragsrecht hier entwickelt hat, kurz darauf eingegangen werden.[66])

Die tarifvertragliche Regelung der Arbeitsbedingungen ist im früheren Vereinigten Wirtschaftsgebiet grundsätzlich den Gewerkschaften und den Vereinigungen von Arbeitgebern (auch einzelnen Arbeitgebern) zur selbständigen Regelung im Rahmen der erweiterten Autonomie überlassen; der Staat vermag lediglich durch die Allgemeinverbindlicherklärung eines frei vereinbarten Tarifvertrages, allenfalls durch Schiedssprüche, die aber nicht für verbindlich erklärt werden können, auf die Lohngestaltung einzuwirken. In den genannten Landesgesetzen von Baden und Württemberg-Hohenzollern

[65]) Badisches Landesgesetz über die Aufhebung des Lohnstops v. 23. 11. 1948, GVOBl. S. 215 und das damit im wesentlichen übereinstimmende Gesetz über die Aufhebung des Lohnstops in Württemberg-Hohenzollern v. 25. 2. 1949, Reg. Bl. S. 80 — In Rheinland-Pfalz entspricht das Tarifrecht (TVG v. 24. 2. 1949, GVOBl. S. 82) weitgehend dem TVG des bisherigen Vereinigten Wirtschaftsgebiets. Es sind jedoch auf Arbeitgeberseite nur „Arbeitgebervertretungen" (Verbände) tariffähig; als solche gelten auch Körperschaften und Anstalten des öffentlichen Rechts, vgl. auch Art. 54 der Verfassung von Rheinland-Pfalz.

[66]) Vgl. dazu Hessel, Recht der Arbeit, 1949, S. 43 ff.

dagegen hat sich der Staat eine weitgehende Mitwirkung bei der tariflichen Regelung der Arbeitsbedingungen vorbehalten, indem er der Eintragung des Tarifvertrages in das Tarifregister konstitutive Wirkung beigelegt und die Eintragung für unzulässig erklärt hat, falls der Tarifvertrag gegen ein gesetzliches Verbot verstößt oder sein Inhalt wichtige Interessen des Gemeinwohls auf dem Gebiete der Lohn- und Preispolitik gefährdet (§ 3 Abs. 2 der Gesetze). Hiernach steht dem für die Führung des Tarifregisters zuständigen Ministerium ein „Veto-Recht" (Hessel a. a. O.) gegenüber den Vereinbarungen der Tarifvertragsparteien zu. Der Staat kann dadurch das Zustandekommen des von den Verbänden vereinbarten Tarifrechts verhindern, er kann aber nicht selbst die Arbeitsbedingungen festsetzen; nur mittelbar kann er durch sein Veto die Verbände veranlassen, seinen Willen zu beachten. Man wird in diesem Veto-Recht des Staates eine Aufsicht über die rechtssetzende Tätigkeit der Verbände erblicken können, zumal bei der Entschließung über die Eintragung in das Register in erster Linie geprüft werden soll, ob der Tarifvertrag gegen ein Gesetz verstößt: Eine Prüfung, die den wesentlichen Inhalt der Staatsaufsicht über Körperschaften des öffentlichen Rechts darstellt. Es wird damit ein Argument für die Auffassung beigesteuert, daß die Tarifvertragsparteien bei der tariflichen Regelung der Arbeitsbedingungen als öffentlich-rechtliche Verbände[67]) kraft gesetzlicher Ermächtigung im Rahmen einer erweiterten Autonomie[68]) Recht setzen. Es ist der Gedanke einer neuar-

[67]) So — gegen die herrschende Meinung — Kaskel, Arbeitsrecht (1925), S. 234, ferner Kandeler, Die Stellung der Berufsverbände im öffentlichen Recht (1927), S. 96 ff. — Zur Rechtsnatur von mit öffentlichen Aufgaben betrauten Verbänden vgl. Werner Weber, Die Körperschaften, Anstalten, und Stiftungen des öffentlichen Rechts, zweite Aufl. (1943) S. 12 ff, 57 ff; dazu Wieacker in Arch. Ziv. Pr., Bd. 147, S. 304 ff; vgl. ferner Köttgen, Die rechtsfähige Verwaltungseinheit (1939), S. 4 ff, 32 ff; auch Burckhardt, Die Organisation der Rechtsgemeinschaft, 2. Aufl. (Zürich, 1944), S. 314 ff.

[68]) Die Zustimmung des Staates zum Tarifvertrag, die nach dem Badischen Gesetz in der Eintragung des Tarifvertrages in das Register zu sehen ist, schließt die autonome Rechtssetzung nicht aus (vgl. oben unter IV B 4); anders wäre es bei weitergehender Mitwirkung des Staates, wie sie in der Ostzone erfolgt (vgl. oben IV A 4); dazu Gierke, Deutsches Privatrecht Bd. I S. 157 f; Peters im Handbuch des Deutschen Staatsrechts, Bd. 2 S. 268.

tigen Form der Selbstverwaltung im Bereich des Arbeitslebens, der hier anklingt: Nicht mehr der Staat unmittelbar — wie im „Dritten Reich" — ordnet die Arbeitsbedingungen, sondern er überträgt diese Aufgaben den Verbänden der Arbeitgeber und Arbeitnehmer, die sie nunmehr als eigene Angelegenheit in eigener Verantwortung — sei es auch teilweise unter Aufsicht des Staates — durch Ausübung des ihnen vom Staate verliehenen Rechtssetzungsrechts in der überkommenen Form des „Tarifvertrages" erfüllen. Es scheint sich hier eine geschichtliche Entwicklung zu wiederholen, auf die Otto v. Gierke für das ältere deutsche Recht hingewiesen hat: daß nämlich Verträge vielfach die Formen darstellen, in denen sich eine neu entstehende Autonomie Bahn bricht.[69])

---

[69]) Gierke, Deutsches Privatrecht Bd. I S. 143, Vgl. auch Sinzheimer, Der korporative Arbeitsnormenvertrag, Zweiter Teil, S. 293. — Ueber Zwischenformen zwischen Vertrag und objektivem Recht vgl. Raiser, Das Recht der Allgemeinen Geschäftsbedingungen, 1935, S. 88, 151; ferner Köttgen in der Festschrift für Hedemann, 1938, S. 365, Anm. 29.

Das Schicksal der Volkswirtschaft

Von
ERICH EGNER

V o r b e m e r k u n g: Dieser Aufsatz stellt die Ausarbeitung meiner Göttinger Antrittsvorlesung vom 22. 6. 1946 dar. Da die Niederschrift im Sommer des gleichen Jahres erfolgte, enthält die Darstellung durch die Nichtberücksichtigung der seitherigen Entwicklung und neuester Literatur einige Schönheitsfehler, die der Leser freundlichst nachzusehen gebeten wird. Die Veröffentlichung ist bisher durch äußere Umstände, nämlich die Unterbrechung im Erscheinen der Fachzeitschriften, verzögert worden.

I. Das Problem und die Aufgabe

1. Die Aufgabe einer Daseinserhellung der Gegenwart

Wo steht das Wirtschaftsleben unserer Tage? Das ist die in der Gegenwartsnot drängende Frage, die sich dem Volkswirt unabweisbar stellt. Das ist zugleich die Frage, welche seine Wissenschaft nicht aus den Einzeltatsachen und den konkreten Wirtschaftsnöten des Alltags heraus beantworten kann, die nur mit Hilfe einer grundsätzlichen Besinnung auf die geschichtliche Lage der Wirtschaft, nicht nur bei uns in Deutschland, sondern wenigstens im ganzen Abendlande, auflösbar ist.

Damit soll gewiß nicht behauptet werden, daß die Klärung der Gegenwartslage des Wirtschaftslebens über die Tatsachen und Nöte, die wir alle täglich in wirtschaftlicher Hinsicht erleben, einfach hinweggehen könnte. Das wäre ein leichtfertiges Unterfangen, das nur in ideologischer Verbohrung enden könnte, statt den Blick für die

Zusammenhänge der Gegenwart zu weiten und zu schärfen. Wohl kommt es sehr stark auf eine sorgfältige Beobachtung der Tatsachen und des Geschehensablaufes, auf ein Miterleben der Nöte und Sorgen, auf ein Mitempfinden für alles Leid und Elend an, die unsere Umwelt erfüllen. Und doch darf der Blick nicht durch solche Einzelbeobachtungen gebannt werden, wie wir sie täglich machen. Die Wissenschaft hat die Aufgabe der Daseinserhellung, sie muß der Gegenwart ihren Spiegel vorhalten, muß ihr zeigen, wo und wie sich Bleibendes vom Vergänglichen, Wert vom Unwert, Sinn vom Unsinn scheiden, welches die besondere Lage des Augenblicks im großen Ablauf der menschlichen Geschichte ist, worin ihre besonderen Aufgaben und Versuchungen, ihre Möglichkeiten und Gefahren, aber auch ihr unausweichliches Schicksal und ihre Not bestehen.

Ein derartiges Anliegen der Wissenschaft ist nur von einer geistigen Ebene aus zu erfüllen, die sich von der Bewußtseinshaltung des Alltagslebens grundsätzlich unterscheidet. Das erfordert die Loslösung von allen Einzeltatsachen der Erfahrungswelt, nicht um sie zu vergessen, sondern um durch sie hindurch auf die ihnen zugrunde liegenden Zusammenhänge und Wesensmerkmale zu schauen, um sie auf die Ebene der Grundsätzlichkeit zu projizieren. Darauf kommt es darum auch hier an. Ewige menschliche Wahrheiten sind so, wie sie sich unter dem besonderen Gewand unserer Zeitlage darstellen, geltend zu machen.

Die Frage nach dem Schicksal des Wirtschaftslebens ist zugleich die Frage nach der modernen Gestalt des Wirtschaftslebens, die sich in dem Gebilde der Volkswirtschaft ausdrückt. Das Schicksal der Volkswirtschaft kann aber, besonders wenn die Betrachtung durch einen Deutschen vor Deutschen erfolgt, nicht ins Auge gefaßt werden, ohne des Schicksals der deutschen Volkswirtschaft zu gedenken. Gerade wenn hier betont wird, daß die wissenschaftliche Untersuchung über dem Versuch einer Zeitdeutung nicht bei konkreten Gegebenheiten stehen bleiben darf, so heißt das zugleich doch auch, daß die grundsätzliche Betrachtung stets an ihnen orientiert bleiben muß. In diesem Sinne sollen die folgenden Ueberlegungen von der Frage nach dem Schicksal der deutschen

Volkswirtschaft ihren Ausgang nehmen, obwohl sie das Verständnis der Gegenwartslage über die Besonderheiten der deutschen Situation hinaustreiben wollen. Es soll hier nach der geschichtlichen Lage der Volkswirtschaft überhaupt gefragt werden, aber diese Frage kann nicht ganz ohne Heranziehung der besonderen deutschen Erfahrungen beantwortet werden. Es könnte vielmehr so sein — und das ist wirklich die hier vertretene Meinung —, daß die deutschen Erfahrungen in besonderem Maße für die Zeitlage, auch im übervölkischen Bereich, zum mindesten im abendländischen Raum, symptomatisch sind. Die Zuspitzung der politischen, sozialen und wirtschaftlichen Probleme könnte daher hier Dinge offenbaren, die zwar im Auslande auch angelegt, aber durch äußere oder innere Umstände nicht oder noch nicht mit gleicher Explosivität wie hier ans Tageslicht getreten sind.

2. *Das Schicksal der deutschen Volkswirtschaft als Ausgangspunkt*

Das Ende des 2. Weltkrieges hat zusammen mit dem Zusammenbruch des Staatswesens in Deutschland zu einer Erstarrung alles wirtschaftlichen Geschehens ohnegleichen geführt. Das bedeutet einen Zusammenbruch der deutschen Volkswirtschaft, wie man ihn früher kaum für möglich gehalten haben würde. Die Einheit des bisher durch sie zusammengeschlossenen Wirtschaftslebens ist dahin, die Besatzungszonen legen mit ihren Grenzen gar nicht oder nur schwer übersteigbare Barrieren durch das bisherige Wirtschaftsgebiet. Durch die Gebietsabtretungen sind vor allem im Osten große Teile des Wirtschaftsraumes, die Träger wichtiger Erzeugungen waren, verlorengegangen. Es fehlt der für die Einheit der Gesamtwirtschaft wichtige schützende Arm des Staates.

Zu diesen Tatsachen treten die vielen wirtschaftlichen Erschöpfungserscheinungen hinzu. Da sind die gewaltigen Menschenverluste, die der Krieg mit sich brachte, das Fehlen des Nachwuchses aus den vergangenen Kriegsjahren; die Menschen sind schlecht ernährt, nervenmäßig überlastet, zum großen Teil ohne die elementarsten Lebensnotwendigkeiten wie Bekleidung und Behausung, auch geregelter Arbeit entwöhnt, sittlich verwildert.

Da sind die gewaltigen Kapitalverluste, die der Krieg und der Ausgang des Krieges mit sich brachten. Produktions- und Verkehrsanlagen wurden überbeansprucht, nicht erneuert, noch mehr gingen durch den Luftkrieg verloren, wurden bei den Kämpfen im Reiche zerstört oder wurden zu Reparationszwecken abtransportiert. Es fehlt an Roh- und Hilfsstoffen, an Kraftstoffen, an Werkzeugen und sonstigem mobilem Inventar. Der Boden ist ausgesogen. Gewaltiger Raubbau wurde besonders am Wald getrieben. Auch die Gebrauchsvermögenswerte des Volkes gingen zu sehr erheblichem Teil verloren. Ferner ist der finanzielle Sektor des Wirtschaftslebens völlig aus den Fugen geraten. Die Riesenverschuldung der öffentlichen Hand erreicht etwa die Größenordnung des gesamten Volksvermögens, ungerechnet die Reparationsforderungen der Siegermächte. Das Geldwesen ist weitgehend außer Funktion gesetzt. Es gibt keine echten Sparmittel mehr.

Daher ist es wahrlich kein Wunder, wenn das gesamte Wirtschaftsleben still zu stehen droht und wenn es die größten Anstrengungen kostet, ihm nur einige innere Bewegung, meist lokalen Charakters, zu erhalten. Eine deutsche Volkswirtschaft gibt es bei dieser Gesamtlage nur in der Erinnerung. Das ist das gegenwärtige Schicksal der deutschen Volkswirtschaft. Welches wird ihr künftiges sein? Wovon hängt es ab, ob und wie sie zu neuem Leben erwachen wird?

Solche Frage scheint bei der deutlichen Sprache der Tatsachen, welche ihr im Augenblick das Lebenslicht ausgeblasen haben, leicht beantwortbar zu sein. Braucht man doch nur auf die Ursachen ihres Zusammenbruches zu blicken, so ergibt sich von da aus auch schon die Einsicht in die Voraussetzungen, unter denen sie zu neuem Leben erweckt werden kann. So eindeutig diese Feststellungen auf den ersten Blick zu sein scheinen, so sehr erkennt man bei näherem Zusehen doch die von ihnen umschlossene Problematik.

Der Zusammenbruch der deutschen Volkswirtschaft ist augenscheinlich, so sagt man zunächst, die Wirkung der militärischen Niederlage. Er erfolgte durch einen Einbruch von außen in den wirtschaftlichen Bereich, dadurch, daß vom militärischen Sektor her, dann nach Kriegsende mit den Besatzungszonen von der politischen

Ebene her der Volkswirtschaft die Grundlage ihrer Existenz entzogen wurde.

So wenig das Recht eines solchen Urteils bei einer vorläufigen Betrachtung des äußeren Geschehens geleugnet werden kann, so unzureichend ist eine solche Auffassung doch auch für eine auf grundsätzliche Einsichten abzielende Untersuchung. Sie kann nicht an der Tatsache vorbeisehen, daß der wirtschaftliche Zusammenbruch nicht von ungefähr durch äußere Umstände bewirkt wurde, sondern daß er durch die stärkste Ueberbeanspruchung aller wirtschaftlichen Kräfte des Volkes und ihren bis zum Letzten gehenden Einsatz von seiten der staatlichen Gewalten von gestern in höchstem Maße vorbereitet war. Nur durch eine gewaltige Ueberschätzung der gesamten völkischen Kräfte menschlicher und materieller Art ist ein Zusammenbruch solchen Ausmaßes möglich geworden. Er war nicht nur ein wirtschaftlicher oder politischer oder militärischer, sondern ein totaler, der die gesamte Lebensordnung des Volkes umfaßt.

Das ist der entscheidende Gesichtspunkt, von dem her sich das eigentliche Problem der Ursachen des deutschen Wirtschaftszusammenbruchs erschließt. Hier stellt sich nämlich die Frage, wie es zu einer so maßlosen Ueberschätzung und Ueberbeanspruchung der völkischen Kräfte kommen konnte. Von ihr aus wird man gezwungen, den Blick auf die Hintergründe des dramatischen deutschen Schicksals zu richten. Es ergibt sich, daß die Wurzeln dieses Geschehens weit tiefer hinabreichen, als die äußeren Tatsachen zunächst vermuten lassen, daß man zu seinem wirklichen Verständnis nur durch eine Freilegung dieser Hintergründe gelangen kann.

Unter einem solchen Gesichtswinkel zeigt sich dann weiterhin, daß das Geschehen der jüngsten deutschen Vergangenheit sich nicht von Ungefähr abgespielt hat. Es stellt einen jener scheinbar plötzlichen Einbrüche in den Geschichtsprozeß dar, wie sie immer wieder zu beobachten sind, wie sie deshalb aber keineswegs zufällig und überraschend über uns herfallen. Nur eine Betrachtung, welche die historische Situation ins Auge faßt, in welcher sich das deutsche

Schicksal vollzogen hat, wird daher zu den eigentlichen Triebkräften dieses Geschehens vordringen können.

Wenn dies nun versucht werden soll, müssen die folgenden Ueberlegungen den Blick über die wirtschaftlichen Erscheinungen hinaus auszuweiten trachten. Es muß nicht nur unter Ablösung von den konkreten Einzeltatsachen grundsätzlich nach der historischen Verfassung des Wirtschaftslebens gefragt werden, sondern es muß auch der geschichtliche Rahmen, in dem sich ihr Schicksal vollzieht, in die Betrachtung einbezogen werden. Das bedeutet die Notwendigkeit einer Erfassung des wirtschaftlichen Geschehens von seinen geistigen, sozialen und politischen Zusammenhängen her. Nur wenn das Schicksal der Wirtschaft im weitesten Sinn als ein menschliches Geschehen aufgefaßt wird — was die Einbeziehung dieser Zusammenhänge bedeutet —, kann man wahrhaft zu seinem Verständnis gelangen, erschließt sich dem Betrachter, was an ihm Zwang der historischen Lage, was menschliche Verfehlung war, welche Lehren aus ihm für die Gegenwart zu ziehen sind. Das aber ist es, was es heute zu klären gilt, wenn man das Wirtschaftsschicksal der Vergangenheit für den Aufbau einer besseren Zukunft nutzbar machen will.

3. Das Problem einer volkswirtschaftlichen Gestaltlehre

Die so ausgerichtete Frage nach dem Schicksal der Volkswirtschaft ist das zentrale Anliegen einer volkswirtschaftlichen Gestaltlehre. Von ihrer Arbeit sollen die hier angestellten Ueberlegungen Zeugnis ablegen. Sie hat die Aufgabe, den inneren Aufbau und die Sonderart der Gesamtwirtschaft unserer Tage, wie sie das Abendland kennzeichnet, und die in ihr wirkenden geschichtlichen Kräfte herauszuarbeiten.

Der Zugang zu ihr ergibt sich von zwei Seiten her: Da ist einmal die Besinnung auf die äußere Lage, in welche die Kriegsstürme des 20. Jahrhunderts das Wirtschaftsleben nicht nur bei uns versetzt haben. Dabei stößt man auf die säkularen Wandlungen, die sich in der Gegenwart geltend machen und ihr den Charakter einer Uebergangsepoche geben. Sie sind nur aus dem Wirken geschichtlicher

Kräfte, der in der Geschichte angelegten Dialektik, zu verstehen. Ist doch die Geschichte kein punktuelles Geschehen, sondern ein fortlaufendes Werden, in dem jeweils aus der Vergangenheit her Notwendigkeiten für Gegenwart und Zukunft vorgegeben sind. Kein Mensch kann aus der historischen Situation, in die er hineingeboren ist, aussteigen. Ebensowenig können dies Staaten und Völker. So kommt es darauf an, sich von diesen Zwangsläufigkeiten der Geschichte Rechenschaft zu geben.

Zum andern findet man einen Zugang zur Gestaltlehre durch eine Besinnung auf die innere, d. i. menschliche Situation, welche den tragenden Untergrund für alles äußere Geschehen im Wirtschaftsleben darstellt. Die menschliche Situation äußert sich in der geistigen Grundeinstellung, die der Mensch unserer Tage zu den wirtschaftlichen Dingen und Aufgaben hat, in seinem Wirtschaftsstil. Ist es doch von entscheidender Bedeutung, was dieser Gegenwartsmensch aus den auf ihn zukommenden geschichtlichen Notwendigkeiten macht. Bei allem übergreifenden Zwang, dem er in dieser Welt unterliegt, ist er doch keine Marionette des Geschichtsprozesses, sondern schließlich ihr Former und Gestalter. So kommt es darauf an, seinen Anteil am wirtschaftlichen Gegenwartsschicksal der abendländischen Kulturwelt herauszuarbeiten.

Diese beiden Gesichtspunkte, die Frage nach den Kräften der historischen Dialektik und nach der Eigenart des Wirtschaftsstils der Gegenwart sollen uns jetzt den Schlüssel zum Verständnis des geschichtlichen Schicksals der Volkswirtschaft an die Hand geben. Entsprechend wird der folgende Gedankengang in zwei Schritten entwickelt werden. Ein dritter Schritt soll dann aus diesen Gesichtspunkten die Folgerungen ziehen.

II. Die historische Dialektik

1. Die Merkmale der Dialektik in der Geschichte

Suchen wir zunächst die Kräfte der äußeren, historischen Dialektik freizulegen, so sieht man sich hier vor einen höchst komplizierten Tatbestand gestellt. Der Ablauf der Geschichte ist, darauf kommt es an, keine gradlinige Entwicklung. Er vollzieht sich als höchst spannungsvolles, dramatisches Geschehen, bei dem es immer wieder zu Brüchen mit der bisherigen Entwicklung, zu Wendepunkten, den bekannten Pendelschlägen der Geschichte kommt. Diese Veränderungen sind keine zufällig von heute auf morgen anbrechenden, sie sind vielmehr in der Logik der sozialen Welt angelegt.

Sie hängen hier entscheidend mit der Unvollkommenheit der menschlichen Veranstaltungen zusammen, mit der Tatsache, daß jede Ordnung des Zusammenlebens eine historisch einmalige, keine absolute ist. Die einmal historisch gewordene Sozialform hat ihre Blütezeit, dann kommt der Zeitpunkt, von dem ab sie sich selbst überlebt. Sie vergeht an ihren eigenen Unzulänglichkeiten, welche die Kräfte ihnen entgegengesetzter Gestaltungsprinzipien herausfordern und zur Entfaltung bringen. Kraft ihrer Schwächen tragen so alle sozialen Gestaltungen den Keim einer inneren Bewegung in sich, die sie schließlich an die Grenzen ihrer Lebensmöglichkeit zu ihrer Auflösung und Ueberwindung durch neue Gestalten sozialen Daseins hinführt. Das ist das Wirken der geschichtlichen Dialektik.

Vor der Macht dieser übergreifenden historischen Logik gibt es kein Ausweichen. Alles Anstürmen gegen sie ist von vornherein zum Scheitern verurteilt. Alles Streben, das ihr nicht Rechnung trägt, endet in ideologischer Verkrampfung. Dem Menschen bleibt daher ihr gegenüber nichts übrig als der Versuch, sich von diesen auf seine Gegenwart wirkenden geschichtlichen Kräften ein möglichst klares Bild zu machen und so den Raum abzustecken, in dem sein eigenes verantwortliches Handeln überhaupt sinnvoll ist. Zum Gestalter seines Schicksals kann er nicht im Gegensatz, sondern nur im Dienst an den Kräften der historischen Dialektik werden. Wenn er dazu bereit ist, wird sich herausstellen, was er aus diesen Notwendigkeiten zu machen weiß. Nur dadurch kann er sich den Aufgaben der geschichtlichen Stunde gewachsen zeigen.

2. Die hochkapitalistische Wirtschaft in der Dialektik

Aus solcher Perspektive fällt ein helles Schlaglicht auf den großen historischen Gestaltwandel, in den unsere Tage gestellt sind. Was wir um uns herum erleben, ist der Zerfall jenes Wirtschafts-

und Sozialgebäudes, das von unseren Urgroßvätern mit größten Hoffnungen begrüßt, dazu berufen zu sein schien, das menschliche Dasein auf eine höhere Stufe der Vollkommenheit zu stellen: der hochkapitalistischen Wirtschaft. Wie arg sind alle diese Fortschrittshoffnungen enttäuscht worden! Wie sehr hat dies Wirtschaftssystem sich als ein höchst gekünsteltes und von irrationalen Kräften getragenes Kartenhaus erwiesen! Nach den verschiedensten Seiten ist das System durch seine innere Dynamik an die Grenzen einer Existenzfähigkeit herangeführt worden.

Dabei schien es lange der wirtschaftlichen Vernunft letzter Schluß zu sein. Kapitalistische Wirtschaft, das bedeutete den Inbegriff aller modernen Wirtschaftsprinzipien, einmal die Ueberlassung der wirtschaftlichen Initiative an die privaten Erwerbskräfte, die Förderung der Tüchtigkeit durch den Wettbewerb, die Einsetzung des Konsumentenbegehrs als Richter über den Wirtschaftserfolg, dann den Sieg der unternehmerischen Produktionsweise, die Verselbständigung der ökonomischen Ratio in der Unternehmung als einem nur ihrer eigenen Logik gehorchenden Zweckgebilde, schließlich und als wichtigstes Kriterium die Steuerung der Gesamtwirtschaft durch den sich selbst überlassenen Markt, durch dessen Eigengesetzlichkeit und die Regulierung des Gesamtmarktes durch seinen reagibilsten Teilmarkt, den Kapitalmarkt. Die gewaltige Leistungssteigerung der kapitalistischen Volkswirtschaften schien für die Ueberlegenheit des Wirtschaftssystems eine eindeutige Sprache zu reden. Und trotzdem haben sich solche Meinungen als trügerisch erwiesen! Die viel gepriesene kapitalistische Wirtschaft ist heute nicht mehr lebensfähig, sie befindet sich in voller Auflösung.

Der Marktautomatismus funktioniert nicht mehr mit der alten Elastizität. Durch das steigende Hervortreten des Anlagekapitals wird eine sinkende Reagibilität und Reaktionsfähigkeit des Marktes bewirkt. Die Konkurrenz ist zunächst in ruinöse Konkurrenz, dann in Konkurrenzausschlüsse umgeschlagen. Die Kapitalakkumulation entzieht sich mit zunehmender Selbstfinanzierung der Steuerung durch den Kapitalmarkt. Dieser verliert daher seine beherrschende Stellung. Die Produktion gehorcht nicht mehr den Weisungen des Marktes, sondern gewinnt mehr und mehr

Herrschaft über ihn. Die Verteilung wird immer weniger durch Leistungswettbewerb und immer mehr durch wirtschaftliche Machtstellung bestimmt.

Die innere Dynamik des Systems, die man zunächst als wirtschaftlichen Fortschritt pries, ist vor allem für die steigenden inneren Schwierigkeiten der hochkapitalistischen Wirtschaft verantwortlich zu machen. Aus ihr wuchsen die Konjunkturen mit ihren Krisen hervor, die in der Jugend des Systems durch den Marktautomatismus schnell überwunden werden konnten, die mit seinem zunehmenden Alter aber immer größere Störungen verursachten. Auch das hängt vorwiegend mit der wachsenden Bedeutung des Anlagekapitals und der sinkenden Umstellungsfähigkeit der Produktion zusammen. Besonders in internationaler Hinsicht ergaben sich für das System im Laufe seiner Entwicklung wachsende Reibungen.

Der Weltmarkt kapitalistischer Prägung hatte zu einer bisher unerhörten Extensivierung der internationalen Arbeitsteilung geführt. Sie war von einer starken Vereinseitigung der volkswirtschaftlichen Strukturen, der bekannten Herausbildung von Industriestaaten einerseits, von Agrarstaaten (in äußerster Zuspitzung von Monokulturen) andererseits begleitet. Das machte auf der einen Seite eine gewaltige Reichtumssteigerung möglich, bewirkte auf der anderen Seite aber eine außerordentliche Empfindlichkeit aller weltmarktabhängigen Volkswirtschaften gegen Störungen der internationalen Arbeitsteilung. Diese machten sich aber seit dem Ende des 19. Jahuhunderts und der zunehmenden Internationalisierung der Konjunkturen und Krisen immer peinlicher bemerkbar. Auf das Schwerste wurde dies System der internationalen Arbeitsteilung aber durch die Erschütterungen des 1. Weltkrieges getroffen. Damals zeigte sich die innere Gebrechlichkeit dieses Gebildes mit erschütternder Deutlichkeit. So ist es nicht überraschend, daß dieser Krieg zu einem wichtigen Motor der für das 20. Jahrhundert kennzeichnenden wirtschaftlichen Strukturwandlung geworden ist.

Kriege haben auf dem Boden des wirtschaftlichen und sozialen Lebens immer eine treibhausähnliche Bedeutung. Sie gleichen Brutkästen, die durch die von ihnen entfaltete Hitze in kurzer Zeit das zuwege bringen, was bei normaler Entwicklung sich ganz langsam vollzogen hätte. Das galt für den ersten Weltkrieg, das trifft auch für den letzten Krieg zu.

Die durch den ersten Weltkrieg zutage geförderten Strukturwandlungen des Weltmarktes haben das gesamte Wirtschaftsleben der Welt in der Periode zwischen den beiden Kriegen überschattet. Die alte internationale Arbeitsteilung war unmöglich geworden. Besonders die durch den Krieg geförderte Industrialisierung bisheriger Agrar- und Rohstoffländer hatte den Weltmarktbedarf so verlagert, daß die alten europäischen Exportindustrien in schwerste strukturelle Krisen gerieten. Auf dem Weltagrarmarkt war es ähnlich. Einer Ausdehnung der Massenerzeugung in Uebersee bei steigenden Kapitalinvestitionen stand ein gesunkener europäischer Bedarf gegenüber. Durch Reagrarisierungsbestrebungen der Industriestaaten wurde das Dilemma bald noch verschärft. Aus diesen Grundtatsachen wuchs die Unzahl der Wirtschaftsnöte aller Welt zwischen beiden Kriegen hervor. Die Tatsachen sind allzu bekannt, als daß sie näherer Erläuterung bedürften.

Aber nicht nur in bezug auf das Funktionieren ihrer Apparatur hat die hochkapitalistische Wirtschaft seit Beginn des 20. Jahrhunderts immer mehr versagt. Ihre Grenzen traten schon vorher von einer ganz anderen Seite aus hervor. Das System hat sich vor allen Dingen auch *in menschlicher Hinsicht* festgefahren. Lag es doch von Anfang an in seinem Wesen, daß der Mensch zu einem Objekt der Marktautomatik entwürdigt wurde. Fragte diese schon grundsätzlich nicht nach den Rückwirkungen auf den Menschen, so ergaben sich mit wachsender Schwerfälligkeit des Systems immer größere Reibungen. Existenzunsicherheit verbunden mit Arbeitslosigkeit und Lohndruck, ferner Monotonie der Arbeit, Gesundheitsgefährdung durch schlechte Arbeitsbedingungen, psychische Bedrückung durch herrschaftlichen Zwang im Betriebe raubten dem arbeitenden Menschen immer mehr die Möglichkeit einer sinnvollen wirtschaftlichen Existenz.

Aus diesen Wurzeln wuchs mit der Entleerung des Arbeitslebens die große soziale Problematik hervor, mit der die kapitalistische Wirtschaft je länger desto mehr belastet war. Es entstand die soziale Bewegung, die sich mit Leidenchaft gegen den von ihr auf den Menschen ausgeübten Zwang auflehnte, die durch die in ihr lebendigen revolutionären Kräfte das ganze System kurzerhand zu zertrümmern drohte.

Durch alle diese Unzulänglichkeiten sind Gegenkräfte gegen die hochkapitalistische Ordnung des Wirtschaftslebens ausgelöst worden, ist es Schritt für Schritt zu einem Abbau seiner Wirtschaftsprinzipien gekommen. Der Marktautomatismus wurde zunächst durch private Abreden eingeschränkt, mußte dann einer wirtschaftspolitischen Marktlenkung weichen. Der arbeitende Mensch wie der Unternehmer wurden mehr und mehr sozial- und wirtschaftspolitischen Normen unterworfen. So wuchs aus dem System der freien Marktwirtschaft dasjenige einer Wirtschaftslenkung hervor. Der Preis, insbesondere der Zins, wurde seiner beherrschenden Stellung entkleidet, wirtschaftspolitische Zielsetzungen traten in den Vordergrund. Das sind in groben Zügen die Merkmale, von denen her der Gestaltwandel des Wirtschaftslebens unserer Tage verständlich wird.

3. Die sozialen Hintergründe der dialektischen Wandlungen

Die freie Marktwirtschaft wird durch eine gelenkte Marktwirtschaft abgelöst. Das planende Element gewinnt in ihr eine laufend steigende Bedeutung. Dadurch wachsen wir von Tag zu Tag mehr aus dem Zeitalter des Marktautomatismus in dasjenige der Planwirtschaft hinein. Diese hat freilich ein anderes Gesicht, als das die kommunistischen Ideologien der Vergangenheit erträumten. Sie ist keine totale, welche die Einzelpläne der privaten Haushalte völlig ausschaltet und damit auch den Marktzusammenhang ertötet. Sie überhöht die Marktwirtschaft durch ihren planenden Ordnungswillen. Dabei zeigt sich, daß es verschiedene Möglichkeiten für die Ausgestaltung der Planwirtschaft gibt, entweder dadurch, daß der Markt in vollem Umfange erhalten bleibt und nur der Lenkung unterworfen wird oder dadurch, daß er teilweise durch direkte staatliche Steuerung ersetzt wird, ferner teils dadurch, daß die Umsetzung der Planung in die Tat dezentralistisch der Selbstverwaltung größerer oder kleinerer Gruppen überlassen bleibt, teils dadurch, daß eine zentralistische Durchsetzung des Gesamtwirtschaftsplanes erfolgt.

Der Uebergang zur Planwirtschaft bedeutet aber nicht nur den historischen Sieg eines neuen Steuerungsprinzips im Wirtschaftsleben. Hinter dieser Oberflächenerscheinung stehen tiefgreifende Wandlungen in der Gestaltung des menschlichen Zusammenlebens. Das sieht man deutlich, wenn man den Blick auf die sozialen Hintergründe dieses Geschehens richtet. Dann erkennt man, daß der Uebergang von der freien Marktwirtschaft zur Planwirtschaft zugleich den Sieg der sozialistischen Wirtschaft über die hochkapitalistische Wirtschaft bedeutet.

Dies zuzugeben, ist heute keine Sache politischer und weltanschaulicher Gesinnung mehr, sondern allein der Anerkennung geschichtlicher Notwendigkeiten. Nicht ob wir den Sozialismus wollen, ist heute eine an uns gestellte Frage, sondern allein was für einen Sozialismus wir wollen, steht jetzt zur Entscheidung. Die Klärung dieses „Was" ist wesentlich auf die sorgfältige Prüfung der historischen Situation, auf die Beachtung der Lehren angewiesen, welche die Geschichte mit ihren sozialen und sozialistischen Experimenten aus den letzten Jahrzehnten an die Hand gibt. Nur ein Sozialismus, der den sozialen Problemen unseres Zeitalters Rechnung trägt, wird die Zukunft gestalten können. Darum hängt heute so Entscheidendes von der sorgfältigen Analyse dieser sozialen Gegenwartsproblematik ab.

Sie ist vor allem durch die sozialen Kulturkrankheiten des 20. Jahrhunderts gekennzeichnet. Drei große Komplexe werden dadurch bezeichnet. Da ist einmal der Tatbestand des Geburtenschwundes, der seit Jahrzehnten an dem völkischen Bestand der alten europäischen Kulturvölker nagt und bei Fortgang der bisherigen Entwicklungstendenz ihre Zukunft schon unter biologischen Gesichtspunkten sehr fragwürdig werden läßt. Da ist zum andern die Landflucht als Ausdruck für die Auflösung der alten Volksordnung und der durch sie bewirkten Bindung des Menschen an traditionale Formen des Zusammenlebens.. Sie reißt die Menschen aus ihren alten Ordnungen heraus, ohne sie in neue hineinzuführen, gefährdet zugleich aber mit der Preisgabe der Bodenständigkeit und der agrarischen Produktion auf ihre Weise die Volksexistenz. Da ist schließlich die Arbeiterfrage als die Kehrseite der sich auflösenden alten Volksordnung, nämlich als Ausdruck der fehlenden Ordnung des Zusammenlebens bei den aus den alten Ordnungen herausgeworfenen Menschen. Der Arbeiter fühlt sich als außerhalb der bestehenden Gesellschaftsordnung stehend, als vom Schicksal benachteiligt, als zu einem Sklaven- und Kärrner-Dasein verurteilt. So lehnt er sich gegen die überkommene Ordnung auf, die daher von innen heraus gesprengt zu werden droht.

Diese Kulturkrankheiten kann man nur verstehen, wenn man sie als Begleiterscheinungen des Zeitalters begreift, aus dem sie hervorgewachsen sind. Das ist wiederum die hochkapitalistische Epoche, die uns hier ihr soziales Gesicht zukehrt. Man erkennt, daß ihr Wirtschaftsgebäude nur auf der Grundlage eines Sozialgebäudes möglich war, das mit jenem zusammen in die Krise ihrer Existenz getrieben wurde. Wiederum war es die innere Dynamik des Systems, welche seine eigene Auflösung bewirkte.

Träger dieses wirtschaftlichen und sozialen Systems aber war eine soziale Schicht, die ihm und der dadurch gekennzeichneten Epoche ihren Stempel aufdrückte. Das war das Bürgertum. Damit ist eine für das Verständnis des gesamten Zusammenhanges entscheidende Feststellung gemacht. Nur wenn man den bürgerlichen Charakter dieser ganzen Periode sieht, erschließt sich ihre historische Besonderheit. Der dritte Stand, der sich in den großen Revolutionen von 1688 in England, von 1789 in Frankreich, der sich 1783 in den USA, durch die napoleonischen Kriege in Deutschland als politisch mündig erklärt[1]) und als Nation konstituiert hatte, formte sich seinen Staat, seine soziale Welt und seine Wirtschaft. Die hochkapitalistische Wirtschaft war ein bürgerliches Wirtschaftssystem, das aus bürgerlichen Wertungen und bürgerlichem Geist geboren, von bürgerlichen Idealen und Strebungen getragen wurde, aus bürgerlichen Zielsetzungen seine innere Dynamik, seine Entwicklung ableitete.

Die leitenden Ideen, die bei der Geburt des bürgerlichen Sozialsystems Pate standen, waren diejenigen der Vernunft und des Fortschritts. Mit ihnen verband sich eine politische Leitidee, deren Bedeutung oft nicht in gleicher Weise wie diese gewürdigt worden ist. Das ist der nationale Gedanke. Das bürgerliche Zeitalter war, das

---

[1]) Vgl. den Hinweis auf die politische Bedeutung dieser Revolutionen bei Otto Hintze, Zur Theorie der Geschichte, Leipzig 1942, S. 136 ff.

erkennt man heute deutlich im Rückblick auf seine Geschichte, das nationale Zeitalter, die Epoche des Selbstbestimmungsrechtes der Völker, die Zeit, in der man bemüht war, aus der Nationalität, dem nationalen Bewußtsein und dem nationalen Wollen der Menschen das maßgebliche politische Gestaltungsprinzip zu machen. Im Glauben an die Macht des nationalen Gedankens und die von ihm ausgelösten nationalen Kräfte, die sich in Freiheit und von der Vernunft geleitet entfalten sollten, ist die bürgerliche Welt aufgebaut worden. So schuf sich das Bürgertum seinen Staat als den modernen Nationalstaat, so schuf es sich seine Wirtschaft als die Nationalwirtschaft.

Was wir als die Volkswirtschaft zu bezeichnen gewohnt sind, war in der Vergangenheit die bürgerliche Nationalwirtschaft. Hochkapitalistische Wirtschaft und bürgerliche Nationalwirtschaft sind nur zwei Seiten ein und desselben Tatbestandes, einmal von der Seite seiner inneren Ordnung her, das andere Mal als historisches Gebilde von außen betrachtet. Dieser nationalwirtschaftliche Charakter des Wirtschaftssystems der Vergangenheit wird deutlich greifbar, wenn man den Blick auf die Herausbildung der hochkapitalistischen Weltwirtschaft lenkt. Dann sieht man, wie die bürgerlichen Ideen der in Freiheit entfalteten Initiative der Einzelmenschen und des dadurch unter ihnen ausgelösten Wettbewerbs mit der Wirkung einer Auslese der Tüchtigsten auch auf das zwischenvölkische Dasein übertragen worden sind. Einen Leistungswettbewerb erstrebte man unter der Parole des free trade auch auf dem Weltmarkte. Wenn jeder Unternehmer auch nur seinem persönlichen Interesse folgte, so verstand er sich doch, wie kosmopolitisch er im übrigen gesonnen sein mochte, letztlich als Angehörigen seines Volkes, so folgte seinem privaten Handel seine nationale Flagge, so war sein Geschäft Ausdruck des Leistungswettbewerbs der Völker.

Im innervölkischen wie im übervölkischen Raum ist es daher dasselbe Prinzip des Wettbewerbs, das durch die Kraft der Leistungsentfaltung das Zusammenleben der Menschen gestaltet. Auch das innere Wirtschaftsleben gewinnt, indem der Wettbewerb die Kräfte anspannt und die Leistungsfähigsten nach oben treibt, nationale Bedeutung. Auf seiner Grundlage steht die Nation schließlich im wirtschaftlichen Wettbewerb der Völker. Je schwächer die im Innern entwickelten Wirtschaftskräfte, um so eher werden sie von den überlegenen Leistungen des Auslandes verdrängt werden.

Daß dieser nationale Gedanke im kapitalistischen Zeitalter durch das Bürgertum getragen wurde, ist für das Verständnis des Zusammenhanges von ausschlaggebender Bedeutung. Der innere Zusammenhang zwischen der Vormacht des Bürgertums im sozialen Leben der abendlichen Völker und dem nationalen Gedanken als der seine Politik tragenden Idee ist nicht schwer zu durchschauen. Er geht auf dieselben Wurzeln zurück, denen die Ideen der Vernunft und des Fortschrittes entsprossen sind. Der moderne diesseitig orientierte Mensch, der mit seiner Vernunft diese Welt zu durchdringen und sich dienstbar zu machen bestrebt war, entdeckte nicht nur die Naturgesetzlichkeit, sondern zugleich auch die Individualität alles Menschlichen. Das Individuum und die Persönlichkeit wurden für ihn zu einem besonderen Wert. Die Hochschätzung der Individualität erstreckte sich aber nicht nur auf die Einzelpersonen, sondern auch auf die Menschengruppen, besonders die natürlich gewachsenen in Familie, Stamm und Volk. So entfaltete der moderne Mensch auch das Selbstbewußtsein dieser Blutsgruppen. Vor allem breitete sich ein Bewußtsein von der Sonderart der Völker aus.

Dies hat lange keine geschichtsformende Kraft besessen. Sie entfaltete sich erst, als das Bürgertum von dem kapitalistischen, dynamischen Geiste, d. h. vom Fortschrittsstreben, so weit erfüllt war, daß es seine Energien nicht nur auf wirtschaftlichem, sondern auch auf politischem Felde einzusetzen bemüht war. Da begann es mit der Verkündigung der Volkssouveränität, strebte es nach Volksherrschaft. So würde es sich der politischen Möglichkeiten, die im Volkstum und im willensmäßigen Zusammenhalt des Volkes liegen, bewußt. Auf diese Weise machte es aus dem bisher unpolitischen Volksbewußtsein einen politischen Faktor.

So entstand die *Nation* im modernen Sinne *als das seiner Sonderart und seines Eigenwertes bewußte Volk, das sein Schicksal selbst in die Hand zu nehmen gewillt ist.* Das nationale Wollen, das auf Selbstbestimmung gerichtet ist, wurde zu dem das Volk als Nation innerlich einenden Band. Damit wurde ein für die gesamte abendländische Entwicklung entscheidender Schritt getan. Es wurde ein politisches Gestaltungsprinzip auf den Thron gehoben, welches das ganze bürgerliche Kulturgebäude prägen sollte. Trotz des Fehlens alles äußeren Zwanges und trotz der Handlungsfreiheit jedes einzelnen entstand so ein Sozialgebilde von bisher ungekannter innerer Festigkeit, zugleich von einer unerhörten Schlagkraft. Das innere, unausgesprochene, weil allzu selbstverständliche Einverständnis des Menschen wird zum bewegenden Motor der Geschichte. Das ist nach den berühmten Worten von Ernest Renan das Geheimnis der Nation als einer „grande solidarité", einer „conscience morale" und eines „plébiscite de tous les jours."[2])

So bildete sich der Nationalstaat als der von diesem inneren Zusammenhalt des Bürgertums und seinem politischen Wollen getragene Staat. Der Volkswille, verkörpert im Bürgertum, begründete seine Souveränität. So entstand die Nationalwirtschaft als die aus dem gemeinsamen Wollen des Bürgertums hervorwachsende Wirtschaftseinheit, als ein Wirtschaftsgebilde, das nicht mehr wie die Territorialwirtschaft des merkantilistischen Zeitalters künstlich durch staatliche Bande von außen her zusammengehalten werden mußte. Alle Versuche, die hochkapitalistische Volkswirtschaft auf solche etatistische Weise verständlich zu machen, gehen fehl, weil sie an der historischen und sozialen Situation vorbeisehen. Was für die Zeit des absoluten Staates zutraf, gilt nicht mehr für die Epoche des Nationalstaates. In ihr verselbständigte sich die Wirtschaft dem Staate gegenüber, wie oft betont wurde.

Das bedeutete nicht nur, daß die Wirtschaft als solche autonomisiert wurde, sondern auch, daß das Wirtschaftsgebilde der Zeit aus eigener Kraft im Leben stand, in sich selbst seinen Einheitsbezug trug, eben das gemeinsame Wirtschaftswollen des Bürgertums. Seine dynamischen Kräfte haben, wie man oft gesehen hat, die moderne wirtschaftliche Entwicklung getragen. Sie haben zugleich aber, wie man meist übersah, in ihrer nationalen Färbung trotz aller liberalen

---

[2]) Ernest Renan Qu'est-ce qu'une nation? in seinem „Discours et conférences", hier zitiert nach Hans Freyer, Der politische Begriff des Volkes, Neumünster 1935 S. 7 u. 10.

Bestrebungen als inneres Bindemittel des Volkes gewirkt, welches das Volksganze magnetartig zusammenhielt.

Diese innere Festigkeit der Nation und ihres Wirtschaftsgebildes war allerdings mit einem großen Opfer erkauft worden, das lange nicht deutlich hervortrat. Es bestand darin, daß der Zusammenhalt der Nation kein totaler war, sondern nur von e i n e r sozialen Schicht, dem Bürgertum, getragen wurde, indem es die anderen an sich band, in sein Schlepptau nahm. Der dritte Stand wurde zum Träger des Nationalstaates und der Nationalwirtschaft. Als pars pro toto suchte er in sich die Gesamtheit des Volkes zu verkörpern. Er handelte politisch und wirtschaftlich immer für dies Volk und im Namen des Volkes. Durch seine Energien suchte er das Volksganze mit sich fortzureißen. Er überfärbte das Ganze in seinen nichtbürgerlichen Schichten von seinen Wertungen und Zielsetzungen her. Der Angehörige des Staates war der Staats„bürger", das Ganze war die „b ü r g e r l i c h e" G e s e l l s c h a f t.

Nur so, von der stellvertretenden Stellung des Bürgertums für das Volksganze her darf man die moderne Nation, den Nationalstaat und die Nationalwirtschaft verstehen. Darin liegt ihr bürgerlicher Charakter. Darin liegt aber auch die Gebrechlichkeit dieses Sozialgebäudes. War es doch nur solange lebensfähig, als das Bürgertum mit innerem Recht im Namen des Volksganzen auftreten konnte, als sich ihm keine anderen politischen und sozialen Ideen entgegenstellten, als die anderen Volksschichten sich willig der bürgerlichen Führung anvertrauten.

Die magnetisch das Volksganze zusammenhaltende Kraft des Bürgertums konnte nur so lange störungslos wirken, als die anderen Volksschichten noch in mittelalterlicher Gebundenheit verharrten, stationär blieben. Je mehr aber ihre traditionellen Bindungen aufgelöst wurden, eine unbürgerliche, dynamisierte soziale Schicht entstand, um so mehr mußte die vom Bürgertum geschaffene Einheit des Volksganzen in die Brüche gehen.

Für eine solche Auflösung der bürgerlichen Gesellschaft hat das Bürgertum selbst durch die Dynamisierung seiner gesamten Umwelt gesorgt. Damit zugleich ist es selbst in eine schwere Krise seiner geistigen, politischen und sozialen Existenz geraten. Es ist heute nicht mehr die führende und im öffentlichen Leben tonangebende soziale Schicht, deren Ideen und Wertungen von den anderen Volksschichten bedenkenlos bejaht werden. Was wir in den Stürmen der Weltkriege des 20. Jahrhunderts erlebt haben, ist der soziale und wirtschaftliche Existenzkampf des Bürgertums. Auch politisch hat es seine Führungsrolle ausgespielt, seit es aus der Mitte des sozialen Lebens verdrängt worden ist.[3]) Damit gehört der bürgerliche Nationalstaat der Vergangenheit an. Noch 1918 konnte das nationale Prinzip als das Selbstbestimmungsrecht der Völker die Köpfe beunruhigen, wenn sein Scheitern an der politischen Wirklichkeit in den folgenden Jahren auch schon zeigte, daß seine Zeit vorbei war. 1945 ist es um das Prinzip ganz still geworden. Es gehört einer heute versunkenen Welt an.

Was für den Nationalstaat gilt, trifft aber ebenso für die Nationalwirtschaft zu. Auch sie hat mit dem sozialen und wirtschaftlichen Zusammenbruch des Bürgertums ihr Ende gefunden. Neue Kräfte bewegen heute das wirtschaftliche, soziale und politische Leben. Nur solange als das Bürgertum in seiner sozialen Stellung unangetastet war, konnte es seine Wirtschaftsprinzipien der Gesamtwirtschaft des Volkes aufprägen. Heute ist aber an seiner Stelle eine andere Schicht in das Zentrum des sozialen Lebens getreten. Das ist das Arbeitertum. Im Schoße des bürgerlichen Zeitalters herangewachsen, hat es immer mehr Bedeutung im öffentlichen Leben gewonnen. So erleben wir es, wie seine formenden und prägenden Kräfte heute von Tag zu Tag mehr das gesamte menschliche Zusammenleben färben. Der Arbeiter ist zur beherrschenden Sozialfigur

[3]) Zur Vermeidung von Mißverständnissen sei betont, daß hier nicht das Ende des Bürgertums schlechthin verkündet werden soll. Der Bürger ist nicht nur eine Figur des „bürgerlichen Zeitalters", wenn ihm auch in diesem eine besondere geschichtliche Mission zugefallen ist. Darum konnte Georg Weippert schreiben, daß man den bürgerlich-kapitalistischen Menschen nicht mit dem Bürger überhaupt gleichsetzen dürfe. „Der Bürger überhaupt ist ein Typus von viel weiterem historischem Umfange und wesentlich größerem menschlichen Tiefgang. Der bürgerlich-kapitalische Mensch ist eine Zersetzungserscheinung und Zersetzung herbeiführend, der ‚Bürger' hingegen ist in seinem Kern bewahrend, traditional eingestellt und dennoch Neuem zugänglich." S. Georg Weippert, Daseinsgestaltung, Leipzig 1938, S. 59.

unserer Tage geworden, so wie es der Bürger einmal gewesen ist. Nicht mehr ein Bürger, sondern ein Arbeiter zu sein, ist heute der Stolz des Mannes aus dem Volke. Das Volksganze stellt sich dem Zeitgeist nicht mehr als die bürgerliche Gesellschaft, sondern als das „arbeitende Volk" dar.

Mit dem Hervortreten des Arbeitertums gewinnt das öffentliche Leben einen veränderten Anstrich. Ganz neue Lebenserfahrungen, ein neues Lebensgefühl und neue Wertungen setzen sich in ihm durch. So ist auch sein wirtschaftliches Wollen auf ganz andere Ziele als dasjenige des Bürgers gerichtet. Im Zeichen dieses Wandels steht unsere Gegenwart. Diese sozialen Wandlungen, die in der geschichtlichen Dialektik unseres Jahrhunderts längst angelegt waren, haben durch den 2. Weltkrieg eine große Beschleunigung erfahren. Er hat besonders bei uns in Deutschland dem sozialen Zusammenbruch des Bürgertums in ungeahntem Maße Vorschub geleistet, hat zugleich die Kräfte des Arbeitertums wie nie zuvor zur Entfaltung gebracht.

4. Von der bürgerlichen Nationalwirtschaft zur arbeiterlichen Gemeinwirtschaft.

Nur von hier aus erschließt sich die Frage nach dem Schicksal der Volkswirtschaft. Sie ist als die Wirtschaft, die von den Kräften und dem Wollen des nach selbstverantwortlicher Gestaltung seines Schicksals strebenden Volkes getragen wird, zu bestimmen. Das ist diejenige Begriffsfassung, die der historischen Sonderart des Wirtschaftsgebildes Rechnung trägt und zugleich den Zugang zu dem sozialen Geschehen eröffnet, das ihr zugrunde liegt und sich in ihrem Rahmen abspielt.[4]) Eine solche Bestimmung des Wesens der Volkswirtschaft zielt auf den großen politisch-sozialen Zusammenhang, aus dem heraus das eigentümliche moderne Wirtschaftsgebilde erst möglich geworden ist. Die für sie entscheidende Voraussetzung ist aber der Tatbestand des nach Selbstbestimmung seines Schicksals

[4]) Dieser Begriff ist erst möglich geworden auf Grund der Vorarbeit, die Max Hildebert Böhm in seinem „Eigenständigen Volk" (Göttingen 1932) geleistet hat. Sein Kapitel über den Begriff der Volkswirtschaft bedeutet einen der wesentlichsten Beiträge, die seit Jahrzehnten zu diesem Problem geliefert worden sind. Wenn der Volkswirt ihm bei seiner Begriffsfassung trotzdem nicht zu

drängenden Volkes. Ohne diese politische Voraussetzung wäre die moderne Volkswirtschaft nicht möglich geworden. Es kommt darin die durch Rationalisierung und Fortschrittsstreben des modernen Menschen bewirkte Dynamisierung des Volkslebens zum Ausdruck, die sich in den obengenannten Revolutionen entlud. Es wird damit aber eine Voraussetzung für die Gestaltung des Wirtschaftslebens bezeichnet, die auch für unsere Tage noch bedeutsam ist, obschon sie sich in anderem Lichte als 1688 oder 1789 darstellt.

Es ist eine Tatsache, daß die innere Dynamik des Volkslebens nicht geschwunden ist, sondern an Ausdehnung und Intensität gewonnen hat. Das Verlangen nach selbstverantwortlicher Schicksalsgestaltung wird heute aber nicht mehr vom Bürgertum, sondern vor allem von der im kapitalistischen Zeitalter erst herangewachsenen Schicht des Arbeitertums getragen. Sein Hervortreten bedeutet daher, daß der Sinn einer selbstverantwortlichen Schicksalsgestaltung des Volkes heute nicht mehr in einem bürgerlichen, sondern immer stärker in einem arbeiterlichen Sinne gesehen wird.

Der Versuch des dritten Standes, in sich als pars pro toto das Gesamtvolk zu verkörpern und dies zu vertreten, wenn es als Nation sein Zusammenleben gestaltet, muß als gescheitert betrachtet werden. Das ist die Lehre der Geschichte aus den letzten Jahrzehnten — ungeachtet all der großen Leistungen des bürgerlichen Zeitalters, worüber hier nicht gerechtet werden soll. Es wäre sträflich, davor die Augen zu verschließen. Man mag den Niedergang des Bürgertums bedauern, besonders wenn man selbst seiner Welt mit wesentlichen Teilen seiner geistigen und kulturellen Existenz verhaftet ist. Es ist das aber ein unausweichliches Schicksal.

Den Grundsatz der selbstverantwortlichen Schicksalsgestaltung durch das Volk für das Volk, hat sich jetzt der vierte Stand zu eigen gemacht, der nun mit dem Anspruch auftritt, das eigentliche

folgen vermag, so liegt das daran, daß bei Böhm das Wesen der Volkswirtschaft ganz auf die Volksdisziplin, auf den Einsatz der völkischen Wirtschaftskräfte im Selbstbehauptungskampf der Völker gestellt wird. So wichtig diese dynamische Auffassung ist, so geht darüber doch der Gebildecharakter der Volkswirtschaft verloren. Das bedeutet gegenüber der statischen Auffassung der Volkswirtschaft in der Vergangenheit aber, daß man das Kind mit dem Bade ausschüttet.

Volk darzustellen, der mit seinen Wertungen und von seinen Lebensbedürfnissen her zunehmend die ganze politische und soziale Welt prägt. Das ist der Boden, von dem her der Strukturwandel der Volkswirtschaft verständlich wird. So wie die Volkswirtschaft der Vergangenheit die bürgerliche Nationalwirtschaft war, so formt das Arbeitertum sich sein Volk, so wachsen aus dem zu politischem Bewußtsein erwachten Arbeitervolk ein arbeiterlicher Staat und ein arbeiterliches Wirtschaftsgebilde hervor.

Der Staat der Zukunft, dem der vierte Stand als seinem Ideal zustrebt, ist der Gemeinschaftsstaat, das Wirtschaftsgebilde der Zukunft aber die arbeiterliche Gemeinwirtschaft. Die Volkswirtschaft der Vergangenheit war eine Wirtschaft des Volkes, im Grunde nur aus der Perspektive des Bürgertums, das ihr seinen Geist eingehaucht hatte. Die Volkswirtschaft der Arbeiterwelt sucht aus den Schwächen der bürgerlichen Nationalwirtschaft Folgerungen zu ziehen. Sie zielt daher auf Erfüllung der volkswirtschaftlichen Idee, auf eine echte Gesamtwirtschaft des Volkes, die getragen ist von den Gemeinschaftskräften der breiten Volksschichten, auf eine Gemeinschaftswirtschaft des arbeitenden Volkes.

Die innere Notwendigkeit, mit der sich dieser Wandel vollzieht, kann man nur verstehen, wenn man einen Blick auf die dies Geschehen tragende soziale Figur, auf den Arbeiter, wirft. Nach 150 Jahren des Suchens und Tastens gewinnt er heute als sozialer Typus Gestalt. Die ganze Arbeiterbewegung findet ihren letzten Sinn in unseren Tagen darin, daß der Arbeiter sich selbst findet. Noch nach dem letzten Krieg konnte Henrik de Man[5]) von der Verbürgerlichungstendenz des marxistischen Arbeiters sprechen. Jetzt streift er mehr und mehr die bürgerliche Verkleidung ebenso ab wie die Manieren des wilden Revolutionärs. Die Minderwertigkeitskomplexe, die de Man hinter dem Verbürgerlichungsbestreben sah, sind geschwunden. In seinem Selbstbewußtsein liegt gerade die besondere Kraft des Arbeiters. „Alle Räder stehen still, wenn dein starker Arm es will!“ Mit jugendlichem Elan erobert er sich das öffentliche Leben.

---

[5]) H. de Man, Zur Psychologie des Sozialismus, Jena 1926.

Je mehr aber der soziale Typus des Arbeiters unserer Zeit den Stempel aufdrückt, um so mehr setzt sich seine Daseinshaltung in unserem Leben durch. Diese ist geformt durch die besonderen Erlebnisse seiner Arbeitswelt. Dreierlei ist es, was sie inhaltlich bestimmt. Da ist einmal die Abhängigkeit seiner Existenz. Sie wird als unausweichlich hingenommen, nachdem das bürgerliche Freiheitsideal aufgehoben wurde. Wahre Freiheit besteht nur in Bindungen. So wird das Leben in der Hierarchie hingenommen. Er fügt sich ihr in einer Art soldatischer Haltung ein. Ein Genossenschaftsgeist macht sie ihm grundsätzlich erträglich (so große Probleme hier im einzelnen auch noch bestehen mögen, deren Lösung eine der großen wirtschafts- und sozialpolitischen Aufgaben der Zukunft sein wird.)

Da ist zum andern die Bestimmtheit seines Lebens durch die moderne, rationale Technik. Es ist ganz in eine technisierte Welt eingebettet. Dadurch ergibt sich eine Fahrplanmäßigkeit seines Lebensrhythmus. Seine Arbeit ist durch die Technik bestimmt. Daher kennt er den Stolz auf die individuelle Qualitätsleistung, wie er den Handwerker beseelt, nicht mehr. Er ist „Funktion“ in einem Gesamtarbeitsprozeß geworden, kann sich nur durch die Zugehörigkeit zu ihm über sich selbst hinausgehoben fühlen. Darum hat er eine Arbeitsehre, die sich von dem Ganzen, in dem er steht, ableitet. Die Technik gibt auch seinem Dasein außerhalb der Arbeit das Gepräge: Straßenbahn, Omnibus geleiten ihn zur Arbeit, nach Hause, zu den Plätzen seines Erholungslebens. Das Radio, die Zeitung, der Film füllen wesentliche Teile seiner Freizeit aus.

Da ist schließlich sein Leben in der Menge. Er ist nur einer unter Hunderttausenden, die sein Schicksal teilen. Das sind die Genossen, zu denen er sich hingezogen fühlt. Als „Funktion“ ist er nur ein Rädchen in einem großen Räderwerk, dem er sich allein ohnmächtig ausgeliefert fühlt. Aber er sucht diese Ohnmacht zu überwinden, indem er Stütze an den Schicksalsgenossen erstrebt. Der Masse, die sie alle zusammen bilden, sucht er durch die „Organisation“ Herr zu werden. So schafft er sich einen künstlich gestalteten Lebensraum: Gewerkschaften, Schrebergartenvereine, Sportvereine, Arbeiterbildungsvereine usw. Daher ist er bemüht, diese Organisationen mit seinem Geist zu erfüllen. Dieser Geist ist ein genossenschaftlicher, er strebt nach Gemeinschaft. Wo der Bürger Nation und Freiheit sagt, da sagt der Arbeiter Organisation und Gemeinschaft!

Von hier aus erschließt sich der Sinn der Rede vom Gemeinschaftsstaat und von der Gemeinwirtschaft. Wo das Arbeitertum den Geist des öffentlichen Lebens bestimmt, da wird sein Gemeinschaftswollen zu einer staatstragenden Kraft. Der Gemeinschaftsstaat besagt dann, daß in solchem Zeitalter die bloße Tatsache des Vorhandenseins eines nationalen Bewußtseins keinen gestaltenden politischen Faktor mehr bedeutet. Hat die Erfahrung doch gelehrt, daß der nationale Gedanke oft nur ein Aushängeschild für das politische Wollen einzelner Volksschichten war, hinter dem sich gruppenegoistische Interessen verbargen, und daß dadurch Keile in das Volksganze getrieben wurden. Deshalb wird jetzt das Gewicht auf das Verbindende, auf die Gemeinschaft im Zusammenleben, gelegt. Dies zur Entfaltung zu bringen, ist die Aufgabe des Gemeinschaftsstaates. Die Ersetzung des Nationalstaates durch den Gemeinschaftsstaat bedeutet dabei aber nicht den völligen Verzicht auf das nationale Element beim Aufbau des Staatswesens, sondern umgekehrt das Streben nach Verwirklichung seines echten Anspruches — statt ihm nur einen formalen und damit verfälschenden Ausdruck zu geben. Dieser Anspruch besteht darin, daß die in der Gemeinsamkeit des Volkstums, d. h. der Abstammung, des geschichtlichen Schicksals, der Kultur liegenden Gemeinschaftskräfte für die Gestaltung des Zusammenlebens ausgenutzt werden, um den Menschen dieses Volkstums eine ihrer besonderen Art entsprechende und auf sie zugeschnittene Lebensordnung zu bauen.

Dem Gemeinschaftsstaate entspricht die Gemeinwirtschaft. Damit tritt hier ein alter Begriff der sozialistischen Theorie, in dem sich alle ihre Zukunftshoffnungen verdichteten, in den Blick. Die Gemeinwirtschaft meint das Gemeinschaftsinteresse, sie ist das von den Gemeinschaftskräften des Arbeitertums getragene Wirtschaftsgebilde. Sie ist die in der sozialen Welt des Arbeiters sich entfaltende Wirtschaft, die auf Mobilisierung aller Kräfte des arbeitenden Volkes auf ein gemeinsames Ziel, die Unterhaltsversorgung dieses Volkes, abzielt. Diese Wirtschaft baut sich gemäß den Grundsätzen der Daseinsgestaltung des Arbeitertums auf. Sie ist eine technisierte, organisierte und geplante. Sie stellt dadurch eine Gesamtwirtschaft als Gesamtarbeitsprozeß dar. Nicht die freie Initiative der homines privati ist für sie entscheidend, sondern die Planung der Gesamtheitsbelange, nach der sich die wirtschaftenden Menschen, die „Arbeiter", als Funktionäre der Gesamtheit zu richten haben.

So sieht man hier, wie die Gemeinwirtschaft zugleich eine Planwirtschaft bedeutet. Beide Begriffe bezeichnen zwei Seiten desselben Tatbestandes, wobei dieser einmal seiner sozialen Eigenart nach, das andere Mal seinem inneren Strukturprinzip nach gekennzeichnet ist. Planwirtschaft bedeutet dabei, wie schon festgestellt wurde, den Uebergang von der autonomen zu einer heteronomen Marktwirtschaft, nicht aber zu einer marktlosen kommunistischen Wirtschaft. Die Gemeinwirtschaft bezeichnet den Wandel der Volkswirtschaft, wie er sich mit der Umformung der Sozialstruktur des Volkes aus der bürgerlichen Nation zur arbeiterlichen Gemeinschaft ergibt.

Darin äußert sich der Wandel der historischen „Gestalt" des Wirtschaftslebens. Die Gemeinwirtschaft ist als das von den Gemeinschaftskräften des Arbeitertums getragenen Wirtschaftsgebilde anzusprechen, das der Leitidee der selbstverantwortlichen Schicksalsgestaltung des Volkes auf wirtschaftlichem Gebiet den gleichen Ausdruck geben will, wie der Gemeinschaftsstaat es auf politischem Gebiete tut. Beide Gebilde erfüllen diese Aufgabe in einer Weise, die für das Verständnis des Grundsatzes von der Selbstbestimmung des Volkes durch das Arbeitertum typisch ist. An die Stelle des nationalen Prinzips ist hier dasjenige der Gemeinschaft getreten. Das entspricht der Verschiedenheit des Weltbildes beider sozialen Schichten. Wo das Bürgertum von der Vorstellung einer Entfaltung der individuellen Kräfte und deren gegenseitigem Wettbewerb ausgeht, was es nicht nur zwischen den Einzelmenschen, sondern auch zwischen den Völkern gibt, dort stützt sich das Arbeitertum auf die durch den gegenseitigen Zusammenschluß entwickelten Kräfte. Man glaubt nicht, wie das Bürgertum durch das Gegeneinander, sondern durch ein Miteinander die besten Kräfte entfalten und so die großen Aufgaben des wirtschaftlichen und politischen Lebens bezwingen zu können.

Diese neue Interpretation des Selbstbestimmungsgrundsatzes bringt nicht nur neue Möglichkeiten politischer und wirtschaftlicher Gestaltung mit sich, sondern birgt auch eine ähnliche Gefahr in sich, wie sie dem Bürgertum in der Vergangenheit erwuchs. Der Gemeinschaftsgedanke des Arbeitertums darf nicht nur zur Gemeinschaft innerhalb einer einzelnen sozialen Gruppe, eben der Arbeiterschaft führen, sondern muß, wenn er nicht von vornherein den Keim der Auflösung in sich tragen soll, das Volksganze einen. Er darf nicht gruppenegoistisch mißbraucht werden, sondern muß, wie früher einmal das bürgerliche nationale Wollen es getan hat, als gemeinsames Anliegen aller sozialen Schichten verstanden werden.

Das Schicksal der Volkswirtschaft vollzieht sich seit ihren Anfängen zwischen den beiden Polen der Erfüllung oder Verfehlung ihres immanenten Sinngehaltes, nämlich der Schaffung einer in sich gefestigten Einheit im Wirtschaftsleben eines Volkes. Die Einheit der Volkswirtschaft macht ihren Wesenkern aus, das worauf sie stets abzielen muß, was ihr aber ebenso dauernd gefährdet bleibt. Wenn sie diese Einheit verwirklicht, kann sie zu einem das ganze Volksleben innerlich festigenden Band und einem seiner Ordnung dienenden Faktor werden[6]). Je mehr sie das tut, um so mehr wird sie echte, ihr Wesen erfüllende Volkswirtschaft; je mehr sie daran vorbeigeht, um so mehr fällt sie von ihrem Wesen ab, wird sie zur Schein-Volkswirtschaft, die nur nach außen hin, dem Namen nach, eine Einheit darstellt. Die echte Volks-

---

[6]) Auf diesen Gesichtspunkt mit Nachdruck hingewiesen zu haben, ist das große Verdienst der „Grundlagen der Außenwirtschaftstheorie" von Theodor Pütz. (Jena 1944, Bd. 71 der Probleme der Weltwirtschaft, S. 12 ff., 32 ff., 88 ff.) In seinen Ausführungen kommt eine besondere Seite der Volkswirtschaft stark zur Geltung, die in meinem obigen Gedankengang fehlt, der ich aber ihre Bedeutung nicht absprechen möchte. Das ist die Tatsache, daß jede Volkswirtschaft in ihrer inneren Ordnung auf die besondere Eigenart ihres Volkes abgestellt sein muß, daß es daher kein allgemein verwendbares und auf jedes Volk übertragbares Ordnungsschema der Volkswirtschaft gibt. So bedeutsam dieser auf Knies zurückgehende Gesichtspunkt auch ist, so halte ich ihn doch gegenüber den im Text unterstrichenen Merkmalen der Volkswirtschaft, nämlich ihrer Geschichtlichkeit und ihrer dynamischen Grundstruktur, für sekundär. Deshalb glaubte ich, ihn zu ihren Gunsten in diesem Zusammenhang vernachlässigen zu können.

wirtschaft, die ihrem Wesen getreu ist, verkörpert sich inhaltlich, material als Einheitsbezug in allem wirtschaftlichen Handeln eines Volkes, während die verfälschte und von ihrem Wesen abgefallene Volkswirtschaft nur äußerlich und formal eine Einheit darstellt.

Ob und inwieweit es gelingen wird, die zu einer nur formalen Einheit herabgesunkene Schein-Volkswirtschaft des ausgehenden bürgerlichen Zeitalters zu einer echten Volkswirtschaft des arbeiterlichen Zeitalters zu erheben, das wird maßgeblich von der inneren und der äußeren Haltung abhängen, mit welcher der Arbeiter seine Führungsrolle in dieser Epoche spielen wird. Die geschichtliche Stunde ruft ihn zur Gestaltung seiner Welt auf. Jetzt muß es sich zeigen, ob er sich ihrem Aufruf gewachsen zeigen wird. Auf wirtschaftlichem Gebiete wird darüber wesentlich durch den von ihm entfalteten Wirtschaftsstil befunden werden. Deshalb mündet die Betrachtung der geschichtlichen Dialektik hier in die Fragen nach dem Wirtschaftsstil der Gegenwart ein.

III. Der Wandel des Wirtschaftsstiles

1. Das Ende des bürgerlichen Wirtschaftsstiles.

Der Wandel der historischen Wirtschaftsgestalt als Ausfluß der historischen Dialektik wurde im bisherigen betrachtet. Er zieht noch anderes nach sich: Er bedeutet nicht nur den Uebergang von dem freien Marktautomatismus zur Planwirtschaft, von der kapitalistischen zur sozialistischen Wirtschaft, von der bürgerlichen Nationalwirtschaft zur arbeiterlichen Gemeinwirtschaft. Er bedeutet auch den Schritt aus dem ökonomischen Zeitalter in das technische Zeitalter. Damit tritt hier ein für die inhaltliche Bestimmung der heraufkommenden Wirtschafts- und Sozialstruktur höchst bedeutsamer Gesichtspunkt hervor. Die Rede vom technischen Zeitalter zielt auf den zentralen Punkt, von dem her sich der geschichtliche Sinn und die innere Kraft der neuen Wirtschaftsgestalt erschließt. Sie deutet auf die geistigen Hintergründe, welche das soziale Geschehen unserer Tage untermalen.

So wird der 'Gedankengang hier von dem ersten großen Gesichtspunkt unserer Ueberlegungen, von der Dialektik des äußeren Geschehens, auf den zweiten großen Gesichtspunkt hingeführt, der den geschichtlichen Standort unserer wirtschaftlichen Gegenwart zu bestimmen vermag, auf den Wandel des Wirtschaftsstiles. In ihm werden die Gesinnung, das Ethos und die Haltung faßbar, mit denen der Mensch im Wirtschaftsleben steht. Hier entscheidet sich, was er aus dem zu machen weiß, das als geschichtliche Notwendigkeit schicksalhaft auf ihn zukommt.

Wenden wir uns nun der Frage nach den Merkmalen des Wirtschaftsstiles der Gegenwart zu, so ist zunächst festzustellen, daß der Stil der bürgerlichen Welt der Vergangenheit angehört. Mit dem Zusammenbruch des Bürgertums in seiner sozialen Existenz sind auch seine geistigen Werte ausgehöhlt worden. Sein Wirtschaftsstil ist seit Sombarts Darstellung des Kapitalismus oft durch das Erwerbsstreben gegenüber dem Bedarfsdeckungsprinzip des Mittelalters gekennzeichnet worden. Zugleich ist diese Bedeutung des Erwerbsstrebens oft bestritten worden.[7]) Auch im Mittelalter, so betonte man, gab es schon ein Erwerbsstreben, das sich grundsätzlich nicht von seinen modernen Formen unterscheidet. In der Tat sind Erwerbsstreben und Bedarfsdeckungsstreben im Grunde nicht Merkmale bestimmter Zeitepochen, sondern zu allen Zeiten vorhanden. Wie Aristoteles die Oikonomia und die Chrematistik unterschied, so verhalten sich beide zueinander wie der Typus einer ordentlichen Wirtschaft, die vom Geist echten Haushaltens getragen wird und auf den Unterhalt abzielt, gegenüber dem Typus ihres Verfalls, die das Mittel der Unterhaltsfürsorge zum Selbstzweck macht.

Der Wirtschaftsgeist der vergangenen Epoche hat zwar nach dieser Richtung hin eine besondere Neigung. Dennoch genügt dies Merkmal nicht, um ihn in seiner geschichtlichen Besonderheit zu kennzeichnen. Diese erfaßt man erst, wenn man ihn durch sein Fortschrittsstreben charakterisiert. Dies äußert sich in seiner eigentümlichen Unersättlichkeit, die sich nie mit dem Erreichten genügen läßt. Ein rastloses Unendlichkeitsstreben treibt den wirtschaften-

[7]) Vgl. besonders G. v. Below, Probleme der Wirtschaftsgeschichte, Tübingen 1920, S. 447, passim.

den Menschen an, es zielt auf Fortschritt in der Bereicherung, in der Bedürfnisbefriedigung, in der Daseinssicherung, in der Rationalisierung aller wirtschaftlichen und der ihnen zugrunde liegenden technischen Vorgänge. Dahinter aber stehen die typisch bürgerlichen Glaubensaxiome, der Glaube an die Kraft der privaten Initiative, an den Sinn des Reichtumsstrebens als Mittel zur Lebenssicherung, an die Kraft der Konkurrenz, an die Deckung von Einzel- und Gesamtinteresse, an die Segnungen der Zivilisation. Das alles schlägt sich in dem Glauben an die wohltätigen Wirkungen des wirtschaftlichen und sozialen Fortschritts nieder.

Aber diese Hoffnungen sind in den letzten Jahrzehnten bitter enttäuscht worden. Diese Wertungen sind als Vorurteile eines ökonomischen Zeitalters entlarvt worden.[8]) Es hat sich ergeben, daß diesem Unendlichkeitsstreben ein echtes Ziel überhaupt fehlte. Fortschritt, wozu? Erwerbsstreben, Gütervermehrung, steigende Bedürfnisbefriedigung, wozu? Dies besonders, wenn all dies Streben doch zu keiner inneren Befriedigung führt und immer neue Bedürfnisse entstehen läßt! Es zeigt sich, daß bei allem diesem Streben endliche Zwecke über dem Fehlen echter Zwecke zu Selbstzwecken gemacht wurden. Diese Strebungen laufen auf eine Vergötzung der Wirtschaft hinaus, die nicht nur die Stellung der Wirtschaft im menschlichen Dasein, sondern auch die Rangordnung der wirtschaftlichen Tatbestände selbst verfälschte. Der wirtschaftende Mensch sucht hier seinem Tun einen das ganze Dasein ausfüllenden Sinn zu geben, den es seinem bloßen Mittelcharakter nach niemals haben kann. Zugleich wurde dem Erwerbe eine alles Wirtschaften bestimmende Rolle beigemessen, welche dessen ursprünglichen Sinn, der auf Bedarfsdeckung abzielt, vergessen ließ.

Je mehr man sich dieser Zusammenhänge bewußt wurde, um so mehr ist zusammen mit den bürgerlichen Idealen der Geist des Fortschrittsglaubens erschüttert worden. Wir glauben nicht mehr an den Fortschritt, weder auf wirtschaftlichem Felde noch sonst an den fortschreitenden Aufstieg der Vernunft, der Sittlichkeit! Wie eine Ironie mutet es uns an, wenn wir noch bei Schmoller von diesem

---

[8]) Vgl. dazu Sombarts Buch „Deutscher Sozialismus", Berlin 1934.

Glauben an die steigende Versittlichung des Menschen, an die allmählich erfolgende Herausbildung eines allgemein menschlichen Ethos lesen.[9]) Zu sehr weichen unsere Lebenserfahrungen von einem Weltbilde ab, das solches für möglich halten konnte. Unsere Erfahrungen lassen uns das Dasein von einer ganz anderen Seite her sehen. Das schlägt sich in dem Wandel des Wirtschaftsstiles nieder.

2. *Die geistige Situation der Gegenwart.*

Dieser Wandel ist das geistige Spiegelbild der sozialen Umwälzungen unserer Zeit. So wie der Wirtschaftsstil der Vergangenheit ein bürgerlicher war, so ist der heute hervorwachsende durch den sozialen Typus des Arbeiters, durch seine besonderen Erfahrungen und Erlebnisse, durch seine besondere Stellung im Dasein und sein eigentümliches Weltbild gekennzeichnet. Der Wirtschaftsstil der Zukunft wird ein arbeiterlicher sein. Wenn er uns heute auch erst in knospenhafter Frische und darum noch unentfaltet entgegentritt, so sind doch die geistigen Merkmale der Zeit so deutlich greifbar, daß man schon sehr Wesentliches über ihn aussagen kann.

Zwar darf man über solchen Gedankengängen den Begriff des Arbeiters und seines Weltbildes nicht zu eng, etwa im Sinne des ungelernten Arbeiters auffassen. Dann würde man, so Wichtiges man auch schon an seiner Geisteshaltung beobachten kann, doch zu den für das Werden des neuen Wirtschaftsstiles entscheidenden Tatbeständen nicht vordringen können. Diese kann man nur erfassen, wenn man sich an die feinsten Regungen im geistigen Bewußtsein einer Zeit hält, die nur in ihren hellhörigsten Geistern greifbar werden. Die geistige Situation der Zeit gilt es herauszuarbeiten, wenn man das Schicksal des Wirtschaftsstiles verstehen will. Sie wird aber in den breiten Schichten des „gemeinen Volkes", gerade jenen, an die man bei der Rede vom Arbeitertum zuerst denkt, nur sehr allmählich bemerkbar. Hier macht sich die im sozialen Leben oft festgestellte Phasenverschiebung geltend, durch die geistige Sachverhalte, Elemente des Lebensstiles erst mit zeitlicher Verzögerung aus den

---

[9]) G. v. Schmoller, Art. Volkswirtschaft und Volkswirtschaftslehre, H. d. St. W.[3], Bd. VIII., S. 494.

führenden Kreisen in die breiten Schichten vordringen, in ihnen zum objektiven Geist werden.

An jene führenden Kreise gilt es sich daher zu halten, wenn man nach dem Geist der Zeit und seiner Bedeutung für die Stellung des Menschen zu seiner Wirtschaft fragt. Dabei ist dann zu bedenken, daß der Arbeiter als sozialer Typus nicht mit der Berufsbezeichnung des gelernten oder ungelernten Arbeiters gleichzusetzen ist. Sein Begriff reicht weit darüber hinaus und umfaßt alle diejenigen Menschen, deren Daseinslage durch die Merkmale der Arbeiterwelt, deren geistiger Habitus durch das Weltbild des Arbeitertums gekennzeichnet ist. Das erste Merkmal ist konstitutiv und läßt uns den Typus des Arbeiters nicht nur im Handarbeiter, sondern ebenso im Angestellten erkennen. Das zweite Merkmal ist abgeleitet und deckt sich mit dem ersten nicht immer, es verschafft dem Arbeitertum Zuzug aus anderen sozialen Lagern. Entscheidend ist in diesem Zusammenhang, daß uns der Arbeiter und seine geistige Welt nicht nur im Arbeiter des Arbeitsbuches, sondern ebenso und vielleicht noch reiner im Rundfunkreporter, im Flugzeugführer, aber auch in manchem Selbständigen unserer technisierten Welt, im Erfinder und Konstrukteur, im Patentanwalt, Steuerberater und vielen anderen entgegentritt. Die Arbeiterwelt birgt in sich eine volle soziale Hierarchie vom Handlanger bis zum Generaldirektor, von der Stenotypistin bis zum Filmstar. Sie hat ihre geistige Führerschicht, die unabhängig von bestimmten äußeren Berufen ist.

Nur von hier aus kann man die Frage nach der geistigen Zeitsituation und der Bedeutung des Wirtschaftlichen in ihr stellen. Da ist zunächst auf ein Merkmal hinzuweisen, das zugleich den tiefgreifenden Wandel deutlich macht, der im Vergleich zur Zeit vor 1914 eingetreten ist. Das äußert sich in dem Durchbruch des Elementaren im Bewußtsein unserer Zeit. Wir Heutigen haben ein neues Verhältnis zu den Untergründen des Daseins gewonnen. Die elementaren Gewalten der äußeren Welt, der Natur, nämlich Feuer, Wasser, Luft und Erde sind uns wieder in ihrer Urkraft Erlebnisse geworden, ebenso wie diejenigen der menschlichen Welt, die Urtriebe, Hunger und Liebe, Macht- und Blutrausch. Wir wissen um diese Wirklichkeiten, wie furchtbar sie über das menschliche Dasein herfallen können. Das bürgerliche Weltbild hatte die menschliche Seinslage verharmlost. Es war von einem Kulturoptimismus gefärbt. Das Dasein schien in vernünftige Ordnungen eingebettet und in ihnen gesichert zu sein. Die Stürme unserer Zeit haben die Fragwürdigkeit dieser Ordnungen wie einer solchen Weltauffassung offenbart. Beide wiegen den Menschen in einer falschen Sicherheit.

Grundsätzlich ist das menschliche Leben zu allen Zeiten von tausend Gefahren umgeben. Nicht anders ist es in dies Dasein gestellt als das Insekt, das wir friedlich sich auf der Landstraße bewegen sehen, während jeden Augenblick ein vorüberfahrender Kraftwagen, ein achtloser Fußgänger sein Lebenslicht auslöschen kann. Gegen diese Gefährdung ist kein Kräutlein gewachsen. Wir haben es mit aller Brutalität erfahren: Jeden Damm, den der Mensch sich gegen diese Gefahren errichtet, droht sie eines Tages mit der erhöhten Gewalt aufgestauten Wassers über ihn herfallen zu lassen. So bleibt er den elementaren Daseinsgewalten immer ausgeliefert, den Urgewalten der Natur, den wilden Urtrieben seiner animalischen Grundstruktur. Gewiß heißt das nicht, daß er sie nicht zu bändigen versuchen könne. Er muß sich nur der Grenzen eines solchen Unterfangens stets bewußt bleiben. Das bürgerliche Sicherheitsstreben wird so durch das Wissen um die grundsätzlich unaufhebbare *ständige Bedrohtheit menschlicher Existenz* abgelöst. Nur am Rande des Abgrundes, besser noch: nur auf einem schmalen Grade zwischen zwei Abgründen nämlich, den in der äußeren Welt sich auftuenden Gefahren und denjenigen des inneren Menschen, ist unser Dasein möglich. Jedes andere Weltbild bedeutet ein Versteckspielen mit sich selbst.

Mit dieser Beziehung zu den elementaren Urgewalten hängt es auch zusammen, daß gewisse seelische Grundbefindlichkeiten für den heutigen Menschen eine besondere Bedeutung gewonnen haben. Die Angst, die Verzweiflung, das Grauen haben in unseren Tagen die Menschen ergriffen wie seit Jahrhunderten nicht mehr, sie werden darüber hinaus aber auch als Erlebnisweisen verstanden, in denen sich wesentliche Züge dieser Welt erschließen.[10]) Sie weisen auf

---

[10]) Bekanntlich hat Kierkegaard schon vor 100 Jahren auf die Bedeutung von Angst und Verzweiflung für den modernen Menschen hingewiesen. Bei Hei-

Grundtatbestände des Seins hin, die nicht durch eine Vogel-Strauß-Politik wegzuargumentieren sind. In ihnen bricht über die Einsicht in die Ungesichertheit menschlicher Existenz hinaus das Bewußtsein für die innere Zwiespältigkeit der Welt, für ihre positive und negative Wertseite auf. Damit kündigt sich in ihnen ein für die geistige Situation sehr bezeichnender Zug an, der zu einem neuen Gesichtspunkt hinführt.

Das äußert sich nämlich deutlich in dem religiösen Bewußtsein unserer Tage. In dieser Hinsicht stößt man immer wieder auf ein lange nicht gekanntes ernstes Ringen. Die Wissenschaft hatte als Ausdruck des modernen rationalen Geistes in stärkstem Maße zu einer Aushöhlung des religiösen Bewußtseins geführt. Die Entzauberung der Welt schien ein unausweichliches Schicksal des modernen Menschen zu sein. Die Folge war eine erstaunlich weitgehende Blindheit für religiöse Werte und Tatbestände, die immer weiter um sich griff. Mit Begriffen wie der Sünde, der Gnade und der Erlösung vermochte ein erheblicher Teil der Zeitgenossen — der heute natürlich keineswegs ganz verschwunden ist — keine sinnvolle Vorstellung zu verbinden.

Jetzt sieht diese gleiche Wissenschaft, welche das Wachstum einer solchen areligiösen Bewußtseinshaltung förderte, sich immer mehr den Grenzen ihrer Ratio gegenüber. Das aufgeklärte Bewußtsein findet sich vor Tatbestände als Untergrund der menschlichen Existenz gestellt, die religiösen Charakter haben. So stößt man auf die Geschöpflichkeit des Menschen, auf seine Ungeborgenheit als die Unfähigkeit sich selbst ein gesichertes Dasein zu schaffen, auf seine Zweideutigkeit als ein dauerndes Schwanken im Hören auf die innere Stimme des Gewissens und im Nachgeben an die in ihm schlummernden Triebe. Es ist das Erstaunliche unserer Tage, daß hier im aufgeklärten Bewußtsein religiöse Grundkategorien wieder

degger ist dem in seiner Philosophie Rechnung getragen worden. Wesentliches zum Verständnis aller drei Kategorien, der Angst, der Verzweiflung und des Grauens findet sich bei Ernst Jünger in seinem „Abenteuerlichen Herz", besonders in manchen Traumgesichten, die sich dem Leser erst langsam erschließen.

Aber nicht solcher geistiger Vermittlungen bedarf es heute, um die Phänomene zu interpretieren. Der letzte Krieg hat, vor allem mit seinen Bombennächten, das Wissen um sie zu einer tief eingeprägten Erfahrung gemacht.

aufbrechen. Das, wofür der moderne Mensch gestern noch blind war, findet er plötzlich in seinem eigenen Erleben wieder, zwar nicht im dogmatischen Gewand überkommener Kirchlichkeit, sondern, was viel wesentlicher ist, als Urtatbestand des Daseins. Hier erkennt man die Bedeutung, die der aus Angst, Verzweiflung und dem Grauen erwachsenen Einsicht um die Zwiespältigkeit der Welt zukommt. Man weiß plötzlich wieder um die Wirklichkeit des Dämonischen und des Heiligen, von Sünde und Erlösung, von Vergänglichkeit und Ewigkeit. Das, was man gestern noch als pastorale Ideologien hingenommen hatte, erfährt man heute als echte Realität.

Dieser erstaunliche Wandel darf als das Wesentlichste, was sich in unseren Tagen vollzieht, angesprochen werden. Es ist darin anderes angelegt. Es ist das ein Anzeichen dafür, daß sich eine ganz neue Daseinshaltung durchsetzt. Nicht um eine „Weltanschauung" handelt es sich hier allein, sondern um mehr, das von innen her die Stellung des Menschen im Sein, seine „Haltung"[11]) verändert. Diese neu auftretende Daseinshaltung ist diejenige einer Desillusionierung, einer „Vergegenständlichung" der Welt, bei welcher der Mensch aus seinen tausendfachen und alltäglichen Bindungen in ihr herauszutreten und sie gleichsam sub specie aeternitatis zu betrachten sich bemüht. Das ist die Haltung einer kühlen Sachlichkeit angesichts der Tatsachen, die er dabei über seine Daseinslage feststellt.[12])

Aus dieser Grundhaltung ergibt sich ein neues Verhältnis zum Leben und zum Tode. Typisch dafür ist die Existenzphilosophie. Im Vordergrunde steht das Bewußtsein der menschlichen Endlichkeit, seiner Unzulänglichkeit. Ueberall stößt der Mensch auf Schranken

---

[11]) Vgl. dazu Hans Lipps, Die menschliche Natur, Frankfurt/Main 1941, S. 18 ff.

[12]) Es gibt mancherlei typische Anzeichen für diese geistige Situation. Das eine ist gut im modernen Drama zu beobachten, so wenn in Thornton Wilder's „Unsere kleine Stadt" ebenso wie in Ardrey's „Leuchtfeuer" die Toten auf der Bühne erscheinen, um aus ihrer Perspektive unsere Welt zu glossieren. Das andere wird dort erkennbar, wo der Mensch als geistige Persönlichkeit sich seinen eignen Leib vergegenständlicht. Dafür höchst bezeichnend sind einige Sätze von Antoine de Saint Exupéry (aus seinem Buch „Pilote de guerre", hier zitiert nach der „Neuen Auslese" Heft 1, S. 90/91). Er schreibt: „Man hat sich so viel mit seinem

seines Vermögens. Kampf, Schuld, Leid werden als unausweichliche Tatbestände erlebt. Zudem hat er ein starkes Bewußtsein von seiner Vergänglichkeit, die in einem krassen Mißverhältnis zu seinem Alltagsleben steht. Der Mensch lebt in den Tag hinein, als ob er Jahrtausende vor sich hätte, heißt es einmal bei Thornton Wilder. So wird der Tod als äußerste Grenze des Daseins erlebt, die stets in das Dasein hineinreicht. Es ist klar, wie stark die ständige Lebensdrohung des Kriegserlebnisses darin nachwirkt. Das Bewußtsein der Todesnähe hält im Menschen eine Unruhe wach, die ihn jedoch auf Grund ihrer Unausweichlichkeit nicht zur Resignation, sondern zur inneren Entschlossenheit führt. Sie wird ihm Ansporn, sein Schicksal fest in die Hand zu nehmen.

Diese entschlossene Lebenshaltung macht es dem Gegenwartsmenschen aber unmöglich, den Sinn seines Daseins in ein endliches, zeitliches Ziel zu verlegen. Die Endlichkeit der Zielsetzung war ein wesentliches Merkmal der heute versinkenden Epoche. Sie galt selbst dort, wo man von der Unendlichkeit sprach, meinte man damit doch eine Unendlichkeit in dieser Zeit. In dieser Endlichkeit bleibt der Mensch immer vom Tode bedroht, bleiben es selbst Völker und Rassen. Sucht der Mensch aber seinem Dasein einen Sinn abzugewinnen, so muß er einer Erfüllung zustreben, die nicht vom Tode bedroht ist. Das ist aber nur so möglich, daß er diesen Sinn im Jetzt und Hier in jedem Augenblick sucht und lebt. Das bedeutet den Durchstoß zum Transzendenten, zur Eigentlichkeit des Existierens, die sich über das bloße Dahinvegetieren im Zustande der Verfallenheit an das Alltagsleben erhebt. Dann stellt der unbedingte Einsatz des Daseins im Rahmen einer beliebigen

---

Körper abgegeben. Ich hatte ihn gekleidet, gebadet, ernährt, seinen Durst gestillt, ihn gepflegt. Man hat sich mit diesem Haustier identifiziert. Man hat es zum Schneider, zum Arzt, zum Friseur geführt. Man hat mit ihm gelitten, mit ihm in Schmerzen geweint, mit ihm geliebt. Man sagte von ihm: „Das bin ich". Und jetzt plötzlich verschwindet die Täuschung. Man macht sich über seinen Körper lustig. Man setzt ihn zu einer Art Bedienten herab. Sobald mein Aerger heiß in mir emporwallt, mein Haß sich in mir sammelt, meine Liebe sich leidenschaftlich erhebt, ist nichts mehr von der vielgerühmten Solidarität zwischen mir und meinem Körper zu merken .... Du lebst in Deiner Tat. Deine Tat, das bist Du, und es gibt kein anderes Du. Dein Körper gehört dir, aber er ist nicht Du."

Situation einen letzten und absoluten Wert dar. Das bedeutet menschliche Bewährung vor dem Transzendenten.

Leid und Schmerz haben angesichts eines solchen Daseinsverständnisses eine neue Bewertung erfahren. Sie verkörpern positive Werte. Nicht ihnen — vergeblich — entrinnen zu wollen, sondern sie zu bestehen ist die Aufgabe. Der Leib ist ein Gegenstand, den man einsetzen kann, um das Dasein zu bestehen. Leid und Schmerz sind Brücken, die den inneren Aufschwung zur Eigentlichkeit der Existenz ermöglichen.

3. Das technische Zeitalter

Die so umschriebene geistige Situation wird nun für einen Zusammenhang von entscheidender Bedeutung, der uns einen Schritt weiter zum Verständnis des sich vollziehenden Wandels im Wirtschaftsstil hinführt. Dieser Wandel wurde oben als der Uebergang vom ökonomischen zum technischen Zeitalter gekennzeichnet. Was es damit auf sich hat, gilt es jetzt zu umschreiben.

Die Eigenart des ökonomischen Zeitalters braucht hier nicht noch einmal dargestellt zu werden. Es ist das der Inbegriff alles dessen, was als das Zeitalter der hochkapitalistischen Wirtschaft, der bürgerlichen Nationalwirtschaft umschrieben wurde. Das ökonomische Zeitalter bedeutet den geistigen Reflex dieser Epoche, der sie als durch die Vorherrschaft ökonomischer Werte gekennzeichnet zeigt. Nach ihrem Wirtschaftsstil ist sie die Periode der Wirtschaftsvergötzung, der wirtschaftlichen und sozialen Fortschrittsgläubigkeit. Um die beherrschenden geistigen Werte der Zeit geht es daher, wenn hier vom ökonomischen oder technischen Zeitalter gesprochen wird.

Es ist auffallend, daß gerade das ökonomische Zeitalter sich oft als die Epoche der modernen, rationalen Technik begriffen hat. Daß diese für sie eine besondere Bedeutung besessen hat, liegt auf der Hand. Nicht nur für die moderne Technik gilt das, auch für eine andere Erscheinung, als deren Geschöpf die moderne Technik angesprochen werden muß. Das ist die wirtschaftliche Rationalisierung. Trotzdem erweist es sich heute als ein großes Mißverständnis, wenn man das bürgerliche Zeitalter als dasjenige der

Rationalisierung und Technisierung betrachtete. Aus der Rückschau ergibt sich, daß die Vergangenheit nur das Jugendalter beider Erscheinungen bedeutete, die Zeit ihres Sturmes und Dranges, zugleich die Zeit ihres Mißbrauchs und ihrer Auswüchse. Die Epoche, welcher sie lebensformende Kraft spenden, will eben erst anbrechen, je mehr beide zur Reife heranwachsen.

Hier ergibt sich das Problem der Stellung des Menschen, besonders des wirtschaftenden Menschen, zur Rationalisierung und Technik. Es ist eine Tatsache, daß sie im bürgerlichen Zeitalter trotz aller entgegengesetzten Bemühungen nur auflösend wirkten. Ihr Rationalisierungsstreben führte zu jener ungezügelten technischen Entwicklung, welche die Grundlagen der Wirtschafts- und Sozialstruktur zersetzte, Konjunkturen und Krisen heraufbeschwor und durch die soziale Bewegung einen Brand entfachte, dessen man nicht wieder Herr werden konnte. Wider den Willen ihrer Förderer wurde durch die Rationalisierung über das Mittel der modernen Technik die tödliche Dialektik der bürgerlichen Welt vorwärtsgetrieben.

Diese auflösenden Wirkungen beider Erscheinungen stehen in krassem Widerspruch zu ihrer Bewertung im bürgerlichen Denken. Es ist eine Ironie der Geschichte, daß gerade die beiden Faktoren, auf die man die größten Hoffnungen setzte, die man als Himmelsleiter des Fortschritts zu gebrauchen dachte, schließlich dem ganzen Wirtschafts- und Sozialsystem, das sie für sich einzusetzen bestrebt war, das Grab bereiteten. Man hat mit ihnen einen Kultus getrieben. Man glaubte, durch sie die Ordnungsform der menschlichen Vernunft immer mehr über die Welt ausbreiten zu können. Man hoffte, die menschliche Existenz mit ihrer Hilfe immer mehr zu bereichern, von den Lasten des Daseins befreien zu können. Der Ruf nach Rationalisierung bedeutete Fortschrittsbestreben. Das Wesen der modernen Technik sollte technischer Fortschritt, steigende Herrschaft des Menschen über die Natur, bedeuten, dieser aber das Mittel des wirtschaftlichen Fortschritts darstellen.

Diese Art des Rationalisierungsglaubens und des Technikenthusiasmus ist in den Stürmen des 20. Jahrhunderts völlig enttäuscht worden. In diesem Mißerfolg wurde der *Hochmut der menschlichen Ratio* zu kläglichem Fall gebracht. Man hatte sich aller Vergangenheit himmelhoch überlegen gefühlt, als man das Wirtschaftshandeln steigend mit rationalem Geiste zu durchdringen suchte. Jetzt stellte sich heraus, daß man solche Rationalisierung überschätzt, als Selbstzweck gesetzt hatte, daß dieser Rationalismus nur Ausdruck eines Irrationalismus, nämlich eines Vernunft- und Fortschrittsaberglaubens war. Er führte auf wirtschaftlichem Gebiete zur Herrschaft eines bloßen Nützlichkeitsstandpunktes, eines platten Utilitätsdenkens, was den Tod echter Geistigkeit bedeutet. Demgegenüber ist der neue Wirtschaftsstil durch eine scharfe Distanzierung von diesem Rationalisierungsdusel gekennzeichnet.

Auch unsere Zeit steht noch im Zeichen der Rationalisierung, diese hat aber einen tiefen Bedeutungswandel durchgemacht. Sie ist ihres Absolutheitsanspruches und ihres Fortschrittsgewandes entkleidet worden. Rationalisierung bedeutet uns nichts als Zweckmäßigkeit, sie selbst trägt keinen Wert in sich, sondern ist ein Mittel zum Zweck, wobei dieser durch einen Wert gerechtfertigt, also ein wertvoller sein muß. Sie ist uns ein Instrument zur zweckmäßigen Gestaltung unserer Umwelt, die selbst im Dienste einer höheren Vernunft steht, die Werte für das menschliche Dasein setzt. Mit zwei Begriffen Max Webers kann man den Zusammenhang auch so ausdrücken: Zweckrationalität ist sinnvoll nur im Dienste der Wertrationalität. Wirtschaftliche Rationalisierung aber bedeutet Zweckrationalität. Sie ist sinnvoll daher nur, sofern sie als Mittel für echte menschliche Werte eingesetzt wird, die letztlich auf ewige Daseinswerte gegründet sein müssen.

Ganz ähnlich wie mit der Rationalisierung steht es mit der Technisierung auf wirtschaftlichem Gebiet. Wie diese ist der Ausbau der rationalen Technik uns mit der Vergangenheit gemeinsam, und doch bedeutet auch sie uns etwas ganz anderes als dieser.

Der Arbeiter hat eine ganz andere Grundhaltung zur Technik als der Bürger. Nicht enthusiastisch sie bewundernd, sondern sie als unausweichliches Lebenselement hinnehmend, steht er ihr gegenüber. Er und damit der objektive Geist unserer Zeit nimmt zu ihr eine eigenartig zwiespältige Stellung ein. Auf der einen Seite mehren sich die Stimmen, die von einer Perfektion der Technik sprechen, sie in ein Reifestadium eintreten sehen, die ihrer fortlaufenden Umgestaltung ein Ende setzen wird. Daran erkennt man, wie sehr alle Fortschrittshoffnungen verflogen sind. Auf der anderen Seite begreift der Gegenwartsmensch mit Schrecken die in ihr verborgenen Gefahren. Er sieht sich den von ihr ausgelösten Dämonien gegenüber, die im Zeitalter der maschinellen Kriegstechnik, der Atomenergie und der chemischen Lebensvernichtung satanische Triebe im Menschen geweckt und entfesselt haben. Sie drohen unsere Welt im Handumdrehen in eine Stätte der Vernichtung zu verwandeln. Man wird sich aber auch der nichtexplosiven, der leise und schleichend wirkenden Zersetzungskräfte der Technik bewußt, jener zivilisatorischen Entartungen nämlich, die sich in der Ausbreitung von industriellem Schund, der stillosen und schnell vergänglichen Massenware ebenso äußert wie in dem schwindenden Gefühl für innere Warengüte. Eine traurige, düstere Welt der Freudlosigkeit, der ewigen Geschäftigkeit und inneren Leere wächst aus diesen Entartungen der Technik hervor.

Von diesen Tatsachen her erklärt sich die eigentümliche Zurückhaltung des Gegenwartsmenschen gegenüber der Technik, die deutlich trotz aller Bejahung spürbar ist. Der Optimismus der Frühzeit ist dem nüchternen Gefühl gewichen, daß sie für uns eine Gegebenheit des Schicksals darstellt. Wir haben nicht die Wahl, ob wir in einer technischen Welt leben wollen oder nicht. Wir müssen nur versuchen, „to make the best of it".

Aus dieser Haltung ergibt sich ein neues Verhältnis des Wirtschaftsdenkens unserer Zeit zur rationalen Technik. Man sieht in ihr nicht mehr den Triumph des Herrschaftswillens über die Natur, der den Schlüssel zu einer endlosen Ausweitung der Bedürfnisbefriedigung bieten sollte. Man ist bescheidener geworden. Man hat dies Streben als trügerisches Phantom erkannt. Statt dessen gewinnt man der Technik neben der umschriebenen negativen Kehrseite zwei positive Seiten ab.

Einmal ist sie uns das Mittel, das uns neue Seiten dieser Welt erschließt. Mit ihrer Hilfe erleben wir diese auf eine bisher ungekannte, überraschende Weise. Das ist es, was bei aller Zurückhaltung immer wieder, besonders die Jugend, für sie einnimmt. Man denke an das Erlebnis der Raumüberwindung in der Eisenbahn, im

Kraftwagen, vor allem im Flugzeug hoch über den Wolken oder im Blick auf eine Bausteinkastenwelt. Oder man vergegenwärtige sich die Fixierung fremder Orte, vergangener Zeiten durch Photographie, Phonographie, Film, Radio, Buch und Presse sowie alles das, was sich über diese Instrumente dem modernen Menschen eröffnet. Oder man halte sich vor Augen, wie wir die elementaren Naturgewalten in ihrer sinnvollen Bändigung neu erleben vor großen maschinellen Anlagen, so etwa großen Elektromotoren, Turbinen, beim Hochofenabstich, beim Eisen- und Stahlguß, im Walzwerk. Oder uns erschließen sich die Geheimnisse des Mikrokosmos, der Bakterien und anderer Lebewesen im Mikroskop, der Aufbau der Kristalle, der Moleküle, andererseits aber auch der Makrokosmos im Teleskop oder auch nur im Planetarium.

In allen diesen Fällen stehen wir staunend, nicht vor der Technik, sondern vor dem, was sie uns zeigt. So werden durch sie die Wunder dieser Welt in neuer Weise geschaut. Die Natur stellt sich uns von Seiten her dar, die dem Menschen früher verschlossen waren. Es werden fortlaufend an ihr neue Entdeckungen gemacht. So ist es kein Hohn, sondern eine Tatsache, die noch vor wenigen Jahrzehnten ganz unmöglich erschienen wäre, daß nämlich der moderne Mensch wieder ein Organ für das Wunderbare, für das Wunder in seinem ursprünglichen Sinne, hat. Er braucht es nicht mehr als von außen in seine Welt hineinbrechend zu suchen, er findet es in dieser selbst überall vor.

Das ist aber nur die eine Seite des heutigen Technikverständnisses, diejenige, die für das Wirtschaftsdenken nicht unmittelbar bedeutsam ist, insofern als sie zeigt, daß man die Technik nicht mehr allein als Mittel des wirtschaftlichen Fortschritts wertet, sondern ihr ganz andere Seiten abzugewinnen vermag. Hier wichtiger ist die zweite Seite des modernen Technikverständnisses. Sie ist kennzeichnend für die dynamische Grundhaltung des Menschen unserer Tage. Man sieht in der rationalen Technik das Mittel einer aktiven und planenden Lenkung der Naturkräfte, das die in dieser Welt schlummernden Kräfte und Stoffe erschließt. Alle vorrationale, also traditionale Technik baute auf einer passiven Grundhaltung des Menschen zur Natur auf, insofern als er sich mit der Ausnutzung der von der Natur offen dargebotenen, darum „natürlichen" Lebensbedingungen begnügte. Der dynamische Mensch des abendländischen Rationalisierungsprozesses entwickelt demgegenüber eine aktive Grundhaltung zur Natur, indem er die in dieser schlummernden Stoffe und Kräfte auszulösen, für sich zu erwecken und einzusetzen sucht.

Das galt insoweit auch für den bürgerlichen Menschen der Vergangenheit. Während für ihn aber das Machtstreben der Naturbeherrschung leitend war, bahnt sich in der Sinngebung der Technisierung heute ein grundlegender Wandel an. Er äußert sich in der *Aufgabe des alten Machtstrebens*, das als Hochmut erkannt wurde und sich in den Auswüchsen der modernen Technik schwer rächte. Statt selbst die Welt zu beherrschen, droht dieser Mensch von seiner Technik beherrscht zu werden. Darum deuten alle Anzeichen darauf hin, daß der Mensch der Arbeiterwelt ihr einen ganz anderen Sinn beilegt. Dieser ergibt sich ihm aus seiner besonderen Daseinshaltung. Zu einer planenden Lenkung der Naturkräfte mit Mitteln rationaler Technik findet er sich *kraft inneren Auftrages aufgerufen*.

Das ist ein zunächst überraschender Gesichtspunkt, der aber zwangsläufig aus der Enttäuschung des ungezügelten Rationalisierungsstrebens folgt. Was zunächst, wenn man nämlich die Technik als Herrschaftsinstrument betrachtet, als widerspruchsvoll anmutet, erweist sich hier in einem tieferen Verstande als höchst sinnvoll, daß nämlich das Streben nach aktivem und planendem Ausbau der menschlichen Ordnungen unter Herauslösung und Entfaltung der von der Natur umschlossenen und in ihr verborgenen Lebensbedingungen letztlich nicht um äußerer Zwecke willen erfolgt, deren Nichtigkeit, wenn sie in sich selbst ruhen, erkannt ist. Kraft inneren Auftrages fühlt der Mensch sich aufgerufen, das bedeutet, daß er sich in dieser Welt nicht als bloße Randfigur oder Zufallsprodukt begreift, daß er sich vielmehr als unter einer Aufgabe stehend versteht. Diese Aufgabe kann aber schließlich nur der Dienst an der Schöpfung sein, in die er sich gestellt findet. Der *Dienst an der Schöpfung aus dem Ethos des tätigen Menschen* wird so zu seiner letzten Bewährungsprobe.

Für diesen Dienst gewinnt nun aber die erste Seite seines Technikverständnisses Bedeutung. Fragt man nach dem Inhalt seines Auftrages, so findet er sich auf die unter den Händen der Technik sich entfaltenden Naturwunder hingewiesen. Die Entfaltung der inneren Möglichkeiten dieser Welt betrachtet er als seine Aufgabe. Sie kann für die Welt nicht belanglos sein. Wird sie dadurch doch erst zu sich selbst, zur Darstellung ihrer inneren Anlagen gebracht. Das Sein, in das sich dieser moderne, tätige Mensch der Arbeiterwelt gestellt findet, ist für ihn nichts statisch in sich Ruhendes, es ist dynamisch, voll innerer Bewegung wie er selbst. Die Schöpfung ist für ihn gleichsam noch nicht abgeschlossen. Sie vollzieht sich fortlaufend weiter. In diesem Werdeprozeß ist dem Menschen die Mithilfe aufgetragen, die daher für die Schöpfung wesentlich ist. Die Schöpfung zur Entfaltung ihres eigenen Wesens zu bringen und im Dienst daran sich selbst zu finden und zu bewähren, das ist der letzte und einzige Sinn, den der Mensch seiner rationalen Technik zu geben vermag, wenn sie mehr als Ausdruck menschlicher Selbstherrlichkeit und daher seines Hochmutes sein soll.

Solchen Einsichten entspricht es, daß man heute wieder zu ahnen beginnt, wie der beste Teil technischer (ebenso wirtschaftlicher und sonstiger) Leistungen nicht Sache menschlicher Kunstfertigkeit, sondern der Begnadung ist, ein Geschenk, das demjenigen zuteil wird, der sich demütig in den Dienst der Schöpfung stellt. Nicht umsonst hat es unsere Gegenwart tausendfältig erlebt, wie der auf seine Handlungsmacht stolze und in ihrem Besitze triumphierende Mensch mit seinem Schaffen zu Schanden kam.

4. Die Wirtschaft als Feld existenzieller Bewährung und planender Daseinsbehauptung

Damit ist der für den Wandel des Wirtschaftsstiles entscheidende Punkt erreicht. Der wirtschaftende Mensch wird sich der Grenzen und Hintergründe seines Tuns bewußt. Nur weil der Mensch nicht als bloße Zutat, sondern mit innerem Auftrag im Dasein steht, hat auch seine Wirtschaft ein höheres Anliegen. Deshalb erfüllt sie ihre Aufgabe nur so lange, als der Mensch bei seinem Wirtschaften auch seiner letzten menschlichen Bestimmung gerecht wird. Im Dienst an der Schöpfung steht die Wirtschaft, indem sie zu einem Felde existenzieller Bewährung wird. Mit ihrer Arbeitslast, mit ihren Interessenkonflikten, mit ihrer unablässigen Sorge um das tägliche Brot von heute und morgen wird sie dem Menschen auch im technischen Zeitalter eine ständige Plage bleiben. Welch eine Vermessenheit lag in dem Glauben, man werde durch die Technik dem Satze „Im Schweiße deines Angesichts sollst du dein Brot essen" auch nur ein I-Tüpfelchen abstreichen können. Wenn man das weiß und keinen Illusionen nachhängen will, kann aber die anhaltende Plage des Alltags gerade zu einer Triebfeder des inneren Aufschwunges werden. Der zähe Kampf, den nicht nur der äußere, sondern auch der innere Mensch laufend um den Unterhalt zu führen hat, wird ihm zum Prüfstein darüber, ob er im Zustande der Verfallenheit an die Welt des Alltags dahinvegetiert oder den Durchstoß zur Eigentlichkeit der Existenz vollzieht. So wird der wirtschaftende Mensch hier zur inneren Bewährung aufgerufen. Er wird auf die befreiende Kraft hingewiesen, die in der freiwillig auf sich genommenen Arbeitslast liegt.

Das ist das typische Ethos der Arbeit, welches der Arbeiter in sich trägt. Es ist in den Nöten der Kriegs- und Krisenzeiten des 20. Jahrhunderts gehärtet worden. Es spricht nicht mehr von den Seelenschmerzen, die eine technisierte, spezialisierte und monotone Arbeit hervorruft. Es löst den Kampf um die Arbeitsfreude auf seine, zwar sehr unsentimentale, aber tapfere Weise. Dies Ethos bedarf auch nicht um der Arbeitsplage willen der Vertröstung auf die Genüsse, welche das Arbeitsentgelt mit sich bringt, auf Wohlstand und zivilisatorischen Komfort. Alles das ist in seiner Fragwürdigkeit durchschaut.

Statt dessen hat dies Arbeitsethos eine andere positive Seite. Den Mut des beherzten Zupackens, mit dem es den Lastcharakter der Arbeit überwindet, verdankt es einem anderen Merkmal der Arbeitswelt, dem Geist der Gemeinschaft, der sie beseelt. Der Arbeiter ist der Mensch, der unter der Vereinzelung des individualistischen, bürgerlichen Zeitalters besonders gelitten hat, dessen ganzes Sehnen daher auf Wiedergewinnung einer Gemeinschaft gerichtet ist.

So ist sein Arbeitsethos ein Gemeinschaftsethos. Von seiner Arbeit her, von der Gleichheit des Arbeitserlebnisses und des Arbeitsschicksales her, wird das Gefühl der Zusammengehörigkeit, der Geist der Genossenschaftlichkeit, in ihm lebendig. Selbst in der ungeformten Massenwelt wittert er die Möglichkeit der Gemeinschaft. Durch Organisation sucht er ihre Strukturlosigkeit zu überwinden.

So ist in diesem Gemeinschaftsethos der Arbeit das Wissen um elementare Wesensnotwendigkeiten der Wirtschaft, darum nämlich lebendig, daß alle Wirtschaft Gemeinschaft unter den Menschen voraussetzt, weil sie sonst unter den von ihr ausgelösten Interessengegensätzen zerspringt. Existenzielle Bewährung ist zwar letztlich nur im Herzen und vor dem Gewissen des einzelnen Menschen möglich, denn jeder Mensch steht schließlich allein vor Gott, sie bedarf aber der gegenseitigen Stützung der Menschen. Sie wird in der Stellung zum Mitmenschen erprobt und gefährdet, denn die Verfallenheit an die Massenwelt bedeutet für sie eine tödliche Gefahr. Nur die sittliche Bindung an die Mitmenschen, das Stehen in der Gemeinschaft, läßt den Menschen innerlich zu sich selbst kommen, schafft daher den Boden der existenziellen Bewährung.

Diese Gemeinschaft der Arbeiterwelt ist aber eine besondere. Sie ist keine natürliche mehr, sie bildet sich vielmehr aus den Eigentümlichkeiten der technisierten Welt. Sie ist dynamisch geladen durch den bewußten Entschluß zum genossenschaftlichen Füreinanderstehen. Sie ist bündische Gemeinschaft.[13]) Diese verdankt ihre Stärke der Aktivität ihrer Glieder, darum ist sie, wie die Geschichte der Arbeiterbewegung zeigt, zu unerhörtem Einsatz fähig.

---

[13]) O. F. Bollnow spricht in seinem Aufsatz „Existenzphilosophie" von existentieller Gemeinschaft und zielt damit auf den gleichen Tatbestand. Er sagt, die Möglichkeit der existentiellen Gemeinschaft beruht auf der Treue zur frei übernommenen und immer wieder zu erneuernden Bindung. Demgegenüber versinkt alle naturhaft gegebene oder durch Gewohnheit gewahrte Gemeinschaft gegenüber der in der freien Tat der Existenz übernommenen und innerlich angeeigneten existenziellen Gemeinschaft.

Vgl. seinen Beitrag „Existenzphilosophie" in der von Nikolai Hartmann herausgegebenen „Systematischen Philosophie", Stuttgart 1942, S. 359. Zum Begriff des Bundes vgl. Hermann Schmalenbach, die soziologische Kategorie des Bundes in die „Dioskuren" I. Band 1922 ferner die Frankfurter Dissertation von Wolfgang Brobeil, die Kategorie des Bundes im System der Soziologie, 1936.

Ihre Schwäche ist aber die Gefahr des Versandens, wenn der Willenselan ihrer Glieder erlahmt. Dann verfällt sie in den Zustand der Masse. Darum bedarf sie der Organisation als ihres Lebenselementes, das die Menschen äußerlich zusammenhält und immer wieder zur gemeinsamen Idee aufrüttelt.

Diese innere Aufrüttelung wird so der Weg der existenziellen Bewährung. Doch ist damit nur die eine Seite des heraufkommenden Wirtschaftsstils bezeichnet. Der sich hier anbahnende Wandel vollzieht sich darüber hinaus aber noch nach anderen Richtungen hin. Neben der Neuorientierung des Arbeitsethos steht eine tiefgreifende Veränderung der Gütergesinnung. Sie stellt das Ethos dar, mit dem der Mensch der Arbeiterwelt den Wirtschaftsgütern entgegentritt. Diese Gütergesinnung war in der Vergangenheit durch die Unersättlichkeit des Begehrs, durch die Entfesselung der subjektiven Triebe, die auf immer mehr und neuartige Dinge abzielt, gekennzeichnet. Das führte zu dem schon früher erwähnten Nützlichkeitsstandpunkt, bei dem alle Güter nach ihrem subjektiven Nutzen, nach ihrer Eignung zur Befriedigung der subjektiven Triebe bewertet wurden. Daß man darüber eine innere geistige und seelische Beziehung zur Güterwelt verlor, dadurch auch zu den von ihnen verkörperten objektiven Werten, zu ihren Qualitäten, daß man dadurch die Güter zu Narkotizis der menschlichen Triebe degradierte, konnte nur ein für echte menschliche Werte blindes Zeitalter übersehen. So führte diese Gütergesinnung zu einem zügellosen Taumel der Güterjagd, bei dem die Güter immer weniger echte Güter waren, die von einer inneren Güte getragen sein müssen, immer mehr nur einen äußeren Schein dessen vorgaukelten. Es kam die große Zeit der schnelllebigen Massenware, aber auch des hohlen Prunks, der Neuigkeiten und Modetorheiten, der zivilisatorischen Errungenschaften, die das Dasein mit immer mehr Ueberflüssigkeiten äußerlich anfüllten, je mehr es innerlich leer wurde.

Auch in dieser Hinsicht wird der Beginn eines grundsätzlichen Wandels erkennbar. Es bahnt sich heute wieder das Verständnis für das echte Gut, für seine innere Qualität an. Es mag sein, daß auch hier der vergangene Krieg, der uns neben vielem leicht ersetzbarem Tand viele edle Güter von nicht oder kaum ersetzbarer Güte geraubt hat, seine Lektion erteilt hat. Aber auch unabhängig davon zeigt sich hier, wie das Wort von dem beginnenden Reifestadium der rationalen Technik seinen guten Sinn hat. So kann man besonders von der Seite des Technikers her, eines typischen Vertreters der Arbeiterwelt, das Erwachen eines Bewußtseins für die innere Gediegenheit eines technischen Produkts, für die Ausgereiftheit einer Konstruktion, einer Formgebung beobachten.[14])

Das Streben nach schlichter Zweckmäßigkeit des Gutes im Sinne seiner optimalen Brauchbarkeit zusammen mit dem Wunsche nach einer materialgerechten Form zielen auf Entwicklung einer inneren und äußeren Harmonie des Gutes, einen seiner technischen Eigenart entsprechenden Ausdruck, der sein Wesen darstellt. So darf man hoffen, daß es gelingen wird, das technische Produkt wieder zu mehr als einem Zeichen für die willkürliche Subjektivität seines Erzeugers und sein momentanes Können oder Nichtkönnen werden zu lassen. Es ist eine immer wieder zu machende Feststellung, daß jedes Gut unvermerkt den Geist seines Gestalters widerspiegelt. Ein im Subjektiven sich auslebender und dabei von seiner Selbstherrlichkeit durchdrungener Mensch konnte nur höchst vergängliche Güter erstellen. Nur ein sich höheren Werten unterstellender Mensch vermag Güter von gültiger Gestalt zu schaffen, die einen Wert unabhängig vom Tage ihrer Entstehung in sich tragen, darum echte Qualität verbürgen. Da dies Ziel heute wieder mehr und mehr erkannt wird, darf man erwarten, daß es mit der heranreifenden Technik gelingen wird, das Zeitalter der schnell-lebigen Massenware durch eine Periode des technischen Qualitätsprodukts abzulösen.

Eine dahin zielende Entwicklung wird heute schon bei solchen Erzeugnissen erkennbar, die technisch so durchkonstruiert sind, daß

---

[14]) In diesem Sinne sind schon Wichard von Moellendorffs Worte zu verstehen: „Vielleicht steht in einigen Jahrzehnten auch das Publikum zum Gerät wieder wie die Urgroßväter, sind die Ingenieure wieder Künstler geworden, und macht die rasende Welt alltäglich einen echten Feierabend. Die Industrie orientiert sich ethisch und gewinnt die Märkte mit Warengüte." Vgl. W. v. Moellendorff, Konservativer Sozialismus, herausgegeben von Hermann Curth, Hamburg 1932, S. 34. Schon vorher (a. a. O. S. 31) ist von den „neueren Schönheiten, der stoffgerechten Konstruktion und dem immer mehr gekräftigten Prinzip der freiwillig geleisteten Warengüte" die Rede.

sie sich seit Jahrzehnten in kaum veränderter Form auf dem Markte halten, so etwa beim Fahrrad, beim photographischen Apparat. Damit soll im übrigen nicht behauptet werden, daß die Unveränderlichkeit des Produkts ein maßgebliches Kriterium für seine innere Qualität sei. Es ist das nur ein äußerliches Merkmal, von dem her man auf seine innere Qualität einen Rückschluß ziehen mag. Es ist aber klar, daß die innere Warengüte eine Veränderung seiner technischen Beschaffenheit und damit auch seiner äußeren Form keineswegs ausschließt. Nur darauf kommt es an, daß diese Veränderung sich mit innerer Notwendigkeit, mit einer echten Vervollkommnung des Produkts, nicht allein um unwesentlicher, äußerer Rücksichten willen vollzieht.

Die qualitätslose Massenware war eine Begleiterscheinung der qualitätslosen Massenwelt. Je mehr es gelingt, den Menschen aus der Verfallenheit an die Massenwelt zu befreien — und dahin zielt die Arbeiterwelt — um so mehr muß auch seine Güterwelt ein neues Gesicht gewinnen. Durch die Entwicklung der Serienproduktion zusammen mit der Typisierung der Produkte und der Normung ihrer Teile ist der dahin führende Weg erschlossen worden. Die Serienfertigung schließt, wie sich aus der technischen Entwicklung der neueren Zeit ergeben hat, das Qualitätsprodukt keineswegs aus. Sie führt vielmehr zu einer neuen Art von Qualität, die früher unbekannt war. An die Stelle des individuellen Qualitätsprodukts der individualisierten handwerkerlichen Arbeit ist das generelle Qualitätsgut, die qualitative Typenware der generalisierten Industriearbeit getreten. In dieser Wandlung äußert sich in überraschender Weise eine Logik des historischen Prozesses, der dem Menschen die seiner Gütergesinnung entsprechenden Güter zuteil werden läßt.

Damit tritt jetzt aber ein neuer Gesichtspunkt in Sicht. Arbeits- und Güterethos sind nur zwei Seiten des hier zur Erörterung stehenden wirtschaftlichen Tatbestandes, die durch einen dritten Faktor zusammengehalten werden. Das ist derjenige der Bedarfsgestaltung. So ist das Ethos der Bedarfsgestaltung ein weiteres für den Wirtschaftsstil konstitutives Element. Es ist ohne weiteres einzusehen, daß alle drei Elemente untereinander in engem Zusammenhang stehen. Daher muß man mit dem Wandel von Arbeits- und Güterethos auch eine entsprechende Umstellung der Bedarfsgesinnung vermuten können. Das wird heute, befördert durch die wirtschaftlichen Nöte der Zeit — nicht erst diejenigen Deutschlands in und nach dem letzten Kriege, wenn auch besonders durch sie — sondern schon durch alle die Wirtschaftsnöte der Epoche zwischen beiden Weltkriegen, überall deutlich.

So sehen wir, wie das unbegrenzte Erwerbs- und Fortschrittsstreben in weiten Kreisen einer Ernüchterung Platz gemacht hat. Wenn man von der Erwerbsgier des Schwarzmarkthandels als einer Verfallserscheinung, wie sie sich in Zeiten schwerer wirtschaftlicher Störungen in dieser oder jener Form immer wieder zeigen, absieht, da der Wirtschaftsstil der kommenden Zeit nicht von asozialen Elementen her, sondern nur von geistig führenden Schichten bestimmt werden kann, so muß man das Hervortreten ganz anderer Gesichtspunkte feststellen. Es vollzieht sich eine Rückwendung zu dem, was man als das B e d a r f s d e c k u n g s p r i n z i p bezeichnet hat. Auf Bedarfsdeckung, auf Sicherung des Unterhalts richtet sich mehr und mehr das Streben des wirtschaftenden Menschen, nicht nur weil die nackte Not dazu zwingt, sondern weil man erkennt, daß sich darin der Sinn aller Wirtschaft letztlich erfüllt. Nicht mehr die subjektiven Bedürfnisse, die keine Grenzen finden, sondern objektive Lebensnotwendigkeiten, aus denen sich der echte Bedarf ableitet, werden so für das Wirtschaftshandeln der Menschen leitend. Zur Sicherung des lebensnotwendigen Bedarfs gehören keineswegs allein die das Existenzminimum gewährenden Mittel, sondern je nach wirtschaftlicher Versorgungslage auch alle die der Lebensbereicherung dienenden Mittel, die eine Entfaltung des inneren Menschen möglich machen. Das Hervortreten einer solchen auf Bedarfsdeckung abzielenden Unterhaltsgesinnung bedeutet, wie kaum betont zu werden braucht, ferner nicht ein Aufgeben des Erwerbsstrebens, stellt dies doch ein immanentes Prinzip des modernen Marktes dar. Es besagt nur die E n t t h r o n u n g d e s g r e n z e n l o s e n E r w e r b s s t r e b e n s um des Erwerbes willen und seine Ersetzung durch ein auf höhere Zwecke ausgerichtetes Ziel. Dies Ziel aber ist die materielle Existenzsicherung.

Hier eröffnet sich ein neuer Ausblick auf den heute in Entfaltung begriffenen Wirtschaftsstil. Er formt sich, wie gezeigt wurde, aus dem Arbeits-, Güter- und Bedarfsethos heraus. Aus ihrer Eigenart wächst die Sinngebung hervor, die der wirtschaftende Mensch bei seinem Tun vollzieht. Dieser dem Wirtschaften beigelegte Sinn hat zwei verschiedene Seiten, eine subjektive und eine objektive. Der subjektive Sinn des Wirtschaftens wurde bei Besprechung des Arbeitsethos greifbar, als gesagt wurde, daß die Wirtschaft als ein Feld existenzieller Bewährung aufgefaßt wird. Sein objektiver Sinn, wie er für den neuen Wirtschaftsstil kennzeichnend ist, tritt uns hier entgegen: Die Wirtschaft ist das Feld materieller Daseinsbehauptung. Dies so selbstverständlich anmutende Wort bedeutet sehr Wesentliches. Es offenbart sich nämlich in ihm die Befreiung der Wirtschaft aus ihren zivilisatorischen Verstrickungen, die Wiederherstellung des ursprünglichen Sinnes, des Ursinnes aller Wirtschaft.

Bedarfsdeckung, Sicherung des Unterhalts, materielle Daseinsbehauptung, das sind alles nur verschiedene Ausdrücke für einen Tatbestand, dafür, daß der Mensch ständig von neuem der Natur seine Existenz abringen muß. Dafür hat die Wirtschaft einzutreten, indem sie der Natur die von ihr umschlossenen Voraussetzungen seiner Existenz, das sind die materiellen Mittel der Daseinsbehauptung, abtrotzt. Dies Wissen bildet den Untergrund für den Wandel des Wirtschaftsstils.

Dieser wäre aber unzureichend bestimmt, wenn man ihn seinem objektiven Sinne nach allein durch das Wiederaufbrechen des Ursinnes aller Wirtschaft als der materiellen Daseinsbehauptung kennzeichnen wollte. Er trägt darüber hinaus, wie in den früheren Darlegungen schon immer wieder anklang, deutlich Züge, die ihn zu einem Kinde des 20. Jahrhunderts stempeln. Das äußert sich in der Stellung des Gegenwartsmenschen zur Rationalisierung und rationalen Technik. Hier wird die Sonderart des Menschen von heute, die ihn von allem früheren Menschentum trennt, am deutlichsten greifbar. Er ist der Mensch der planenden Aktivität. Durch eine aktive und planende Lenkung der Naturkräfte sucht er seine wirtschaftliche Aufgabe zu bewältigen. Das ist ein Wesensmerkmal des neuen Wirtschaftsstiles, dasjenige, das schließlich für seine historische Eigenart ausschlaggebend ist. Es entspricht dem Ethos des tätigen Menschen, von dem oben als einem Merkmal des modernen Technikverständnisses die Rede war.

Fragt man nach den Wurzeln, den Triebkräften dieser planenden Aktivität, so ergibt sich, wie schon oben im gleichen Zusammenhange anklang, daß sie nicht einem Macht- und Herrschaftsstreben über Menschen oder äußere Welt entspringt, sondern aus einer entgegengesetzten, einer dienenden Daseinshaltung fließt. Durch sie wird dem Menschen die Logik seines Handelns vorgeschrieben. Während alles Herrschafts- und Machtstreben ihm von hier aus als Triumph menschlicher Willkür erscheinen muß, wird er möglichst nach *Ausschluß aller Willkür* streben, wenn er sich in den Dienst des Seins stellen will. Darum wird er gezwungen, einerseits nach dem ewigen Sinn menschlichen Daseins und menschlichen Tuns, so auch nach dem Ursinn der Wirtschaft zu fragen, andererseits sich der ewigen Ordnung der Natur einzufügen, gerade auch dort, wo er handelnd auf sie einwirkt. Das führt zu einem Handeln, das sich im geistigen Bereich an den ewigen Daseinswerten zu orientieren sucht, das zugleich aber behutsam, überlegend, planend mit der Natur und allem von ihr Abgeleiteten umgeht.

Der Dienst an der *Natur*, den der Dienst am Sein in sich schließt, setzt ihr gegenüber eine ehrfürchtige Haltung voraus und *zwingt zur Durchsetzung des Prinzips der Rationalität* im Umgange mit ihr. Nur wenn der Mensch rational, d. h. zugleich planend mit ihr umgeht, erweist er ihr die der Schöpfung gegenüber gebotene Ehrfurcht. Nur dann mißbraucht er sie nicht für irgendwelche von ihm usurpierte Zwecke, stellt er sie vielmehr in den Dienst von etwas, das mehr ist als er, der Mensch selbst, nämlich die ewigen Daseinswerte. Rationales Handeln, das auf diese Daseinswerte ausgerichtet ist, bedeutet daher die *Vereinigung von zwei Polen zu einer höheren Einheit*, der geistigen Werte und der Naturordnung, zur Einheit des höheren, nämlich werdenden Seins, das so zur Entfaltung seiner inneren Möglichkeiten kommt. Nur indem der Mensch beiden Polen zugleich dienstbar ist, kann er seiner Bestimmung in diesem Sein gerecht werden.

Das ist das Gesicht des neu sich formenden Wirtschaftsstiles. Alte Sehnsüchte der sozialistischen Bewegung finden darin ihren Ausdruck, so der Wunsch nach einer den inneren Menschen ausfüllenden Arbeit, nach Gemeinschaft der zusammenarbeitenden Menschen, nach Sicherung des lebensnotwendigen Bedarfs, nach Wiederherstellung der Menschenwürde im Wirtschaftsleben. Zugleich sieht man deutlich, wie der heraufkommende Wirtschaftsstil allem Rationalismus abgeschworen hat (selbst dort, wo man rational plant und handelt), wie er den Sinn der Wirtschaft nicht mehr in einer immanenten wirtschaftlichen Ratio, sondern vom Transzendenten her zu verstehen sucht. Das ist eine für die geistige Situation unserer Zeit ganz bezeichnende Beobachtung. Immer wieder können wir feststellen, wie das rationale Bewußtsein auf seine eigenen Schranken stößt und sich vor das gestellt sieht, was mehr ist als es selbst.

Unwillkürlich muß man hier an die berühmten Worte Heinrich von Kleists aus seiner Skizze über das Marionettentheater denken: „Mithin", sagte er, „müßten wir wieder von dem Baume der Erkenntnis essen, um in den Stand der Unschuld zurückzufallen?" So mußten wir den Rationalismus erst bis zum Ende auskosten, um zu Grundwahrheiten der Wirtschaft wie allen menschlichen Daseins zurückgeführt zu werden, die dem traditional gebundenen Menschen früherer Jahrhunderte selbstverständlich waren. Die Zukunft muß es erweisen, ob der Umweg über das rationale Bewußtsein nicht umsonst gewesen ist.

IV. Die Verantwortung der Gegenwart

1. Die Grundlinie des Werdens zwischen Notwendigkeit und Freiheit

Doch muß jetzt der nächste und letzte Schritt in unserem Gedankengange getan werden. Versuchen wir die bisherigen Ueberlegungen zusammenzuraffen und fragen wir, was sie insgesamt für die geschichtliche Stellung des heutigen Wirtschaftslebens besagen, welche Folgerungen sich aus ihnen ziehen lassen. Dabei ist es zunächst klar, daß die beiden bisher besprochenen Gesichtspunkte, die historische Dialektik und der Wandel des Wirtschaftsstiles nur zwei Seiten ein und desselben Prozesses bedeuten. Was oben als historische Dialektik angesprochen wurde, ist nur die eine Seite des Zusammenhanges, die Realdialektik. Der Wandel des Wirtschaftsstils steht ihr nicht losgelöst gegenüber, sondern ist selbst in den dialektischen Prozeß mit einbezogen. Es ist das der Ausdruck einer Idealdialektik. Der Bezirk des Geistes, wie er in der Geschichte steht, hat selbst Teil an der geschichtlichen Dialektik, er hat seine eigene Dialektik und steht zugleich zum Werden der realen Welt in dialektischer Spannung.

So ist auch die geschichtliche Stellung des Wirtschaftslebens in der Gegenwart nur aus dem Zusammenwirken von Real- und Idealdialektik zu verstehen. Die historische Wirtschaftsgestalt ist das Ergebnis ihres Zusammenwirkens in der Vergangenheit. Sie bereitet den Boden für den ihr entsprechenden Wirtschaftsstil. Dieser formt den Menschen, der dieser Wirtschaftsgestalt zu dienen fähig und willens ist. Zugleich wird aber der Mensch zu dem entscheidenden Motor aller Umformung auf dem Boden der Geschichte. In ihm entladen sich die Spannungen und Reibungen, die jede Wirtschaftsgestalt mit sich bringt, in Konflikten und Nöten. So werden hier die Voraussetzungen für das Suchen nach neuen Wegen der Gestaltung, damit für den Wandel des Wirtschaftsstiles geschaffen. Dieser zieht dann das Wachsen der neuen Wirtschaftsgestalt nach sich.

Dieser Tatbestand, daß schließlich *der Mensch der Gestalter seiner geschichtlichen und sozialen Welt* ist, wird dadurch überlagert, daß seine Werke, ob Wirtschaftsstil oder Wirtschaftsgestalt, sobald sie geschaffen sind, ein Eigenleben zu führen beginnen, daß sie dann ihrer eigenen immanenten Logik folgen. Nur dadurch ergibt sich die Ideal- und Realdialektik mit ihrem jeweils eigenen Schwergewicht, zugleich das Zusammenspiel von beiden mit ihrer gegenseitigen Beeinflussung. Als überpersonale Erscheinungen sind beide keine letzten Prinzipien für das Verständnis der Geschichte, da sie beide bedingt sind. Der letzte Faktor, auf den sie beide sich zurückleiten, ist der Mensch, und zwar der Mensch jenseits aller historischen Bindungen und Determinationen, der Mensch in seinem reinen Wesen, mit dem er jenseits aller Geschichte und aller

Dialektik steht. Er ist der verantwortliche Gestalter seiner sozialen Welt, damit seines Wirtschaftsstiles und seiner Wirtschaftsgestalt.

Dieser Sachverhalt wird der für diesen Abschnitt meiner Darstellung entscheidende Gesichtspunkt. Wenn auch der konkrete Mensch stets in die überpersonalen Bindungen seiner objektiv gewordenen geistigen Welt wie in seine ebenso überpersonalen Sozialgestalten verstrickt ist, wenn beide auch ihre eigene Logik entfalten, den Menschen damit an ihr Gängelband nehmen, so wird dieser dadurch doch nicht zum Objekt des Geschichtsprozesses. Er bleibt ihr Subjekt, das die Verantwortung für das Gesamtgeschehen zu tragen hat. Wenn man das übersieht, verfälscht man die menschliche Situation in dieser Welt, damit aber auch das Wesen des Geschichtsprozesses.

Bevor jedoch der Frage, worin sich diese Verantwortlichkeit des Menschen äußert, nachgegangen werden kann, muß hier noch ein anderer Gesichtspunkt vorangestellt werden. Es muß das Fazit der bisherigen Betrachtungen in den beiden ersten Abschnitten zu ziehen versucht werden. Das kann nicht schwer fallen. Allzu deutlich liegen die Konturen fest. Die Grundlinien des Werdens treten klar zutage. Der Uebergang vom bürgerlichen zum arbeiterlichen Zeitalter, von der kapitalistischen Nationalwirtschaft zur sozialistischen Gemeinwirtschaft ist ebenso mit Händen zu greifen wie der Wandel vom fortschrittsgläubigen Wirtschaftsstil zu demjenigen einer planenden Daseinsbehauptung. Technik, Planung und Organisation werden immer mehr unser Lebenselement, auch im Wirtschaftsleben. Zweckrationale Umweltgestaltung wird uns zunehmend in eine Kunstwelt verstricken, die Naturkräfte für menschliche Veranstaltungen auszunutzen gestattet.

Mit dieser Kunstwelt werden die Menschen immer stärker voneinander abhängig. Es greift das in erstaunlichem Maße auch in das häusliche Leben ein. Der vergangene Krieg mit seinen Störungen hat jedem schmerzhaft gezeigt, in wie hohem Maße das heute schon der Fall ist. Wir sind auf Gas-, Wasser-, Elektrizitätsbelieferung, auf Lebensmittelzufuhr, auf Müllabfuhr, auf das Funktionieren des Verkehrswesens und viele andere Dinge in einem Maße angewiesen, daß die Existenz von Haushaltungen und Betrieben auf dem Spiele steht, wenn ein Glied in diesem Zusammenhange aushakt. Nur durch Organisation und Planung, unter Einsatz der Methoden rationeller Technik werden die Lücken, die der Krieg in der Versorgungslage der Bevölkerung hinterlassen hat, einigermaßen zu schließen sein. Das Ergebnis dessen ist eine Welt, die immer weniger auf das individuelle Wollen des einzelnen und seine private Sphäre, sondern immer mehr auf Gesamtheitsveranstaltungen und die dadurch geschaffenen Lebensvoraussetzungen ausgerichtet ist. So ist es kein Zufall, daß selbst der Haushalt, früher der Hort des Privatlebens, zunehmend dem öffentlichen Leben erschlossen worden ist. Suchte er sich früher nach außen hin möglichst abzukapseln, so ist er heute sich gerade den Einflüssen der Oeffentlichkeit zu erschließen bestrebt.

Noch ein anderes liegt im Zuge dieser Entwicklung. Der Bürger war ein Stadtmensch. Der Arbeiter ist es nicht in gleicher Weise. Bezeichnend dafür ist die moderne Großstadt, die nicht mehr wie die echte bürgerliche Stadt durch Mauern begrenzt ist, sondern wuchernd in die Landschaft hinausgreift. Der Arbeiter ist ein Mensch der Industrielandschaft oder, wie Ernst Jünger sagt,[15]) der Werkstattlandschaft. Unsere Siedlungsweise wächst immer mehr in diese Werkstattlandschaft hinein, die durch technische Veranstaltungen, durch Drahtnetze und Röhrensysteme, durch Kunststraßen des Land- und Wasserverkehrs, durch Flugplätze, durch Tankstellen und Umspannwerke, schließlich durch Industrieanlagen überformt ist. Damit verliert der Gegensatz von Stadt und Land seine alte Bedeutung. Die Industrialisierung des Landes macht immer weitere Fortschritte, ebenso die Technisierung der Landwirtschaft. Der traditionale Bauer wird damit mehr und mehr der rationale Bauer der technisierten Welt werden, der Industriearbeiter aber strebt nach Bodenverwurzelung. Das wird eine gegenseitige Anpassung der sozialen Lebensstile von agrarischer und industrieller Bevölkerung mit sich bringen. So greift die technisierte Welt immer weiter aus.

Eine so umfassende Entwicklung kann sich nicht gegen einen ihr widerstrebenden Menschen vollziehen. Sie konnte nur deshalb mit der Gewalt einer Flut uns alle mit sich fortreißen, weil der das öffentliche Leben und das geistige Antlitz der Zeit be-

---

[15]) Ernst Jünger, Der Arbeiter, Hamburg 1932, S. 208.

stimmende Menschenschlag sie bejaht. Es äußert sich darin nicht nur der Zwang der historischen (Real-) Dialektik, sondern zugleich der Stil der Zeit. Das Zeitalter des Individualismus und damit auch des Subjektivismus, das die menschliche Individualität über alles setzt, ist endgültig vorbei. An seine Stelle ist eine Epoche getreten, die auf das Generelle, das allen Gemeinsame, zugleich auf objektive, für alle verbindliche Normen zielt. Beides, das Generelle und das Objektive kommt auch in ihrem Menschenbilde zum Ausdruck. An die Stelle der Individualität tritt der Typus, der von Ernst Jünger[16]) mit Recht als der repräsentative Vertreter seiner „Gestalt des Arbeiters" verstanden wird. Nicht mehr eine ausgeprägte Individualität zu sein, sondern den Typus in möglichster Reinheit zu verkörpern, ist diesem Menschen das höchste Ziel.

Das darf wahrlich nicht als Verzicht auf höchste Menschenwürde mißverstanden werden. Dadurch sucht sich vielmehr ein Menschentum auszudrücken, das sich objektiven, ewigen Normen vom Geistigen wie vom Natürlichen her unterstellt weiß, das eine reine Darstellung menschlichen Wesens nur durch die lebendige Widerspiegelung dieser Normen für möglich hält. Subjektivität und Individualität müssen einer solchen Daseinshaltung des Menschen als Ausdruck einer Willkür, damit als Abfall von seinem eigentlichen, reinen Wesen erscheinen. Darum strebt dieser Mensch nach einer höheren Menschenwürde, als sie einem individualistischen Zeitalter jemals sichtbar wurde. Darum muß er in diesem Streben aber stets ein dienender Mensch bleiben, ein solcher, der zuchtvoll, den ewigen Normen sich unterordnend, zu ihrem Vollstrecker zu werden sucht.

Hier begreift man auch, warum dieser Mensch der heraufkommenden Arbeiterwelt kraft seiner geistigen Struktur alles Herrschaftsstreben über die Natur (wie im Grunde auch über die Menschen[17]) aufgeben muß, warum er auch alle Rationalisierung als Ausschluß menschlicher Willkür und Durchsetzung ewiger Normen der

---

[16]) Ernst Jünger, Der Arbeiter, Hamburg 1932, S. 102, 142.

[17]) Hier ist eine Einschränkung zu machen. Herrschaftsstreben über Menschen um der Herrschaft willen widerstreitet menschlichem Wesen grundsätzlich. Insoweit gilt obige Bemerkung. Notwendig wird Herrschaft aber dort, wo die Menschen von der ihnen gesetzten Bestimmung abfallen, wo die im Lauschen auf

Natur verstehen muß. Er würde sonst sich selbst aufgeben, am Sinn der Normen, denen er sich unterstellt weiß, verzweifeln. Seine Welt mit ihren objektiven Ordnungen fordert einen Menschen, der sich in ihren Dienst stellt. Nur durch diese Selbstdisziplinierung kann er zu sich selbst, zur Erfüllung seiner Bestimmung in dieser Welt kommen. Alles menschliche Tun muß sich, wenn es sinnvoll sein will, durch die diesen Ordnungen abgewonnenen Normen leiten lassen. Nur dadurch steht es im Einklang mit dem Sein, wird es seinsmächtig. Dem Sein seine Gebote in rechter Weise abzulauschen, ist daher die große Aufgabe, von der das Gelingen allen menschlichen Handelns entscheidend abhängt.

Das ist der Stil der Zeit, der Stil einer tätigen Sachlichkeit. Es liegt auf der Hand, daß ein dadurch geprägter Menschentyp zu einer technisierten, rationalisierten und geplanten Welt, zu einer Welt der Normen, Typen und Standards in einem engen, inneren Verhältnis steht. Er ist ihr Gestalter und Träger. Er wird sie daher kraft der Logik seiner geistigen Struktur weiter formen und seinem Wesen nach durchprägen. Das ist der letztlich entscheidende Gesichtspunkt für die Beurteilung der geschichtlichen Lage der Gegenwart und für das Schicksal der Volkswirtschaft. Dieser Mensch kann nicht anders als sich eine Welt der Planungen, der rationalisierten Mittel, der Organisationen aufzubauen. Die Abstellung auf das Zweckmäßige, das Sachlich-Nüchterne, das Unkonventionelle und planmäßig Ueberschaubare ist im Hinblick auf die höchsten Seinswerte sein Lebenselement.

2. *Die Offenheit der Gegenwart*

So eindeutig alle diese Feststellungen über die Grundlinie des Werdens in unserer Zeit sind, so muß doch vor ihrer Ueberschätzung

---

die Stimme des Gewissens vernehmbaren Gebote des Seins von ihnen in den Wind geschlagen werden. Dort bedürfen sie der Aufrüttelung, müssen sie durch die Zuchtrute der Herrschaft zu ihrer eigenen Aufgabe zurückgeführt werden. Diese um der menschlichen Bosheit willen erforderlich werdende erzieherische Aufgabe ist Sache der Obrigkeit, wie Luther sagte, ist das Anliegen der staatlichen Herrschaft.

gewarnt werden. Nicht daß nun nachträglich der Sinn des bisher Gesagten wieder in Frage gestellt werden soll, kann hier die Absicht sein. Es muß vielmehr ein Gesichtspunkt, der im letzten Abschnitt sich bereits aufgedrängt hat, näher betrachtet werden.

Sagen die bisher gemachten Feststellungen wirklich schon das Entscheidende über die Zukunftsgestaltung von Wirtschafts- und Sozialleben aus oder lassen sie das Entscheidende noch offen? Ist das, was sich heute anspinnt, wirklich durchgehend durch die Logik der historischen Situation bestimmt oder spielen hier noch andere Kräfte eine Rolle? Angesichts solcher Fragen muß jetzt der Blick auf ein Wesensmerkmal der Geschichte gelenkt werden, dessen Verkennung schwere Fehlschlüsse nach sich ziehen müßte. So eindeutig auch das Wirken der historischen Dialektik nach der Seite der realen wie der idealen Welt hin sich darstellte, es bleibt demgegenüber doch zu bedenken, daß der Geschichtsprozeß kein Geschehen von mechanischer Zwangsläufigkeit, sondern ein Werden in der menschlichen Welt bedeutet. Auf dem Boden der Geschichte gibt es keine so starren Ablaufsgesetzmäßigkeiten, wie das noch Marx sich vorstellte, und was bei aller Größe seiner Theorie der Dialektik eine ihrer Hauptschwächen ausmacht. Den menschlichen Anteil am geschichtlichen Werden zur Geltung zu bringen, muß daher jetzt die Aufgabe sein. Damit ist hier in das bisher entworfene Bild von der historischen Situation der Gegenwart eine wichtige Kontur nachzutragen.

Der Mensch ist nicht nur Objekt auf dem Boden der Geschichte, so wurde schon im letzten Abschnitt festgestellt, wenn er auch selbst als geschichtliches Wesen dem dialektischen Prozeß eingegliedert und unterworfen bleibt. Er ist mehr als ein so bestimmter Faktor der Geschichte, er hat die Möglichkeit, durch seine zeitlichen und räumlichen Bedingungen den Durchstoß zu den ewigen Sachverhalten des Seins zu vollziehen. So kann er sich auf sein reines Wesen besinnen, kann er wertend und handelnd zu dem dialektischen Werden Stellung nehmen. Darin liegt seine Verantwortung. Der geschichtliche Prozeß ist auch durch diese Eigenart menschlichen Wesens gekennzeichnet. Trotz seiner immanenten Notwendigkeiten bleibt er immer in seinem Endpunkte, der Gegenwart, ein für menschliche Gestaltungoffenes Geschehen.[18]) Das ist hier von ausschlaggebender Bedeutung. Der Mensch hat es stets in der Hand, inwieweit er die festliegenden Grundlinien geschichtlichen Werdens verlebendigt oder nicht. Von ihm hängt es ab, wie er sich durch sie angesprochen fühlt und ob er daher auf die in ihr angelegte Logik zu hören bereit ist oder nicht.

Diese Offenheit der Gegenwart für Gestaltungsmöglichkeiten wäre bedeutungslos, wenn der Mensch ein vollkommenes Wesen wäre, wenn er stets auf die Sprache der ewigen Normen des Seins hören würde, wenn er sie aus ihren jeweiligen historischen Verkleidungen herauszulesen imstande wäre. Dann würde er die Schrift der historischen Dialektik einwandfrei lesen können, würde er sich zum ständigen Vollstrecker der in ihr angelegten Logik machen. Doch ist diese Welt der Vollkommenheit nicht die unsrige. Der Mensch unserer Welt ist von dieser Vollkommenheit weit entfernt.

Er ist in ständiger Gefahr, von seinem eigenen Wesen abzufallen. Selbst bei ehrlichem Bemühen bleibt er seiner besseren Einsicht nicht treu. Immer wieder ist er kein Diener der ewigen Normen, verfällt er den selbst gesetzten Zwecken seines endlichen Geschichtshorizontes, damit seiner eigenen Willkür. Aber das nicht allein, er kann sein Sinnen und Trachten nicht nur im ausschließlichen Blick auf die beschränkte und vergängliche, diesseitige Welt verstocken, sondern er ist auch dem Irrtum unterworfen. Er kann sich täuschen, und ein Quentchen Irrtum bleibt in aller menschlichen Einsicht verborgen. Verstocktheit und Irrtum gehen aber in der geschichtlichen menschlichen Welt einen solchen Bund ein, daß sie sich gegenseitig immer wieder befördern, und daß aus ihnen die ganze Tiefe menschlicher Bosheit hervorwächst. Die Verstocktheit wird der Boden, auf dem der Irrtum üppig wuchert. Im Erklügeln von Gedankenkonstruktionen weiß der Mensch die Stimme seines Gewissens, jenes feinsten Barometers für die Uebereinstimmung mit

[18]) In diesem Sinne schreibt Weippert: „Es ist immer auch die Gegenwart, das Handeln in der Gegenwart, das über die Bedeutung eines geschichtlich Gewordenen entscheidet. Jede Gegenwart hat die Möglichkeit, das Gewicht der Vergangenheit zu bestimmen. Insofern gewinnt die Gegenwart in des Wortes strengem Sinne Gewalt über die Vergangenheit." Daseinsgestaltung S. 123.

den ewigen Seinsnormen, zu betäuben und sich den Weg für seine eigenen Zielsetzungen frei zu machen. Deshalb ist der Mensch letztlich stets unberechenbar, deshalb ist jede Gegenwartsdeutung notwendig risikobelastet.

Das ist der große Gesichtspunkt, der für den hier verfolgten Gedankengang von schwerem Gewicht ist. Was nützt alle Einsicht in die Logik der historischen Dialektik, die auf die Gegenwart ausstrahlt, wenn der Mensch dieser Zeit sich ihr nicht zu erschließen bereit ist? Wird vor allem der Wirtschaftsstil mit dem ihn kennzeichnenden Ethos den von mir angedeuteten Weg nehmen? Das ist und bleibt eine offene Frage. Das kann nur der konkrete Gang der Geschichte lehren. Zwar sind die für meine Deutung sprechenden Anzeichen, die sich von den verschiedensten Seiten her aus der gesamten geistigen Situation der Zeit ergeben, nicht von der Hand zu weisen. Und doch muß hier nochmals, wie schon oben, betont werden, daß es nur die hellhörigsten und feinnervigsten Geister unserer Tage sind, bei denen diese Geisteshaltung beobachtet werden kann.

Wäre es nicht möglich, daß vielleicht nur die drängende Not sie dahin getrieben hat und menschliche Schwäche sie heute oder morgen wieder von dieser besseren Einsicht abfallen läßt? Das mag heute nicht wahrscheinlich erscheinen, aber möglich ist es gewiß. Daneben muß aber die Frage nach dem Wirtschaftsstil der breiten Volksschichten gestellt werden. Ist er überhaupt von den feinsten geistigen Regungen einer Zeit her zu verstehen? Der Versuch seiner positiven Bestimmung in unseren Tagen muß zu der Feststellung eines heillosen Durcheinanders der verschiedensten Regungen führen, dem eine einheitliche Linie nur schwer abgelesen werden kann. Sucht man sie herauszuarbeiten, so stößt man in erschreckendem Maße auf Verfallserscheinungen, die mit einer tieferen Sinngebung menschlichen Tuns nichts mehr zu schaffen haben und sich in der hemmungslosen Verfolgung des nackten egoistischen Interesses erschöpfen. Fast könnte diese Beobachtung am Sinn der hier betriebenen Umgrenzung des heraufkommenden Wirtschaftsstiles verzweifeln lassen. Die Auflösung scheint das einzige zu sein, was heute feststellbar ist.

Und trotzdem sind solche Tatsachen nicht das Entscheidende. Der Wirtschaftsstil und mit ihm das Wirtschaftsethos der Zukunft wird immer durch eine geistige und sittliche Elite geformt, deren Vorbild sich erst langsam das öffentliche Bewußtsein erobert. Wird aber das Vorbild der Wenigen die weiten Volkskreise nach sich ziehen? Das ist die Frage, die bei Ueberprüfung der Gegenwartslage wiederum notwendig offen bleibt. Es könnte sein, daß die wirtschaftlichen und sozialen Nöte der Zeit die Auflösung nur immer weiter treiben, daß sie gewissenlose Elemente immer stärker an die Oberfläche heben werden, um sie nach dem Grundsatz der Grenzmoral tonangebend für den Wirtschaftsstil der Allgemeinheit werden zu lassen. Dann würde das Wirtschaftsleben zum Tummelplatz niedrigster menschlicher Instinkte entarten. Es ist leicht ein derartiger Grad wirtschaftlicher Not, verbunden mit wirtschaftlicher Aussichtslosigkeit, der Zukunft vorstellbar, der auf der Grundlage einer gewissen moralischen Schwäche weiter Volkskreise solche Wirkungen haben könnte.

Es kann aber auch sein, daß die Nöte der Zeit den Menschen gerade umgekehrt zu einem großen Lehrmeister werden, der sie innerlich aufrüttelt und sie über die Not des Augenblicks auf die tragenden Daseinswerte blicken läßt, die ihnen im Dunkel der Gegenwart Halt und Kraft zu innerer Bezwingung ihres Schicksals geben. Daß eine solche Bezwingung des Schicksals damit zugleich den Boden für seine äußere Meisterung bereitet, daß eine solche menschliche Haltung Kräfte für eine echte und dauerhafte Daseinsgestaltung schmieden kann, wer wollte das bezweifeln? Welchen Weg also wird der Wirtschaftsstil der Zukunft nehmen, diesen oder jenen? Wir wissen es nicht, wir wissen nur, was uns im ersten Falle bevorsteht und welche Hoffnungen uns im zweiten Falle eröffnet werden.

Was so die Gegenwart an Ungewißheit des menschlichen Verhaltens offen läßt, gilt wie im großen und ganzen auch im einzelnen. Die technisierte Welt wird, so wurde betont, die Menschen in immer stärkerem Maße voneinander abhängig machen. Die Planwirtschaft soll zugleich eine Gemeinwirtschaft, ein Reich der Gemeinschaft sein. Wie steht es, so muß man fragen, mit dieser Gemeinschaft, sind wirklich Voraussetzungen für ihre Entfaltung gegeben oder handelt es sich um eine bloße Utopie? Mißtrauisch erinnern wir uns der Zeit, da Gemeinschaft zwischen den Menschen um so mehr entschwand, je mehr von ihr geredet wurde. Mit gutem Recht kann man darauf hinweisen, daß die steigenden Abhängigkeiten der technisierten Welt zugleich steigende Reibungsflächen zwischen den Menschen erzeugen werden, daß daher die Eintracht unter ihnen immer mehr zu entschwinden droht. Sollte die Vereisung der zwischenmenschlichen Beziehungen, die das ausgehende bürgerliche Zeitalter mit sich brachte, jetzt noch in die letzten Winkel zwischenmenschlicher Wärme eindringen?

Auch diese Frage kann heute nicht geklärt werden, nur so viel kann zu ihr gesagt werden, daß Erfüllung oder Scheitern dieser Gemeinschaftshoffnung des Arbeiterzeitalters letztlich in die Hand des Menschen gelegt ist, daß es vom Grade seines Verantwortungsbewußtseins abhängen wird, ob und inwieweit die geschichtlich angelegten Möglichkeiten zu einer Gesundung der zwischenmenschlichen Beziehungen in die Wirklichkeit umgesetzt werden.

So offen wie hier bleibt auch letzten Endes das Problem der Rationalisierung und Technisierung für die heraufkommende Zeit. Es kann schließlich nicht vorhergesagt werden, ob es gelingen wird, die von diesen beiden Erscheinungen heraufbeschworenen menschlichen, sozialen und politischen Probleme zu überwinden. Ein Naturgesetz ist das keineswegs. Daß die geschichtlichen Voraussetzungen dafür heute wie noch nie zuvor gegeben sind, versuchte ich zu zeigen. Die aufgeschlossenen Geister unserer Tage haben eine klare Einsicht in die durch Rationalisierung und rationale Technik heraufbeschworenen Gefahren. In ihnen ist eine Geisteshaltung lebendig, welche mit deren Erhebung zum Selbstzweck und damit mit ihrer Vergötzung gebrochen hat, die darum weiß, daß alle menschliche Selbstherrlichkeit, auch diejenige des Verstandes, der sich zum Herrn der Welt aufschwingen will, und diejenige der menschlichen Tatkraft, welche diese Welt beherrschen will, kläglich scheitern muß, weil sie kurzsichtig sich zur ewigen Daseinsordnung in Widerspruch setzt. Die Einsicht in die Notwendigkeiten für den Aufbau einer tragfähigen menschlichen Lebensordnung ist daher vorhanden.

Werden die Menschen von heute und morgen die Kraft aufbringen, um sich den hohen geistigen und sittlichen Anforderungen, welche diese Einsicht von ihnen verlangt, gewachsen zu zeigen? Nur wenn der neue Wirtschaftsstil weiter Boden faßt, sich das Volk erobert und nicht das Vorrecht einiger, weniger, abseits Stehender bleibt, können wir hoffen, daß das technische Zeitalter nicht einfach die Vergötzung der Wirtschaft durch diejenige der Technik ablösen, der Hochmut der Ratio sich aber weiter in seine eigenen Fallstricke treiben wird. Nur dann können wir hoffen, daß die sozialen Spannungen und Auflösungserscheinungen unseres Jahrhunderts ebenso wie der innermenschliche Verfall der Vergangenheit bezwingbar sein werden.

3. Die Gefahren des Arbeiterzeitalters

Gelingt das nicht, darüber kann kein Zweifel sein, so wird der soziale, politische und wirtschaftliche Auflösungsprozeß weitergehen, den unser Jahrhundert mit seinen Stürmen vor aller Augen stellte. Dann werden auch andere Heilmittel nicht mehr fruchten. Es werden sich dann vielmehr die spezifischen Gefahren fühlbar machen, von denen unsere Zeit bedroht ist. Darf es Wunder nehmen, daß dies Zeitalter, dem besondere Aufgaben und besondere historische Chancen zugefallen sind, auch seine besonderen Versuchungen hat, denen zu unterliegen es in Gefahr ist?

Es ist daher nicht nur die Vergötzung von Wirtschaft und Technik, der Hochmut der menschlichen Ratio, mit denen wir in diesem Falle wie in der Vergangenheit zu rechnen haben. Der Gang der Geschichte ist nicht aufzuhalten. Die Heraufkunft des Arbeiterzeitalters ist nicht abzubiegen, ebenso wenig wie man das bürgerliche Zeitalter zurückzaubern kann. Diese Tatsachen sind nicht aus der Welt zu schaffen, ob nun die Menschen bereit sind, aus der Vergangenheit Lehren zu ziehen und auf den an sie in dieser Gegenwart ergehenden Anruf zu hören oder nicht. Ist man aber nicht geneigt, auf das Gebot der Stunde zu hören, oder ist man zu schwach, ihm auf die Dauer zu folgen, so wird man unweigerlich den Verfallserscheinungen der Arbeiterwelt zum Opfer fallen, dann wird sich herausstellen, daß bestimmte Auswüchse in ihr angelegt sind, die leicht dem Menschen über den Kopf wachsen werden, wenn dieser sie nicht durch seine innere Haltung zu bezwingen weiß.

Dann wird als Ergebnis des Gestaltwandels der Geschichte nur eine Verfallserscheinung durch die andere abgelöst werden. Statt daß Ordnung gestiftet wird, muß sich dann ein Zustand dauernder Herrschaft der Unordnung herausstellen, so lange, bis die Menschen zu wirklichem Hinhören auf die Stimme ihres Gewissens und über dies hinweg auf die Sprache der ewigen Seinsnormen geneigt sind.

Die besonderen Gefahren des Arbeiterzeitalters aber liegen auf der Hand, sie sind schon oft von Seiten her, die dieser Entwicklung mißtrauisch entgegen sahen, beschworen worden. Man kann sie nach der sozialen, wirtschaftlichen und geistigen Seite hin unterscheiden.

In sozialer Hinsicht würde das bedeuten, daß das Massenzeitalter, statt überwunden zu werden, erst jetzt an seinem eigentlichen Anfang steht, daß die Masse als das Auflösungsprodukt gewachsener sozialer Ordnungen zunehmend das öffentliche Leben beherrschen wird, daß alle bisherigen Vermassungserscheinungen dafür nur Präliminarien waren. Das besagt aber, daß die Freiheit als Leitidee sozialer und politischer Gestaltung auf absehbare Zeit begraben werden müßte, daß man statt dessen einer Aera herrschaftlicher Massengängelei entgegengehen würde. Die Masse ist das typische Objekt der Tyrannis, sie ist ein Spielball in der Hand des Demagogen und Tyrannen. Sie kann gar nicht anders gebändigt werden. Bedeutet sie doch das gestaltlose Nebeneinander, die bloße Anhäufung von Menschen, die es nicht zu einer Entfaltung der Persönlichkeitswerte des einzelnen, zum mindesten nicht für die Gestaltung des Zusammenlebens kommen läßt.

Damit wird die Freiheit persönlicher Verantwortung hier aus dem politischen und sozialen Leben ausgeschlossen. Das würde eine gegenseitige Zuordnung der Menschen nach ihrer Verschiedenartigkeit, nach Merkmalen ihres inneren und äußeren Seins, also eine positive Gestaltung ihres Zusammenlebens unmöglich machen. Nur aus einer solchen Zuordnung kann echte Freiheit erwachsen, zwar nicht eine Freiheit der Ungebundenheit und individuellen Willkür, wohl aber eine Freiheit in Bindungen, die nämlich auf der Grundlage einer Verantwortung der Menschen füreinander und der Entfaltung ihres persönlichen Wesens im Dienst aneinander gedeiht.

Daß das Arbeiterzeitalter mit seinem Typenmenschen und seinen Planungen der freiheitlichen Gestaltung zwischenmenschlicher Beziehungen grundsätzlich nicht entgegensteht, sondern sie geradezu begünstigt, ergibt sich schon aus früheren Gedanken dieser Arbeit. Entstammt zwar die moderne politische Freiheitsforderung vorwiegend einem individualistischen Denken, so darf heute doch rückblikkend festgestellt werden, daß die echte Freiheitsforderung, die sich aus der Würde der menschlichen Persönlichkeit als Forderung der Gewissensfreiheit und Freiheit persönlicher Selbstverantwortung ergibt, durch den Individualismus schließlich untergraben wurde, da dieser individuelle und subjektive Sondertümeleien begünstigte. Der Typenmensch dagegen bereitet durch seine Anpassung an den Mitmenschen den Boden für ein geordnetes Zusammenleben. Dem gleichen Ziel dienen seine Organisationen und Planungen. Nicht im Wege der Konkurrenz sucht dann der eine dem andern seinen Freiheitsraum abzutrotzen, sondern im Miteinander der gemeinsamen Bestrebungen und Veranstaltungen wird dem Mitmenschen sein Freiheitsraum zugewiesen. Dies aber nicht zu beliebigem individuellen Gebrauch, sondern zu verantwortlicher Nutzung der Persönlichkeitskräfte für die Gesamtheit.

Nur diese Freiheit hat überzeitliche, ewige Bedeutung. Gerade sie wird aber durch ein Massenzeitalter unmöglich gemacht. In ihm gibt es gar keine im Innern der Menschen angelegte Ordnung der zwischenmenschlichen Beziehungen mehr, daher auch keinen Raum für die freie Persönlichkeit. Statt dessen gibt es nur die äußere Bändigung der Menschen, welche diese nicht als geistige Wesenheiten, sondern als Triebwesen anspricht. Darum hat der alte römische Ruf nach panem et circenses auch heute noch seine bezeichnende Kraft, er hat Gültigkeit für alle Massenwelten. Daß in ihr die zwischenmenschlichen Beziehungen nicht nur im großen, sondern auch im kleinen Kreise ihres Eigenlebens entbehren und mechanisiert werden, liegt auf der Hand. So ist es klar, daß auch die oben für das bürgerliche Zeitalter in Anspruch genommene Vereisung der zwischenmenschlichen Beziehungen, die sich aus seinem Individualismus ergab, nun immer mehr um sich greifen wird. Die Beziehungslosigkeit der Menschen untereinander muß sie immer stärker in den Zustand des homo lupus homini versinken lassen.

Das sind die sozialen Voraussetzungen, auf deren Grundlage sich die wirtschaftlichen Verfallserscheinungen einer solchen dekadenten Welt herausstellen müssen. Um sie zu erkennen, braucht man sich zunächst nur die Verfallsmerkmale der ausgehenden bürgerlichen Epoche weiter ausgestaltet vorzustellen. Dann gelangt man zu einem schrankenlosen Erwerbstrieb, der sich durch die Lebenserfordernisse des Mitmenschen und der Gesamtheit in keiner Weise begrenzt findet, der vielmehr den allgemeinen Sieg der „Grenzmoral" herbeiführt. Das bedeutet den Sieg der hemmungslosen Begierde über den zuchtvoll gelenkten Bedarf, zugleich der bloßen Raffgier über das Leistungsstreben ernster Arbeit, für die Gesamtheit vor allem die Verdrängung der Gesamtheitsbelange durch die Ellbogenkraft der Gewissenlosesten.

Die spezifischen Versuchungen der Arbeiterwelt liegen aber nicht darin, sondern in der besonderen Art ihrer Wirtschaftsgestalt. Die geplante und durchorganisierte Wirtschaft des auf rationaler Technik aufbauenden Gesamtarbeitsprozesses wird stets den Menschen durch ihre eigene Logik in ihr Schlepptau zu nehmen drohen. Das sind die ungewollten Nebenwirkungen, die „Ueberlistungen" der planvoll vom Menschen für seine Zwecke geschaffenen Kunstwelt.

Das Schwergewicht der menschlichen Kunstgebilde, das in der kapitalistischen Wirtschaft mit ihrer Autonomie des Marktes Sorgen machte, wird im Zeitalter der geplanten Wirtschaft sich mehr und mehr auf die technischen Veranstaltungen dieser Planungen verlagern. Je mehr der Mensch in gemeinsame Einrichtungen und Organisationen einbezogen wird, um so mehr droht ihm ihr Eigenleben über den Kopf zu wachsen. Das muß sich dann in der Verdrängung echter Verantwortlichkeit, des Dienstes an überzeitlichen Seinswerten und in deren Ersetzung durch zeitlich begrenzte Maßstäbe, wie etwa durch Verantwortung vor den Lebenserfordernissen der Organisationen und vor den von ihnen verfolgten Werten, äußern. Das Entscheidende ist dabei der Verlust einer transzendenten Orientierung. Sobald er eingetreten ist, fehlt jede Möglichkeit, die begrenzte Zeitlichkeit einer Erscheinung der Erfahrungswelt abzumessen, sie in ihrer historischen Relativität zu sehen. Daher wird aus der echten Verantwortlichkeit des Menschen, die nur eine existenzielle sein kann, hier eine vermeintliche, die mit absolutem Anspruch auf Unterordnung des Menschen auftritt. Das bedeutet dann die Verabsolutierung der menschlichen Veranstaltungen, ihre Erhebung zu einer über den Menschen gebietenden Macht.

Diese Entartung der menschlichen Kunstwelt hat auf wirtschaftlichem Gebiet drei Erscheinungen in ihrem Gefolge, die schlagwortartig als Schematisierung, Bürokratisierung und Uniformierung bezeichnet werden können. Schematisierung bedeutet die Herrschaft anonymer, die vielfältigen Verschiedenheiten des Lebens ausgleichender und darum lebensfremder Kräfte über das Wirtschaftshandeln an Stelle des aus der konkreten Auseinandersetzung mit der Wirklichkeit geborenen und darum ihrer Vielfalt nachgebenden Entschlusses. Bürokratisierung besagt, daß dieser Geist des öden Schematismus, der einen nur noch äußerlich geschäftigen, aber innerlich erstorbenen Menschen voraussetzt, zum Geist der menschlichen Gesamtheitsveranstaltungen wird, die daher nur gleich Mechanismen abrollen, statt ein echtes, inneres Leben zu führen. Und Uniformierung ist schließlich das, was für den Menschen aus dieser Art des Wirtschaftens herausspringt, das sind Einheitsgüter geformt nach einem Einheitsgeschmack für einen Einheitsbedarf. So droht eine solche Wirtschaft alles über einen Leisten zu schlagen, jede echt menschliche Regung persönlicher Sonderart im Keime zu ersticken. Sie ist in ihrem kollektiven Einerlei der extreme Gegenschlag zum Individualismus der vergangenen Epoche, darum ebenso Verfallserscheinung wie dieser, das echte Kind eines Massenzeitalters.

Aus allen diesen Kennzeichen der mit dem Arbeiterzeitalter heraufkommenden Gefahren, die erwachsen, wenn der Mensch den an ihn ergehenden Ruf nicht hört, ergibt sich deutlich, wie alle Entartungen schließlich eine geistige Seite haben. Dieser g e i s t i g e Verfall muß endlich für eine derartige Sozial- und Kulturwelt ausschlaggebend werden, muß sie nach kürzerer oder längerer Zeit an die Grenze ihrer Existenzfähigkeit treiben. Hier liegt die Wurzel aller anderen Verfallserscheinungen. Hier, in der Glaubenslosigkeit und Selbstvergottung des Menschen, der Willkür seiner Wertungen und Zwecksetzungen, findet der Verfall seinen schärfsten Ausdruck. Darum muß diese Geisteshaltung auch am ersten ad absurdum geführt werden, wenn der Mensch die Sinnlosigkeit seiner Haltung und seines Tuns, die Inhaltsleere seines so orientierten Daseins bis zur Neige ausgekostet hat. Bei der Einsicht von der Nichtigkeit einer solchen Daseinsauffassung wird eine derartige Geisteshaltung schließlich aber immer landen. Immer wieder wird es sich erweisen, daß die hier versuchte Autonomisierung des Geistes, die sich der Tatsache der menschlichen Geschöpflichkeit zu entziehen sucht, die den Menschen zum Herrn dieser Welt statt zu einem sich ihr in Freiheit zuwendenden Diener machen will, keine dauerhafte Lebensmöglichkeit bedeutet.

Hier muß sich darüber hinaus aber zeigen, daß der geistige Verfall nicht nur die äußerste Zuspitzung des Verfalls in der sozialen Welt bedeutet, sondern daß er auch den Ansatz zu dessen Ueberwindung in sich schließt. Ist es doch ein allgemeines Prinzip dieses Daseins, daß das Böse, ohne es zu wollen, zugleich das Gute wirkt. So haben auch die Verfallserscheinungen im Reiche des Geistes die Wirkung, daß sie auf die Dauer den Menschen nicht nur seiner geistigen Existenzmöglichkeit berauben, sondern damit zugleich ihn auf seine echten geistigen Möglichkeiten zurückführen. Aller Verfall in der sozialen Welt ist schließlich eine Krankheit des Geistes, kann darum nur durch eine geistige Erneuerung überwunden werden. Ihr Wesen aber besteht darin, daß der Mensch sich auf die ewigen Normen seines Daseins besinnt, daß er ihnen die seiner Zeit entsprechenden Gebote abzulesen lernt. Das setzt aber eine solche innere Erschütterung voraus, daß er vorher von dem Hochmut seiner Selbstherrlichkeit abzulassen bereit sein muß. Sobald er eine solche in Ehrfurcht vor dem Sein stehende Haltung einnimmt, ist dem Verfall seine Wurzel abgeschnitten.

4. *Das deutsche Anliegen*

Hier rundet sich der Kreis der Gedanken, den alle bisherigen Ueberlegungen abgeschritten haben. An dieser Stelle kann daher an den Ausgangspunkt aller dieser Betrachtungen, an das Schicksal der deutschen Volkswirtschaft, wieder angeknüpft werden. Es hat sich nun ergeben, was es mit der Ablösung von den konkreten Tatsachen und der grundsätzlichen Besinnung auf die geschichtliche Lage des Wirtschaftslebens auf sich hat.

Der Zusammenbruch der deutschen Volkswirtschaft, der, wie oben festgestellt, aus einer maßlosen Ueberschätzung und Ueberbeanspruchung der völkischen Kräfte folgte, ist der abschließenden Betrachtung alles andere als überraschend. Er ist nur der Ausdruck der Tatsache, daß die inneren, menschlichen Grundlagen des Wirtschafts- und Soziallebens in der Vergangenheit mehr und mehr brüchig geworden waren. Ihr Versagen macht den militärisch ausgelösten Zusammenbruch der Volkswirtschaft aus einer äußeren Störung erst zu einer bis ins Innerste hineinreichenden Ordnungsauflösung. Was ist nicht von der Notwendigkeit einer Entfaltung der völkischen Kräfte zur Ueberwindung der kapitalistischen Wirtschaftsgebrechen und zur Schaffung einer völkischen Lebensordnung gesprochen worden! Und wie gründlich hat man das alles verfehlt! Jetzt sind die Wurzeln dieser Fehlgriffe offenbar geworden. Man hat deutlich die großen sittlichen Gebrechen vor Augen, mit denen der allzu schnell versuchte Umbau der deutschen Volkswirtschaft belastet war. In der Art, wie die wirtschaftlichen Kräfte des Volkes während des Krieges bis zum Letzten ausgesaugt wurden, ebenso darin, wie schon friedensmäßig die Mittel für Rüstung, repräsentative und ähnliche Zwecke eingesetzt wurden, zeigt sich der Mangel eines Maßstabes für das, was man den wirtschaftlichen Volkskräften zumuten durfte. Hinter dieser Bedenkenlosigkeit aber stand der Glaube an die Allmacht menschlichen Könnens, an den „fanatischen Willen“, der keine Grenzen des Vollbringens sehen will. Dieser selbstgewisse Glaube an das menschliche Können, der Kultus der Tat, die letzter Verantwortung entbehrt, statt dessen von einem Macht- und Herrschaftswillen über Natur und Mensch getragen wird, ist die eine große Hybris der vergangenen Epoche.

Doch ist das nur die eine Seite des Zusammenhanges. Nicht nur die Wirtschaftspolitik, sondern das gesamte Wirtschaftsleben wurde mehr und mehr von einer verfälschten Sittlichkeit, einem ausgehöhlten Ethos getragen. Wer wüßte nicht, daß die offiziellen Reden, die von Idealen überliefen, zur Wirklichkeit des Alltages in einen schreienden Widerspruch geraten waren? Wer wollte leugnen, daß die Rede von der Gemeinschaft im Betriebe oder im Volksganzen zu einer nichtssagenden Formel geworden war? War nicht die Formel von der Verantwortung der einzelnen Unternehmung oder eines Kartells oder irgendeines wirtschaftenden Menschen vor dem Volksganzen zu einer unverbindlichen Floskel geworden? Wer wüßte nicht, daß unter dem Deckmantel des Gemeinnutzes, der vor den Eigennutz geht, sich Selbstinteressen in hemmungslosester Form immer wieder durchsetzen konnten? So hat sich ein krasser Gegensatz herausgebildet zwischen der nach außen gekehrten sittlichen Formel und dem eigentlichen sittlichen Gehalt, zwischen dem Mantel, den man sich umhängte, und dem, was darunter steckte. Das echte Ethos wirtschaftlichen Handelns verschwand immer mehr.

Statt dessen haben wir uns in bloßen Ideologien verfangen. Ist es doch schließlich dahin gekommen, daß man in weiten Kreisen nicht mehr zwischen unverbindlichen Scheinwerten und echten sittlichen Normen zu unterscheiden wußte. Dadurch mußte alle Rede und alles Handeln verfälscht werden. Jeder Propagandaformel konnte man so zum Opfer fallen. Es hörte die Möglichkeit einer echten Ansprache des Mitmenschen auf. Man stieß an die Grenze, von der ab eine Verständigung unter Menschen unmöglich wurde mangels innerer Aufgeschlossenheit des Gesprächspartners für die sittlichen Grundtatbestände, auf denen die geistige Welt aufbaut. So hat sich das deutsche Wirtschaftsleben in der Sackgasse des zwar rational planenden, aber sittlich und seelisch abgestorbenen Menschen festgefahren. Darin äußert sich das andere Hauptgebrechen der Vergangenheit.

Das ist das traurige Fazit einer Periode, die mit der Mobilisierung der edelsten Kräfte im Volke begann, in der das echte in ihm noch lebendige Ethos aber Schritt für Schritt aus der verantwortungsvollen Teilnahme an der Gestaltung des öffentlichen und wirtschaftlichen Lebens verdrängt und durch eine mit ideologischen

Idealen verbrämte Weltanschauung ersetzt wurde, welche der transzendenten Verankerung ermangelte.

Von hier aus ergeben sich aber auch die Aufgaben der Zukunft. Es gilt vor allem andren Planen, die geistigen Grundlagen für die innere Gesundung des deutschen Menschen zu legen. Kein Zweifel kann darüber bestehen, daß der gegenwärtige Ruin der deutschen Volkswirtschaft zugleich ihre große Chance für die Zukunft bedeutet. Wenn es gelingt, jetzt aus der Vergangenheit zu lernen, die echten Kräfte im Volke wieder zu wecken und auf wirtschaftlichem Felde einzusetzen, dann darf man hoffen, daß der Bau einer wirtschaftlichen Volksordnung nicht für alle Zeiten unmöglich geworden sein wird. Dazu ist aber jene geistige Erneuerung vonnöten, der hier das Wort geredet worden ist, für die in unseren Tagen Ansätze genug vorhanden sind, so sehr auch der äußere Anschein dagegen sprechen mag.

Wird es aber gelingen, diese Kräfte im Volke zu wecken? Darin liegt die große Verantwortung des Volkswirts in unseren Tagen. Wenn man seinen Namen nicht ganz unverbindlich auffaßt, ist er derjenige, der sich für das Wirtschaftsschicksal der Gesamtheit verantwortlich fühlen muß, der dazu berufen ist, den wirtschaftenden Menschen zu seiner Aufgabe hinzuführen, ihn vor seine Pflicht zu stellen, der er sich nur schuldhaft entziehen kann. Diese menschenbildende und menschenführende Aufgabe hat in unseren Tagen der äußeren und inneren Not überragende Bedeutung gewonnen, so daß sich an ihr der deutsche Volkswirt bewähren muß.

Hypothek und Grundschuld

Von
WILHELM FELGENTRAEGER

Das deutsche Grundkreditrecht stellt zwei Haupttypen zur Verfügung: die Hypothek und die Grundschuld. Der Unterschied dieser beiden Arten besteht darin, daß die Hypothek an die Forderung, die sie sichern soll, angelehnt (akzessorisch) ist, während die Grundschuld auch ohne eine persönliche Forderung selbständig bestehen kann und allein auf die Zahlung einer Geldsumme aus dem Grundstück gerichtet ist. Ueber die innere Berechtigung und die Zweckmäßigkeit dieses Dualismus ist von Anfang an heftig gestritten worden. [1]) Nachdem dies System nun ein gutes halbes Jahrhundert Gelegenheit gehabt hat, sich zu bewähren, scheint es daher angebracht, seine Brauchbarkeit erneut zu untersuchen.

I. A.

1. Zu diesem Zwecke empfiehlt es sich, mit einer Bestandsaufnahme über die Verwendung der einzelnen Grundpfandformen [2]) zu beginnen. Sie wird davon auszugehen haben, wie sich die Verfasser des BGB ihre Anwendung gedacht hatten. Diese fanden bei ihren Vorarbeiten drei Gruppen von Lösungen vor: [3]) die süd-

---

[1]) Mot. 3, 604 ff.; Hedemann, Fortschritte II 2, 271 ; Staudinger-Kober Vorbem. vor § 1113,4; J. v. Gierke § 55,2.

[2]) Ob es sich bei der Grundschuld um ein echtes „Pfandrecht" handelt, ist bestritten (dagegen neuerdings wieder K. Blomeyer DRWiss. 41, 114 f.; hins. der Eigentümergrundschuld Wieacker, Bodenrecht, § 23 IV 4).

[3]) In diesem Zusammenhang bedarf es nur einer knappen Skizze. Wegen der Einzelheiten darf auf Mot. 3, 604 ff. verwiesen werden.

deutschen Regelungen, die nur eine Form, die akzessorische Hypothek, verwendeten, die in Hamburg, Lübeck und Mecklenburg geltenden Ordnungen, die allein die Grundschuld benutzten, und das preußische Eigentumserwerbsgesetz vom 5. 5. 1872, das neben die bisher allein übliche akzessorische Hypothek des ALR aus der Mecklenburgischen Gesetzgebung die Grundschuld übernommen hatte. [4]) Nach Ueberprüfung aller Möglichkeiten haben sie sich schließlich für die preußische Regelung entschieden. Dafür waren im wesentlichen folgende Erwägungen maßgebend: Auf eine akzessorische Hypothek wollte man in keinem Falle verzichten. Sie erschien zunächst in der Form der streng angelehnten Sicherungshypothek für eine Reihe praktischer Bedürfnisse (Höchstbetragshypothek, Zwangshypothek, Arresthypothek, Wertpapierhypothek) unentbehrlich, [5]) hatte sich aber auch in der durch die Ausstattung mit Gutglaubensschutz für den Umlauf geeigneten Verkehrshypothek gut bewährt. Diese Verkehrshypothek war im weitaus größten Teile des Reiches die Normalform für die Kapitalbelastung geworden und auch in den Gebieten, in denen neuerdings die Grundschuld neben ihr eingeführt worden war, durch die Grundschuld nicht verdrängt worden. Auf der anderen Seite wollte man die Grundschuld, die wegen ihrer Vorzüge soeben in vielen Gebieten Aufnahme gefunden hatte, nicht wieder preisgeben. [6]) Als solche Vorzüge erschienen insbesondere, daß mit Hilfe der Grundschuld das Interesse des Grundeigentümers befriedigt werden könne, Kapital auf sein Grundstück aufzunehmen, ohne sich gleichzeitig persönlich mit seinem übrigen Vermögen haftbar zu machen, und daß mit Hilfe der jederzeit leicht veräußerlichen Eigentümergrundschuld der im Grundstück verkörperte Wert günstig ausgenutzt werden könne. [7]) Auch werde das erwartete starke Vordringen der Grundschuld zu einer reinlichen Scheidung von Personal- und Realkredit führen. [8])

---

[4]) Gleiche Gesetze in Oldenburg, Coburg-Gotha, Waldeck und Pyrmont, Lippe und Schaumburg.

[5]) Mot. 3, 619 ff.

[6]) Mot. 3, 610.

[7]) Hedemann, Fortschritte II 2, 271 ff.

[8]) Prot. 4, 497 ff.

2. Auf diese Weise ergab sich ein vielgestaltiges System der Grundpfandrechte, das eine zum Umlauf geeignete Verkehrshypothek in Brief- und Buchform und eine nur sehr begrenzt umlaufsfähige Sicherungshypothek als akzessorische Formen und die Grundschuld (in Brief-, Buch- und Inhaberform) als eine von einer persönlichen Forderung begrifflich unabhängige Art enthielt. Man versprach sich von dieser Mehrspurigkeit, daß die schon bisher verwendeten Grundpfandtypen ohne eine wirtschaftlich schwierige Umwälzung im wesentlichen beibehalten werden konnten [9]) und daß im weiteren Verlaufe je nach sachlichem Bedürfnis und regionaler Gewohnheit die am meisten zusagende Art gewählt werden würde. Die Verfasser des BGB haben dies Prinzip ja auch sonst mit Erfolg verwendet. [10])

I. B.

Im Laufe der Zeit hat sich nun in der Praxis folgendes Bild entwickelt: [11])

1. Für das ganze Anlagegeschäft (also den Kapitalmarkt), bei dem es sich um Dauergrundpfandrechte handelt, hat sich die Verkehrshypothek fast ausschließlich durchgesetzt. Dies Geschäft wird vorwiegend vom „organisierten Realkredit" [12]) gepflegt, zumeist in der Form erststelliger Hypotheken, teils als Fälligkeits-, teils als vom Gläubiger unkündbarer Tilgungshypotheken. Aber auch nachstellige Hypotheken werden in großem Umfang als Anlage erworben, namentlich vom privaten Geldgeber, der das Risiko der schlechteren Stelle und der damit verbundenen geringeren Sicherheit in Kauf nimmt, um höhere Zinsen zu erzielen. Der Eigentümer ist in aller Regel auch der persönliche Schuldner; anfängliche „Zweiung" ist selten, im wesentlichen auf nachstelligen Gefälligkeits- und Familienkredit beschränkt. Der persönliche Schuldner spielt gerade für den

---

[9]) Hedemann II 2, 271; Staudinger-Kober, Vorbem. § 1113,4.

[10]) z. B. Ehegüterrecht, Testamentsformen.

[11]) Hierzu vor allem Polzin ArchzivPr. 134 (1931), 214 ff.

[12]) Pfandbriefinstituten, Hypothekenbanken, Sparkassen, öffentlicher und privater Versicherung.

Dauergrundpfandgläubiger eine entscheidende Rolle: weniger wegen seiner Zahlungsfähigkeit — denn notfalls böte ja das Grundstück hinreichende Sicherheit —, sondern wegen seiner Zahlungswilligkeit und der pfleglichen Behandlung des Grundstückes, für die er dem Gläubiger haftet.[13]) Denn dem Dauergrundpfandgläubiger liegt außer an der Sicherheit des Kapitals vor allem an dem regelmäßigen, pünktlichen und reibungslosen Zinseingang. Die Sicherung dieser Zinszahlungen durch das Grundstück selbst kommt demgegenüber nur als letzter Behelf in Betracht, wenn alle anderen Schritte gegen den Schuldner versagen. Diese Verbindung von persönlicher Schuld und dinglicher Haftung, wie sie die Hypothek gewährleistet, fehlt jedoch der Grundschuld. Das ist der Grund, weshalb sich die Grundschuld auf diesem Bereich des Realkredites — von einzelnen lokalen Gewohnheiten abgesehen — nicht hat durchsetzen können.

2. Aus dem gleichen Grunde wird zur Sicherung von privaten Darlehen, Restkaufgeld, Auseinandersetzungsverbindlichkeiten, Abfindungen, Schadensersatz- und Unterhaltsverpflichtungen nicht die Grundschuld, sondern allein die Hypothek verwendet, je nach dem Einzelfall als Verkehrshypothek oder als Sicherungshypothek.

3. In Norddeutschland hat sich die Verkehrshypothek fast ausschließlich in der Briefform eingebürgert.[13a]) Die Buchform spielt hier für den erststelligen Kredit überhaupt keine Rolle und beschränkt sich auf Gefälligkeits- und Familienkredite. In Süddeutschland überwiegt dagegen die Buchhypothek, sogar für die hypothekarische Deckung der Pfandbriefinstitute und Hypothekenbanken, für die sich der Hypothekenbrief durch seine Sperr- und Kontrollfunktion besonders empfiehlt.

4. Für die Sicherung großer, langfristiger industrieller oder kommerzieller Anleihen kommt die Orderhypothek (§ 1187 BGB) vor.[14]) Die Inhabergrundpfandrechte stehen jedoch wegen ihrer Ge-

---

[13]) Der Schutz der §§ 1133—1135 BGB wird von der Praxis als zu schwach angesehen.

[13a]) Eine Ausnahme macht z. B. Hamburg, wo sich die Buchhypothek stärker gehalten hat.

[14]) Dagegen ist sie als Hypothek für einen Wechsel schon wegen dessen kurzer Lebensdauer unpraktisch: J. v. Gierke § 54 IV.

nehmigungsbedürftigkeit nach § 795 BGB auf dem Papier. [15]) Ebenso hat sich die Rentenschuld (§§ 1199 ff. BGB), eine Unterform der Grundschuld, praktisch nicht eingebürgert, sondern der Geldrentenreallast das Feld überlassen müssen.[16])

5. Für die Sicherung kurz- und mittelfristiger Kredite (also den Geldmarkt) hat sich dagegen die Grundschuld als „Sicherungsgrundschuld“[17]) immer mehr eingeführt. Hierbei spielt die entscheidende Rolle, daß die Kreditbanken, nicht zuletzt unter dem vereinheitlichenden Einfluß der einschlägigen Formularbücher, [18]) ihre Vorliebe für die Sicherungsgrundschuld haben durchsetzen können. So erstreckt sich auf diesem Sektor des Realkredits die Verbreitung der Grundschuld nicht nur auf Norddeutschland, wo diese Form schon vor dem BGB bekannt war, sondern mehr und mehr auch auf Süddeutschland, wenn auch hier in größerem Umfange erst seit der Zeit nach dem 1. Weltkriege. Dabei wird fast ausschließlich die Briefform verwendet; eine Buchgrundschuld gehört zu den Seltenheiten. [19])

6. In diesem Bereich spielt auch die ursprüngliche (offene) Eigentümergrundschuld eine erhebliche Rolle. Sie ermöglicht es dem Eigentümer, ein Verwertungsrecht vom Grundeigentum loszulösen und „auf Vorrat“ zur jederzeitigen raschen, billigen und diskreten Begebung zu schaffen. Dabei kommt ihr die Briefform sehr zugute. Dadurch vollziehen sich alle weiteren Verwertungsvorgänge außerhalb des Grundbuches und können nach der jeweiligen Einlösung beliebig oft wiederholt werden, ohne daß besondere Kosten entstehen und die Art der Verwertung nach außen erkennbar wird. Der besondere Vorteil solcher „Vorratsrechte“ liegt darin, daß der Grundeigen-

---

[15]) Polzin S. 229 f.; J. v. Gierke §§ 54 IV, 55 I 4 b; Wieacker (§ 31 III 2) weist auch mit Recht darauf hin, daß gerade für das Anleihegeschäft die persönliche Haftung des Anleiheschuldners wesentlich und daher die Inhabergrundschuld ungeeignet sei. Vgl. ferner die Bedenken von Jung ZAkDR 34, 186.

[16]) J. v. Gierke §§ 52 III 2, 55 II.

[17]) Diese (im Gesetz fehlende) Bezeichnung ist irreführend, hat sich aber allgemein eingebürgert (statt aller Enneccerus-Wolff § 132 I 2; Staudinger-Kober § 1191, 6; Janberg DFG 39, 57; Ripfel DFG 38, 186).

[18]) Vor allem Koch-Schütz, Bankgeschäftliches Formularbuch, jetzt 10. Aufl. 1939.

[19]) Polzin a. a. O. S. 223.

tümer zunächst die rangschlechteren Eigentümergrundschulden zu verwerten versuchen und sich die besseren für geeignete andere Fälle aufbewahren kann. Dadurch kann in der Tat der zu Kreditzwecken verfügbare Grundstückswert besonders günstig ausgenutzt werden.

7. Vor allem wird aber die Grundschuld (und zwar regelmäßig als Fremdgrundschuld) zur Sicherung von Kreditverhältnissen wechselnder Höhe, insbesondere Kontokorrentschulden, in immer steigendem Maße herangezogen. [20]) Heute hat die Grundschuld die bisher für diese Aufgaben verwendete Höchstbetragshypothek fast vollkommen verdrängt. [21]) Das gilt nicht nur für die Kreditinstitute, sondern auch für den unmittelbaren Kreditverkehr zwischen den verschiedenen Stufen der Produktion, des Handels und der Abnehmerschaft. [22])

I. C.

Dieser Ueberblick über die derzeitige Verwendung der verschiedenen Grundpfandtypen läßt mit aller Deutlichkeit folgendes erkennen: Auf dem Gebiete des Anlagekredits herrscht die Verkehrshypothek (in Brief- und Buchform), auf einzelnen Sondergebieten die Sicherungshypothek. Die Grundschuld — fast ausschließlich in der Briefform [23]) — hat sich dagegen beim kurz- und mittelfristigen Kreditverkehr durchgesetzt und die Höchstbetragshypothek für den wechselnden Kredit fast völlig verdrängt.

---

[20]) Die Entwicklung läßt sich gut an den verschiedenen Auflagen des Bankgeschäftlichen Formularbuches von Koch-Schütz verfolgen: Während die 2. Aufl. (1920) nur ein Formular für eine Höchstbetragshypothek für diese Fälle brachte (S. 58), erscheinen in den folgenden Auflagen Vordrucke einer Grundschuld für den Sonderfall, daß ein Grundstück nicht mit einer Gesamtgrundschuld belastet werden soll, und für eine vollstreckbare Grundschuld. Erst seit der 6. Aufl. (1928), S. 139, wird für die obigen Fälle mit eingehender Begründung die Grundschuld statt der Höchstbetragshypothek empfohlen.

[21]) Schütz ZAkDR 39, 475; Janberg DFG 39, 57; J. v. Gierke § 54 V 1 a.

[22]) Rohstofflieferant — Fabrikant — Großhandel — Einzelhandel — Verbraucher.

[23]) Polzin S. 223.

II. A.

Legt man sich die Frage vor, weshalb die Grundschuld auf diesen beiden Sektoren des Geldmarktes die Vorherrschaft hat erringen können, so wird man zunächst den Bereich des kurz- und mittelfristigen Kredites betrachten müssen.

1. Der Grundschuld wird nachgerühmt, daß sie dem Gläubiger eine besonders starke Stellung gebe, weil sie vom Bestande einer persönlichen Forderung unabhängig sei.[24]) Daran ist richtig, daß die Grundschuld entsteht, selbst wenn die Forderung, zu deren Sicherung sie dienen soll, überhaupt nicht oder nicht in der vereinbarten Höhe entstanden ist, und fortbesteht, wenn die Forderung zwar entstanden war, später jedoch wieder erloschen ist. Der Gläubiger der Grundschuld kann sie also unabhängig vom Bestande einer gesicherten Forderung geltend machen. Er hat somit eine fiduziarische Rechtsstellung inne, die ihm nach außen eine größere Rechtsmacht verleiht, als er sie im Innenverhältnis ausüben soll.

2. Indessen haben Lehre und Rechtsprechung den Grundsatz entwickelt, daß der Eigentümer des belasteten Grundstücks der Geltendmachung der nichtvalutierten Grundschuld die Einrede der ungerechtfertigten Bereicherung gemäß § 821 BGB entgegensetzen dürfe.[25]) Sie haben das damit begründet, daß der an sich abstrakten Grundschuld im Falle der Sicherungsgrundschuld dann die causa fehle, wenn die Forderung, zu deren Sicherung sie dienen soll, nicht bestehe. Dabei hat allerdings der Satz, die Grundschuld sei im Gegensatz zur Hypothek „abstrakt",[26]) erhebliche Verwirrung angerichtet. Gewiß ist die Grundschuld wie alle dinglichen Rechte (und also auch die Hypothek) abstrakt, vom Bestande des zugrundeliegenden Verpflichtungsgeschäftes losgelöst. Nur ist dieses „Grundgeschäft" nicht mit der zu sichernden Forderung zu verwechseln.[27]) Die Verpflichtung, auf der die Grundschuld beruht, kann Kauf, Tausch,

[24]) Dazu Enneccerus-Wolff § 132 I 2.

[25]) RG 78, 66; 85, 92; JW 31, 2783; Planck-Strecker § 1192, 6a; Biermann § 1191, 1 b; RGRK § 1191, 1; Cosack § 91 III 3a; Enneccerus-Wolff §§ 132 I 2, 154 VI 1.

[26]) So Mot. 3, 779; Staudinger-Kober § 1191, 2; J. v. Gierke § 54 II 1 b.

[27]) Wie es etwa RG 85, 92; Biermann § 1191, 1 b; Planck-Strecker § 1192; 6 a, RGRK § 1191, 1; Cosack § 91 III 3 a tun. Besser dagegen Wieacker § 23 II b.

Schenkung, Vermächtnis u. a. m. sein — bei der praktisch allein vorkommenden Sicherungsgrundschuld [28]) ist es ein Sicherungsvertrag (pactum de pignore dando), ein gegenseitiger Vertrag, in dem der Gläubiger sich verpflichtet, ein Darlehen zu gewähren und die Sicherung zurückzuübertragen, wenn das Darlehen getilgt wird, während der Eigentümer sich verpflichtet, eine Grundschuld dem Gläubiger zu bestellen. [29]) Fehlt eine solche causa von vornherein oder fällt sie nachträglich wieder fort, so ist die Grundschuld desungeachtet entstanden, ihr Gläubiger jedoch ungerechtfertigt um sie bereichert. Der Eigentümer des belasteten Grundstückes kann die Rückübertragung der Grundschuld gemäß § 812 verlangen, ihrer Geltendmachung die Einrede der ungerechtfertigten Bereicherung (§ 821) entgegensetzen oder den Verzicht des Gläubigers erwirken (§ 1169), einen Widerspruch gemäß § 1157 eintragen lassen und dann die Einrede jedem Rechtsnachfolger, sonst nur dem, der sie kannte, entgegenhalten. [30]) Besteht jedoch der Sicherungsvertrag, wie es der Regel entspricht, so kann der Eigentümer von seinem Vertragsgegner, dem Gläubiger, Zahlung des Darlehens verlangen und dem Gläubiger, wenn er die nichtvalutierte Grundschuld geltend macht, die Einrede der Arglist entgegensetzen. Ist die Darlehensgewährung nicht möglich oder hat der Eigentümer an einer verspäteten Auszahlung kein Interesse mehr, so kann er unter den Voraussetzungen der §§ 325, 326 BGB vom Sicherungsvertrage zurücktreten und Rückübertragung der Grundschuld verlangen. Diese Rechte hat der Eigentümer gegenüber einem späteren (rechtsgeschäftlichen) Erwerber nur dann, wenn dieser die Grundschuld in Kenntnis der Einreden erworben hat (§§ 1192, 1157, 892). [31])

---

[28]) Polzin S. 219 ff.; Lindemann JW 31, 2613; Enneccerus-Wolff 132 I 2; Heck 100, 1 — anders Blomeyer DRWiss 41, 130. Die von Polzin S. 233 berichteten Fälle sonstiger Verwendung der Grundschuld (Steuerumgehung, Sicherung gegen Eigenmächtigkeiten eines Strohmannes) vermögen jedenfalls deren Notwendigkeit nicht zu begründen.

[29]) Weisbecker, Grundschuld (1922) S. 28, 29; Kowalski, Grundschuld (2. Aufl. 1939) S. 28.

[30]) RG 78, 67; 91, 235; WarnRspr. 14, Nr. 292; Kowalski S. 33.

[31]) Es ist daher aus dogmatischen Gründen dringend erforderlich, die Begriffspaare „kausal-abstrakt" und „akzessorisch-nichtakzessorisch (selbständig)" scharf auseinanderzuhalten! Das sollte sich auch im Wertpapierrecht durchsetzen!

3. Das Ergebnis dieser Untersuchung ist, daß das Verhältnis von dinglichem Recht und Forderung bei der Sicherungsgrundschuld dem bei der Verkehrshypothek sehr ähnlich ist, und zwar im Innenverhältnis wie im Außenverhältnis. Das gilt insbesondere auch für die Beweislast: In beiden Fällen kann sich der Gläubiger auf das Grundbuch berufen, wenn er sein dingliches Verwertungsrecht geltend macht. Der Eigentümer muß gegebenenfalls nachweisen, daß das Recht des Gläubigers nicht besteht oder daß ihm ein Widerspruchsrecht entgegensteht. [32])

4. Auch in der Umlaufsfähigkeit stehen beide Typen einander nicht nach. Sie ist im wesentlichen eine Funktion des Briefsystems. Bei der Briefgrundschuld ebenso wie bei der Briefhypothek erfolgt die Uebertragung durch schriftliche Abtretungserklärung und Uebergabe des Briefes (§§ 1154, 1192). Die aus praktischen Gründen zweckmäßige [33]) Beglaubigung der Abtretungserklärung (§§ 1155, 129) verursacht nur geringe Mühe und Kosten. Der Gläubigerwechsel vollzieht sich außerhalb des Grundbuches, ohne Zeitverlust und ohne daß Außenstehende einen Einblick in die Vorgänge erhalten. Der Erwerber braucht sich um die zu sichernde Forderung überhaupt nicht zu kümmern, [34]) da er nur dann der Einrede aus dem Sicherungsvertrage oder der ungerechtfertigten Bereicherung ausgesetzt ist, wenn er beim Erwerbe des Rechtes wußte, daß ihm eine solche Einrede entgegenstand. [35]) Andernfalls kann er sich darauf verlassen, daß er das Recht erworben hat, wegen der im Brief genannten Geldsumme aus dem Grundstück Befriedigung zu suchen.

5. Diese Sicherheit des Nachmannes erleichtert natürlich die Weiterveräußerung der Briefrechte. Ein Erwerber, der das Recht zu angemessenen Bedingungen erworben hat, darf damit rechnen, daß er es ohne Verlust weiterveräußern kann, falls er vorzeitig Kapital benötigt. Jede solche Annehmlichkeit wirkt sich auch für den Besteller des Rechts günstig aus. Daß der rasche, billige und diskrete

[32]) §§ 1192, 1157, 891 — 1138; Heck § 100, 4.

[33]) Koch-Schütz[6] S. 139.

[34]) Auf den Fall des unentgeltlichen Erwerbs einer Grundschuld, der durch die Einrede aus § 822 benachteiligt ist (Enneccerus-Wolff § 154 VI), braucht hier nicht eingegangen zu werden.

[35]) §§ 1192, 1157, 892; RG 78, 67; 91, 225; Enneccerus-Wolff § 154 VI 2.

Umlauf sich gelegentlich auch einmal gegen den Eigentümer wenden kann, wenn das Verwertungsrecht in die Hände eines unnachsichtigen Gläubigers gerät, ist die unvermeidliche Kehrseite dieser Vorzüge. Vor allem werden sowohl bei der Grundschuld wie auch bei der Verkehrshypothek Einreden, die dem Eigentümer gegenüber dem ersten Gläubiger zugestanden hätten, durch die Weitergabe des Rechts an einen redlichen Nachmann abgeschnitten und damit dem Eigentümer die Gefahr der Unredlichkeit seines ersten Gläubigers, insbesondere bei dessen Insolvenz, aufgebürdet. Darin steht aber die Grundschuld nicht anders da als die Verkehrshypothek. [36])

6. Die Unterschiede, die noch zwischen beiden Typen praktisch verbleiben, betreffen vor allem die Konkursgefahr: [37]) Im Konkurse des Gläubigers hat der Eigentümer, der eine nichtvalutierte Hypothek bestellt hat, ein Aussonderungsrecht hinsichtlich der ihm insoweit zustehenden Eigentümergrundschuld, während der Eigentümer, der eine nichtvalutierte Grundschuld bestellt hat, alsdann nur seinen obligatorischen Anspruch auf Rückübertragung der Grundschuld als Konkursforderung anmelden kann. [38])

7. Soweit sich noch Unterschiede bei der Verwendung der beiden Grundtypen daraus ergeben sollten, daß der Besteller einer Grundschuld nicht persönlich haftet, werden sie durch die weitverbreitete Klausel, daß der Besteller auch die Haftung für den Eingang der Grundschuld übernehme, abgeschwächt. [39]) Damit wird dem Gläubiger die Möglichkeit gegeben, in das ganze Vermögen des Eigentümers zu vollstrecken, vor allem aber auch eine Ausbietungsgarantie geschaffen, wie sie dem in der Zwangsvollstreckung ausgefallenen Hypothekengläubiger praktisch in dem Zugriff auf den persönlichen Schuldner zusteht.

---

[36]) Wieacker § 31 I 2.

[37]) Wieacker § 31 I 1.

[38]) H. M. — Zur Frage, ob nicht auch bei der nichtvalutierten Sicherungsgrundschuld eine Eigentümergrundschuld vorliege, so daß die gleichen Verhältnisse wie bei der Hypothek vorlägen, Heck 100, 5 a. Die h. M. lehnt die Anwendbarkeit des § 1163 I auf die Grundschuld ab: RG 78, 60; JW 31, 2733; 34, 3124; RGRK § 1191, 1; Planck-Strecker § 1192 6 a; Enneccerus-Wolff § 156 I 2 — a. M. Staudinger-Kober § 1192, 5 a mit Lit.; Heck § 100, 5 a.

[39]) Dazu Lindemann JW 31, 2613; Oertmann DJZ 19, 229; Stillschweig JW 14, 335; Staudinger-Kober § 1191, 7.

8. Da außerdem bei der Grundschuld ebenso wie bei der Verkehrshypothek der Eigentümer sich der sofortigen Zwangsvollstrekkung in das Grundstück unterwerfen kann (§§ 794 Z. 5, 800 ZPO), so rücken die beiden Formen auch insoweit nahe aneinander. [40])

9. Der entscheidende Unterschied der beiden Typen liegt in diesem Bereich in der Möglichkeit, daß der Grundeigentümer für sich selbst eine Grundschuld (nicht aber eine Hypothek) bestellen kann: eine ursprüngliche offene Eigentümergrundschuld [41]) (§ 1196). Ihre Begebung ist durch das Briefsystem äußerst einfach: Durch schriftliche, zweckmäßigerweise notariell beglaubigte Abtretungserklärung und Uebergabe des Grundschuldbriefes vollzieht sie sich außerhalb des Grundbuches, ohne Zeitverlust und mit denkbar geringen Kosten, ohne daß Außenstehende einen Einblick in die Vorgänge zu erhalten brauchen. Ein besonderer Vorteil ist, daß der Eigentümer, nachdem er die Grundschuld wieder eingelöst hat, die Begebung in der gleichen Weise beliebig oft wiederholen kann.

10. Der Grundeigentümer kann so den gesamten Bodenwert in einzelnen solcher Eigentümergrundschulden — nach Belieben gestückelt — erfassen und je nach den gegebenen Bedürfnissen und Möglichkeiten zur Erlangung von Geld absetzen (veräußern oder verpfänden). Dabei hat er den Vorteil, daß er zunächst die im Range nachstehenden (und daher unsichereren) Grundschulden zu verwerten versuchen und die rangbesseren Grundschulden für später sich ergebende Zwecke in Reserve halten kann. So kann er den im Grundstück ruhenden Wert besonders zweckmäßig und vollständig ausnutzen. [42])

[40]) Vgl. Wieacker § 31 III 1: „Die Grundschuld als Zwillingsschwester der Verkehrshypothek"; Ungewitter, G., Hypothek u. Grundschuld im Bankverkehr (1939), S. 2.

[41]) Eine ursprüngliche verdeckte Eigentümergrundschuld, deren Problematik sich mit der der nachträglichen Eigentümergrundschuld deckt (vgl. hierzu S. 159), entsteht in folgenden Fällen: Eine Briefhypothek oder Briefgrundschuld wird bestellt, der Brief aber dem Gläubiger noch nicht übergeben (§§ 1163 II, 1192); eine Fremdhypothek ist eingetragen, die Forderung (noch) nicht entstanden (§ 1163 I 1) oder die Einigung fehlt (so Heck § 84 I; Wieacker § 24 II 3 — a. M.: Prot. 3, 603; RG 68, 101, stRspr.; O. v. Gierke § 166 Anm. 29; Planck-Strecker § 1163, 2. Für den Fall, daß wenigstens die Eigentümererklärung gültig war: Enneccerus-Wolff § 145 I 3; J. v. Gierke § 56 I 2 c).

11. Andererseits zeigen sich bei der Eigentümergrundschuld die Gefahren der Mobilisierung des Grundeigentums ganz besonders deutlich. Gerade weil die Verwendung der ursprünglichen offenen Eigentümergrundschuld so sehr erleichtert ist, kann sie auch zu verantwortungsloser Kreditaufnahme mißbraucht werden. Wie bei Bargeld [43]) ist auch hier die Verlockung zu unüberlegter Ausnutzung groß. Hat der Grundeigentümer erst einmal eine oder mehrere Eigentümergrundschulden bestellt und die Briefe in der Hand, so fehlen für ihre Umsetzung in Geld weitgehend die äußeren Hemmungen. Es ist daher erklärlich, daß gerade gegen diese Form der Mobilisierung des Grundeigentums besonders starke Bedenken geltend gemacht werden. [44]) Ob eine so weitreichende Mobilisierung des Grundeigentums überhaupt erwünscht ist oder nicht, läßt sich nicht allgemein für alle Zeiten und Verhältnisse entscheiden. Die grundsätzliche Unbelastbarkeit der Erbhöfe nach § 37 REHG und die Aufhebung dieser Regelung durch Kontrollratsgesetz Nr. 45 vom 24. 2. 1947 sind ein anschauliches Beispiel für den Wechsel der Auffassungen. Daß für den land- und forstwirtschaftlich genutzten Boden hierin andere volkswirtschaftliche Grundsätze gelten als für „städtisches" Grundeigentum, erscheint sicher. Während für den ländlichen Bereich, schon im Interesse der Ernährungswirtschaft, eine Beschränkung der Bodenverschuldung auch in Zukunft angebracht erscheint, [45]) entspricht es dem Auslesegrundsatz der übrigen Wirtschaft, daß der Eigentümer in der Belastung seines Eigentums frei sein soll. [46]) Dadurch wird in diesem Bereich der schlechter Wirtschaftende auf dem Wege der zunehmenden Verschuldung und schließlich der Zwangsversteigerung genötigt, dem Tüchtigeren selbst

---

[42]) Hierin lag ein Hauptgrund für die Einführung dieser Form: Mot. 3, 792.

[43]) S. den anschaulichen Vergleich der Stückelung der Eigentümergrundschuld mit dem Wechseln eines großen Geldscheines: Wieacker § 31 II 2 a.

[44]) Mot. 3, 793; vgl. die Angaben bei Enneccerus-Wolff § 156 I 1; J. v. Gierke § 55 I 2; von Werne DR 35, 151; Schellenbauer DNotV 36, 843; Meffle Zeitschr. FGG Württembg. 36, 105 ff.

[45]) Vgl. die Genehmigungsbedürftigkeit aller Belastungen in diesem Bereich: KontrollratsG. Nr. 45 Art. V; Brit. VO Nr. 84 Art. IV.

[46]) Vgl. dazu auch § 1136 BGB, wonach einschränkende rechtsgeschäftliche Bindungen unbeachtlich sind.

sein Grundeigentum zu überlassen. Immerhin bedeutet die Anerkennung dieses Grundsatzes nicht, daß der Gesetzgeber damit der Prüfung überhoben wäre, ob er nicht einer unzweckmäßigen Verschuldung durch geeignete Grundpfandformen vorbeugen könnte. Auch hier ist Verhüten besser als Heilen!

12. Hierzu kommen aber auch noch Bedenken gegen die jetzige Ausgestaltung der ursprünglichen offenen Eigentümergrundschuld [47]) als solche. Ihre Aufgabe besteht im wesentlichen darin, dem Eigentümer eine Rangstelle offenzuhalten, innerhalb derer er sein Grundstück für einen Kredit belasten kann. Wenn das BGB ihm demgegenüber ein „Grundpfandrecht" in der Form der Eigentümergrundschuld [48]) zur Verfügung stellt, so geht es damit weit über das Ziel hinaus. Das hat das Gesetz auch schon dadurch anerkennen müssen, daß es dem Eigentümer als Inhaber einer Eigentümergrundschuld das Recht versagt hat, die Zwangsvollstreckung in sein Grundstück zu betreiben (§ 1197 I). Aber auch seine Berechtigung, bei der Zwangsversteigerung den auf die Eigentümergrundschuld entfallenden Erlös zu erhalten, ist durchaus zweifelhaft. Praktisch wird dieser Anspruch auf Auszahlung — wenigstens in dem Regelfalle, daß der Eigentümer auch der persönliche Schuldner ist — von den persönlichen Gläubigern des Eigentümers gepfändet werden, so daß Teile des Grundstückswertes den dinglichen Gläubigern entzogen werden. Dadurch kommt der von der Praxis immer wieder mit Recht beklagte „Wettlauf der persönlichen Gläubiger" zustande, der durchaus zufällige Ergebnisse in der Gläubigerbefriedigung zeitigt, Schiebungen des Eigentümers zugunsten einzelner Gläubiger begünstigt und die persönlichen Gläubiger, die noch rechtzeitig diesen Anspruch haben pfänden können, unberechtigt vor den dinglichen Gläubigern bevorzugt.

13. Sucht man aus diesen Gründen nach einem Ersatz für die ursprüngliche offene Eigentümergrundschuld, so kann man jedenfalls

---

[47]) Ueber die Problematik der nachträglichen und der ursprünglichen verdeckten Eigentümergrundschuld siehe unten S. 159.

[48]) Zur Rechtsnatur der Eigentümergrundschuld: O. v. Gierke § 166 II; v. Tuhr II, 181; Enneccerus-Wolff § 147 I 3; J. v. Gierke § 56 III; Wieacker § 23 IV.

den Eigentümer nicht auf den relativen Rangvorbehalt des § 881 BGB verweisen. Dieser führt nur zu einer Beschränkung eines zur Rangverschlechterung bereiten Rechtes am Grundstück und verhindert beeinträchtigende Zwischenbelastungen nicht.[49]) Er ist wegen der dadurch entstehenden seltsamen Ergebnisse bei der Verteilung des Zwangsversteigerungserlöses im Bereich des Grundpfandrechtes praktisch unbrauchbar, so daß man schon seit längerem einen geeigneten Ersatz für ihn sucht.[50])

14. Gelegentlich ist empfohlen worden, die Eigentümergrundschuld dadurch zu ersetzen, daß der Eigentümer dem Gläubiger (oder einem Treuhänder) eine (unwiderrufliche) Eintragungsbewilligung für eine Hypothek zur Sicherung eines Darlehens gebe.[51]) Mit Hilfe dieser Eintragungsbewilligung könnte der Gläubiger jederzeit diese Hypothek auf seinen Namen eintragen lassen (§§ 19, 29 GBO). Aber dieses Verfahren bietet keine genügende Sicherheit: Zwischenverfügungen, insbesondere Zwangsbelastungen, die vor der Eintragung dieser Hypothek erwirkt werden würden, hätten den Vorrang und könnten das Recht des Gläubigers praktisch illusorisch machen. Außerdem wäre die Eintragungsbewilligung wertlos, wenn das Grundstück vor der Eintragung veräußert würde, weil danach nicht mehr der eingetragene Eigentümer die Eintragung bewilligen würde (§§ 19, 39 GBO). Daher muß vor diesem Ausweg gewarnt werden.[52])

15. Will man die ursprüngliche offene Eigentümergrundschuld ersetzen, so käme doch wohl nur ein absoluter Rangvorbehalt des Eigentümers in Betracht, um das Interesse des Eigentümers an der Offenhaltung der Pfandstelle zu befriedigen.[53]) Um den unerfreulichen „Wettlauf der persönlichen Gläubiger" auszuschließen, wird man daran denken müssen, die Ausübung dieses absoluten Rangvorbehaltes nur bis zur Anordnung der Zwangsvollstreckung (oder doch wenigstens bis zu einem festen Zeitpunkt nach der Zustellung des Anordnungsbeschlusses [§ 15 ZVG]) zuzulassen

[49]) Enneccerus-Wolff § 43; J. v. Gierke § 15 III.

[50]) Locher, Die Neugestaltung des Liegenschaftsrechtes (1942) S. 140.

[51]) Dazu Koch-Schütz[6] S. 146; Kreller DRWiss 42, 96 ff.

[52]) So auch Koch-Schütz a. a. O.

[53]) So schon Mot. 3, 204 ff.; neuerdings Kreller DRWiss 42, 93 ff.

und danach die Nachmänner aufrücken zu lassen, wenn der Rangvorbehalt nicht ausgeübt worden ist. Wenn damit auch die Gefahr überstürzter und unzweckmäßiger Kreditaufnahmen nicht ausgeschlossen werden kann, so würden sich doch im ganzen wohl bessere Ergebnisse als bisher erzielen lassen.

II. B.

1. Von besonderer Bedeutung ist die Grundschuld weiterhin für die Sicherung laufender Kredite.[54]) Hier hat sie die Aufgaben, die die Verfasser des BGB der Höchstbetragshypothek zugedacht hatten, immer mehr übernommen und diese fast vollständig verdrängt.[55]) Die Gründe hierfür sind teils grundsätzlicher Art, insofern sich für die Sicherung von Krediten in wechselnder Höhe eine von ihrem jeweiligen Bestande weitgehend losgelöste Grundpfandform besonders gut eignet, teils technischer Natur, insofern die Ausgestaltung der Höchstbetragshypothek (§ 1190) mit gewissen Schwerfälligkeiten belastet ist.

2. Wenn nun im folgenden die wichtigsten Punkte erörtert werden, in denen der Grundschuld der Vorzug vor der Höchstbetragshypothek gegeben wird, so soll dabei gleichzeitig daran gedacht werden, in welcher Weise die Höchstbetragshypothek auszugestalten wäre, um ihrer Aufgabe der Sicherung von wechselndem Kredit gewachsen zu sein.

a. Die Grundschuld kann als verzinsliche Belastung bestellt werden (§ 1191 II), während Zinsen einer verzinslichen Forderung, für die eine Höchstbetragshypothek eingetragen wird, in deren Höchstbetrag eingerechnet werden müssen (§ 1190 II). Da der Gläubiger einer Höchstbetragshypothek ja auch für die Zinsen Sicherheit benötigt, muß er vorsorglich einen höheren Höchstbetrag eintragen lassen, als er für die Kreditgewährung in Aussicht nimmt. Dadurch beeinträchtigt er nicht nur den weiteren Kredit des Eigentümers und bürdet ihm höhere Kosten auf, die sich nach dem Nennbetrage der Belastung richten; auch für ihn selbst ist diese Erhöhung uner-

---

[54]) Koch-Schütz[6] S. 139; Lindemann JW 31, 2613.

[55]) Koch-Schütz a. a. O.; besonders Schütz ZAkDR 39, 475; Janberg DFG 39, 57 ff., 80 ff.

wünscht, weil der Schuldner auf voller Auszahlung bestehen wird, vor allem aber, weil er nicht übersehen kann, wie lange die Zinsen nicht gezahlt werden, und daher die Berechnung des Reservebetrages unsicher ist.

Diese Regelung wird damit begründet,[56]) daß die Haftung des Grundstückes unbestimmt würde, wenn man den Vorbehalt der Feststellung nur auf das Kapital beschränke und daneben das Grundstück auch noch für die Zinsen haften lasse. Diese Rechtfertigung überzeugt jedoch nicht. Sie ist um so befremdlicher, als die Höchstbetragshypothek jederzeit ohne Zustimmung der Nachmänner in eine Verkehrshypothek von gleicher Höhe umgewandelt (§ 1186) und dann Zinsen bis zu 5% von der Umwandlung an eingetragen werden könnten.[57]) Der Schutz der Nachmänner liegt darin, daß sie sich nur die Zinsrückstände der letzten zwei Jahre vorgehen zu lassen brauchen (§ 10 Z. 4 ZVG), und so würde man ihre Stellung nicht ungebührlich schmälern, wenn man die Haftung des Grundstücks für Zinsen bis zur Höhe von 5% des Höchstbetrages de lege ferenda zuließe.

b. Die Eintragung mehrerer Höchstbetragshypotheken für denselben Forderungskreis bereitet Schwierigkeiten.[58]) Daß sie — im Gegensatz zu Grundschulden — nicht für einen ungeteilten Forderungskreis bestellt werden können, ist allgemein anerkannt.[59]) Daher werden praktisch drei Auswege gewählt:

1) Mehrbetragssicherung (RG 118, 162): Die zweite Höchstbetragshypothek soll die Forderung des Gläubigers decken, soweit sie den Betrag der ersten übersteigt. Der Gläubiger erhält damit jedoch nur den Zugriff auf die zweite Hypothek wegen des überschießenden Betrages, nicht aber, wie es für ihn wichtig wäre, für die Ausfälle der ersten Hypothek.

2) Ausfallssicherung (RG 122, 327): Die zweite Hypothek wird für den bei der Zwangsvollstreckung in die erste Hypothek sich ergebenden Ausfall bestellt. Gegen die Zulässigkeit einer

---

56) Mot. 3, 767.

57) Enneccerus-Wolff § 153 II 1.

58) Dazu Staudinger-Kober § 1190, 9; Enneccerus-Wolff § 153 II mit Lit.

59) RG 132, 136.

solchen Fassung ergeben sich deswegen Bedenken, weil es sich bei der von der zweiten Hypothek gesicherten Forderung nicht um eine andere, sondern um dieselbe Forderung handelt wie bei der ersten Hypothek.[60]) Aber auch wenn man die zweite Hypothek als bedingte zuläßt, so befriedigt diese Lösung insofern nicht, weil der Gläubiger ja nicht nur wegen des Ausfalls, sondern auch wegen des den Nennbetrag der ersten Hypothek übersteigenden Betrages gesichert werden will.

3) Verteilungsbefugnis des Gläubigers (RG 131, 16; 134, 225): Gläubiger und Schuldner vereinbaren, daß der Gläubiger seine Forderung nach seinem Ermessen auf die verschiedenen Hypotheken verteilen darf. Die Stellung des Gläubigers ist hierbei verhältnismäßig günstig. Voraussetzung hierfür ist jedoch, daß diese Befugnis des Gläubigers von vornherein bei der Eintragung beider Belastungen vereinbart worden war. Die nachträgliche Vereinbarung und deren Eintragung ins Grundbuch, wie sie sich etwa bei späterer Krediterweiterung ergibt, macht Umstände und Kosten.

c. Durch ein und dieselbe Hypothek können Forderungen mehrerer Gläubiger gegen denselben Schuldner nur dann gesichert werden, wenn die Gläubiger untereinander in Bruchteils- oder Gesamthandsgemeinschaft stehen oder Gesamtgläubiger sind (§ 428).[61]) Daran kann es gelegentlich bei Konsortialkrediten fehlen, so daß nur die Eintragung einer Grundschuld hilft. Die Bestellung einer Höchstbetragshypothek für einen Treuhänder kommt jedenfalls als Ausweg deshalb nicht in Betrag, weil diesem die persönlichen Forderungen nicht zustehen. So bliebe, von der Grundschuldbestellung abgesehen, praktisch nur die Möglichkeit, daß die verschiedenen Gläubiger sich für diesen Zweck so zusammenschlössen, daß ihre Berechtigung an der Höchstbetragshypothek in der Eintragung ersichtlich gemacht werden kann.

d. 1) Während sich der Eigentümer bei der Bestellung einer Verkehrshypothek oder Grundschuld in vollstreckbarer Urkunde — ja sogar mit Wirkung gegen alle Rechtsnachfolger (§§ 794 Z. 5, 800

---

[60]) Daher halten Staudinger-Kober § 1190, 9 u. a. sie für unzulässig.

[61]) Staudinger-Kober § 1190, 8; § 1113, 26, 27; Palandt § 1113 4 a — vgl. § 47 GBO.

ZPO) der sofortigen Zwangsvollstreckung unterwerfen kann, ist das bei der Höchstbetragshypothek deshalb nicht möglich, weil sie nicht auf Zahlung einer bestimmten Geldsumme gerichtet ist.[62]) Hierin liegt eine entscheidende Schwäche der Höchstbetragshypothek, die vor allem dazu beigetragen hat, daß sie in der Praxis immer mehr zurückgetreten ist.[63]) Der Gläubiger einer Höchstbetragshypothek muß nach Beendigung des Kreditverhältnisses[64]) erst die Feststellung seiner Forderung durch Vertrag mit dem Hypothekenbesteller[65]) oder durch dessen Verurteilung herbeiführen. Der Schuldner kann diese Feststellung durch Winkelzüge erschweren und hinauszögern. Der Gläubiger der Höchstbetragshypothek kann sich wegen der Höhe seiner Forderung nicht auf die Eintragung im Grundbuch berufen, sondern muß sie nachweisen, wenn er sein dingliches Recht geltendmachen will.[66]) In dieser Beziehung steht er also wesentlich schlechter als der Gläubiger einer Verkehrshypothek oder Grundschuld, der sich auf das Grundbuch berufen darf (§§ 1138, 891). Es liegt auf der Hand, wie sehr in dieser Beziehung die Höchstbetragshypothek der Grundschuld unterlegen ist.

2) Um die Stellung des Gläubigers hierin zu verbessern, könnte man erwägen, statt der Höchstbetragshypothek eine Verkehrshypothek für eine künftige Forderung zu bestellen: der Betrag, bis zu dem das Grundstück haften soll, wird als fester Betrag eingesetzt,[67]) zumeist mit der (nicht eintragungsfähigen) Abrede, daß der Eigentümer die Hypothek insoweit nicht geltend machen dürfe, als die Forderung nicht entstanden sei. Das Ergebnis wäre, daß der Eigentümer sich der sofortigen Zwangsvollstreckung unterwerfen könnte und daß der Gläubiger sich bei der Geltendmachung seines Rechtes

---

[62]) H. M., KGJ 28 A 146; Staudinger-Kober § 1190, 3; Baumbach § 794 ZPO Anm. 7 B.

[63]) Enneccerus-Wolff § 153 II 2; J. v. Gierke § 54 V 1 a.

[64]) Daß darüber praktisch Zweifel bestehen können, ob das Kreditverhältnis beendet ist, hebt Schütz ZAkDR 39, 477 hervor.

[65]) RG HHR 30, 616.

[66]) RG HHR 36, 687.

[67]) „Verdeckte Höchstbetragshypothek" — dazu Staudinger-Kober § 1190, 1; § 1184, 1; Enneccerus-Wolff § 153 VII. Gegen die Zulässigkeit Bourier, Festgabe für Oberneck (1930) 87.

auf das Grundbuch berufen dürfte (§§ 1138, 891). Die Schwierigkeit liegt jedoch darin, daß bei Rückzahlungen auf die Forderung eine Eigentümergrundschuld entsteht (§§ 1163 I, 1177), [68]) die nicht ohne weiteres wieder Fremdhypothek des Gläubigers wird, wenn er neuen Kredit gibt. [69]) Dieser Ausweg, der bei Baukrediten häufig beschritten wird, [70]) eignet sich also zur Sicherung von Krediten wechselnder Höhe, insbesondere Kontokorrentschulden, nicht.

3) Es ist auch der Vorschlag gemacht worden, daß der Eigentümer sich bei der Bestellung einer Höchstbetragshypothek wenigstens wegen eines kleinen Teilbetrages der sofortigen Zwangsvollstreckung unterwerfen könne, der dem Gläubiger voraussichtlich auf jeden Fall gebühren werde. Ganz abgesehen davon, daß damit dem Gläubiger in den meisten Fällen nur unzureichend gedient wäre, stößt dieser Vorschlag aber auch auf die praktische Schwierigkeit, daß bei der Bestellung der Höchstbetragshypothek in der Regel noch gar keine Forderung, selbst nicht in dieser geringen Höhe, besteht.

4) So läuft also hier alles auf die Frage hinaus, ob man auch bei der Höchstbetragshypothek die Unterwerfung des Eigentümers unter die sofortige Zwangsvollstreckung hinsichtlich des Höchstbetrages zulassen könnte. Das wird heute allgemein abgelehnt, doch ist diese Einstellung nicht überzeugend, solange man dagegen bei der Verkehrshypothek und der Sicherungsgrundschuld, die ja auch durchaus nicht immer valutiert zu sein brauchen, keine Bedenken hat. Es soll zugegeben werden, daß es gerade im Wesen der Höchstbetragshypothek als einer Unterform der Sicherungshypothek (vgl. § 1190 III) liegt, daß die ganze Beweislast für das Bestehen der gesicherten Forderung dem Gläubiger aufgebürdet wird. Mit Rücksicht auf die praktischen Erfordernisse sollte jedoch erwogen werden, ob man nicht wenigstens dem Eigentümer das Recht zubilligen will, sich wegen des Höchstbetrages der sofortigen Zwangsvollstreckung zu unterwerfen und damit das Risiko auf sich zu nehmen, seinen Widerspruch gegen die Geltendmachung der Hypothek nur mit der Voll-

---

[68]) Auf den Sonderfall, daß der vom Eigentümer verschiedene Schuldner durch seine Rückzahlung wegen seines Rückgriffes die Hypothek erwirbt (§ 1164), braucht hier nicht eingegangen zu werden.

[69]) RG in BA 20, 41, 199; Koch-Schütz[6], 143 Anm. 3.

[70]) Enneccerus-Wolff § 153 VII.

streckungsgegenklage (§ 767 ZPO) geltend zu machen. Das braucht an der Beweislast des Gläubigers, daß die Forderung in der geltend gemachten Höhe entstanden ist und besteht, nichts zu ändern.

5) Man könnte in diesem Zusammenhange sogar de lege ferenda erwägen, ob man nicht die Gefährdung des Eigentümers, die mit diesem Vorschlage verbunden sein könnte, dadurch mindern könnte, daß man die Unterwerfung unter die sofortige Zwangsvollstreckung aus einer Sicherungshypothek (Höchstbetragshypothek) nur gegenüber einem von der Aufsichtsbehörde zugelassenen Kreditinstitut als Gläubiger zuließe.[71]) Durch die Bankenaufsicht[72]) würde praktisch eine mißbräuchliche Ausnutzung der Unterwerfungsklausel ausgeschlossen. Dagegen ließe sich einwenden, daß solche Privilegierungen stets bedenklich seien, vor allem auch alle möglichen unerfreulichen Umgehungen anregen. Immerhin würde damit dem Eigentümer weitgehend Schutz gewährt werden, ohne daß auf der anderen Seite die berechtigten Interessen des Gläubigers an einer raschen und sicheren Vollstreckung verkürzt zu werden brauchten.

II. C.

1. Damit bliebe nur noch das Problem der nachträglichen Eigentümergrundschuld[73]) und der ursprünglichen verdeckten Eigentümergrundschuld[74]) zu behandeln. Das Gesetz gewährt in diesen Fällen dem Eigentümer das Recht am eignen Grundstück, das das Aufrücken der Nachmänner verhindert und dem Eigentümer die weitere Verwertung und die Beteiligung am Erlöse in der Zwangsversteigerung gibt.

---

[71]) Vgl. etwa die bewährte Regelung im Orderlagerscheinwesen: OrderlagerscheinVO vom 16. 12. 1931. Bader BayNotZ 35, 259 will überhaupt die Bestellung von Grundschulden nur Kaufleuten zugestehen, die ihre Gefahren auf Grund ihrer Vertrautheit mit dem Wechsel vermeiden könnten.

[72]) Reichsgesetz über das Kreditwesen vom 5. 12. 1934.

[73]) Sie entsteht in den Fällen der Hypothek und Grundschuld bei Verzicht (§ 1168) und Ausschließung des Gläubigers (§§ 1170, 1171), bei Konsolidation (§ 889), bei Erlöschen der Hypothekenforderung (§§ 1163 I 2, 1177 — Ausnahme: § 1164) und bei der Grundschuldablösung (§§ 1142, 1192 — dazu Enneccerus-Wolff § 156 I 3 d).

[74]) Dazu oben S. 150 Anm. 41.

2. Ob die Beteiligung des Eigentümers am Erlöse in der Zwangsversteigerung in dieser Form gerechtfertigt ist, ist bereits oben [75]) erörtert worden. Hier kommen noch die Zweifel hinzu, ob wirklich das Nachrücken der Nachmänner unerwünscht ist. Diese Frage läßt sich allgemein nur schwer entscheiden. Gewiß leuchtet es zunächst nicht ein, daß die Nachmänner ohne eigne Leistung eine bessere Stellung erhalten sollen, wenn eine ihnen vorgehende Belastung erlischt, und daß dem Eigentümer, der diese Belastung unter eignen Opfern abgetragen hat, die Ausnutzung des freien Platzes versagt werden soll. Andererseits fördern nicht nur die meisten anderen Rechtsordnungen auf diese Weise das Aufrücken der Nachgläubiger, um dadurch eine Entschuldung des Bodens zu erreichen[76]), sondern auch unsere Praxis erstrebt dieses Ziel durch die zur festen Regel gewordene Vereinbarung von Löschungsvormerkungen (§ 1179). [77]) Dennoch wird man mit Rücksicht auf den Eigentümer die ersatzlose Streichung der nachträglichen oder verdeckten Eigentümergrundschuld [78]) nicht befürworten können. Man wird vielmehr zu erwägen haben, ob diese Formen der Eigentümergrundschuld nicht durch ein schwächeres Recht des Eigentümers („Rangerhaltungsrecht", „Grundpfandbestellungsrecht") zu ersetzen wäre, das dem Eigentümer in allen Fällen, in denen eine Belastung erlischt, die freigewordene Stelle für ein sofort oder später einzutragendes Grundpfandrecht zu verwenden gestattete. [79]) Dieses Recht des Eigentümers dürfte weder pfändbar noch übertragbar sein. Vereinbarungen, durch die der Eigentümer sich einem anderen gegenüber in der Ausübung oder in der Verfügung über dies Recht bände, wären zu verbieten. Dieses Rangerhaltungsrecht des Eigentümers wäre in der Zwangsversteigerung wie das Grundpfandrecht selbst zu behandeln, dem Ersteher zu erhalten, aber von ihm bar zu belegen, falls es im geringsten Gebot läge. Der Erlös sollte dann hinterlegt werden und für

---

[75]) S. S. 152 ff.

[76]) Hierzu die Uebersicht bei Rohlfing Rvergl HWB 3 (1931) 813 ff.

[77]) Dazu eingehend Enneccerus-Wolff § 146 III 3; J. v. Gierke § 56 II 2.

[78]) So etwa Schellenbauer DNotV 36, 843.

[79]) Vorschläge in dieser Richtung bei v. Werne DR 35, 151; vor allem bei K. Blomeyer DRWiss. 41, 110 ff., 218 ff. und Güssefeld ZAkDR 41, 370 ff.; Kreller DRWiss. 42, 82.

ausfallende Grundstücksgläubiger als gepfändet gelten; der danach verbleibende Rest wäre dem Grundeigentümer auszukehren. Während der zu befristenden Hinterlegung könnten auch andere Gläubiger pfänden.

3. So würde eine gerechtere Erlösverteilung für die von vornherein dinglich gesicherten Gläubiger erzielt werden, andererseits aber auch eine unberechtigte Verwendung zu eignem Vorteil des bisherigen Grundeigentümers oder zugunsten der von ihm bevorzugten oder zufällig zuvorkommenden Gläubiger verhindert. In dieser Weise könnte man sich also die sachgemäße Abschwächung der bisherigen Eigentümergrundschuld vorstellen.

III.

Dieser ganze Ueberblick dürfte ergeben haben, daß sich unser hochentwickeltes Grundpfandrecht im ganzen bewährt hat. Es kann keinem Zweifel unterliegen, daß es zu seinem Teil in ganz besonderem Maße zu dem Ausbau der deutschen Städte und der industriellen Entwicklung beigetragen hat, wie sie — im ganzen gesehen — die Zeit bis zum zweiten Weltkriege kennzeichnen. Daß im Laufe dieser Zeit jede Unterart ihr eigentliches Aufgabengebiet gefunden hat, konnte gezeigt werden. Immerhin sind dabei auch die Nachteile dieses komplizierten Systems und die Gefahren der einzelnen Grundpfandformen immer deutlicher hervorgetreten. Bei der Betrachtung der Verbesserungsmöglichkeiten gewinnt doch der Eindruck an Boden, daß es vielleicht möglich sein könnte, neben den verschiedenen Arten der Hypothek auf die Grundschuld zu verzichten. [80]) Das dürfte natürlich keinesfalls zu einer Verkümmerung unseres Grundpfandrechtes führen, sondern würde sich nur dann rechtfertigen lassen, wenn die bestehenden Formen brauchbar weiterentwickelt und unnütze oder gar bedenkliche Formen durch bessere

[80]) In diese Richtung deuten auch gelegentlich Bemerkungen von M. Wolff (Enneccerus-Wolff § 156 Anm. 13); Wieacker § 31 I 2; Küchler, Sicherungsgrundschuld (1939) S. 109 f.; Breitmeyer ZeitschrFGG Württemberg 35, 242; Bader ebendort 33, 250.

ersetzt werden könnten. Daß an dieser Stelle noch keine fertigen Lösungen unterbreitet werden können, wird den nicht wundern, der die dogmatischen und wirtschaftlichen Schwierigkeiten gerade dieses Gebietes übersieht. So konnte denn auch diese Uebersicht, die dem Meister des deutschen Sachenrechtes gewidmet ist, nur die Probleme zeigen und einzelne Verbesserungsmöglichkeiten andeuten, an denen es weiter zu arbeiten gilt.

Die Organisation der „Vereinten Nationen" und die Strukturprinzipien des modernen Völkerrechts

Von
G. LEIBHOLZ

Die vor mehr als vier Jahren in San Francisco von den Alliierten geschaffene Organisation der Vereinten Nationen sollte nach Ansicht ihrer Urheber sich grundsätzlich vom Genfer Völkerbund unterscheiden. Sie sollte vor allem seine Schwächen vermeiden. Während die Genfer Institution eine mehr oder weniger lose Verbindung souveräner Staaten war und selber über keine entscheidenden Machtbefugnisse verfügte, sollte die neue völkerrechtliche Organisation eine selbständige handlungsfähige Körperschaft darstellen, die mit den erforderlichen Machtmitteln ausgestattet war, um allen Eventualitäten gegenüber gerüstet zu sein und von vornherein einen etwa drohenden neuen Konflikt im Keime ersticken zu können.

Aus diesem Grunde hatte man sich auch entschlossen, mit dem Prinzip der Einstimmigkeit, an dem man in Genf (von wenigen Ausnahmen abgesehen) grundsätzlich bei den Beschlüssen des Völkerbundsrates und der Völkerbundsversammlung festgehalten hatte, zu brechen, und in der neuen völkerrechtlichen Verfassung bei dem Weltsicherheitsrat wie bei der Allgemeinen Versammlung das (wenn auch in mancherlei Richtung qualifizierte) Mehrheitsprinzip einzuführen.

Auf diese Weise hatte man geglaubt, die Struktur des traditionellen Völkerrechts grundsätzlich verändert zu haben. Man braucht beispielsweise nur die Verhandlungen der International Law Association in Cambridge vom Jahre 1946 nachzulesen, um zu sehen, wie noch zu jener Zeit die Ansicht weit verbreitet war, daß auf Grund der neuen Verfassung der Vereinten Nationen sich eine Revolution auf dem Gebiet des Völkerrechts vollzogen habe. Die revolutionären Auswirkungen dieser Entwicklung sah man darin, daß die einzelnen Staaten jetzt dem Weltsicherheitsrat unterworfen und nicht mehr in der Lage waren, von sich aus selbständig einen Krieg zu erklären oder gar zu führen. Bestimmte doch die Satzung der Vereinten Nationen, daß der Weltsicherheitsrat mit alleiniger Autorität darüber zu befinden hatte, ob ein Staat den Frieden gebrochen oder bedroht oder eine Angriffshandlung begangen hatte, und welche Maßnahmen erforderlich waren, um einen Rechtsbrecher zur Raison zu bringen. Nicht mehr die einzelnen Staaten, sondern der Weltsicherheitsrat hatte — so glaubte man — das letzte Wort in allen Fragen, die die Recht- und Unrechtmäßigkeit der Anwendung von Gewalt betrafen.

Nun ist klar, daß, wenn eine solche revolutionäre Veränderung in den Grundlagen des Völkerrechts tatsächlich erfolgt wäre, sich gewichtige Folgerungen aus diesem Sachverhalt ergeben würden. Der Rechtsbrecher z. B. würde in diesem Fall nicht mehr in der Lage sein, sich auf die völkerrechtlichen Kriegsregeln zu berufen, die sich aus der völkerrechtlichen Anerkennung der Möglichkeit eines Krieges zwischen den Völkern ergeben. So würden die Haager Konventionen von 1899 und 1907, die im einzelnen Kriegsregeln für die Kriegführung aufstellen, ebenso wenig auf den Rechtsbrecher anwendbar sein wie die Genfer Konventionen von 1864, 1906 und 1929, die sich vor allem mit der Behandlung der Kranken, Verwundeten und Kriegsgefangenen befassen. Auch das Neutralitätsrecht, zu dessen immanenten Voraussetzungen es geradezu gehört, daß der Krieg eine rechtlich mögliche und zulässige Erscheinungsform des zwischenstaatlichen Lebens ist, würde in seiner traditionellen Form nicht mehr anwendbar sein. Nach der Satzung der Vereinten Nationen würden deren Mitglieder (und die ursprüngliche Idee war, daß im Laufe der Zeit alle zur Völkerrechtsgemeinschaft gehörenden Staaten Mitglieder dieser neuen völkerrechtlichen Organisation werden würden) sich gegenüber einer Entscheidung des Sicherheitsrates nicht mehr auf ihren möglichen Neutralitätsstatus berufen können.

Schon beim Genfer Völkerbund war es für einen Staat mit Schwierigkeiten verbunden, sich seinen Pflichten gegenüber dem Bund zu entziehen. Heute würde ein solcher Versuch jedoch unmöglich sein, da die vom Sicherheitsrat innerhalb seiner Zuständigkeit getroffenen Entscheidungen, selbst wenn sie eine militärische Hilfeleistungspflicht implizieren, automatisch für alle Mitglieder verbindlich sind. Auch ist offenbar, daß in einem Konfliktsfall mit den Vereinten Nationen der Rechtsbrecher das Recht verwirkt haben würde, sich zur Wahrnehmung seiner Interessen einer besonderen Schutzmacht zu bedienen, während umgekehrt für die Vereinten Nationen ein solches Bedürfnis im Kriegsfall gar nicht zur Entstehung kommen würde.

Von einer solchen revolutionären Veränderung der strukturellen Grundlagen des traditionellen Völkerrechts kann man indessen nicht sprechen, weil die Einführung des Mehrheitsprinzipes in die neue völkerrechtliche Organisation nicht den demokratischen Weltstaat hat politisch und rechtlich zur Entstehung kommen lassen, den man antizipiert hatte. Das Mehrheitsprinzip, dessen Einführung an sich das äußere Kriterium der Existenz einer über den Staaten völkerrechtlichen Organisation ist, ist in der neuen Völkerrechtsverfassung formal an Voraussetzungen geknüpft und inhaltlich Beschränkungen unterworfen worden, die diesem Prinzip die ihm eigene schöpferische und das Völkerrecht revolutionierende Funktion genommen haben.

In der Allgemeinen Versammlung spielt das in der Form der Zweidrittelmehrheit eingeführte Mehrheitsprinzip keine wirkliche Rolle, weil dieses Organ in politischen Fragen keine selbständige Entscheidungsgewalt von irgendwelchem Gewicht besitzt. — Und der Sicherheitsrat kann die ihm zugewiesenen wichtigen Funktionen nicht erfüllen, weil seine Entscheidungen nicht nur von dem Erhalt einer Zweidrittelmehrheit, sondern bei allen ‚Nicht-Verfahrensfragen' auch noch davon abhängig sind, daß die fünf permanenten Ratsmitglieder (Vereinigte Staaten, England, Frankreich, Rußland und China) diesen Entscheidungen zugestimmt haben. [1]) In anderen Worten, der

---

[1]) Art. 27 Abs. 3 der Satzung. Ausdrücklich bestätigt ist dieses Prinzip für Satzungsänderungen in Art. 109 Abs. 2. Lediglich wenn der Sicherheitsrat eine freundliche Beilegung des Streitfalles versucht, hat die Großmacht, die zugleich Partei in diesem Streitfall ist, sich der Stimme zu enthalten.

Sicherheitsrat kann nur funktionieren, wenn über die von ihm zu treffenden Zwangsmaßnahmen ein politisches Einverständnis unter den Großmächten besteht. Es ist aber gerade dieses Einverständnis, das — wie die letzten drei Jahre zur Genüge gezeigt haben — nicht vorhanden ist. Sonst wäre nicht zu erklären, warum in diesen Jahren von dem Vetorecht seitens der Großmächte, insbesondere der Sowjetunion ein so überwältigender Gebrauch gemacht [2]) und dieses sogar als Instrument verwendet worden ist, um die Aufnahme neuer Mitglieder in die Organisation der Vereinten Nationen zu verhindern. [3])

Was aber bedeutet dieser Sachverhalt? Er bedeutet, daß die ursprünglich vorhandene Absicht der Signatarmächte, mit Hilfe des Mehrheitsprinzipes (und des satzungsmäßig sanktionierten Ausschlusses der Austrittsmöglichkeit der Mitgliederstaaten) die Souveränität der zu den Vereinten Nationen gehörenden Staaten zu begrenzen oder aufzuheben und damit ein revolutionäres Prinzip in die bestehende Völkerrechtsorganisation einzuführen, durch die Einführung des Vetorechtes der Großmächte vereitelt worden ist. Das Vetorecht bedeutet, daß die Großmächte im Gegensatz zu den kleineren und mittleren Staaten nicht majorisiert werden können. Es ist letzten Endes nichts anderes als ein Ausfluß der staatlichen Souveränität, deren konsequenter Ausdruck es ist. Denn das Kennzeichen der Souveränität ist, daß ein Staat innerhalb seines Herrschaftsbereiches letzte politische Entscheidungen von grundsätzlicher Bedeutung selbständig treffen kann und ihm nicht gegen seinen Willen durch eine Majoritätsentscheidung Verpflichtungen auferlegt werden können. Das Vetorecht hat somit die Großmächte für die sich aus der Satzung der Vereinten Nationen für sie ergebenden Beschränkungen in einem Maße kompensiert, daß man statt von einer Beschränkung,

[2]) Vgl. die Uebersicht über die bisherige Ausübung des Vetorechtes bei F. Klein, Das Vetorecht im Weltsicherheitsrat im Archiv für Oeffentliches Recht, vol. 74 (1948) pp. 22seq. — Lediglich im Kashmir- und Palästina-Konflikt haben die Großmächte in einem bestimmten Ausmaß im Sicherheitsrat zusammengearbeitet.

[3]) Von den 20 Staaten, die seit der Konferenz von San Francisco um die Aufnahme in die Organisation der Vereinten Nationen nachgesucht haben, sind bis zum Herbst 1948 12 Staaten abschlägig beschieden worden.

von einer Bestätigung ihrer Souveränität sprechen kann. Die Position der Großmächte ist in der Tat heute stärker, als sie unter dem Genfer Völkerbundsstatut war. In Genf bestand noch die Möglichkeit, die Großmächte aus dem Völkerbund zu verdrängen, während diese Möglichkeit heute nicht mehr besteht.

Diese Bestätigung der politischen Souveränität der Großmächte erklärt, wenn auch nicht entscheidend, wie wir gleich sehen werden, so doch nicht unwesentlich, warum der ursprünglich vorhanden gewesene Glaube an die Funktionsfähigkeit der neuen völkerrechtlichen Organisation und an den Anbruch einer neuen völkerrechtlichen Aera heute so weitgehend erschüttert worden ist und — als Ausdruck dieser Desillusionierung — die Forderung erhoben worden ist, die Satzung einer zusätzlichen Revision zu unterziehen und die Großmächte, wenn nicht zur Aufgabe, so doch zu einer Beschränkung der Ausübung ihres Vetorechtes zu veranlassen. Zu diesem Zweck hat man sogar bei der letzten Sitzungsperiode der Vereinten Nationen ein besonderes Organ, die ‚Kleine Versammlung', ins Leben gerufen, deren detaillierte Empfehlungen in bezug auf die gesamte Prozedur vor dem Sicherheitsrat dem im Herbst 1948 in Paris zusammentretenden Versammlung der Vereinten Nationen zur Diskussion und etwaigen Beschlußfassung unterbreitet werden sollen.

II.

In diesem Zusammenhang erhebt sich eine weitere Frage, die sich etwa folgendermaßen formulieren läßt: Wie ist es überhaupt möglich gewesen, daß man trotz der Einführung des Vetorechtes der Großmächte so weitgehende Hoffnungen in bezug auf die in San Francisco geschaffene völkerrechtliche Organisation hat unterhalten können? Wie hat man sich der Hoffnung hingeben können, daß die durch die Charter in ihrer Souveränität bestätigten Großmächte in Frieden und Harmonie zusammenarbeiten würden? Um diese Frage beantworten zu können, muß kurz auf die Umstände eingegangen werden, denen die neue völkerrechtliche Organisation ihre Entstehung verdankt.

Die Charter der Vereinten Nationen ist am 26. Juni 1945, also unmittelbar nach Beendigung des letzten Krieges, in Kraft getreten und daher nicht ohne die bereits während des Krieges abgehaltenen Konferenzen zu verstehen, die die künftige völkerrechtliche Neuordnung in ihren Grundzügen umrissen und festlegten. Hierher gehören vor allem die Moskauer Konferenz von 1943, die Konferenz von Teheran vom gleichen Jahre, die Dumbarton Oaks Konferenz von 1944 und die Konferenz von Yalta vom Februar 1945.

In all diesen Konferenzen spielte ein Begriff eine besonders wichtige und zentrale Rolle: es war das „Prinzip der Souveränen Gleichheit aller friedliebenden Staaten". Schon bei der gemeinsamen Viermächteerklärung vom 30. Oktober 1943 wurde erklärt, daß auf dieses Prinzip die künftige zwischenstaatliche Ordnung zur Erhaltung des Friedens gegründet werden sollte. Auf der Dumbarton Oaks- und Yalta-Konferenz spielte dieses Prinzip eine nicht minder bedeutende Rolle. Insbesondere die Sowjetunion wurde auf diesen Konferenzen nicht müde, immer wieder das von ihr mit besonderer Zähigkeit in Anspruch genommene Vetorecht mit dem Prinzip der Souveränität zu verbinden und jenes aus diesem her zu begründen und zugleich deutlich zu machen, warum ohne die Anerkennung dieses Prinzipes die neue völkerrechtliche Ordnung zwangsläufig zusammenbrechen müsse. So nimmt es nicht wunder, daß die Charter der Vereinten Nationen dieses Prinzipes an verschiedenen Stellen prominent gedacht [4]) hat.

Die besondere Betonung des Prinzipes der Souveränität durch die Alliierten auf diesen Konferenzen während des Krieges hat ihre besondere Bewandnis gehabt. Man glaubte, daß man mit Hilfe des Souveränitätsprinzipes die zwischen den Alliierten bestehenden tiefgreifenden Unterschiede in politischer, ökonomischer und ideologischer Hinsicht überbrücken und so mit Hilfe des traditionellen Souveränitätsbegriffes die Welt nach dem Kriege wieder neu aufbauen

---

[4]) Vgl. z. B. Art. 2 Z 1 der Satzung, nach dem die Organisation der Vereinten Nationen auf dem Grundsatz gleicher souveräner Rechte aller ihrer Mitglieder beruht. Cf. auch Ant. 2. Z. 7 (Prinzip der Nicht-Intervention), Art. 51 (Recht jedes Mitgliedes der Vereinten Nationen gegen bewaffnete Angriffe) Art. 78.

könne. Dabei waren es nicht nur taktische Erwägungen, die die Alliierten zu diesem Verhalten während des Krieges veranlaßt haben. Die Reden der verantwortlichen Staatsmänner der angelsächsischen Staaten während des Krieges haben es zur Genüge deutlich gemacht, daß man der Auffassung war, daß das Prinzip des Nationalstaates, in dem das Prinzip der Souveränität nur seinen gewichtigsten und sichtbarsten Ausdruck findet, auch heute noch das die zwischenstaatlichen Beziehungen entscheidend bestimmende, politische Prinzip ist, und daß es daher im 20. Jahrhundert darauf ankomme, das europäische Konzert der Großmächte des 19. Jahrhunderts durch ein ‚Konzert' der ‚Big Four' oder ‚Big Three' zu ersetzen. In der Konferenz von Potsdam fand dieser politische Glaube seinen letzten triumphierenden Ausdruck.

Im Gefolge dieses national-staatlichen Denkens lag es auch, daß der Begriff der nationalen Sicherheit während des Krieges und unmittelbar nach demselben eine so zentrale Rolle in der Politik der Alliierten spielen konnte. Wenn die künftige Friedensordnung der Welt als in erster Linie von den souveränen Großmächten abhängig gedacht wurde, so war klar, daß diese Staaten sich nicht irgendwie in ihrer nationalen Sicherheitssphäre bedroht fühlen durften. Deshalb — so glaubte man — mußten um des künftigen Friedens willen die Sicherheitsansprüche der Nachbarn Deutschlands, die vor allem unter der nationalsozialistischen Invasion und obendrein schon in früheren Kriegen unter der deutschen Besetzung zu leiden hatten, befriedigt werden. Aus dieser Motivation heraus wurden z. B. die weitgehenden territorialen Sicherheitsansprüche der Sowjetunion und anderen östlichen Nachbarn Deutschlands grundsätzlich als berechtigt von den Westmächten anerkannt.

III.

Trotzdem ist aber die erhoffte Befriedung ausgeblieben. Die Politik, die man während des Krieges und unmittelbar nach demselben getrieben hat, hat Schiffbruch gelitten. Man hatte nicht gesehen, daß die entscheidenden politischen Strukturprinzipien des 20. Jahrhunderts nicht mehr dieselben sind wie die des 19. Jahrhunderts. Der Einbruch der sog. weltanschaulichen Bewegungen, des Kommunismus auf der einen Seite, des Nationalsozialismus und des Faschismus auf der anderen Seite hatte die Situation grundsätzlich verändert und das Zeitalter des Nationalstaates, das in verschiedenen Formen den letzten Jahrhunderten sein Gepräge gab — zum mindesten in Europa und Amerika —, zutiefst erschüttert. Diese Erschütterung besagt natürlich nicht, daß das Nationalgefühl, das Nationalbewußtsein und die anderen konstitutiven Vorgänge, die ein Volk zur Nation erweitern, auch heute noch wichtige politische Faktoren sind und sogar zu solchen erster Ordnung werden können, (z. B. wenn eine Nation durch eine andere längere Zeit hindurch gewaltsam unterdrückt wird) und daß der Appell an die nationalen Instinkte eines Volkes zu den wichtigsten Instrumenten der modernen Massenpropaganda gehört.

Aber dies ändert nichts entscheidend an dem Sachverhalt, daß in der gegenwärtigen Situation die Kräfte, die den modernen Nationalstaat geschaffen haben, nicht mehr eine wirklich politisch schöpferische Kraft wie in den vergangenen Jahrhunderten besitzen, und daß heute bei einem Konflikt zwischen nationaler Loyalität und ideologischer Bindung die sich aus der Zugehörigkeit zu einer bestimmten Nation ergebenden Pflichten nicht mehr wie im Zeitalter des Nationalstaates den selbstverständlichen Primat vor den Bindungen haben, die sich aus dem Glauben an eine gemeinsame weltanschaulich bestimmte Ueberzeugung ergeben. Den seit dem Einbruch der revolutionären Ideologien unser Zeitalter bestimmenden Fragen ist gemeinsam, daß sie die religiöse Krise der Gegenwart widerspiegeln und vom Ideologischen her das Nationale transzendieren. Sie berühren in erster Linie die Frage der Stellung des Menschen in der Gemeinschaft und weiter das Verhältnis und die Rangordnung der politischen Werte zu den anderen Werten und Ordnungen des Lebens. Auf der einen Seite haben wir es mit einer politischen Ordnung zu tun, in der das die Polis beherrschende quasi-religiöse Gesetz dem Menschen nicht nur seinen Charakter als Individuum (im liberalen Sinn), sondern auch als Person (im christlichen Sinn) nimmt, die Freiheit aufhebt, die eigenständigen Institutionen wie z. B. die Kirche und die Universitäten ihrer Autonomie beraubt, die organisch gewachsenen Gemeinschaften innerhalb des Staates nicht anerkennt und die absoluten Werte unter das Gesetz des Politischen stellt, auf der anderen Seite sehen wir eine politische Ordnung, die alle diese Fragen dem Prinzip nach diametral entgegengesetzt beantwortet! Äußerlich tritt der ganze Fragenkomplex in der politischen Sphäre in der Alternative Totaler Staat-Freie Gesellschaftsordnung in Erscheinung, die deshalb eine so furchtbare Alternative ist, weil sie keinen schöpferisch-konstruktiven Kompromiß zwischen diesen Ordnungen (selbst nicht in Gestalt eines freiheitlichen Sozialismus) zuläßt und somit auch nicht Raum für eine Brücke läßt, die (gleichgültig ob über Deutschland oder Europa) von der einen Ordnung zu der anderen hinüberführt.

Dieser Sachverhalt erklärt auch, warum der letzte Krieg nicht als die einfache Fortsetzung des ersten Weltkrieges betrachtet werden kann, wie so oft — in Verkennung des wirklichen Sachverhaltes — während der Kriegsjahre (selbst von einem so hervorragenden Staatsmann wie General Smuts) behauptet worden ist. Dieser zweite ‚dreißigjährige‘ Krieg ist in Wirklichkeit durch eine tiefgehende Cäsur innerlich von dem ersten Weltkrieg getrennt. Während der erste Weltkrieg seinem Ursprung und seiner Anlage nach noch ganz der abendländischen Geschichte angehörte und ein im traditionellen Sinne nationaler Konflikt war, in dem die nationalen Belange sich gegenüber den bestehenden ideologischen Querverbindungen durchzusetzen vermochten — die Bewilligung der Kriegskredite durch die sozialistischen Parteien im ersten Weltkrieg machte dies vollkommen deutlich —, kann das gleiche von dem letzten Krieg nicht behauptet werden. Dieser Konflikt war ein primär ideologischer Krieg, der — auch von Hitler, Mussolini und Stalin — trotz rücksichtsloser Appells an die nationalen Instinkte häufig als ein Krieg der Ideologien oder gar als ein internationaler Krieg (oder gar als eine Art Kreuzzug) bezeichnet wurde.

Es ist richtig, daß im Gefolge der langen Zeitdauer des Krieges und der hiermit zwangsläufig verbundenen Verhärtung der Menschen dem primär ideologischen Charakter des Krieges in zunehmendem Maße von allen Regierungen weniger und weniger Rechnung getragen wurde. Das gilt besonders auch von den Westmächten. Während die Kriegserklärung Chamberlains vom 3. September 1939 noch deutlich den ideologischen Charakter des 2. Weltkrieges unterstrichen hatte, zeigte die Konferenz von Casablanca vom Januar 1943, auf der die Formel von der sog. unconditional surrender Deutschlands auf Veranlassung des damaligen amerikanischen Präsidenten Roosevelt geprägt wurde, bereits mit aller Deutlichkeit, daß die politische Führung der Westmächte entschlossen war, den Krieg auf primär nationaler und nicht ideologischer Grundlage zu führen. Seit Casablanca war die „unconditional surrender policy" die unverrückbare Grundlage der Politik der Westmächte gegenüber Deutschland, an der man auch der Sowjetunion gegenüber zu einer Zeit festhielt, als diese noch im ideologischen Sinne mit aller Deutlichkeit zwischen dem deutschen Volk einerseits und den Nationalsozialisten und Hitler andererseits unterschied. Es kann nicht wundernehmen, daß von dieser grundsätzlichen Einstellung aus der Krieg als ein im primären Sinn nationaler und nicht ideologischer Konflikt beendet wurde und die Westmächte nach Deutschland (man denke etwa an den non-fraternisation Erlaß des Feldmarschalls Montgomery) nicht als Befreier, sondern als Eroberer und Sieger kamen.

Die Tatsache, daß man einen primär ideologischen Krieg auf primär nationaler Grundlage geführt hat, bedeutet nun aber nicht, wie man annehmen könnte und tatsächlich an höchster Stelle während des Krieges in England angenommen hat, daß der Konflikt in der Tat zu einem primär nationalen Konflikt geworden war, sondern lediglich, daß man einen primär ideologischen Krieg politisch mit Mitteln geführt hat, die seinem wahren Charakter nicht entsprachen und ihn wesensmäßig verfälschten.[5]) Diese Tatsache erklärt auch — und das ist der Grund, warum diese Dinge im vorliegenden Zusammenhang erwähnt werden müssen —, warum der Begriff der politischen Souveränität während des Krieges zur Grundlage der politischen Beziehungen zwischen den Großmächten hat werden können, obwohl der Krieg ein primär ideologischer Konflikt war. Sie erklärt es auch,

---

[5]) Auf diese Zusammenhänge habe ich bereits während des Krieges mehrfach hingewiesen: vgl. z. B. Germany between West und East in THE FORTNIGHTLY, 1942 pp. 255 seq. and Ideology in the Post-War policy of Russia and The Western Powers in THE HIBBERT JOURNAL, 1944, vol. XLII, pp. 116 seq.

warum man geglaubt hat, die künftige zwischenstaatliche Ordnung auf dieses national-staatliche Prinzip aufbauen zu können.

Die Ereignisse seit dem letzten Krieg haben denen recht gegeben, die schon seit langem mit guten Gründen behauptet haben, daß wir in einem primär ideologischen Zeitalter leben, das in fortschreitendem Ausmaß das des Nationalstaates ablöst. Sie haben unter Beweis gestellt, daß die tiefgehenden geschichtlichen Wandlungen, die sich vor unseren Augen vollzogen haben, sich nicht durch willkürlich-menschliches Handeln irgendwie entscheidend bestimmen lassen und daß die geschichtsbildenden Mächte stärker als die Menschen sind, die glauben, diese irgendwie maßgebend beeinflussen zu können.

Sie werden — wenn nicht alle Zeichen trügen — auch durch eine allgemeine psychologische Haltung bestätigt, nach der man bereit ist, sich gegebenenfalls mit der Aufgabe der nationalen Selbständigkeit abzufinden, um die Welt vor den selbstmörderischen Konsequenzen eines dritten Weltkonfliktes zu bewahren, vorausgesetzt, daß mit dieser Aufgabe der nationalen Unabhängigkeit die Staaten nicht gleichzeitig auch gezwungen werden, ein ihnen fremdes ideologisches System anzunehmen. Die Völker würden — so scheint es — auch heute noch eher bereit sein, das Risiko eines neuen furchtbaren Krieges auf sich zu nehmen, als die Grundlagen ihrer eigenen politischen Existenz aufzugeben und ihren „way of life“ zwangsmäßig einer grundsätzlichen Revision zu unterziehen.

IV.

Unser Anliegen im vorliegenden Zusammenhang besteht noch darin, einzelne der Konsequenzen aufzuzeigen, die sich aus dem Gesagten für die Entwicklung des Völkerrechts ergeben.

Wenn es richtig ist, daß wir heute in einer Zeitenwende leben, in der das Nationale durch das Ideologische entscheidend überlagert wird, und weiter, daß die gegenwärtige völkerrechtliche Organisation auf dem nationalstaatlichen Prinzip der Souveränität der Großmächte beruht, so wird noch klarer, warum die Organisation der Vereinten Nationen heute so weitgehend aufgehört hat, die ihr zugedachten politischen Funktionen zu erfüllen. Die Ursache dieser Funktionsunfähigkeit geht nicht so sehr auf die Tatsache zurück, daß die Großmächte durch das neue völkerrechtliche Verfassungsinstrument in ihrer Souveränität bestätigt worden sind — diese Schwäche der gegenwärtigen völkerrechtlichen Organisation teilt diese mit früheren Organisationen und ist dem traditionellen Völkerrecht als zwischenstaatlichem Recht überhaupt eigen —, als vielmehr darauf, daß infolge der ideologischen Aufgespaltenheit der Welt heute die sog. Völkerrechtsgemeinschaft ihre innere Homogenität verloren hat, deren Existenz die Voraussetzung des relativen Funktionierens dieser Gemeinschaft in den letzten Jahrhunderten gewesen ist. Ohne ein Minimum gewisser gemeinsamer Grundüberzeugungen über die Art und Weise des Zusammenlebens einer Gemeinschaft kann es aber echte Gemeinschaft nicht geben. Entfällt dieses Minimum weltanschaulicher Homogenität, so hört die Gemeinschaft auf real existent und damit funktionsfähig zu sein.

Diese disintegrierenden Tendenzen in der neuen völkerrechtlichen Organisation werden dort besonders deutlich, wo die Großmächte von ihrem Vetorecht nicht Gebrauch machen können, wie z. B. bei der Allgemeinen Versammlung, dem Wirtschafts- und Sozialrat oder dem Treuhandschaftsrat. Das Mehrheitsprinzip kann hier nicht mehr die ihm an sich eigene integrierende Funktion erfüllen. In der überwiegenden Regel formen dieselben Staatengruppen die Mehrheit resp. Minderheit, ohne daß das Rotationsprinzip die Schärfen des Mehrheitsprinzipes irgendwie abzumildern vermag. So kommt es, daß die im wesentlichen konstant bleibenden Minderheiten die unifizierende Funktion des Mehrheitsprinzipes nicht zu spüren bekommen und in der Anwendung dieses Prinzips nichts anderes wie den Ausdruck einer reinen Gewaltherrschaft der die Mehrheit bildenden Staatengruppe sehen.

Was aber im vorliegenden Zusammenhang noch wichtiger ist, ist die bisher nur selten hinreichend gewürdigte Tatsache, daß in einer ideologisch aufgespaltenen Welt das Souveränitätsprinzip nicht mehr die Funktionen erfüllen kann, die diesem im Zeitalter des Nationalstaates naturgemäß obliegen. In einem primär ideologischen Zeitalter ist das national-staatliche Prinzip der Souveränität nicht mehr das oberste politische Strukturprinzip. Es wird zu einem Vehikel, mit dessen Hilfe man sachfremde Zwecke, nämlich ideologische und nicht mehr nationalstaatliche Zielsetzungen verfolgt. Wenn z. B. die Sowjetunion konsequent im Sicherheitsrat der Vereinten Nationen jede Form internationaler Atomkontrolle in der Sowjetunion abgelehnt hat, so geschah dies nicht, wie dies immer wieder von ihren Vertretern mit Hartnäckigkeit betont wurde, um ihre nationale Unabhängigkeit im Atomzeitalter zu bewahren, sondern im Grunde genommen, weil hinter dem Deckmantel der Souveränität sich ideologische und durch diese Ideologie machtmäßig bestimmte Zielsetzungen verborgen haben. So erklärt es sich auch, warum man sogar gegebenenfalls bereit ist, wenn es die ideologischen Zielsetzungen erfordern, das so stark verteidigte Prinzip der Souveränität auf dem Altar der politischen Ideologie zu opfern. Es ist kein Zufall, daß die in der russischen Einflußsphäre gelegenen Staaten tatsächlich ihre Souveränität haben aufgeben müssen. Wie die Ereignisse in der Tschechoslowakei letztes Jahr von neuem bewiesen haben, sind diese Staaten heute nicht mehr in der Lage, ihre Angelegenheiten in Freiheit selbständig zu bestimmen. Gleichschaltung bedeutet in Wirklichkeit Aufhebung der Souveränität.

Im Westen liegen die Dinge insofern anders, als — trotz weitgehender Abhängigkeiten vor allem in wirtschaftlicher Hinsicht — es Gleichschaltungen im Sinne der Technik der totalen Staaten nicht gibt und auch nicht geben kann. Gewiß, auch hier drängt die Entwicklung zur allmählichen Unifizierung, aber ideologisch ist diese von dem freien Willen der sich föderativ zusammenschließenden Staaten abhängig. Dies erklärt, warum die Entwicklung eine so langsame und schwerfällige ist. Ohne den beständigen Druck von Osten her würde das Tempo dieser Entwicklung sich sogar noch wahrscheinlich weiter verringern. Es ist der Druck des Ostens, der den Westen jedenfalls zu gewissen Aktionen zwingt — man denke z. B. an den Marshall-Plan, das Brüsseler Abkommen zwischen England, Frankreich und den Benelux-Ländern, das italienisch-französische Zollabkommen — und der dafür sorgt, daß der Westen sich in zunehmendem Maße der Zwangsläufigkeit einer Entwicklung bewußt wird, an deren Ende der freiwillige Verzicht auf die staatliche Souveränität stehen muß.

Wir sehen somit, daß die Staaten sich noch im allgemeinen des traditionellen, auf das Prinzip des Nationalstaates gegründeten Prinzipes der Souveränität bedienen, aber daß in Wirklichkeit diese in zunehmendem Maße vom Ideologischen unterhöhlt und mißbraucht wird. Die tiefgreifenden Veränderungen, die sich politisch tatsächlich auf dem Gebiet der zwischenstaatlichen Beziehungen vollzogen haben, werden heute noch vom positiven Völkerrecht weitgehend ignoriert und selten registriert, so daß ein fiktives Rechtsbild entsteht, das der politischen Wirklichkeit nicht gerecht wird. Es ist aber diese politische Wirklichkeit, die den völkerrechtlichen Formen und Begriffen erst ihr Leben gibt, und deren Erfassung zu den besonderen Aufgaben einer soziologischen Jurisprudenz gehört.

V.

Dieser Widerspruch zwischen traditionellen völkerrechtlichen Formen und der das Recht materiell bestimmenden politischen Wirklichkeit kann noch an anderen Beispielen verdeutlicht werden.

Z. B. folgt aus dem Prinzip der Souveränität und aus nationalstaatlichem Denken, daß kein Staat sich in die internen Angelegenheiten eines anderen Staates einmischen darf. Das Prinzip der Nichtintervention ergibt sich aus dem Respekt vor der Souveränität anderer Staaten. Es kann, wie die Monroe Doktrin zeigt, sogar kontinental erweitert werden. Dieses Prinzip wird von der Satzung der Vereinten Nationen ausdrücklich anerkannt, dadurch, daß diese bestimmt, daß die Vereinten Nationen sich nicht mit Fragen zu befassen haben, die zu den inneren Angelegenheiten irgendeines der Mitglieder der Vereinten Nationen gehören (Art. 2 Z. 7). In Wirklichkeit kann aber dieses Prinzip der Nichtintervention in einem primär ideologischen Zeitalter nicht mehr aufrechterhalten werden. Es ist ein nicht mehr zeitgemäßes Prinzip. Die Staaten können in einem primär ideologischen Zeitalter nicht mehr an der ‚internen' verfassungsrechtlichen Struktur eines Landes desinteressiert sein. In einem solchen Zeitalter gibt es keine absoluten landesrechtlichen Reservate, auf die sich die Staaten berufen können. Die schon erwähnten Gleichschaltungen im Osten in den letzten Jahren haben zur Genüge gezeigt, wie vital die Sowjetunion an der kommunistischen Ausrichtung der im Bereich ihrer Einfluß- und Machtsphäre liegenden Staaten interessiert ist. Auch der Westen kann, solange er nicht bereit ist, auf die Basis seiner Existenz zu verzichten, nicht ein totales Regierungssystem innerhalb seines Bereiches auf die Dauer akzeptieren.

In diesem Zusammenhang ist es interessant zu bemerken, daß selbst die Satzung der Vereinten Nationen in der angeführten Bestimmung diesen Sachverhalt nicht völlig ignorieren kann. Denn charakteristischerweise ist dort von den Angelegenheiten die Rede, die „essentially within the domestic jurisdiction" der Staaten liegen und in die die Vereinten Nationen sich nicht einmischen dürfen. Aber was ist eine ‚essentially domestic affair'? Diese Formulierung läßt Tor und Tür offen für eine Interpretation, die den veränderten Zeitverhältnissen gerecht wird. So wie der Osten es für sich in Anspruch nimmt, die Frage der Existenz oder Nicht-Existenz eines kommunistischen Verfassungssytems als eine nicht ‚essentially domestic affair' zu betrachten, so wenig wird sich der Westen damit abfinden können, daß ein Staat etwa dem einzelnen Menschen das Recht auf Existenz und auf den Genuß eines gewissen Minimums von Freiheitsrechten aberkennt, eben weil solche Maßnahmen nicht mehr zur ausschließlichen Reservatsphäre der Einzelstaaten gehören. So ist es möglich, daß schon im Rahmen der bestehenden Organisation der Vereinten Nationen ideologischen Gesichtspunkten Gewicht bei der Interpretation des positiven Völkerrechts gegeben wird. Tatsächlich ist in einem primär ideologischen Zeitalter die Intervention nicht mehr verboten. Sie ist legitim und berechtigt zur Kontrolle der internen Landesangelegenheiten insoweit, als die einzelnen Staaten sich nicht in Widerspruch zu den fundamentalen Prinzipien der jeweils herrschenden Ideologie setzen dürfen.[6])

Von dieser grundsätzlichen Einstellung verstehen wir auch erst, warum man von einem unechten Nationalismus sprechen kann. Von

---

[6]) Cf. Tomberg, Grundlagen des Völkerrechts als Menschheitsrecht, 1947, pp. 187 seq. — Die Zulässigkeit der Intervention bedeutet nicht, daß damit das einzelne Individuum zu einem völkerrechtlichen Rechtssubjekt geworden ist: über den Stand der derzeitigen Rechtslage berichtet zutreffend K. J. Partsch, Internationale Menschenrechte i. Archiv f. öff. Recht, N. F. 74. pp. 158—190.

einem solchen haben wir nämlich dann zu sprechen, wenn — wie dies z. B. in allen totalen Staaten der Fall ist — an die lebendigen und berechtigten nationalen Instinkte eines Volkes appelliert wird, um diese zu ideologischen Zwecken zu mißbrauchen und so das Volk zu „verführen". Während man im Zeitalter des Nationalstaates ideologische Zielsetzungen mißbraucht hat, um mit ihrer Hilfe einen nationalistischen Imperialismus zu tarnen, werden im 20. Jahrhundert in Uebereinstimmung mit dem Wandel der strukturellen Grundlagen unseres Zeitalters nationale Zielsetzungen verwandt, um eine ideologische Expansion und Machtausweitung möglich zu machen. [7])

Der revolutionäre Einbruch des Ideologischen in das moderne Völkerrecht traditioneller Prägung zeigt sich in seiner transformierenden Kraft bei einer Reihe von Problemen, die näherer Behandlung bedürfen und von denen einzelne wenige hier noch thematisch angedeutet werden sollen. Z. B. ist es möglich, den Begriff des Landesverrats in einem primär ideologischen Zeitalter noch in der gleichen Weise zu bestimmen wie im Zeitalter des Nationalstaates, der diesen Begriff geprägt hat, oder ist der Begriff des Landesverrats durch einen anderen Begriff zu ersetzen, der dem Wandel der Zeiten gerecht wird und damit zugleich auch das Problem der „5th column", das es in seiner heutigen Form im Zeitalter des Nationalstaates noch nicht gab, in den Bereich der Betrachtung einbezieht. Wie kann insbesondere dem Rechnung getragen werden, daß der Feind im nationalen Sinn möglicherweise von Millionen als Befreier und Freund begrüßt werden kann, während gleichzeitig der eigene Volksgenosse (möglicherweise auch in millionenfacher Anzahl) als Feind (im ideologischen Sinn) betrachtet werden kann. — Oder man denke an die übliche völkerrechtliche Behandlung des Staatsangehörigkeitsrechtes und des staatenlosen refugees, der sich weigert, in seine Heimat zurückzukehren, weil diese vom Feind (im ideologischen Sinne) besetzt ist und nicht mehr als die wirkliche Heimat empfunden wird und werden kann. Befinden wir uns nicht mitten in einer Entwicklung, die uns von dem heutigen, völkerrechtlich relevanten, formalen Staatsangehörigkeitsrecht fort zu einem neuen, entscheidend durch ideologische Merkmale bestimmten Staatsangehörigkeitsrecht führen

[7]) Max Graf zu Solms, Kritik der Nationalismen, 1947 p. 21 seq.

wird.[8]) Daß eine grundsätzliche Neubestimmung aller mit dem gegenwärtigen Zeitgeschehen verbundenen Fragen auch das traditionelle Neutralitätsrecht erfassen muß, braucht hier nur am Rande angemerkt zu werden.

Wir sind bisher, wenn wir von einem primär ideologischen Zeitalter gesprochen haben, das das klassische Zeitalter des Nationalstaates zu verdrängen im Begriffe ist, immer von der Voraussetzung ausgegangen, daß zwei verschiedene und miteinander nicht zu vereinbarende Ideologien oder Weltanschauungen sich feindlich gegenüberstehen. Tatsächlich ist die Situation heute noch dadurch mehr kompliziert, daß die Welt im Grunde genommen gar keinen Raum für zwei sich unversöhnlich einander gegenüberstehende Ideologien hat. Denn die Welt ist heute bereits auf vielen Gebieten, wenn wir etwa an die wirtschaftliche Abhängigkeit Europas und Asiens von Amerika, die Entwicklung der Naturwissenschaften, der Technik, insbesondere der Kriegstechnik, des Nachrichtenwesens, des Verkehrswesens denken, tatsächlich eine Welt geworden. Immer weitere Lebensgebiete sind aus ihrer früheren nationalen und historischen Besonderheit und Zersplitterung gelöst und auf einheitlicher Grundlage kontinental oder gar global zusammengefaßt worden. Charakteristisch für diese allgemeine Entwicklung ist, daß diese sich unabhängig vom Willen des Menschen, ja man kann fast sagen gegen seinen Willen vollzogen hat. Es ist bemerkenswert zu sehen, daß dort, wo der Mensch die Möglichkeit gehabt hat, bewußt planend und schöpferisch in das Schicksal einzugreifen — nämlich in der politischen Sphäre —, er die Zeichen der Zeit nicht begriffen hat. Die Existenz einer Vielheit von nationalen Gebilden, die in einer ideologisch zerrissenen Welt noch heute zusätzlich die Welt aufspaltet, spricht eine beredte Sprache. Wenn nicht die Reste unserer Zivilisation in einem neuen Konflikt endgültig zu Grabe getragen werden sollen, muß die Welt sich unifizieren. Eine solche Unifizierung setzt die Aufgabe der staatlichen Souveränität voraus, die — vom natio-

[8]) Die grundsätzlich veränderte Stellung des refugees im letzten Weltkrieg habe ich unter besonderer Berücksichtigung der in England gemachten Erfahrungen in einem Aufsatz zu behandeln versucht, der demnächst im Archiv des Völkerrechts erscheinen wird.

nalen Aspekt her gesehen — an sich heute im Bereich des politisch Möglichen liegen würde, wenn nicht zugleich die Welt ideologisch so tief gespalten und zerrissen wäre. Erst muß diese Zerrissenheit und Spaltung überwunden werden. Erst wenn dies der Fall ist und die Welt „ideologisch“ wieder eine Einheit geworden ist, ist auch eine Unifizierung im Bereich des Organisatorischen in der zwischenstaatlichen Sphäre möglich. Dieses künftige Völkerrecht wird infolge der Eliminierung der staatlichen Souveränität eine von dem traditionellen Völkerrecht der letzten Jahrhunderte sehr verschiedene Form annehmen.

Abgeschlossen im September 1948.

Wirtschaftsverfassung als Rechtsproblem*

Von

LUDWIG RAISER

I.

Die neuen Verfassungen, die sich die Volksvertretungen der deutschen Länder der amerikanischen, französischen und russischen Besatzungszonen in den letzten Jahren gegeben haben, entwickeln mit einiger Ausführlichkeit die Grundsätze, nach denen das Wirtschaftsleben geordnet werden soll. In der Tat gehört die Frage nach der rechten Wirtschaftsordnung, nach dem Verhältnis von Staat und Wirtschaft, die Entscheidung zwischen Privat- und Gemeineigentum, zwischen freier und geplanter Wirtschaft zu den Problemen, von denen eine moderne Verfassung nicht schweigen darf. Aber die Antworten, die die Länderverfassungen darauf geben, sind wenig einheitlich, vielfach unklar und jedenfalls nicht auf ein radikales Entweder-Oder, sondern auf ein vorsichtiges Sowohl-als-auch gestimmt. Das Privateigentum wird, in den durch die Gesetzgebung gezogenen Schranken, in West und Ost ausdrücklich gewährleistet, zugleich aber wird überall der Bodenreform Raum gegeben und die Ueberführung wirtschaftlicher Unternehmungen in Gemeineigentum teils, wie im Osten, als vollzogen vorausgesetzt, teils, wie in Hessen, durch die Verfassung selbst vollzogen, in allen übrigen Verfassungen mindestens zugelassen und unter bestimmten Voraussetzungen angeordnet. Die Absicht ist also durchweg die, der komplexen Natur dieses brennenden Zeitproblems durch stark differenzierende Lösungsversuche Rechnung zu tragen. Das gilt erst recht für die Entscheidung zwischen freier und geplanter Wirtschaft. Das Be-

---

*) Rede zur Uebernahme des Rektorats der Georg-August-Universität zu Göttingen am 5. Mai 1948. Die Form der Rede ist beibehalten. Infolge der langsamen Drucklegung konnte die Entwicklung der letzten Monate nicht mehr berücksichtigt werden.

kenntnis zur Handels- und Gewerbefreiheit findet sich selbst in den Verfassungen der Ostzone, aber sie verbinden es mit der Verpflichtung des Staates, die Wirtschaft planvoll zu lenken. Auch in Bremen und Hessen besteht eine solche Verpflichtung, während die übrigen westdeutschen Verfassungen sich damit begnügen, den Staat zu Lenkungs- und Bewirtschaftungsmaßnahmen zu ermächtigen, in Südbaden allerdings nur zeitlich begrenzt zur Beseitigung von Notständen. [1]) Im einzelnen lassen sich bei sorgsamer Analyse vielfältige Schattierungen der Lösungsversuche feststellen, und es muß weiterer rechtsdogmatischer Arbeit überlassen bleiben, den Sinngehalt dieser Verfassungssätze voll zu entfalten. Ihr Kompromißcharakter ist doch nirgends zu leugnen. Er wird noch deutlicher, wenn man den Abschnitt über das Wirtschaftsleben in der Weimarer Reichsverfassung von 1919 (Art. 151 ff.) zum Vergleich heranzieht. Die alten Formulierungen sind weithin teils wörtlich, teils sinngemäß übernommen, und wenn sich die Konturen da und dort verschärft haben, etwa hinsichtlich der Voraussetzungen für die Sozialisierung der Unternehmungen oder für die Wirtschaftslenkung, so kann jedenfalls von entschlossener Abkehr vom Weimarer Vorbild und ganz neuer Fundierung dieses Verfassungsstücks nirgends die Rede sein. Von den noch immer ausstehenden Verfassungen der Länder der britischen Zone und Berlins ist schwerlich etwas anderes zu erwarten. Das Bonner Grundgesetz der Bundesrepublik Deutschland endlich hat auf eine Festlegung der Wirtschaftsverfassung bewußt verzichtet. Es gewährleistet in Art. 14 die Institution des Privateigentums und läßt gleichzeitig in Art. 15 die Ueberführung von Grund und Boden, Naturschätzen und Produktionsmitteln in Gemeineigentum durch Gesetz zu, ohne im übrigen die Voraussetzungen solcher Sozialisierungsmaßnahmen näher zu bestimmen.[1a])

---

[1]) Im einzelnen sei hier kurzerhand auf den Text der Verfassungen verwiesen. Sehr kritisch wird das Material gesichtet und gewertet in der Schrift von Adolf Schüle, Verfassung und Wirtschaft, 1948. Vgl. dazu auch den Aufsatz von Gert. v. Eynern, Die Wirtschaft in der Verfassung, im „Sozialistischen Jahrhundert", 1948, 195.

[1a]) Die Verfassung der ostzonalen „Deutschen Demokratischen Republik" vom 7. X. 1949 legt demgegenüber die Wirtschaftsordnung in Art. 19 ff eindeutig auf Planwirtschaft und weitgehende Sozialisierung fest.

Es wird Aufgabe der Politiker sein, dem Volk dieses Ergebnis verständlich zu machen. [2]) Dem wissenschaftlichen Nachdenken drängt sich die Frage auf, ob und in welchem Sinn die Wirtschaftsordnung überhaupt Gegenstand rechtlicher Regelung sein kann, was also mit Bestimmungen der besprochenen Art gegenüber dem Lebensbereich der Wirtschaft ausgerichtet ist und welche Grenzen hiernach dem Verfassungsgesetzgeber auf diesem Gebiet gezogen sind.

II.

Die Wirtschaftswissenschaft, die immer neu um die Klärung ihres Gegenstandes und ihrer Methode ringt, hat eben darum auch häufiger als die Rechtswissenschaft Anlaß gehabt, das Verhältnis von Wirtschaft und Recht zu erörtern. Voraussetzung dafür, daß das Verhältnis überhaupt problematisch werden kann, ist freilich, daß Wirtschaft und Recht beide als geschichtliche Phänomene gesehen und behandelt werden. Für die reine Wirtschaftstheorie, die mit Hilfe konstruierter Modelle den funktionellen Zusammenhängen zwischen gegebenen Wirtschaftsfaktoren nachspürt und daraus Gesetzmäßigkeiten im Wirtschaftsablauf herleitet, sind die Eigentümlichkeiten der Rechtsordnung nur Voraussetzung, nicht Objekt der Untersuchung. Sie werden wie andere natürliche oder geschichtliche Gegebenheiten in mehr oder weniger getreuer Nachbildung der Wirklichkeit in die Datenkonstellation des Modells eingefügt. Notwendigkeit und Fruchtbarkeit der reinen Wirtschaftstheorie stehen ganz außer Frage, wenn nur Einverständnis über ihre Einseitigkeit und Begrenztheit besteht. Nichts anderes als eine Verkennung dieser Grenzen scheint mir vorzuliegen, wenn seit Böhm-Bawerk immer

---

[2]) Der Vorschlag Gerhard W e i ß e r s (Manifest oder Grundgesetz, 1947), die Verfassung von bloß programmatischen Sätzen ohne rechtliche Substanz zu entlasten und dafür durch ein die politische Gesamtkonzeption erläuterndes Manifest zu ergänzen, hat gerade auf dem Gebiete der Wirtschaftsverfassung viel für sich. Kritisch dazu v. E y n e r n a. a. O. S. 197.

wieder einmal darum gestritten wird, ob ökonomische Gesetze oder politische Machtverhältnisse den Wirtschaftsablauf beherrschen.[3]) Das ist ein Scheinproblem, denn ökonomische Gesetze gibt es nur innerhalb der reinen Theorie, für die alle historischen Fakten, also auch alle Machtlagen, nur unableitbare Daten sind.

Wer über das Verhältnis von Wirtschaft und Recht etwas aussagen will, muß also zunächst einmal beide Seinsbereiche auf die gleiche kategoriale Ebene rücken. Dieser Forderung ist Rudolf Stammler in seinem als Widerlegung der materialistischen Geschichtsauffassung gedachten Werk über „Wirtschaft und Recht" nachgekommen. [4]) Aber das soziale Leben, das er als die gemeinsame Grundlage beider Bereiche begreift, beschäftigt ihn in neukantianischer Reduktion des Phänomens nur in Bezug auf seine formalen Gesetzmäßigkeiten. Das auf Befriedigung menschlicher Bedürfnisse gerichtete wirtschaftliche Handeln stellt in seiner Sprache die „Materie" des sozialen Lebens, das Recht dagegen stellt die „Form" dar, die den Begriff des sozialen Lebens allererst konstituiert. Der Ansatz des Stammlerschen Denkens ist uns heute so fremd geworden, daß eine fruchtbare Auseinandersetzung mit seinen Ergebnissen kaum möglich ist. Es scheint uns über den Zusammenhang von Wirtschaft und Recht nichts Wesentliches ausgesagt zu sein, wenn wir erfahren, dieses sei die Form, jene der Inhalt des sozialen Lebens. Wenn nun die von Karl Diehl vertretene „sozialrechtliche Richtung" [5]) glaubt, Stammlers erkenntniskritische Intention aufgeben, gleichwohl aber an seinen Ergebnissen festhalten zu können, so wird das Problem um seine eigentliche Tiefe gebracht. Denn damit bleibt für jenen Zusammenhang eine rein kausal-mechanische Erklärung übrig,

---

[3]) Böhm-Bawerk, Macht oder ökonomisches Gesetz, Ges. Schriften 1924, S. 230 ff. Skeptisch zu dieser Antithese auch Walter Eucken, Die Grundlagen der Nationalökonomie, 5. Aufl. 1947 S. 413 Anm. 59 (daselbst weitere Literatur).

[4]) Rudolf Stammler, Wirtschaft und Recht nach der materialistischen Geschichtsauffassung, 5. Aufl. 1928. Die berühmt gewordene, außerordentlich scharfe Kritik Max Webers an dem Stammlerschen Buch (Ges. Aufsätze zur Wissenschaftslehre, 1922 S. 291 ff.) braucht uns hier nicht zu beschäftigen.

[5]) Karl Diehl, Die sozialrechtliche Richtung in der Nationalökonomie, 1941.

und es läuft auf einen mit empirischen Mitteln zu führenden Streit darüber hinaus, ob der durch die Rechtsordnung dem sozialen Leben gezogene Rahmen wirklich unter den Bestimmungsgründen wirtschaftlichen Handelns den ersten Platz einnimmt.

Was Diehl methodisch unsicher postuliert, ist bei Max Weber in strenger Konsequenz zu Ende gedacht und zugleich an einer unerhörten Fülle historischen Materials in glänzenden soziologischen Analysen demonstriert. [6]) Hier sind Wirtschaft und Recht klar auf dieselbe Ebene der historisch-soziologischen Wirklichkeit gebracht. Webers Anliegen ist es, die faktischen Bestimmungsgründe menschlichen Gemeinschaftshandelns zu erfassen und in einem wissenschaftlichen Gesamtsystem einsichtig zu machen. Alle Rechtsordnung interessiert ihn nicht in bezug auf ihren normativen Gehalt oder die durch sie geschützten Werte, sondern lediglich in bezug auf ihre empirische Geltung, die Chance ihrer Durchsetzung. Das Recht ist für Weber aber weder der ausschlaggebende noch überhaupt ein notwendiger Bestimmungsfaktor wirtschaftlichen Handelns. Wennschon die höchst differenzierten modernen Wirtschaftsordnungen praktisch nicht ohne staatlichen, rational berechenbaren Rechtsschutz möglich sind, so ist doch Wirtschaft vor allem Recht und außerhalb des Rechts denkbar und dient andererseits das Recht zwar weithin, aber nicht ausschließlich dem Schutz ökonomischer Interessen. Das Verhältnis von Recht und Wirtschaft deutet Weber somit als einen faktisch begrenzten gegenseitigen Wirkungszusammenhang. Institutionen von ganz verschiedenem rechtlichem Sinngehalt können im praktischen Ergebnis zum gleichen wirtschaftlichen Erfolg führen, umgekehrt können sich Mittel und Maßstäbe wirtschaftlichen Handelns und damit die praktisch geltende Wirtschaftsordnung völlig ändern, ohne daß dem eine Aenderung der rechlichen Institutionen, etwa des Privateigentums oder des schuldrechtlichen Vertrags, zu entsprechen brauchte.

Wenn die Webersche Auffassung des Verhältnisses von Recht und Wirtschaft trotz allem Reichtum der durch seine Soziologie geförderten Einsichten nicht befriedigt, so liegt das letzten Endes dar-

---

[6]) Max Weber, Wirtschaft und Gesellschaft, 1922 S. 368 ff., 383 ff.; Ges. Aufsätze zur Soziologie und Sozialpolitik, 1924 S. 471 ff. Dazu auch Diehl a. a. O. S. 130 ff.

an, daß er den Gegenstand seiner Untersuchung, die gesellschaftliche Wirklichkeit, nur als einen aus einzelnen äußeren Geschehensabläufen, aus einfachen oder komplexen Akten menschlichen Handelns zusammengesetzten Wirkungszusammenhang sieht und darüber die im Personsein des Menschen mit angelegte, nicht minder reale geistig-sittliche Welt, also den Wert- und Sinnzusammenhang aller menschlichen Kultur bewußt vernachlässigt. Diese Verengerung rächt sich namentlich gegenüber der Erscheinung des Rechtes, das von Weber nur als äußere, vorzugsweise vom Staat gesetzte und garantierte Ordnung des menschlichen Zusammenlebens behandelt wird, ohne daß die Werte mit in die Betrachtung einbezogen würden, in deren Dienst eine Zwangsordnung allein zum Recht wird. Nur einer solchen, positivistisch wertblinden Rechtsauffassung kann es so scheinen, als seien Rechtsinstitutionen, wie Eigentum oder Vertrag, indifferent gegenüber den Zwecken, zu denen sie gebraucht werden.

Die Rechtssoziologie hat sich bisher in Deutschland von dem Ansatz, aus dem sie Weber in dem mächtigen Torso seines soziologischen Hauptwerks entwickelt hat, noch kaum gelöst. Weder Eugen Ehrlichs Lehre vom Recht als einer „gesellschaftlichen Erscheinung" [7]) noch auch die mit dem Namen Karl Renners [8]) verknüpften Theorien marxistischer Sozialwissenschaftler über das Verhältnis von Recht und Wirtschaft führen entscheidend über ihn hinaus. Zwar ist Renners Gedanke, zwischen Normenbestand und sozialer und wirtschaftlicher Funktion eines Rechtsinstituts zu unterscheiden, für jede rechtssoziologische Betrachtungsweise fruchtbar, auch unabhängig von der marxistischen Grundthese einer einseitigen Determiniertheit des Rechtes wie aller Kulturerscheinungen durch die ökonomische Verfassung der Gesellschaft, die Renner mit dieser Unterscheidung zu stützen unternimmt. Indessen bleibt auch er in einer allzu äußerlichen, positivistischen Auffassung des Rechtes

---

[7]) Eugen Ehrlich, Grundlegung der Soziologie des Rechts 1913 (Neudruck 1929). Ihm geht es um die Erfassung des „lebenden Rechts" unter Vernachlässigung seines normativen Gehaltes.

[8]) Karl Renner, Die Rechtsinstitute des Privatrechts und ihre soziale Funktion, 1929. Vgl. auch Hugo Sinzheimer, Grundzüge des Arbeitsrechts, 1927, insbes. S. 9 f., 22 ff., 59 ff., 104 f., 207 ff.

befangen, wenn er sich um den Nachweis bemüht, daß selbst ein mehrfacher, tiefgreifender Funktionswandel das Rechtsinstitut und seinen Normenbestand nicht zu berühren brauche.[8a] Bis heute herrscht diese Auffassung im sozialistischen Lager und weit darüber hinaus.[9]

Zu ihrer Ueberwindung lassen sich Einsichten verwerten, die die modernen Vertreter der sogenannten historischen Schule der deutschen Volkswirtschaftslehre erarbeitet haben. Sie verstehen das Wirtschaftsleben nicht nur als einen von ökonomischen oder soziologischen Gesetzmäßigkeiten beherrschten Handlungsablauf, sondern zugleich als einen Teilbereich der von überpersonalen Ganzheiten getragenen geschichtlichen Kultur. Kennzeichnend für diese Sehweise ist die Abkehr von den älteren, der naturwissenschaftlichen Entwicklungslehre nachgebildeten Theorien über die Entwicklungsstufen der Wirtschaft und das Bemühen, statt dessen Epochen der Wirtschaftsgeschichte als historische Individualitäten von jeweils eigener geistiger Struktur zu erfassen und sie damit zugleich in den kulturellen Gesamt-Zusammenhang einzuordnen. Noch befindet sich diese Lehre von den Wirtschaftssystemen oder Wirtschaftsstilen, als deren eigentliche Begründer Werner Sombart und Arthur Spiethoff zu gelten haben,[10] in vollem Flusse; sie tritt in mancherlei sachlichen und terminologischen Varianten auf, und die gewichtige Gegnerschaft, die ihr letzthin durch Walter Eucken entstan-

---

[8a] Der im folgenden hier vertretenen Auffassung nähert sich Renner da, wo er (S. 26) vom „organischen Charakter der Rechtsordnung" als dem Funktionszusammenhang aller Rechtsinstitute spricht. Aber der Gedanke ist so wenig ausgeführt wie die Lehre vom „Normenwandel" (S. 11, 142 ff., 173 ff.).

[9] So z. B. Otto Kahn-Freund, Privatrecht in Gemeinwirtschaft im „Sozialistischen Jahrhundert", 1948, S. 73 f. — Vgl. andererseits auch Eucken a. a. O. S. 88 ff.

[10] Werner Sombart, Die Ordnung des Wirtschaftslebens, 1925; Arthur Spiethoff, Die allgemeine Volkswirtschaftslehre als geschichtliche Theorie, Schmollers Jahrbuch Bd. 56 S. 891 ff. Hierher gehören ferner Heinrich Bechtel, Der Wirtschaftsstil des Spätmittelalters, 1930, und Alfred Müller-Armack, Genealogie der Wirtschaftsstile, 1941. Eine sehr lehrreiche Gegenüberstellung der Auffassungen Sombarts, Spiethoffs und Euckens gibt Hans Moeller in Schmollers Jahrbuch Bd. 64 (1940) S. 459 ff.

den ist,[11]) zwingt zu neuer, sorgfältiger Ueberprüfung ihrer sachlichen und methodologischen Grundlagen. Aber ihr zentrales Anliegen, mit der Rede von der Wirtschaft als einem Kulturbereich im vollen Sinne eines wertbezogenen Kulturbegriffes Ernst zu machen, verdient festgehalten und fortentwickelt zu werden.

Von dieser Grundposition aus läßt sich das Verhältnis von Wirtschaft und Recht anders und fruchtbarer begreifen, als dies mit dem kausal-mechanischen Denkschema möglich war. Auch das Wesen des Rechtes erschöpft sich nicht in einem „Komplex faktischer Bestimmungsgründe realen menschlichen Handelns" (M. Weber), oder einer äußeren, durch staatliche Zwangsmittel garantierten Ordnung, die den weiten Rahmen für das soziale und wirtschaftliche Geschehen abgibt. Es ist wie die Wirtschaft Ausdruck und Teilstück der Kultur eines Volkes, hat Teil an ihren Werten, die es zu schützen und zu verwirklichen bestimmt ist, und ist mitgeprägt von dem kulturellen Gesamtstil einer Epoche. Das alles sind dem Rechtshistoriker vertraute Gedanken, wennschon der Begriff des Rechtsstils eben erst Wurzel zu schlagen beginnt[12]) und in seinen methodischen Konsequenzen auch für die Rechtsdogmatik noch kaum durchdacht ist. Geläufiger ist dem Juristen der Stilgedanke, bezogen nicht auf geschichtliche Epochen, sondern auf die nationalen Verschiedenheiten der Rechte der großen Kulturvölker: Iherings „Geist des römischen Rechts" oder Frederik Pollocks „Genius of the common Law" sind nach dem Vorbild von Montesquieu's „Esprit des lois" berühmte Versuche dieser Art. Wie dem auch sei, Wirtschaft und Recht sind Teilbereiche ein und derselben Kultur, Schöpfungen eines Geistes, Glieder einer Wertwelt, Zeugnisse eines Gesamtstiles ihres Volkes und ihrer Epoche. Ihr Verhältnis zueinander ist nicht nur das eines mechanischen Wirkungs-, sondern auch das eines wechselseitig befruchtenden Sinnzusammenhanges. Was sie unterscheidet, ist

---

[11]) Eucken a. a. O. S. 63 ff., 76 ff., 94 ff. Er verwirft aus methodologischen Gründen den Begriff der Wirtschaftsstile ebenso wie den der Wirtschaftsstufen und will nur die Kategorie der Wirtschaftsordnungen gelten lassen.

[12]) Vgl. Heinrich Mitteis, Vom Lebenswert der Rechtsgeschichte, 1947 S. 81 und jetzt vor allem Heinrich Triepel, Vom Stil des Rechts, 1948, insbes. S. 58 ff., 79 ff.

nicht durch die Antithese von Form und Inhalt, Rahmenordnung und faktischem Ablauf zu fassen, sondern sind die Zwecke, denen sie dienen, oder die obersten Werte, von denen sie beherrscht werden. Um es in einer kurzen Formel vorwegzunehmen: Zweck aller Wirtschaft ist die Befriedigung materieller Bedürfnisse bei Knappheit der gegebenen Mittel, Zweck des Rechtes die Verwirklichung von Gerechtigkeit.

Die Einheit des kulturellen Gesamtstils läßt sich denn auch von Epoche zu Epoche durchgängig in beide Bereiche hinein verfolgen. Es ist oft gezeigt worden, daß der wirtschaftliche Liberalismus in seinen geistigen Ursprüngen auf einem deistischen Glauben an die Harmonie des Alls und die Vernünftigkeit der in ihm angelegten Ordnung beruhte, eine Vernünftigkeit, an der der Mensch als Glied des Kosmos vollen Anteil hat und die seine ökonomische und soziale Freiheit ermöglicht und fordert. Eben dieser Geist der Vernünftigkeit, der Freiheit und der jener Harmonie entsprechenden strengen Gesetzlichkeit durchwaltet auch die frühliberalen Verfassungsgesetze und die großen Privatrechtskodifikationen des europäischen Festlandes an der Wende vom 18. zum 19. Jahrhundert. Naturalismus und Positivismus des späteren 19. Jahrhunderts verloren den ursprünglichen Sinn jener Freiheit aus den Augen; der tüchtige, aber blinde und ungezügelte Wille zur Selbstbehauptung im Kampf ums Dasein war die treibende Kraft der kapitalistischen Wirtschaftsweise. Wir begegnen ihr in der Rechtswelt in der zentralen Stellung, die das subjektive Recht und die Willenserklärung in der Privatrechtsdogmatik dieser Epoche einnehmen. Fast greifbar verdichtet hat sich dieser Geist in dem schmalen Band, der über alle nationalen Grenzen hinweg rund um den Erdball zur bekanntesten Arbeit aus der Feder eines Juristen geworden sein dürfte: der 1872 erschienenen Schrift Rudolf v. Iherings über den „Kampf ums Recht".

Die Einheit des Gesamtstiles schließt im übrigen gerade in Uebergangszeiten die Möglichkeit von Divergenzen und Spannungen zwischen verschiedenen stilbildenden Prinzipien nicht aus. Als besonders markantes Beispiel solcher Spannungen sei an den Kampf Roosevelts mit dem Supreme Court, dem obersten Verfassungsgericht der USA., um die Einführung des sogen. New Deal in den dreißiger

Jahren erinnert, wo die Ansätze zu einer Befehlswirtschaft mit den starren Grundsätzen einer streng liberalen und föderalen Staatsverfassung in Konflikt gerieten.[13]) Welche praktischen Schwierigkeiten aus solchen Stilverschiedenheiten erwachsen können, erleben wir in Deutschland seit 1945 am Beispiel zahlreicher, für uns stilfremder Gesetze und Maßnahmen der Besatzungsmächte, am deutlichsten und schmerzhaftesten an den Dekartellisierungsgesetzen, von denen nur dringend zu hoffen ist, daß uns bald ermöglicht wird, sie in unser eigenes Wirtschafts- und Rechtssystem sinngemäß zu übertragen.

III.

Wirtschaft ist, wie wir sahen, kein regelloses Neben- und Ineinander einzelner Akte und Geschehensabläufe, sondern gestaltetes, sinnhaft strukturiertes Gefüge, in dem unbeschadet seiner historischen Individualität gewisse tragende Struktur- oder Stilelemente erkennbar sind. Diese Elemente in ihrem gegenseitigen Verhältnis herausarbeiten heißt das in der wirtschaftlichen Wirklichkeit enthaltene materiale System sichtbar machen. [14]) Allerdings bedeutet auch das Denken in materialen Wirtschaftssystemen eine Vereinfachung gegenüber der geschichtlichen Wirklichkeit. Denn alle historische Erfahrung und Beobachtung lehrt uns, daß innerhalb einer Volkswirtschaft gleichzeitig die Elemente und geistig-sittlichen Antriebskräfte mehrerer Systeme wirksam sein können, sei es weil sich Altes und Neues im geschichtlichen Ablauf nicht glatt ablöst, sondern überlagert und in vielfältigen Zwischenformen ineinander verschränkt, sei es weil für verschiedene Bereiche des Wirtschaftslebens eines Volkes verschiedene Wirtschaftsweisen gelten und nebeneinander bestehen. Erst die

[13]) Vgl. dazu Mackenroth, Wirtschaftspolitik als Verfassungsproblem, Zeitschr. f. d. ges. Staatswissenschaft, Bd. 99 (1939) S. 64 ff.

[14]) Vgl. dazu vor allem Georg Weipperts Auseinandersetzung mit Euckens Grundlagen der Nationalökonomie in Zeitschr. f. d. ges. Staatswissenschaft, Bd. 102 (1942) S. 1 ff. u. 271 ff., bes. S. 303 ff.; ferner Hans Ritschl, Theoretische Volkswirtschaftslehre, Bd. I 1947 S. 114 ff., 122 ff.

derart vielfältig strukturierte individuelle Gestalt einer Volkswirtschaft bezeichnen wir dann als ihre konkrete Wirtschaftsordnung.[15])

Innerhalb jedes Wirtschaftssystems stellt nun das zugehörige Rechtssystem ein wesentliches Strukturelement dar, wie umgekehrt Rechtssätze und rechtliche Institutionen ihren vollen, soziologischen und dogmatischen Sinn erst im Zusammenhang mit dem Wirtschaftssystem erfahren, in das sie eingebettet sind. Die Funktion und Wirkungsweise dieses rechtlichen Strukturelements eines Wirtschaftssystems gilt es im folgenden zu erfassen.

Träger aller Kultur, also auch der Wirtschaft und des Rechtes, ist der Mensch, als geistig-sittlich-leibliche Einheit, wie als Glied größerer überpersonaler Gemeinschaften, der Familie oder des Volkes. Zwar spielen die Gegebenheiten und Kräfte der umgebenden Natur in der Bildung jeder Wirtschaftsordnung eine wesentliche Rolle, aber die letztlich treibenden, gestaltenden Faktoren sind Geist und Wille, Gesinnung und Haltung des Menschen. Es ist daher bedenklich, mit Eucken zwischen gewachsenen und gesetzten Wirtschaftsordnungen unterscheiden zu wollen. [16]) Dabei werden Erinnerungen an vergangene Geschichtsphilosophien des Materialismus oder der Romantik geweckt. Kultur ist immer das Ergebnis menschlicher Gestaltung aus Freiheit. Wohl aber gibt es Grade der Bewußtheit solcher Gestaltung und Grade der Fähigkeit, ein Wirtschaftssystem als Ganzes zu konzipieren und planmäßig zu verwirklichen, einer Fähigkeit, die sich im übrigen ebensowohl die freie Marktwirtschaft wie die zentral gelenkte Wirtschaft zum Leitbild wählen kann. Dem Drang des modernen Menschen nach verstandesmäßiger Durchdringung der ihn umgebenden Welt entspricht die von Max Weber so eindrucksvoll geschilderte zunehmende Rationalisierung der Rechtsbildung und des Wirtschaftsablaufs. Andererseits ist uns Heutigen der zuversichtliche Glaube an die Macht der Vernunft zerbrochen und bedrückend deutlich geworden, daß mit wachsender Einsicht in die

---

[15]) Der wissenschaftliche Sprachgebrauch schwankt. Wie hier z. B. Ritschl a. a. O. S. 117 ff. Anders Euckens Begriff der Wirtschaftsordnung (a. a. O. S. 82), der aber, wie Weippert (a. a. O. S.) zeigt, logisch den Charakter eines Modells, nicht der geschichtlich individuellen Gestalt trägt.

[16]) Eucken a. a. O. S. 84 ff.

Gestaltungsmöglichkeit die Gestaltungskraft nicht zunimmt, sondern eher abnimmt. Statt von gewachsenen und gesetzten sollte man also wohl besser von traditional übernommenen und vermöge bewußter politischer Entscheidung geformten Wirtschaftsordnungen sprechen. Ein solches, klar konzipiertes System mag man dann mit Eucken [17]) als Wirtschaftsverfassung bezeichnen. Man muß dabei aber die jedem Juristen geläufige Erscheinung im Auge behalten, daß die konzipierte, gewollte, vielleicht sogar in Staatsgrundgesetzen festgelegte Verfassung nicht mit der „lebenden Verfassung" übereinstimmt, die geschichtlich im Widerspiel der Kräfte Geltung erlangt.

Es ist das Verdienst des Juristen Franz Böhm, auf die Funktion des Rechts zur Gestaltung und Sicherung der Wirtschaftsverfassung aufmerksam gemacht zu haben. [18]) Sein besonderes Anliegen war es, diese Funktion gegenüber der freien Marktwirtschaft herauszuarbeiten und daraus Sinn und Grenzen der in ihr dem einzelnen Wirtschaftssubjekt gewährten rechtlichen Befugnisse und Freiheiten abzuleiten. Die Bedeutung der Böhmschen These ist indessen nicht auf diesen Anwendungsfall beschränkt. Jede Wirtschaftsverfassung wird mit Mitteln des Rechtes gestaltet und gesichert. Jedoch bedarf Böhms Formulierung, Wirtschaftsverfassung sei „kein Inbegriff von Wirtschaftstatsachen, sondern ein Inbegriff von Normen", deren Zweck es sei, das Zusammenwirken der Wirtschaftskräfte zu ordnen, [19]) einer Korrektur. Die Wirtschaftsverfassung, also die durch politische Entscheidung festgelegte Gesamtkonzeption einer Wirtschaftsordnung hat als solche nicht Rechtssatzqualität. Die Rechtsordnung hat die jener Konzeption entsprechenden Rechtsnormen erst zu schaffen, um damit ihre Verwirklichung zu ermöglichen und zu sichern. Das kann, aber das muß nicht und wird nie vollständig in einem Staatsgrundgesetz geschehen, wie gerade Böhm sehr lehrreich am Beispiel der deutschen Wirtschaftsverfassung im ersten

---

[17]) Eucken a. a. O. S. 86.

[18]) Franz Böhm, Wettbewerb und Monopolkampf, 1933 S. 187 ff., 318 ff; Die Ordnung der Wirtschaft als geschichtliche Aufgabe und rechtsschöpferische Leistung, 1937 S. 54 ff.

[19]) Böhm, Ordnung der Wirtschaft S. 54.

Stadium des Nationalsozialismus gezeigt hat.[20]) Sache der Rechtswissenschaft ist es dann, aus dem Geist der Gesamtkonzeption heraus die das Wirtschaftssystem tragenden rechtlichen Institutionen und Normen herauszuschälen.

Wenn diese, die Wirtschaftsverfassung als Ganzes gestaltende Funktion des Rechtes nicht immer klar gesehen wurde, so lag das wohl zumeist an einer Verengerung des wissenschaftlichen Blickfeldes auf die Wirtschaftsordnung einer einzigen geschichtlichen Epoche. Dem liberalen System der freien Marktwirtschaft entspricht ein Recht, das die vorgefundene Besitzverteilung garantiert, den Güteraustausch und das Kreditwesen schützt und jedem Rechtsgenossen einen rasch und berechenbar funktionierenden Zwangsapparat zur Durchsetzung seiner Rechte zur Verfügung stellt, im übrigen aber in den von den Zielen und Wirtschaftsplänen der einzelnen Wirtschaftssubjekte her bestimmten Ablauf des Wirtschaftsgeschehens nicht eingreift. Daher wohl noch bei Max Weber das eigentümlich kalte Licht, in dem er das Verhältnis zwischen der Zwangsordnung des Rechtes und dem im übrigen autonomen wirtschaftlichen Handeln sieht. Ganz anders muß sich die Stellung der Rechtsordnung einem Zeitalter darstellen, in dem der Staat es übernimmt, die ganze Volkswirtschaft planmäßig zu lenken, also das Handeln der einzelnen Wirtschaftssubjekte nicht nur zu sichern und zu begrenzen, sondern direkt dem staatlichen Befehl zu unterwerfen. Nun verwandelt sich für den Blick des Betrachters das bloß kausale in ein finales oder instrumentales Verhältnis: der im Gewand des Rechtes auftretende Befehl steht im Dienst der wirtschaftspolitischen Zielsetzung, und das Wirtschaftsrecht gilt nur noch als „rechtlicher Niederschlag des wirtschaftspolitischen Wollens der Staatsführung".[21]) Beide Auffassungen sind zu eng, sie werden der selbständig prägenden Kraft des Rechtes und seiner autonomen Zielsetzung nicht gerecht. Aber

---

[20]) Böhm, Ordnung der Wirtschaft S. 95.

[21]) So Schmölders, Die Weiterbildung des Wirtschaftsrechts, Zeitschr. f. d. ges. Staatswissensch., Bd. 101 (1941) S. 64 ff. Darüber und dagegen auch Busse, Wirtschaftspolitische Praxis und Rechtsbildung, 1941, und Schmidt-Rimpler, DR 1942, 1731.

auch Franz Böhms Ansatz reicht nicht aus, um diese Kraft zu erfassen. Wir müssen genauer zusehen, wie sie sich auswirkt.

IV.

Wir können in vereinfachender Analyse drei Wirkungsweisen des Rechtes unterscheiden, die sich in der geschichtlichen Wirklichkeit gegenseitig stützen und ergänzen, für das wissenschaftliche Verständnis aber schärfer auseinandergehalten werden sollten, als dies gemeinhin geschieht.

Die nächstliegende und oft allein gesehene Aufgabe des Rechtes besteht darin, der Wirtschaftspolitik als möglichst zweckmäßiges, handliches Instrument zur Realisierung ihrer Verfassungskonzeption zu dienen. In der juristischen Denkarbeit von zwei Jahrtausenden sind für unser privates Vermögensrecht die Figuren, Formen und Begriffe entwickelt worden, die dem schuldrechtlichen Vertrag und seinen Sicherungen, der Zuteilung und Uebertragung von Sachgütern und anderen Vermögensstücken oder der Verbandsbildung eine solche Geschmeidigkeit und Anpassungsfähigkeit verliehen haben, daß sie zu Universalinstrumenten der arbeitsteiligen Marktwirtschaft geworden sind. Hier gilt es neuerdings eher technische Ueberfeinerungen wieder zu beseitigen, wie etwa im Konflikt zwischen Eigentumsvorbehalt und Sicherungsübereignung, als immer neue Formen zu ersinnen. Wesentlich anders liegt es dagegen auf dem Gebiete des neueren, dem Typus der Befehlswirtschaft entsprechenden Wirtschaftsrechtes. Hier zehren wir einstweilen von dem überkommenen, für andere Zwecke und Verhältnisse gebildeten Formen- und Figurenschatz des Zivil- und Handelsrechtes oder des Polizeirechts. Es ist bis heute nicht recht gelungen, für so geläufige Erscheinungen unserer modernen Wirtschaftspraxis, wie etwa den Bezugschein oder das Herstellerkontingent, eine voll entsprechende Rechtsform zu finden. Wie sehr hier auch die Gesetzgebungstechnik noch im argen liegt, zeigt ein Blick auf die letzte Rechtsgrundlage der gewerblichen Warenbewirtschaftung der Bizone vor der Währungsreform, das

Notgesetz des Frankfurter Wirtschaftsrates vom 30. 10. 47.[22]) Es enthält in den ersten acht Paragraphen einige reichlich vage gehaltene Ermächtigungen an die Exekutive, in den folgenden 23 Paragraphen aber nichts als Strafbestimmungen. Wer nicht ohnehin wußte, wie die Warenbewirtschaftung funktionierte, hätte es aus diesem Gesetz niemals erlernt. Hier ist noch viel dogmatische Arbeit zu leisten.

Die Funktion des Rechtes erschöpft sich nicht in dieser reinen Zweckhaftigkeit und Handlichkeit. Jede Rechtsordnung hat eine ihr eigentümliche Struktur; ihr Aufbau folgt eigenen, nicht von den wirtschaftlichen Zielen her bestimmten Regeln. Die bloße Tatsache der Rechtsförmigkeit drückt dem wirtschaftlichen Ablauf ein Signum auf, das nicht aus wirtschaftlichen Prinzipien abzuleiten ist. Hierher gehört einmal die Regelhaftigkeit und Gesetzmäßigkeit alles Rechtes, einerlei, ob es nur von Fall zu Fall durch richterliche Entscheidung oder allgemein durch Gesetz oder Vereinbarung festgestellt wird. Sie verbürgt die Gleichmäßigkeit der Beurteilung sozialen Handelns, ermöglicht die Vorhersehbarkeit künftiger Beurteilung und bringt damit auch in den Wirtschaftsablauf ein höchst wichtiges Moment der Sicherheit und Stetigkeit. Hierher gehört weiter die Ausbildung von gesicherten Rechtsstellungen, von Typen personaler Zusammenschlüsse genossenschaftlicher oder herrschaftlicher Art und von anderen zweckgebundenen Institutionen. Sie gliedern mit ihren traditionalen Formen den sozialen Körper, verleihen den so geschaffenen Gebilden Dauer und Eigengewicht und ermöglichen damit erst ihr sinnvolles soziales und wirtschaftliches Zusammenwirken. Hierher gehört auch die Einrichtung geregelter Verfahren zur Rechtsverwirklichung und zur Ahndung rechtlicher Verstöße. Alle diese Erscheinungen ergeben sich aus dem immanenten Wesen jeder Rechtsordnung. Ihr Sinn und Wert läßt sich daher auch nicht mit dem wechselnden Maßstab ökonomischer Zweckmäßigkeit messen. Wo sie freilich mit

[22]) GesVOBl. 1948 S. 3. Die 1. DVO v. 18. 12. 47 (GesVOBl. 1948 S. 7) gibt wenigstens eine Uebersicht über die verschiedenen Arten von Kontingenten. Einen neuartigen Versuch wirtschaftsrechtlicher Gesetzgebung macht das Gesetz des Wirtschaftsrates über Leitsätze für die Bewirtschaftung und Preispolitik nach der Geldreform v. 24. 6. 48 (GVBl. S. 59), das mit seiner Präambel und seinen Leitsätzen als Anlage mehr den Charakter eines Manifestes im Sinne Weißers (oben Anm. 2) trägt.

dieser Zweckmäßigkeit in offenen Widerspruch geraten, wie in den letzten Jahren weithin auf dem Gebiete des Wirtschaftsstrafrechts, gerät der Hüter der Rechtsordnung in einen wahrhaft tragischen, rational nicht zu lösenden Zwiespalt, der schleunigst beseitigt werden muß, soll das Rechtsbewußtsein des Volkes nicht schweren Schaden leiden.

Die dritte und höchste Aufgabe des Rechtes rückt die Rechtsordnung vollends aus dem Bereich der Sicherung materieller Bedürfnisbefriedigung, aber auch aus dem einer Garantie des äußeren Rechtsfriedens, der Gleichmäßigkeit, Stetigkeit und institutionellen Gliederung hinaus in ein Reich autonomer Werte von absolutem Geltungsanspruch. Hier geht es nicht um formale, sondern um inhaltserfüllte, materiale Gerechtigkeit. In ihrem Namen erhebt das Recht bestimmte Forderungen an die Wirtschaftsordnung. Sie entspricht diesen Forderungen nicht schon dann, wenn sie dem wirtschaftlichen Prinzip genügt, also die rationellste Verwendung aller knappen Güter und Dienste gewährleistet. Glattes Funktionieren des Wirtschaftsablaufs, Ergiebigkeit der gegebenen Produktionsfaktoren und Steigerung des Volkseinkommens bieten für sich allein noch keine Gewähr für eine gerechte Sozialordnung.

Materiale Gerechtigkeit soll die eigentliche Bestimmung des Menschen erfüllen, setzt also eine Einsicht in das Wesen des Menschen und den Sinn seines Daseins voraus, die aus philosophischer Ueberzeugung oder letztlich aus religiöser Glaubensgewißheit stammt. Nach der Ueberbewertung des Individuums und seiner Vernunftkräfte durch die liberale Ideologie, nach seiner Entwertung durch den totalen Staat versuchen wir, zwischen beiden Extremen das rechte Maß neu zu finden. Bewährung dieser Einsicht, Verwirklichung des Daseinssinnes sind aber nur möglich in der jeweiligen geschichtlichen Situation, im Hier und Heute also mit seinen schicksalhaften Gegebenheiten. Der Ausgang des Krieges, der Verlust der politischen Selbständigkeit, die Zerstörung eines großen Teiles unseres Volksvermögens und unserer Produktivkräfte, die Uebervölkerung und der Hunger: das sind die uns vom Schicksal gestellten Daten, innerhalb deren eine gerechte Sozial- und Wirtschaftsordnung gefunden werden soll. Diese Forderung nach sozialer Gerechtigkeit in unserer Wirtschaftsverfassung voll zu entwickeln, ist hier nicht der Ort. Aber es soll an drei zentralen Problemen andeutungsweise gezeigt werden, worum es geht.

Das erste ist das Problem der Freiheit. Wir sind das idealistische Pathos leid geworden, mit dem frühere Generationen von ihr sprachen, und sind eher geneigt, uns müde zu bescheiden, als prometheisch zu trotzen. Wir wissen, wie klein der Bewegungsspielraum des einzelnen, wie groß und unausweichlich seine Abhängigkeit vom Apparat geworden ist. Der Unternehmertyp unserer Tage ist nicht mehr der risikofreudige Einzelgänger des Früh- und Hochkapitalismus, sondern der angestellte, vorsichtige Verwalter fremden anonymen Vermögens. Aber zugleich haben wir die eigene Vergangenheit und die östliche Gegenwart des totalen Staates vor Augen und wissen, daß das Personsein des Menschen und die ganze darauf ruhende abendländische Kultur mit seiner Freiheit steht und fällt. Aufgabe des Rechtes muß es sein, den Schnittpunkt dieser beiden Linien zu treffen, und zwar für jedes heute denkbare Wirtschaftssystem. Wir werden also sparsamer als der Liberalismus mit der Austeilung subjektiver Rechte verfahren und werden die Gewerbe-, Wettbewerbs- und Vertragsfreiheit nicht unbesehen um ihrer selbst willen gewähren, sondern so ansetzen und klar begrenzen, daß sie weder durch Mißbrauch noch durch „Flucht vor der Freiheit“ [23]) ihren Sinn verlieren. Aber wir müssen auch darüber wachen, daß dies zarte Pflänzchen der wirtschaftlichen Handlungsfreiheit nicht alsbald wieder von einem Urwald behördlicher Reglements und Befehle erstickt wird, müssen also die Grenzen der Befugnisse der staatlichen Wirtschaftsverwaltung deutlich abstecken und ihre Beachtung durch Rechtsmittel sichern.

Das zweite ist das Problem des Privateigentums. Wir wissen heute, daß in gewissen, von der Wirtschaftstheorie näher zu bestimmenden Grenzen Befehlswirtschaft mit Privateigentum an den Produktionsmitteln vereinbar ist, wie umgekehrt Gemeineigentum mit Formen der Wettbewerbswirtschaft. Wir wissen auch, daß sich mit rein ökonomischen Wertmaßstäben die Sozialisierung von Pro-

[23]) Von ihr spricht Otto Veit in seinem 1947 erschienenen Buche mit diesem Titel.

duktionsmitteln weder überzeugend rechtfertigen noch überzeugend widerlegen läßt. Zur Lösung verhelfen uns nur die Maßstäbe der sozialen Gerechtigkeit, das Bild vom freien, aber in die Gemeinschaft eingefügten Menschen. Wieder gilt es, den rechten Schnittpunkt zwischen divergierenden Linien zu finden. Herrschaft über Sachgüter verschafft wirtschaftliche Macht, der wir mißtrauen, weil sie das Gleichgewicht der wirtschaftlichen Kräfte auf dem Markt verhindert, und weil sie zugleich Herrschaft über Menschen im sozialen und politischen Bereich bedeutet. Maßvoll gewährte Herrschaft über Sachgüter verschafft aber zugleich Unabhängigkeit und Sicherheit der wirtschaftlichen Existenz als notwendiges Korrelat aller Freiheit. Wir müssen den Weg zwischen Staatstrust und Kolchoswirtschaft auf der einen, monopolkapitalistisch verhärteter Privatwirtschaft auf der anderen Seite suchen und werden uns dabei der Formen des Privat- und des Gemeineigentums nebeneinander zu bedienen haben. Zugleich ist uns in Deutschland mit den Tagesparolen der Wiedergutmachung, der Bodenreform und des Lastenausgleichs das Problem der Neuverteilung des Sachgüterbesitzes gestellt. Seine Lösung ist Sache der politischen Entscheidung, die versuchen muß, die Ansprüche der durch Kriegsschicksal oder brutale Gewalt Beraubten mit dem empfindlichen Stetigkeitsbedürfnis jeder bestehenden Besitzordnung zu versöhnen. Damit ist deutlich, daß hier um Gerechtigkeit, nicht um wirtschaftliche Zweckmäßigkeit gerungen werden muß. [24])

Ein drittes Hauptproblem liegt in der Rechtsstellung des arbeitenden Menschen. Seitdem als Folge der Industrialisierung die abhängige Lohnarbeit zum unausweichlichen Schicksal der großen Mehr-

[24]) Besonders lehrreich ist der Kampf um die rechte Weise des Lastenausgleichs. Gerecht erscheint auf den ersten Blick sowohl das „Konkursprinzip", das die Höhe der Entschädigung nach der des erlittenen Verlustes bemessen will, als auch das Prinzip des „sozialen Neuaufbaus", das nur den Notbedarf zur Gründung einer neuen wirtschaftlichen Existenz decken will. Vgl. zur Kennzeichnung des Gegensatzes die Schrift von Herbert Giersch, Der Ausgleich der Kriegslasten vom Standpunkte sozialer Gerechtigkeit, 1948 S. 10 ff. Aber Giersch irrt, wenn er nur für das erste Prinzip das Prädikat der sozialen Gerechtigkeit in Anspruch nimmt. In Wahrheit entsprechen die beiden Prinzipien den alten aristotelischen Grundformen der iustitia commutativa und distributiva. Ungewöhnlich ist daran, daß dem Gesetzgeber die Wahl zwischen den beiden Formen der Gerechtigkeit hier frei steht.

heit des Volkes geworden ist, gehört der Anspruch dieser besitzlosen Volksteile auf Existenzsicherung und politische Mitbestimmung zu den wesentlichsten Antriebskräften unserer politischen und Wirtschaftsgeschichte. Der Wirtschaftspolitik wird die Aufgabe gestellt, konjunkturfreie Vollbeschäftigung zu erreichen; die Rechtsordnung hat ein System institutioneller Garantien gegen Ausbeutung der Arbeitskraft errichtet und müht sich weiter um seine Vervollständigung und Verfeinerung. Damit wird dem Unternehmer im Namen der sozialen Gerechtigkeit, die hier einen sehr prägnanten Sinn bekommt, die Verfügungsgewalt über den Produktionsfaktor Arbeit immer mehr entzogen und mittelbar auch diejenige über die sonstigen Produktionsmittel beschränkt. Wir betrachten das bereits als gesichertes Ergebnis einer etwa 30jährigen Rechtsentwicklung. Heute geht der Kampf zwischen Gewerkschaften und Unternehmertum um die Frage, ob dem Unternehmer eine sehr viel weitergehende Beschränkung in Gestalt des wirtschaftlichen Mitbestimmungsrechtes des Betriebsrates auferlegt werden soll und kann. Hier geht es nicht nur um sozial- oder wirtschaftspolitische Zweckmäßigkeit, auch nicht nur um eine graduelle Zunahme der Beschränkungen des Unternehmers zugunsten der Arbeiterschaft, sondern um ein ganz neues Rechtsprinzip in der Bestimmung des Verhältnisses von Kapital und Arbeit: Der das Arbeitsrecht beherrschende Gedanke des Schutzes der abhängigen Arbeit verwandelt sich in die Forderung der emanzipierten Arbeit nach völliger wirtschaftlicher Gleichberechtigung mit dem Kapital. Die rechtlichen Konsequenzen einer solchen Umgestaltung unserer Wirtschaftsordnung, die an Bedeutung der Sozialisierung kaum nachstehen würde, sind schwerlich schon voll bedacht; der bloße Machtanspruch aber liefe auf eine gefährliche Grenzüberschreitung arbeitsrechtlicher Prinzipien hinaus. Denn hier wie in der Eigentumsfrage gilt der Satz, daß Wirtschaftsmacht zum Mißbrauch reizt, wenn sie nicht durch volle wirtschaftliche und politische Verantwortung gebändigt wird.

Die Beispiele mögen genügen, um die gestaltende, nicht bloß Rahmen ziehende, sondern selbständig grundlegende Kraft des Rechtes für alle Sozial- und Wirtschaftsordnung anschaulich zu machen. Demgegenüber kann die Frage, ob Markt- oder Planwirtschaft vorzuziehen sei, nicht als ein Problem materialer Gerechtigkeit bezeichnet werden. Der Harmonieglaube des frühen Liberalismus ist uns zerbrochen, der sein System als gerechte Ordnung ansah. Beide Wirtschaftsweisen dürfen darum heute, aller ideologischen Verabsolutierung entkleidet, nur als mögliche, unter gewissen sozialen und wirtschaftlichen Voraussetzungen zweckmäßige Veranstaltungen betrachtet werden, deren günstige und nachteilige Wirkungen die Wirtschaftswissenschaft zu klären, und zwischen denen letzten Endes die Wirtschaftspolitik nach Zweckmäßigkeitsgesichtspunkten frei zu entscheiden hat. Es mehren sich die Stimmen, die eine Kombination beider Systeme für möglich und fruchtbar, jeden Zwang zu durchgängiger Verwendung des einen oder anderen Systems für verfehlte Prinzipienreiterei halten. Der Jurist hat darüber nicht zu befinden, solange nur die Postulate der Gerechtigkeit in dem angedeuteten Sinne sich durchzusetzen vermögen.

Damit wird schließlich auch deutlich, worin die Aufgabe der neuen Verfassungen liegen müßte. Sie können und sollen dem möglichen Wechsel wirtschaftlicher Situationen und den durch sie jeweils geforderten wirtschaftspolitischen Entscheidungen nicht vorgreifen. Jede starre Festlegung auf ein System kann den Wirtschaftszweck künftig gefährden. Wohl aber sollen sie Antwort auf jene Grundfragen geben, die unser Bild von sozialer Gerechtigkeit bestimmen und den Stil unserer Epoche prägen. Wenn sie bisher dieser Forderung nur unvollkommen genügen, so liegt das an der tiefgehenden Unsicherheit unserer Zeit, die keine Wissenschaft zu heilen vermag. Wohl aber ist sie aufgerufen, die Fragen noch schärfer zu fassen und die Lösungen klarer zu entwickeln, als dies bisher geschah. Daran mitzuarbeiten, muß unser Ziel sein.

Franz von Liszt und die heutige Problematik des Strafrechts

Von

EBERHARD SCHMIDT

Am 21. Juni dieses Jahres jährt sich der Todestag Franz v. Liszts zum 30. Male. Wir nennen den Zeitraum, der uns von jenem Tage trennt, ein Menschenalter. Die furchtbaren Ereignisse, die sich seitdem im politischen und sozialen Raum der europäischen Menschheit vollzogen haben, könnten den Gedanken nahelegen, als ob das, was Franz v. Liszt zu seiner Zeit an Gedanken und Tendenzen in die Rechtswissenschaft hineingetragen hat, heute kaum noch Anspruch auf Beachtung erheben dürfte. Dieser Gedanke liegt um so näher, als ja Liszts Gedankenwerk sich nicht in den von ihm noch durchlebten ersten beiden Jahrzehnten dieses Jahrhunderts entfaltet hat, sondern in den beiden letzten Jahrzehnten des 19. Jahrhunderts entstanden ist. 1882 legte er das epochale Marburger Programm vor, 1899 zeigte seine Berliner Antrittsrede, wohin sich sein strafrechtswissenschaftliches Programm entwickelt hatte. Die 17 Jahre dazwischen haben die Ausreifung seiner Kriminalpolitik und seiner Strafrechtsdogmatik gebracht. Also Strafrechtswissenschaft des 19. Jahrhundert, von dessen bürgerlicher Welt uns die Stürme der in zwei unerhörten Weltkriegen sichtbar gewordenen sozialen Revolution der Menschheit trennen? Kann uns Liszt heute wirklich noch etwas sagen?

Wollen wir diese Frage uns beantworten, so müssen wir zunächst einmal uns klar zu machen suchen, worin die Problematik des Strafrechts in der Gegenwart besteht. Hierbei wird man zu sehr verschiedenartigen Feststellungen gelangen, je nach dem, ob man das Problematische des Strafrechts i n n e r h a l b eines ganz bestimmten nationalen Rechtes sucht, etwa des schweizerischen oder englischen oder deutschen Rechtes usw., oder ob man die rechtsentwicklungsgeschichtliche Situation der Zeit unter über- und internationalen Gesichtspunkten betrachtet. Tut man das erstere, so ergibt sich die Problematik des Strafrechts kriminalpolitisch aus den Kriminalitätsbewegungen des betreffenden Staates und den Mitteln, die das nationale Strafrecht zur Bekämpfung dieser Kriminalität an Strafen und sichernden Maßnahmen zur Verfügung stellt, dogmatisch aber aus dem Bedürfnis, die Begriffswelt des geltenden nationalen Strafrechts in systematisch geordneter Weise zu verstehen, den Begriff des Verbrechens also in seinen Elementen, wie Handlung, Rechtswidrigkeit und Schuld, zu klären, die strafrechtlichen Unrechtsfolgen aber nach Sinn, Zweck und Funktionsmöglichkeit richtig zu begreifen. Kein Zweifel, daß auch hierbei echte Wissenschaft die geistige Arbeit, die von der Strafrechtswissenschaft in anderen Staaten geleistet wird, fruchtbar zu machen bemüht sein wird. Die strafrechtsdogmatische Problematik des Verbrechensbegriffs etwa ist in der Schweiz, in Oesterreich, Italien, Frankreich, Deutschland und den nordischen Staaten Europas in engster Fühlung der nationalen Strafrechtswissenschaften bearbeitet worden und hat zu einer weithin übereinstimmenden Systematik geführt. Was also z. B. Ernst Hafters Lehrbuch über den Handlungsbegriff, die Rechtswidrigkeit, die Schuld vorträgt, ist der österreichischen oder deutschen Strafrechtswissenschaft wie der Strafrechtswissenschaft aller Nationen, deren Strafrecht mit festen gesetzlichen Tatbeständen arbeitet und sich zum Grundsatz der Schuldhaftung bekennt, unmittelbar wertvoll und aufschlußreich. Auch für die Strafrechtsproblematik in diesem Sinne kann durchaus die Frage gestellt werden, inwieweit Franz v. Liszts dogmatisches Denken, das seinerzeit der ganzen europäischen Strafrechtswissenschaft so außerordentlich starke Impulse gegeben hat, heute noch Beachtung verdient.

Geht man aber an die gesamte rechtsentwicklungsgeschichtliche Situation der heutigen Zeit von vornherein von übernationalen Gesichtspunkten heran, faßt man also das Ganze der Menschheit ins Auge, so stellen sich zunächst jedenfalls andere Fragen, Fragen, die sehr viel tiefer greifen, weil sie die letzten Entscheidungen bezüglich des Verhältnisses des einzelnen zum Staat und bezüglich der zulässigen und erträglichen Machtentfaltung des Staates betreffen, insofern freilich sich in jeder nationalen Strafgesetzgebung ebenfalls auswirken.

Ich möchte von diesen Fragen meinen Ausgang nehmen. Es sind — des bin ich überzeugt — diejenigen, in denen sich die Schicksalsfragen der europäischen Menschheit heute überhaupt verfangen, von denen heute aber nicht nur diejenigen Staaten berührt werden, die durch das Inferno des letzten Krieges haben hindurchgehen müssen, sondern auch diejenigen, denen eine kluge Politik und ein gütiges Schicksal eine glückliche Neutralität und damit die Erhaltung des Friedens bewahrt haben.

Kein Staat Europas kann sich und seine Bürger heute von dem Gegensatz distanzieren und emanzipieren, der, vorhanden seit Jahrzehnten, in aller unmittelbaren Bedrohlichkeit aber aufgebrochen und sichtbar geworden seit 1945, zwischen den Kultursystemen der westeuropäisch-abendländischen Menschheit und denjenigen der vom Bolschewismus geführten Staaten besteht. Der mitten durch Deutschlands Herz hindurchgehende Eiserne Vorhang symbolisiert diesen Gegensatz für jeden, der Augen hat zu sehen. Es ist der Gegensatz zwischen autonomer Persönlichkeitskultur und totalitärem Kollektivismus, zwischen einer Rechtsauffassung, die das Recht zu den sittlichen Mächten zählt und über den Staatszwecken eine in sich selbständige Wertewelt des Sittlich-Rechtlichen anerkennt, und einer „Rechts"-Auffassung, die die Staatsräson als oberstes Gesetz nimmt und mit schärfstem heteronem Zwang den einzelnen in einer total entpersönlichten Masse aufgehen läßt. Es ist der Gegensatz zwischen der Auffassung des Staates als einer Institution menschlicher Kultur, in der Gerechtigkeit und Humanität auch dem staatlichen Wollen Grenzen setzen und bindende Regeln geben, und der Auffassung eines vergotteten Staates, der sich selbst alleiniger Wert ist und als Recht benennt, was ihm nützlich ist. Es ist der Gegensatz zwischen Rechtsstaat und Machtstaat, zwischen dem es keine Kompromisse, sondern nur Entscheidungen im Sinne eines schroffen aut-aut geben kann, ein Gegensatz, dessen machtmäßige Austragung die Aufgabe vielleicht noch dieses Jahrhunderts sein wird.

Was hat das alles für die heutige Problematik des Strafrechts zu bedeuten? Ich glaube: nicht mehr und nicht weniger als alles.

Die Betätigung der Strafgewalt ist der sinnfälligste Ausdruck staatlicher Macht. Für Geist und Charakter eines Staates ist aber entscheidend, wie er sich zum Problem der Macht und ihrer Ausübung stellt. Wo sich der Staat selbst als obersten Wert und damit das Recht setzt, seinen Willen nach reinen Zweckgesichtspunkten zu bestimmen und zu verwirklichen, wird er auch die Strafrechtspflege ausschließlich als Instrument seines kalten Zweckdenkens betrachten und sie überall einsetzen, wo ihm das für bestimmte politische Zwecke nützlich scheint, und er wird vor allem auch für Art und Weise, w i e er die Strafgewalt wirken läßt, lediglich die Staatsräson maßgebend sein lassen.

Anders der Staat, der sich selbst einer auch ihm übergeordneten Wertewelt des Gerechten und Humanen unterworfen und verpflichtet fühlt. Er wird, je mehr er dessen inne geworden ist, eine dementsprechende Feinfühligkeit bekunden für die der Gerechtigkeit drohende Gefahr, die mit jedem Machteinsatz verbunden ist. Er wird sich darum bemühen, vom Sittlichen und Gerechten her die Voraussetzung für Verhängung und Vollziehung von strafrechtlichen Unrechtsfolgen genau zu bestimmen und dem einzelnen an Strafleid nichts zuzumuten, was vom Standpunkt rechtschaffenen Denkens aus sittlich nicht verantwortet werden kann. Er wird die Persönlichkeitswelt des einzelnen in ihrer sittlichen Autonomität achten und vor ihr bei der Verwirklichung seiner Staatszwecke haltmachen. Ihm wird der Nutzen des Staates nicht als Gerechtigkeit erscheinen. Er wird das Schwert der Justiz ausschließlich in den Dienst einer an der Gerechtigkeit orientierten Rechtsbewährung stellen und sich ängstlich hüten, die Rechtsbewährungsmittel einer gerechten Strafrechtspflege mit ihren für Leben, Freiheit, Ehre und Vermögen des einzelnen einschneidenden Folgen für irgendwelche anderen politischen Zwecke zu g e brauchen und damit zu m i ß brauchen. Er wird dafür sorgen, daß der einzelne, bevor er Strafe oder ähnliches über sich verhängen lassen muß, unter ausgiebigen Rechtsschutzgarantien sich gegen eine solche Möglichkeit in einem streng geordneten, alle behördliche Willkür ausschließenden Verfahren verteidigen kann.

Die Stellung, die er der Justiz und insbesondere der Strafjustiz im ganzen des staatlichen Organismus einräumt, wird der Gradmesser dafür sein, ob und inwieweit es dem Staat mit dem Bekenntnis zum Rechtsstaat ernst ist.

Der Gegensatz zwischen Machtstaat und Rechtsstaat steht damit vor uns. Er ist aktuelle, schicksalhafte Gegenwart; denn am Eisernen Vorhang läuft zwischen beiden Systemen und ihrer Wirklichkeit die territoriale Grenze. Wäre diese Grenze ein unübersteigbarer Schutzwall gegenüber den Auffassungen von Staat, Recht und Strafe, die östlich von ihr in dem unermeßlichen Raum bis Wladiwostok herrschen und das politische Handeln der machthaltenden Gewalten bestimmen, so könnte sich die abendländisch-westeuropäische Menschheit an alle dem für desinteressiert erklären, was jenseits dieser Grenze geschieht und sich darauf beschränken, aus ihrer eigenen rechtsstaatlichen Tradition heraus an der Problematik ihrer nationalen Strafrechte zu arbeiten. Dem ist aber nicht so. Die Staats- und Rechtsauffassung der östlichen Welt ist von einer ungeheuren propagandistischen Welteroberungstendenz beherrscht. Sie hat sich selbst eine Missionsaufgabe gesetzt. Sie gibt sich aus als diejenige, die den Fortschritt der Menschheit zu wahrer, realer Demokratie bedeutet und alle Völker der Erde befreien soll. Sie rechtfertigt damit die aggressive imperialistische Tendenz der moskowitischen Politik, bedeutet aber damit eine ungeheure akute Gefahr für die westeuropäisch-abendländische Kultur.

Darum ist es notwendig, daß man sich heute westlich des Eisernen Vorhangs sehr deutlich darüber klar wird, was das östliche System bedeutet und in welchen Erscheinungen es symptomatisch zu erkennen ist. Soweit hierbei die Strafrechtspflege interessiert, möchte ich die hierfür wesentlichen Erscheinungen ins Auge fassen, da sie uns den Blick für die gegenwärtige Problematik des Strafrechts schärfen werden. Daß auch deutsche Menschen Objekte und Opfer dieser Erscheinungen einer östlich orientierten Strafrechtspflege sind, macht einen besonders schmerzlichen Teil unseres nationalen Unglücks aus.

Für Geist und Charakter einer Strafrechtspflege braucht die äußerlich sichtbare Struktur des materiellen Strafrechts nicht entscheidend zu sein. Das materielle Strafrecht, das z. B. in den deutschen Ländern der östlichen Besatzungszone herrscht, ist äußerlich weithin mit dem in den westlichen Zonen herrschenden identisch. Es ist, wie dieses, durch die Kontrollratsgesetzgebung von den spezifisch nationalsozialistischen Fortbildungen bereinigt. Es hat etwa in der Neufassung des deutschen Strafgesetzbuchs für Thüringen eine betont rechtsstaatliche Gestalt erhalten auf der Basis des Satzes nullum crimen, nulla poena sine lege. Man hat also den Eindruck, daß auch hier scharfe Tatbestandsmäßigkeit im Sinne eines bestimmten Strafrechtssatzes, Rechtswidrigkeit und Schuld maßgebend dafür sind, daß jemand mit Strafe oder anderen strafrechtlichen Unrechtsfolgen belegt werden kann. Die Verwirklichung dieses Strafrechts aber erfolgt in Strafprozessen, für die im wesentlichen die Spielregeln der überkommenen deutschen Strafprozeßordnung gelten. Und es macht einen durchaus beruhigenden Eindruck, wenn in der neuen Ausgabe etwa des Thüringischen Strafgesetzbuchs die Kontrollratsproklamation Nr. 3 mit abgedruckt wird mit folgenden, auch für die Länder der Ostzone erlassenen Bestimmungen:

„1) Niemand darf des Lebens, der persönlichen Freiheit oder seines Eigentums beraubt werden, es sei denn auf Grund eines gesetzmäßigen Gerichtsverfahrens.

2) Strafrechtliche Verantwortlichkeit besteht nur für rechtlich als strafbar erklärte Handlungen.

3) Kein Gericht darf irgendeine Handlung auf Grund von ‚Analogie' oder im Hinblick auf das sogenannte ‚gesunde Volksempfinden' als strafbar erklären, wie das im Deutschen Strafgesetzbuch der Fall war."

Aber geschriebene Rechtssätze führen als solche kein Leben in der Wirklichkeit. Dieses erhalten sie nur durch das effektive Walten der Justiz. Und die große Frage ist die, was diese Justiz aus dem geschriebenen Recht in der Wirklichkeit macht. Das aber hängt davon ab, ob diese Justiz als Verwalterin der Gerechtigkeit eine durch ihre ureigene Sachaufgabe bedingte Sonderstellung im ganzen des staatlichen Organismus erhält, ob sie also als frei von den politischen Zwecksetzungen der jeweils herrschenden politischen Macht anerkannt und geachtet wird, oder ob sie in den Dienst dieser letzteren gezwungen wird nach dem Grundsatz, den der nationalsozialistische Propagandaminister Goebbels unseligen Angedenkens einmal auf die Formel gebracht hat: „Die Justiz ist nicht die Beherrscherin, sondern sie ist die Dienerin der Staatspolitik.“

Ob also ein geschriebenes Strafrecht, es mag formell noch so rechtsstaatlich anmuten, sich wirklich rechtsstaatlich auswirkt, d. h. von der Idee des Rechtes her die staatliche Gewalt dem einzelnen gegenüber in Schranken hält, das hängt von der Stellung und der Funktionsmöglichkeit der dieses Strafrecht verwaltenden Justiz ab, die dieser verfassungsmäßig zukommt. Blickt man unter diesen Gesichtspunkten auf die Strafrechtspflege der östlichen Länder, so sehen wir ein eigenartiges, geisterhaftes Scheingebäude vor uns. Das möchte ich an einigen markanten Erscheinungen beweisen.

1) In jeder der östlichen deutschen Länderverfassungen finden wir den Satz, daß die richterliche Gewalt unabhängig und nur den Gesetzen unterworfen sei. Aber in Wahrheit ist das nichts als eine offizielle Lüge, mit der totalitäre Systeme so gern arbeiten. Denn die Richter sind nicht unabsetzbar, können vielmehr, wie alle Angestellten des öffentlichen Dienstes, jederzeit ihres Amtes entsetzt werden. Ueberdies untersteht die Justiz auch hinsichtlich ihrer Rechtsfindung der Kontrolle des Landtages, d. h. praktisch dem Willen der Partei, die mit Hilfe der russischen Besatzungsmacht das politische Heft in der Hand hat, deren Wille auch für die Justizverwaltung allein maßgebend ist. Entspricht ein Richterspruch nicht den Erwartungen dieser politischen Macht, weil der Richter zu anderen als den erwünschten Tatsachenfeststellungen oder, was praktisch das wichtigste ist, nicht zu der erwarteten Strafzumessung kommt, so muß er gewärtig sein, auf einen Wink des Landtages vom Justizminister in die Wüste geschickt zu werden, was einer politischen und zugleich auch sozialen Existenzvernichtung gleichkommt. Es gibt — das ist das Entscheidende — keine Gewaltenteilung, vielmehr herrscht Gewaltenvereinheitlichung in der Hand der effektiv herrschenden Partei. Damit aber ist die Justiz, was sich praktisch vor allem bei der Strafrechtspflege auswirkt und auswirken soll, nicht mehr Dienerin der auch der herrschenden Gewalt übergeordneten Idee der Gerechtigkeit, sondern Dienerin der politischen Zwecke dieser herr-

schenden Gewalt, Dienerin der Staatsräson mit allen Folgen, die sich aus der klassenkämpferischen Einstellung des herrschenden Systems ergeben. Die Strafrechtspflege wird damit zu einem Instrument politischer Zwecksetzung depraviert und entfaltet ihre ganze Schärfe gegen den wirklichen oder vermeintlichen Gegner des herrschenden politischen Systems.

2) Eine ganz typische Begleiterscheinung dieses Systems besteht nun in folgendem: Für rechtsstaatliches Denken ist es eine unabdingbare Grundregel, daß Leben, Freiheit und Vermögen einer Person vom Staate nicht angetastet werden dürfen, es sei denn im Rahmen einer justizförmig verfahrenden Strafrechtspflege im Interesse einer an der Gerechtigkeit orientierten Rechtsbewährung. Die Strafen und Maßnahmen, die im Kampf gegen die Kriminalität gegen den einzelnen ergriffen werden müssen, sind für die Freiheitsidee der Menschen nur dann erträglich, wenn sie ausschließlich im Dienste der Gerechtigkeit von einer nur dieser verpflichteten, also unabhängigen Justiz als Rechtsbewährungsmittel gehandhabt werden. Es charakterisiert nun das totalitäre Machtstaatssystem, daß dieser Grundsatz nicht anerkannt wird. Wir sehen vielmehr, daß Maßnahmen der Freiheitsentziehung und der Vermögensbeeinträchtigung, die nach Gestalt und Wirkung den Rechtsbewährungsmitteln der Justiz, d. h. den Freiheits- und Geldstrafen, völlig gleichkommen, zu anderen als streng sachlich kriminalpolitischen Zwecken der Verwaltung in die Hand gegeben und von dieser benutzt werden, nicht um den kriminellen Schädling nach Maßgabe seiner Schuld zu treffen, sondern um den wirklichen oder vermeintlichen Gegner der herrschenden politischen Macht zu terrorisieren und unschädlich zu machen. Hierauf beruhte die furchtbare Ausdehnung und Handhabung der Polizeihaft oder, wie man dies Institut euphemistisch nannte, Schutzhaft im nat.-soz. Staate. Die östlichen Länder Deutschlands haben es bisher, soweit ich sehen kann, nicht nötig gehabt, diese Art der Polizeihaft generell wieder einzuführen, weil dort die herrschende politische Gewalt jederzeit die Möglichkeit hat, den Gegner des Systems als Gegner auch der russischen Besatzungsmacht durch diese auf unbestimmte Zeit verschwinden zu lassen. Aber auf der gleichen Linie liegt die von der deutschen Wirtschaftskommission des Ostens im

September 1948 erlassene Wirtschaftsstrafverordnung. Nach dieser haben es die Verwaltungsbehörden vollkommen in der Hand, ob sie einen Verstoß gegen wirtschaftliche Anordnungen — und hier muß beachtet werden, daß das gesamte Wirtschaftsleben in allen Zweigen von solchen Anordnungen beherrscht ist — von den Justizorganen verfolgen, untersuchen und gegebenenfalls ahnden lassen wollen oder ob sie die Sache selbst in die Hand zu nehmen gewillt sind. Das Letztere geschieht nun in weitestem Ausmaß. Die Verwaltungsbehörden können nun zwar nicht Zuchthaus- und Gefängnisstrafen verhängen, vielmehr nur Geldstrafen bis zu 100 000,— DM, aber — und das ist das Entscheidende — sie können außer diesen Geldstrafen Berufs- und Tätigkeitsverbote aussprechen, Betriebschließungen anordnen, bestimmte Vermögenswerte (wie etwa einen ganzen Viehbestand oder ganze Maschinenanlagen) einziehen, ja sogar in sogen. schweren Fällen, deren Vorliegen nach freiestem Ermessen angenommen werden kann, die Vermögenskonfiskation anordnen. Dies alles aber in einem ganz freien, jeder schützenden Form entbehrenden Verwaltungsverfahren, ohne jede gerichtliche Kontrolle und ohne alle zu gerichtlicher Entscheidung führende Rechtsmittel, überdies auch nach Maßgabe materiellrechtlicher Normen, die allenthalben Kautschukcharakter haben und dem Verwaltungsermessen weitesten Spielraum gewähren. Das aber wirkt sich praktisch dahin aus, daß der einzelne mit seiner ganzen bürgerlichen Existenz der Willkür der Verwaltung und ihrem rein politischen Zweckdenken wehrlos ausgeliefert ist. —

Es scheint, als ob ich mich mit alledem von meinem Thema entfernt hätte, und doch bin ich mitten drin.

Wir sehen an dem politischen System des Ostens, wie hier das politische Zweckdenken dem Gerechtigkeitsdenken den Rang abgelaufen hat. Und das gerade ist es, was zur Problematik des Strafrechts in unmittelbarster Beziehung steht, und ganz von selbst müssen sich dabei unsere Gedanken auf das wissenschaftliche Wirken Franz v. Liszts sich richten.

Denn ist es nicht Liszt gewesen, der, stark von Ihering beeinflußt, der Zweckmäßigkeit entgegen der vergeltenden Gerechtigkeit innerhalb der Strafrechtspflege in den Sattel geholfen hat? Beruhte nicht die ganze Gegnerschaft gegen Liszt, der ganze sogen. Schulenstreit darauf, daß die Gegner Liszts in dem Einbruch seines Zweckdenkens eine politische Gefahr witterten?

Das Strafrecht des 19. Jahrhunderts, wie Liszt es vorgefunden hat, war im scharf betonten Gegensatz zum Strafrecht des Polizeistaates aus Feuerbachs Meisterhand entstanden und hatte sich in kurzer Zeit das ganze kontinentaleuropäische Strafrechtsdenken erobert. Als prononcierter Ausdruck bürgerlich-liberaler Rechtsstaatlichkeit ist es vom Grundsatz gerechter Tatvergeltung beherrscht gewesen. Um den autonomen Bezirk der sittlichen Persönlichkeit, getreu den Lehren Kantischer Ethik, gegen allen heteronomen Zwang staatlicher Beeinflussung abzuschirmen, hat Feuerbach aus diesem Strafrecht alles verbannt, was spezialpräventive Beeinflussung des einzelnen durch staatlichen Strafzwang bedeuten könnte. Staatlichem Zweckdenken wurde damit vor der Persönlichkeit des einzelnen ein rigoroses „Halt" gesetzt. Der Staat aber durfte Leben, Freiheit, Ehre, Vermögen des einzelnen nur im Rahmen strengster Gesetzlichkeit ausschließlich mittels der Strafe beeinträchtigen, und zwar nach Maßgabe einer streng auf sich selbst beschränkten Einzeltatschuld. Solche Wirkungen aber, wie sie die Strafe im Bereich der Rechtsgüter des einzelnen, d. h. an Leben, Freiheit, Ehre, Vermögen, hervorzurufen pflegt, dürfen unter gar keinen Umständen zu irgendwelchen anderen Zwecken von anderen staatlichen, etwa Polizei- oder sonstigen Verwaltungsbehörden herbeigeführt werden. Was die Rechtsbewährungsmittel der Justiz dem einzelnen an Verlust und Schmälerung seiner Rechtsgüter aufzuerlegen vermögen, darf unter keinem Vorwand und unter keiner anderweiten Bezeichnung von anderen Staatsorganen aus Gründen noch so greifbarer staatlicher Zweckmäßigkeit über den einzelnen verhängt werden. In den Händen einer unabhängigen Justiz haben diese Rechtsbewährungsmittel, ihrem Sinn entsprechend, ausschließlich einer ausgleichenden und verteilenden Gerechtigkeit dienen sollen.

In dieses System des bürgerlich-liberalen Rechtsstaats aber hat Liszt eine Bresche gelegt. Die von der Statistik erwiesene Steigerung der Kriminalität der Jugendlichen und der Rückfälligen, wie sie unter der uneingeschränkten Herrschaft dieses liberalen Tatvergeltungsstrafrechts möglich gewesen ist, hat ihn veranlaßt, dem überkommenen Strafrecht gegenüber ganz allgemein die Frage seiner kriminalpolitischen Zweckmäßigkeit und Tauglichkeit zu stellen. Die notwendige Verneinung dieser Frage aber führte ihn dazu, die überkommenen Strafmittel im einzelnen unter dem Gesichtspunkt ihrer Zweckmäßigkeit zu überprüfen und ihre Ergänzung, ja Ersetzung durch sichernde und bessernde Maßnahmen zu fordern, die ausschließlich vom Gedanken spezialpräventiver Zweckmäßigkeit getragen sein sollen. An die Stelle einer Verbrechensbekämpfung, die nur mit tatvergeltenden Strafen, ohne Rücksicht auf Eigenart und Gefährlichkeit der Täterpersönlichkeit vorgeht und eben hierdurch dem Grundsatz der Gleichheit aller vor dem Gesetz Rechnung tragen will, hat Liszt eine Verbrechensbekämpfung gesetzt, die nach Zweckmäßigkeitsgesichtspunkten die einzelnen je nach ihrer kriminellen Gefährlichkeit sehr verschiedenartig erfaßt, also ganz auf die Persönlichkeit der Täter zugeschnitten ist und die Strafen ergänzt durch Maßnahmen, für die überhaupt nicht die Schuld, sondern allein die Gefährlichkeit des Täters entscheidend ist. An Stelle generalisierender Tatvergeltung tritt individualisierende Tätererfassung. Nicht die *Taten* allein werden nach einem *für alle gleichen* Maßstab gewertet und gewogen, sondern bei *gleichen* Taten wird das kriminalpolitisch *Zweckmäßige* den einzelnen gegenüber in *sehr verschiedenartiger* Weise ermittelt.

Verstehbar und möglich ist das nur gewesen von einer ganz veränderten Auffassung aus in bezug auf das Verhältnis des einzelnen zum Staat und in bezug auf die Ansprüche, mit denen der Staat dem einzelnen gegenüber auftreten und seine Macht und Einwirkungsmöglichkeit betätigen darf.

Liszt, selbst durch und durch Politiker, hat dieses Neuartige des politischen Gehaltes der von ihm geforderten Strafrechtspflege klar erkannt. Ihm entgingen nicht die durchgreifenden sozialen Strukturveränderungen, die mit dem Fortschritt der Technik und Industrien über die europäische Menschheit in der zweiten Hälfte des 19. Jahrhunderts gekommen waren. Der bürgerliche Mensch der Aufklärung und der großen liberalen Bewegung aus der ersten Hälfte des 19. Jahrhunderts prägte ja zur Zeit, da Liszts Wirken begann, nicht mehr das Antlitz der Gesellschaft. Mit dem Aufkommen des vierten Standes, mit der Vermassung des gesellschaftlichen Lebens erhob die soziale Frage ihr Haupt, bereitete sich jene soziale Revolution vor, die mit dem ersten Weltkrieg in ihr akutes Stadium getreten ist und seitdem die erschütterte Menschheit in Atem hält. Und so fragt Liszt schon 1893: „Täusche ich mich über den Zug der Zeit? Der liberale Individualismus, der die Interessen der einzelnen gegenüber denen der Gesamtheit in erster Linie betonte, der Geist der Aufklärungszeit und der aus dieser hervorgegangenen großen französischen Revolution hat uns die scharfe Begrenzung der staatlichen Strafgewalt gebracht. Wird diese der hereinbrechenden sozialistischen Strömung Widerstand zu leisten vermögen?" Das war nichts anderes als die Einsicht in die politische Zeitbedingtheit des überkommenen liberalen Strafrechts Feuerbachschen Ursprungs mit seiner auf dem Gleichheitsgedanken beruhenden Tatvergeltungsstrafe. Und deutlich sieht Liszt, zu welchem Staatsdenken diese sozialistische Strömung nun führen muß, zu einem Staatsdenken nämlich, das dem in den sozialen Daseinskampf Geworfenen Führung, Halt und Lebensinhalt vom Staate her sichern muß, dafür allerdings auch — so drückt sich Liszt nun aus — „die Interessen der Gesamtheit schärfer betont, als wir es heute (1893!) tun, weil der Staat intensiver, zielbewußter und rücksichtsloser gegen den sich auflehnenden einzelnen vorgehen muß".

Das aber ist der gedankliche Ausgangspunkt dafür, daß Liszt die ganze staatliche Strafrechtspflege nicht mehr am Gesichtspunkt einer tatvergeltenden, formalen, gesetzesbestimmten Gerechtigkeit, sondern an einer täterbezogenen materiellen, kriminalpolitischen Zweckmäßigkeit bestimmt wissen will. Das aber bedeutet Steigerung der Staatsmacht gegenüber dem einzelnen, dessen Persönlichkeit für den Staat nicht ein geheiligtes „noli me tangere", sondern Objekt von unter Umständen tief eingreifenden Beeinflussungsmaßnahmen ist, die im Strafvollzuge ebenso sichtbar werden wie in Art und Vollzug der die Strafen ergänzenden sichernden Maßnahmen. Das aber bedeutet auch einen Einbruch verwaltungsmäßigen Zweckdenkens in den Bereich der Strafrechtspflege. Der Richter selbst muß im Rahmen eines erheblich gesteigerten Ermessens das kriminalpolitisch

Zweckmäßige bei der Strafzumessung und bei der Auswahl der sichernden und bessernden Maßnahmen zu bestimmen suchen und hierbei den einzelnen gegenüber ständig individialisierende Unterschiede machen. Das strenge, vom Gleichheitsgedanken beherrschte, form- und normgebundene Rechtsdenken muß einem gestaltenden, differenzierenden Ermessensdenken im Rahmen weitgespannter Normen weichen. Aber neben dem Richter haben im Vollzuge der Freiheitsstrafen und der sichernden Maßnahmen auch die Behörden der Justizverwaltung, der Polizei, der Wohlfahrtspflege ein gewichtiges Wort mitzureden, wenn es gilt, nach Maßgabe erstrebter und erreichter Ziele über Dauer und Ausgestaltung der Verbrechensbekämpfungsmittel Entscheidendes zu bestimmen.

Die Freiheit des Einzelnen, der zum Objekt solcher verschiedenartiger Verbrechensbekämpfungsmittel wird, so ist also weitgehend abhängig nicht von strengen gesetzlichen Vorschriften, sondern von Ermessensentschließungen staatlicher Organe. Die Rechtsfolgen strafbaren Tuns hören damit auf, vorausberechenbar zu sein nach Maßgabe bestimmter, dem Gesetz und der herkömmlichen Gerichtspraxis zu entnehmender, zeitlich fest umgrenzter Straftaxen. Unbestimmtes Strafurteil, unbestimmte Verwahrung stellen einen schweren Einbruch dar in die Rechtssicherheit und Rechtsbestimmtheit, die dem liberalen Strafrecht das politische Gepräge gegeben haben.

Kein Zweifel, daß mit alledem für die Freiheit des einzelnen, für alles das, was uns Persönlichkeitskultur ist, sehr ernste Gefahren entstanden sind. Im Grunde genommen sind es genau d i e Gefahren, die so ernst und drohend in dem vorhin geschilderten östlichen System in die Erscheinung treten. Unter dreifachen Gesichtspunkten sind sie zu verstehen:

1. Soll mit all den individualisierenden, persönlichkeitsbezogenen Maßnahmen nicht fehlgegriffen werden, so setzen sie eine sehr genaue Kenntnis der menschlichen Persönlichkeit voraus. Wie Anlage und Umwelt auf die Entwicklung einer Persönlichkeit gewirkt und ihr So-sein gestaltet haben, muß erkannt und verstanden werden. Juristisches Wissen und Können hilft hier nicht voran. Psychologie, Psychiatrie und Soziologie müssen sich vereinen, um hier kriminalbiologisch einwandfreie Ergebnisse im Einzelfall zu erbringen. Die

großen Schwierigkeiten, die hier sehr häufig auftreten, können gar nicht ernst genug genommen werden. Die Fehlerquellen, die hier allenthalben verborgen liegen, sind trotz aller Erweiterung unseres kriminalbiologischen Wissens unermeßlich. Hier das Richtige zu erkennen, den individualisierenden Maßnahmen der Strafrechtspflege ein der Wirklichkeit entsprechendes Persönlichkeitsbild zugrunde zu legen und damit eine zutreffende soziale Diagnose und Prognose zu ermöglichen, bedeutet und verlangt zeitraubende, mühe- und verantwortungsvolle Arbeit. Wo in stabilen sozialen und politischen Verhältnissen die Kriminalität sich in relativ geringen Zahlen bewegt wie in der Schweiz oder in Schweden, wird diese Arbeit mit Aussicht auf Erfolg geleistet werden können. Wo aber, wie in den vom Kriege erschütterten Staaten, eine Massenkriminalität von gigantischem Ausmaß die staatlichen Organe in Atem hält, da stellen sich ungeahnte Schwierigkeiten ein, zumal die Zahl der erprobten und erfahrenen Sachkenner durch den Krieg und seine politischen Folgeerscheinungen arg dezimiert ist. Sind hier die Fehlermöglichkeiten nicht so groß, daß ernsteste Zweifel an sich selbst diese ganze Kriminalpolitik lähmen müssen?

2. Und was ist denn eigentlich die Persönlichkeit, auf die die Strafrechtspflege mit ihren spezialpräventiven, individualisierenden Maßnahmen reagieren soll? Ist sie nicht das Werk von Anlagefaktoren und Umwelteinflüssen, die schicksalhaft den einzelnen in seinem Werden gestalten? Bleiben wir denn dem Gedanken der Schuldhaftung überhaupt noch treu, wenn wir das, was der einzelne an Beeinträchtigung seiner Freiheit und an staatlichen Einwirkungen und Behandlungen ertragen muß, abhängig machen von dem, was ein unentrinnbares Schicksal aus ihm gemacht hat? Woher nimmt der Staat mit seiner Macht das Recht, das So-sein einer am Täter festgestellten sozialen Abartigkeit und Minderwertigkeit den Täter in langdauernden Freiheitsentziehungen entgelten zu lassen?

3. Und nun das Bedenklichste! Geben wir der Staatsmacht Spielraum, den einzelnen zum Objekt kriminalpolitischen Zweckdenkens zu machen, entfesseln wir dann nicht den Leviathan Staat dem einzelnen gegenüber überhaupt? Was soll den Staat grundsätzlich hindern, den Wert des einzelnen überhaupt zu messen an dem, was

er für die Staatsräson der jeweils herrschenden Macht bedeutet, und danach nun die Maßnahmen zu ergreifen, die für die Durchsetzung der Staatsräson zweckmäßig sind? Zeigt nicht die Entwicklung der östlichen Verhältnisse gerade diese Gefahr? In der Tat: das kriminalpolitische Zweckdenken rückt die soziale Gesinnung des einzelnen in das Blickfeld der Staatsmacht. Ist nun aber diese Staatsmacht, wie die totalitären Systeme zeigen, sich selbst oberster Wert, so entsteht die Gefahr, daß die soziale Gesinnung als politische Gesinnung mißverstanden wird und daß der Kampf des Staates nicht mehr bloß dem kriminellen, sondern dem politischen Gegner, dem Andersdenkenden gilt. An einer politischen Doktrin, die das „rechtfertigt", wird es dann nicht fehlen. Wie sehr diese Gefahren seit dem ausgehenden 19. Jahrhundert die Entwicklung der europäischen Menschheit beschattet haben, das hat der große Baseler Historiker Jakob Burckhardt seherisch erkannt. Aber die europäische Menschheit hat die Stimme dieses Propheten nicht gehört.

Aber auch Franz v. Liszt war keineswegs blind für die politischen Gefahren, die alle Auflockerung staatlicher Macht involviert. Und damit komme ich zu dem, was Liszts Denken heute so unmittelbare Aktualität verleiht.

Liszt ist — das muß heute immer wieder mit Nachdruck betont werden — nicht nur der bahnbrechende Kriminalpolitiker gewesen, der der Strafrechtspflege ganz neue Wege eröffnet hat, er ist vielmehr auch der ganz große Strafrechtsdogmatiker gewesen. Neben seinen kriminalpolitischen Aufsätzen und Vorträgen, die die moderne Entwicklung der Kriminalpolitik eingeleitet haben, hat er auch sein Lehrbuch des Strafrechts geschaffen, eine juristische Meisterleistung, die ebenbürtig neben seiner Kriminalpolitik steht. Nicht nur mit dieser seiner Kriminalpolitik hat er europäisch gewirkt, auch sein Lehrbuch, in alle Kultursprachen übersetzt, ist über ganz Europa gegangen. Die juristische Arbeit am Strafrecht ist ihm also genau so wichtiges Anliegen gewesen, wie die Begründung seiner Kriminalpolitik. Alle echte juristische Arbeit aber steht im Zeichen der Rechtsidee, d. h. letzten Endes der Gerechtigkeit Die Gerechtigkeit aber ist mit der Rechtssicherheit verschwistert. In der letzteren erlebt der mit der Staatsmacht konfrontierte einzelne in erster

Linie die Gerechtigkeit, weil Rechtssicherheit die Verneinung und Verhinderung behördlicher Willkür, der Hauptfeindin aller Gerechtigkeit, bedeutet. Lassen wir auch in dieser Beziehung Liszt selbst zu Worte kommen! Gerade weil das von der Zeit und der sozialen Entwicklung geforderte, sozialistische Denken dazu führt, daß der Staat, wie Liszt sagte, „intensiver, zielbewußter und rücksichtsloser gegen den sich auflehnenden einzelnen vorgehen muß", wird der Staat — ich zitiere Liszt nun weiter wörtlich — „um so genauer die Voraussetzungen feststellen müssen, unter welchen der einzelne der Gesamtheit verfällt, und die Grenzen bestimmen müssen, bis zu welchen die Einbuße an Rechtsschutz gehen darf. Die Begriffe Verbrechen und Strafe werden trotz aller Wandlungen unseres Rechtslebens unentbehrlich bleiben und mit ihnen das Strafrecht."

Das aber ist nichts anderes als die Anerkennung des hohen sozialen Wertes der Reichssicherheit. Liszt hat nur zu gut die Gefahren erkannt, die sich aus zahlreichen Fehlerquellen für ein unentwegtes Zweckmäßigkeitsdenken ergeben. Gerade weil alles Doktrinäre seinem aufgeräumten künstlerischen Geist verhaßt gewesen ist, hat er, der Begründer der modernen Kriminalpolitik und der Ueberwinder einseitig formal-juristischen Strafrechtsdenkens, sich einem einseitig kriminalpolitischen Zweckdenken nicht ausgeliefert, hat er erkannt, daß das soziale Leben mit seinem Spannungsreichtum und die Rätselhaftigkeit der menschlichen Seele den Mut zu scheinbarer Inkonsequenz verlangen. So hat er die rechtsstaatliche Funktion des Strafrechts nicht nur nicht preisgegeben, diese vielmehr mit allergrößtem Nachdruck betont. Daß es sich hierbei nicht nur um eine Frage nationalen Rechts handelt, daß hier ein Problem von übernationaler Bedeutung vorliegt, das die ganze abendländische Kultur angeht, hat er damit zum Ausdruck gebracht, daß er seinen rechtsstaatlichen Forderungen den wirkungsvollsten, ja überspitzten Ausdruck in dem berühmten Gutachten gegeben hat, das er 1893 der Allgemeinen Versammlung der von ihm ins Leben gerufenen Internationalen Kriminalistischen Vereinigung vorzulegen sich veranlaßt sah. Hier, vor dem Forum der ganzen Welt, erklärt er: „Nach meiner Meinung ist, so paradox es klingen mag, das Strafgesetzbuch die magna charta des Verbrechers. Es schützt nicht die Rechtsordnung, nicht die Gesamtheit, sondern den gegen diese sich auflehnenden einzelnen. Es verbrieft ihm das Recht, nur unter den gesetzlichen Voraussetzungen und nur innerhalb der gesetzlichen Grenzen bestraft zu werden. Der Doppelsatz: nullum crimen sine lege, nulla poena sine lege ist das Bollwerk des Staatsbürgers gegenüber der staatlichen Allgewalt, gegenüber der rücksichtslosen Macht der Mehrheit, gegenüber dem Leviathan. Ich habe seit Jahren das Strafrecht gekennzeichnet als die rechtlich begrenzte Strafgewalt des Staates. Ich kann jetzt auch sagen: Das Strafrecht ist die unübersteigbare Schranke der Kriminalpolitik. Und es wird und soll das bleiben, was es heute ist."

Liszt hat aus dieser der Staatsmacht Schranken setzenden Funktion des Strafrechts in seiner Strafrechtsdogmatik als Jurist alle denkbaren Folgerungen gezogen. Er hat nicht nur nicht beanstandet, daß das überkommene Strafrecht die Grenze zwischen strafbarem und straflosem Verhalten durch gesetzliche Tatbestände bestimmt, die bestimmte objektive Verhaltensweisen mit ihren objektiven Rechtsgüterverletzungen begrifflich scharf umreißen, er hat vielmehr auch in der allgemeinen Verbrechenslehre bei der Rechtswidrigkeit, der Täterschaft und Teilnahme, dem Versuch gerade die objektiven Tatkriterien als die juristisch wesentlichen herausgearbeitet und betont. Dies alles aber deswegen, damit der Bezirk, innerhalb dessen der Einsatz einer kriminalpolitisch stark intensivierten staatlichen Verbrechensbekämpfung soll erfolgen dürfen, möglichst eindeutig bestimmt ist; denn der Richter kann objektive, möglichst der Seinswelt angehörende Tatkriterien leichter und sicherer feststellen, als Tatkriterien, die subjektiv oder normativ gefaßt sind.

Darin ist oft eine Inkonsequenz und Zwiespältigkeit der Lisztschen Lehren gesehen worden, die ihm bis in unsere Tage immer wieder, sei es wissenschaftlich (so seine gegnerischen Zeitgenossen, vor allem Birkmeyer und Binding), sei es politisch (so die führenden Kriminalisten des nationalsozialistischen Deutschlands) vorgeworfen worden ist. In der Tat: der K r i m i n a l p o l i t i k e r Liszt, der Art, Maß und Inhalt der Verbrechensbekämpfungsmittel an subjektiven Täterkriterien ausgerichtet und die Täterpersönlichkeiten in ihrem individuellen, subjektiven Mannigfaltigkeitsreichtum erfaßt wissen will, hierbei selbst vor einer zeitlich unbestimmten Sicherungsstrafe nicht scheuend, schien mit dem Juristen Liszt in einem unversöhnlichen Widerstreit zu liegen. Aber alle Vorwürfe, die aus dieser angeblichen Zwiespältigkeit und Inkonsequenz hergeleitet zu werden pflegen, gehen durchaus fehl. Denn:

Die Problematik des Strafrechts wird bestimmt durch eine Doppelaufgabe, die es zu erfüllen hat. Es soll gegen den Verbrecher Sicherung gewähren und kann diese Sicherungsaufgabe — das steht zweifelsfrei fest — nicht erfüllen mit Tatvergeltungsstrafen im Sinne liberaler Observanz, muß vielmehr der Eigenart verbrecherischer Persönlichkeiten seine Verbrechensbekämpfungsmittel individualisierend anpassen. — Aber es soll zugleich auch Rechtssicherheit gewähren, d. h. es soll Schutz verleihen gegen behördliche Willkür und gegen behördlichen Irrtum. Neben die Sicherungsaufgabe tritt also gleichwertig die Rechtssicherheitsaufgabe.

Die Kriminalpolitik steht im Dienste der Sicherungsaufgabe. Indem Liszt die Kriminalpolitik angesichts des statistisch erkannten Versagens der überkommenen Tatvergeltungsstrafe als eine wichtige Aufgabe der Wissenschaft und Gesetzgebung betont hat, hat er zwar den Sicherungsgedanken wieder in den Vordergrund des Interesses gerückt, aber er hat zugleich auch erkannt, „in wie hohem Maße irrtums- und willkürgefährdet" die subjektiven Persönlichkeitskriterien sind, mit denen alle Kriminalpolitik arbeiten muß. Diese Irrtums- und Willkürgefahr nach Möglichkeit einzuschränken, erfordert die Rechtssicherheit, die nur durch eine saubere juristische Gestaltung des Strafrechts und eine exakte wissenschaftliche Herausarbeitung des Verbrechensbegriffs gewährleistet werden kann. Liszt will die rechtsstaatlichen Errungenschaften des 19. Jahrhunderts nicht preisgeben, sondern sie im Interesse einer sittlichen Persönlichkeitskultur erhalten. Deshalb ist eine rechtliche Selbstbeschränkung der staatlichen Strafgewalt notwendig und muß „auf die volle kriminalpolitische Konsequenz im Interesse der Rechtssicherheit verzichtet werden" (Radbruch). Das bedeutet nicht Widerspruch des Systems, sondern höchst weise Anerkennung der im sozialen und menschlichen Leben liegenden Spannungen und der schwerwiegenden Fehlermöglichkeiten, die allem Menschenwerk, auch dem des staatlichen Gesetzgebers anhaften.

Ist die Kriminalpolitik mit ihrer Sicherungsaufgabe auf höchstmögliche Zweckmäßigkeit eingestellt, so lebt der Rechtssicherheitsgedanke von der Idee der Gerechtigkeit. Zweckmäßigkeit und Gerechtigkeit harmonisch zu vereinen in einem Ausgleich der sozialen und der rechtsstaatlich-liberalen Elemente der Rechtsentwicklung, das ist es, was Liszt erstrebt hat und was noch heute die Problematik des Strafrechts erfüllt. Nur dieser Ausgleich bannt jene dreifachen Gefahren, die ich vorhin geschildert habe.

Wie sehr es Liszt um diese weise Beschränkung der Kriminalpolitik zu tun gewesen ist, zeigt er in seinem Bemühen, dasjenige Prinzip herauszuarbeiten, das den Einsatz der staatlichen Strafgewalt ganz allgemein regulieren soll.

Es ist merkwürdig, daß Liszt dieses Prinzip gerade im Zweckgedanken findet, merkwürdig deshalb, weil ja, vom Staate her gesehen, die Zweckmäßigkeit gerade der Gerechtigkeit gefährlich werden kann. Aber der Zweckgedanke ist für Liszt nicht mit beliebigem Inhalt erfüllbar, vielmehr ist der Zweckgedanke, um den es im Strafrecht geht, inhaltlich durch die kriminalistische Sachaufgabe bestimmt, die die wissenschaftliche Kriminalpolitik dem Staate stellt. Die Strafgewalt ist dem Staate gegeben ausschließlich, um verbrecherisches Wesen zu bekämpfen. Nur was an Einsatz staatlicher Strafgewalt insofern „notwendig" ist, kann gerechtfertigt werden. Es sind in Liszts ganzem Werk vielleicht die tiefsten Worte, wenn er erklärt: „Die richtige, d. h. die gerechte Strafe ist die notwendige Strafe. Gerechtigkeit im Strafrecht ist die Einhaltung des durch den Zweckgedanken erforderten Strafmaßes. Das völlige Gebundensein der Strafgewalt durch den Zweckgedanken ist das Ideal der strafenden Gerechtigkeit." Gerade hiermit sollen alle nicht streng kriminalpolitischen, sollen alle sachfremden Zwecke machtpolitischer oder sonstiger Art, die sich so leicht in die Betätigung strafender staatlicher Gewalt störend einmischen können, ausgeschaltet werden, soll bewirkt werden, daß das „zweischneidige Schwert", das die Strafe als „Rechtsgüterschutz durch Rechtsgüterverletzung" ist, nur geführt wird, um das Verbrechertum in strengster kriminalistischer Bedeutung zu bekämpfen. So kann Liszt sagen: „Es läßt sich eine schwerere Versündigung gegen den Zweckgedanken gar nicht denken als verschwenderische Verwendung der Strafe, als die Vernichtung der körperlichen, ethischen, nationalökonomischen Existenz eines Mitbürgers, wo diese nicht unabweislich durch die Bedürfnisse der Rechtsordnung gefordert wird. So ist die Herrschaft des Zweckgedankens der sicherste Schutz der individuellen Freiheit."

Wenn wir den Gehalt dieser Worte Liszts erwägen und sie zu den Erscheinungen in Beziehung setzen, die ich eingangs im Blick auf die gesamte rechtsgeschichtliche Situation Europas erwähnt habe, so zeigen sich alsbald alle diejenigen Fragen, die die heutige Problematik des Strafrechts eigentlich ausmachen.

1) Die erste und juristisch wichtigste Aufgabe des Strafgesetzgebers besteht darin, möglichst eindeutig zu sagen, was das Wesen verbrecherischen Unrechts ausmacht. Gestützt von einer immer mehr verfeinerten Rechtswissenschaft haben gerade die kontinentaleuropäischen Strafgesetzbücher, unter denen heute das Schweizerische Strafgesetzbuch als eines der modernsten hervorragt, auf diese juristisch-dogmatische Frage eine Unsumme von juristischer Arbeit verwandt. Und doch sind gerade in diesem juristischen Bereich noch zahlreiche Fragen offen, die uns mehr oder weniger große Schwierigkeiten machen.

Wir bezeichnen als Verbrechen das rechtswidrige und schuldhafte Verhalten, das einen strafgesetzlichen Tatbestand erfüllt. Der Gesetzgeber, der diese strafgesetzlichen Tatbestände bildet, steht schon hierbei vor einer bedeutsamen Aufgabe. Es handelt sich darum, nach Gesichtspunkten der Gerechtigkeit auszuwählen, welche Verhaltensweisen als strafrechtlich erhebliche in den strafgesetzlichen Tatbeständen zu erfassen sind. Soweit es sich hier um diejenigen handelt, die die Grundwerte menschlicher Existenz im staatlich geordneten Zusammenleben (Leben, Freiheit, Ehre, Vermögen, Sittlichkeit, Redlichkeit des Verkehrs, Existenz und Wirkungsmöglichkeit des Staates selbst) betreffen, wird sich der Gesetzgeber in Uebereinstimmung mit den sittlichen Anschauungen rechtschaffener Staatsbürger relativ leicht halten können und kaum Gefahr laufen, aus dem Rahmen des Gerechten herauszutreten. Aber die Dinge werden in den heutigen komplizierten sozialen Verhältnissen schwierig, weil der Staat sich nicht auf den Schutz solcher herkömmlichen Rechtsgüter beschränken kann, sondern das soziale Leben in bezug auf Wirtschaft, Verwendung der Arbeitskraft, Verteilung von Grund, Boden und Wohnraum, Gewerbebetrieb und zahllose andere Verhältnisse regeln und in dieser Hinsicht den Gehorsam seiner Bürger verlangen muß. Der moderne Verwaltungsstaat nimmt den einzelnen ganz anders in Anspruch als der liberale Rechtsstaat des 19. Jahrhunderts. Da entsteht die Gefahr, daß er zur Durchsetzung seines Willens das bequeme Machtmittel des Strafzwanges im Uebermaß verwendet und so in den Fehler verfällt, durch verschwenderisches Strafen die sittliche Idee der Strafe zu depravieren. Die Entwicklung des Wirtschafts-, Arbeits-, Steuer-, Gewerbe-, Wohnrechts hat denn auch schon gezeigt, daß die Idee gerechten Strafens sich nur dann erhalten läßt, wenn die kriminelle Strafe in allen diesen Beziehungen beschränkt bleibt auf Handlungen, die immer noch als Rechtsgutverletzungen im materiellen Sinn, als sozialschädlich und darum von jedem Rechtschaffenen als verwerflich angesprochen werden dürfen und sich nicht bloß als Ungehorsam gegenüber den staatlichen Verwaltungsinteressen, als Lässigkeit gegen behördliche Anordnungen darstellen. In ungeahnter Weise hat sich hier die Bedeutsamkeit der alten Frage herausgestellt, wie das eigentliche Justizstrafrecht vom Verwaltungsstrafrecht abzuscheiden ist. Dieses Problem ist heute von grundlegender Bedeutung. Ich habe eingangs auf die Wirtschaftsstrafverordnung der östlichen Zone Deutschlands hingewiesen. Hier wird unterschiedslos j e d e r Verstoß gegen einen staatlichen Wirtschaftsbefehl mit Kriminalstrafe bedroht und sogar den Verwaltungsbehörden die Verhängung von Geldstrafen und von existenzvernichtenden Nebenstrafen übertragen. Das ist eine völlige Verkennung des Problems und ein Musterbeispiel dafür, wie machtstaatliches Zweckdenken hier jene entscheidend wichtige Aufgabe, den Bereich des kriminell Strafbaren, den Bereich also des Justizdelikts, nach Gerechtigkeitsgesichtspunkten abzustecken, verfehlt hat. Bloßer Verwaltungsungehorsam darf nicht kriminelle Strafe nach sich ziehen oder Verwaltungsmaßnahmen, die sich von den Strafen nur dem Namen nach unterscheiden, aber genau wie diese den einzelnen schwer, vielleicht existenzvernichtend treffen. Denn wo in einem rechtswidrigen Verhalten nicht ein greifbarer Sozialschaden in Gestalt klar fixierbarer Rechtsgutverletzung gegeben ist, fehlt jeder Anlaß, das s i t t l i c h e Gewissen wachzurufen, läßt sich die Kriminalstrafe mit ihrem sittlichen Pathos nicht rechtfertigen.

2) Nicht weniger schwierige Probleme des Strafrechts aber kreisen heute um den richtigen Einsatz der Strafen und sichernden Maßnahmen, die die moderne Kriminalpolitik in den Dienst der Verbrechensbekämpfung gestellt wissen will.

Jedes nationale Strafrecht muß sich heute mit der Frage auseinandersetzen, inwieweit die die Täterpersönlichkeit zutiefst erfassenden spezialpräventiven Strafen und Maßnahmen verantwortet werden können. Ich habe hier zunächst die Freiheitsstrafe und die Verwahrung im Auge. Die letztere kennt das deutsche Strafrecht als Sicherungsverwahrung (§ 42 e), als Unterbringung in einem Arbeitshaus (§ 42 d), als Unterbringung in einer Trinkerheilanstalt (§ 42 c), ganz entsprechend das Schweizerische StGB als Verwahrung von Gewohnheitsverbrechern (Art. 42), als Einweisung in eine Arbeitserziehungsanstalt (Art. 43) und als Einweisung in eine Trinkerheilanstalt (Art. 44). Gerade mit diesen Verwahrungen soll ja höchste kriminalpolitische Zweckmäßigkeit erreicht werden. Gerade hier stellt sich demgemäß am greifbarsten das Problem, das sich aus der antinomischen Spannung von Zweckmäßigkeit und Gerechtigkeit ergibt. Es taucht aber auch auf bei der Behandlung der Minderjährigen sowie der Zurechnungsunfähigen und vermindert Zurechnungsfähigen. Denn auch hier treten neben die Strafen spezialpräventive Maßnahmen, bei Minderjährigen insbesondere die Versorgungs- und Erziehungsmaßnahmen.

a) Die Maßnahmen haben mit den Freiheitsstrafen, soweit es sich um Verwahrungen, Anstaltseinweisungen, Unterbringungen handelt, eine Beeinträchtigung der persönlichen Freiheit gemein, unterscheiden sich aber von den Freiheitsstrafen durch die Unbestimmtheit ihrer Dauer, die sich bei manchen auf Lebenszeit erstrecken kann. Ein rechtsstaatlicher Gesetzgeber darf hier die Gefahr für die persönliche Freiheit nicht verkennen. Es erhebt sich ein rechtspolitisches Problem ernstester Art.

Die rechtsstaatliche Linie wahrt hier nur derjenige Staat, der sich verantwortungsbewußt zu bescheiden weiß und über dem kriminalpolitischen Zweckdenken die verfassungsmäßigen Freiheitsrechte nicht vergißt.

Und gerade hier ist der Lisztsche Gedanke von der im Zweckgedanken liegenden „N o t w e n d i g k e i t", recht verstanden, von größter politischer Bedeutung. Reguliert sich die mit Freiheitsstrafen zugefügte Freiheitsbeeinträchtigung aus dem Gedanken der Schuld, so muß sich jede sonstige Freiheitsbeschränkung regulieren aus dem Gedanken einer aus strenger k r i m i n a l politischer Sachlichkeit hergeleiteten unabweislichen Notwendigkeit. K r i m i n a l politische Sachlichkeit aber bedeutet, daß der Staat sich ängstlich hütet, Freiheitsbeschränkungen aufzuerlegen um i r g e n d w e l c h e r macht- oder staatspolitischen Zwecke willen, die ihm seine Staatsräson nahe legen könnte. Nicht der der Staatsleitung politisch Unbequeme, sondern der der gesamten Volksgemeinschaft kriminell Gefährliche darf einzig und allein das Objekt solcher Freiheitsentziehungen sein. Das bedeutet die ungeheuer wichtige Ausschaltung aller politischen Polizei- oder Schutzhaft und die radikale Absage an alle diejenigen politischen Systeme, die sich nicht scheuen, aus einer sogen. volksdemokratischen Idee heraus jedem Gegner staatspolitischer Interessen tiefgreifende Freiheitsbeschränkungen aufzuerlegen, noch dazu seitens der Exekutive ohne jede richterliche Kontrolle.

Aber auch innerhalb echter, streng kriminalpolitisch orientierter Strafrechtspflege ergibt sich aus dem Gedanken der „N o t w e n d i g k e i t" ein sehr bedeutsames Regulativ für den staatlichen Machteinsatz. Liest man etwa das Schweizerische StGB, um dieses als Prototyp rechtsstaatlicher Strafgesetzgebung hervorzuheben, so wird deutlich, daß die Persönlichkeit des einzelnen Gegenstand freiheitsbeschränkender Maßnahmen nach reinen Zweckgesichtspunkten nur da wird, wo die Fehlerquellen, die, wie schon erwähnt, bei aller Persönlichkeitserfassung eine fatale Rolle spielen können, relativ gering sind. Das Gesetz beschränkt also aus rechtsstaatlichen Gründen die freiheitsbeschränkenden Maßnahmen auf k r i m i n o l o g i s c h e T ätertypen, deren Feststellung mit justizförmigen Mitteln relativ leicht und sicher möglich ist. Es sind das die Unzurechnungsfähigen und die vermindert Zurechnungsfähigen, über deren Art der Psychiater dem Richter Auskunft geben kann, ferner die Gewohnheitsverbrecher, für deren Wesen Art. 42 sehr deutliche Kriterien in Gestalt zahlreicher Vorstrafen und eines Hanges zum Verbrechen, zu Liederlichkeit und Arbeitsscheu angibt, dann die Gewohnheitstrinker und die Sozial-Parasitären, die sich durch Arbeitsscheu und Liederlichkeit auszeichnen und deren Kriminalität hiermit im Zusammenhang steht.

Die Aussonderung dieser faßbaren kriminologischen Typen bedeutet zugleich, daß die spezialpräventiven Maßnahmen von einer sehr großen Gruppe von Tätern grundsätzlich ferngehalten werden, von denjenigen nämlich, die sehr allgemein als „Augenblicksverbrecher" zu gelten haben.

Bekanntlich hat Liszt diese ebenfalls stets von seinen kriminalpolitischen Forderungen spezialpräventiver Behandlung ausgenommen. Auch das ist ihm als unwissenschaftliche Inkonsequenz ausgelegt worden. Seine Gegner meinten, ein kriminalistisches System, das vom Zweckgedanken her das überkommene Tatvergeltungsstrafrecht bekämpft, müsse, wenn es Anspruch auf wissenschaftliche Beachtlichkeit erheben wolle, das spezialpräventive Zweckdenken restlos durchführen. Aber Liszts Weisheit hat gewußt, daß die Welt des Seelisch-Persönlichen zu kompliziert, zu rätselhaft, zu geheimnisvoll ist, als daß sie, dividiert durch den kriminalpolitischen Gedanken spezialpräventiver Zweckmäßigkeit, ohne jeden Rest aufgehen könnte. So hat er, aus überlegener Weisheit und verantwortungsbewußt, den Augenblicksverbrecher der überkommenen Tatvergeltungsstrafe ohne Bedenken überlassen. Denn die Spezialprävention, die auf Resozialisierung oder Unschädlichmachung zielt, entbehrt bei den Augenblicksverbrechern des faßbaren Beziehungsobjekts, denn es handelt sich bei diesen um denjenigen Teil der vor dem Richter erscheinenden Täter, von deren Persönlichkeit unter kriminalbiologischen Gesichtspunkten wir im Grunde genommen überhaupt nichts wissen. Wir können froh sein, wenn wir einigermaßen in das Spiel ihrer Motive blicken können, um diese, wie es das Schweizerische StGB. in den schönen, inhaltsvollen Art. 63 ff. vorschreibt, bei der Strafzumessung zu verwerten. Im übrigen aber sind die Fehlermöglichkeiten bei der spezialpräventiven Bestimmung von Maßnahmen hier so groß, daß wir für sie einen festen Ansatz gar nicht finden können. Sie würden sich in den Gesichtspunkten des „Notwendigen“ überhaupt nicht einordnen lassen. Es ist also nicht systemwidrige Inkonsequenz, sondern letzten Endes nichts anderes als der Respekt vor dem Rätsel Mensch und Achtung vor der menschlichen Persönlichkeit, wenn wir vom Gesetzgeber geradezu fordern müssen, daß er beim Augenblicksverbrecher von spezialpräventiven Maßnahmen absieht, hier also alle fragwürdigen kriminalistischen Experimente verbietet.

b) Faßbare kriminologische Tätertypen treten uns entgegen in den gefährlichen Gewohnheitsverbrechern, in den arbeitsscheuen Parasitären, in den Gewohnheitstrinkern, in den Persönlichkeiten mit feststellbarer seelischer Abnormität, sei es als Folge einer Gehirnerkrankung, sei es als intensitative Spielart seelischen Wesens, endlich in den Jugendlichen. Die Kriterien, an denen die Zugehörigkeit zu einer dieser kriminologischen Gruppen erkannt werden kann, lassen sich im Gesetz deutlich angeben. Ich habe in dieser Hinsicht schon auf die Bestimmungen des Schweizerischen Rechts hingewiesen. Der Richter sieht also aus dem Gesetz klar, nach welchen Richtungen er hier die kriminelle Persönlichkeit zu erforschen hat.

α) Soweit wir nun solchen kriminologischen Tätertypen gegenüber Maßnahmen ergreifen, die sich als pflegerische oder erzieherische nach Art und Wesen deutlich von den Freiheitsstrafen unterscheiden, ist ihre Problematik unter dem Gesichtspunkt der Gerechtigkeit und Verantwortbarkeit relativ gering. Wo der Arzt oder der Erzieher, also die humanen Prinzipien des Helfens, Pflegens und sittlichen Aufrichtens und Förderns den Geist und das Leben in einer Anstalt beherrschen und bestimmen, braucht die Einweisung in sie, obwohl auch sie eine Freiheitsbeeinträchtigung bedeutet, nicht als Uebelszufügung, als Leidauferlegung zu gelten, ist sie, recht gesehen, Erweisung einer Wohltat. Das ist keine Fiktion, sondern entspricht der Wirklichkeit des Lebens in diesen Anstalten. Zum Uebel wird solche Einweisung erst dann, wenn ihre „Notwendigkeit“ nicht mehr besteht, wenn also das wohlverstandene Beste des Eingewiesenen die Anhaltung nicht mehr erfordert. Daher spielt hier vom Standpunkt des Rechtes aus hauptsächlich das Problem der Dauer der Einweisung die entscheidende Rolle. Art. 44 Schw. StGB sieht bei der Einweisung in eine Trinkerheilanstalt gesetzlich eine Maximaldauer von 2 Jahren vor, bei Jugendlichen setzen die Art. 91, 93 dem Aufenthalt in der Erziehungsanstalt altersbedingte zeitliche Grenzen. Im übrigen gilt gerade auch für die pflegerischen und erzieherischen Anstaltseinweisungen der Grundsatz, daß sie aufzuheben sind, wenn der Zweck erreicht ist. Die Frage ist hier gesetzgeberisch vor allem die, ob in dieser Hinsicht der Richter die Entscheidung oder doch die Kontrolle hat, oder ob die Verwaltungsbehörde zu entscheiden hat. Letzteres entspricht dem schweizerischen System und gilt z. B. auch im deutschen Recht, freilich erst seit 1941, während hier früher, d. h. von 1933 bis 1941 das Gericht zuständig gewesen ist. Für die deutschen Rechtsverhältnisse halte ich die gerichtliche Entscheidung für besser, möchte aber an dem schweizerischen System damit keine Kritik üben.

β) Die schwierigste strafrechtliche Problematik ist aber bei den ausgesprochen sichernden Maßnahmen gegeben, die, wie vor allem die Sicherungsverwahrung, den Verurteilten einem äußerst strengen Anstaltszwang unterwerfen, der durchaus zuchthausmäßigen Charakter hat. Ich möchte dies nur in bezug auf die Sicherungsverwahrung des gefährlichen Gewohnheitsverbrechers etwas näher untersuchen. Letztlich verfängt sich hier alle Problematik in dem Verhältnis der Verwahrung zur Strafe.

Bekanntlich sind die verschiedenen nationalen Rechte hier verschiedenartige Wege gegangen. Das, worauf es allen ankommt, ist die wirkungsvolle Sicherung der Allgemeinheit gegen das gefährliche kriminelle Wesen des Gewohnheitsverbrechers. Gerade in dieser Beziehung hatte das liberale Strafrecht des 19. Jahrhunderts am schwersten versagt. Es wartete immer erneute Verbrechensbegehungen ab, um tatvergeltend auf diese mit zeitlich festbestimmten Strafen zu reagieren. Nach ausgestandener Strafe erfolgte die Entlassung, obwohl es völlig sicher war, daß der Entlassene sofort wieder eine kriminelle Tat zu vielleicht schwerem Schaden eines anderen begehen werde.

Liszt stellte dem Gewohnheitsverbrecher gegenüber äußerst radikale Forderungen.

Er verlangte eine *Sicherungsstrafe von unbestimmter Dauer* und rief damit den Kampf um das unbestimmte Strafurteil wach. Der Gedanke der gerade hier so eindeutig gegebenen kriminalpolitischen Notwendigkeit ließ ihn weder an der Zweckmäßigkeit noch an der Gerechtigkeit solcher unbestimmten Sicherungsstrafe, deren schwerster Uebelscharakter ja evident ist, zweifeln. Um so lauter waren unter dem Gesichtspunkt der Gerechtigkeit die Einwände seiner Gegner. Gewiß, als Tatvergeltung ist die unbestimmte Strafe nicht zu begründen, aber auch von dem strafrechtlichen Schuldhaftungsprinzip her mußten schwere Bedenken geäußert werden, solange Schuld als Einzeltatschuld gedacht werden konnte und solange die Schuldlehre im Strafrecht über den im Wissen und Wollen der Tat gegebenen Psychologismus nicht hinauskam.

Carl *Stooß*, der geistige Urheber des Schweizerischen StGB, der unermüdliche und geistvolle Vorkämpfer der Strafrechtsreform dieses Landes, hat die mit der unbestimmten Verurteilung der Gewohnheitsverbrecher erstrebten Ziele zu retten verstanden durch einen Kompromiß zwischen den gegnerischen Auffassungen. Eine Kumulierung der festbestimmten Strafe mit einer zeitlich unbegrenzten Verwahrung ermöglichte ein Festhalten an Tatvergeltung und Einzeltatschuld, soweit Strafe verhängt wird, und befriedigte das Sicherungsbedürfnis, das der kriminellen Gefährlichkeit gegenüber auch von den Gegnern der unbestimmten Strafe anerkannt werden mußte, durch eine ethisch indifferente, daher vom Schuldgedanken ablösbare Verwahrung rein präventionistischen Sinnes.

Dieses System hat in der Schweiz und in Deutschland gesiegt, freilich verschiedene Ausgestaltung gefunden. Das deutsche StGB sieht dem gefährlichen Gewohnheitsverbrecher gegenüber gemäß § 20 a immer und ausschließlich Zuchthausstrafe bis zu 5 bzw. 15 Jahren und im Anschluß an diese gemäß § 42 e die Verbringung in Sicherungsverwahrung auf unbestimmte Zeit vor, also wirkliche Kumulierung von Strafe und sichernder Maßnahme mit scharf gemeinter begrifflicher Gegensätzlichkeit beider und zeitlich aufeinanderfolgender Vollstreckung. Art. 42 des Schweizerischen StGB läßt den Richtern im Urteilsdispositiv sowohl eine zeitlich festbestimmte Freiheitsstrafe (möglicherweise nur Gefängnis) als auch Verwahrung auf unbestimmte Zeit aussprechen, aber (und das ist nun der große Unterschied zum deutschen Recht) in der Vollstreckung tritt die Verwahrung in diesem Falle an die Stelle der ausgesprochenen Freiheitsstrafe.

Keines dieser Systeme stellt m. E. den Abschluß der wünschbaren Entwicklung dar, wie auch keines in Wahrheit die dogmatischen Schwierigkeiten beseitigt, die für ein am Schuldgedanken orientiertes Strafrecht an dieser Stelle nun einmal bestehen.

So bestrickend nämlich die Unterscheidung von Strafe und Verwahrung anmutet, in der Welt der Wirklichkeit, die sich hier beim Vollzuge auftut, schwinden die Unterschiede dahin. In der Verwahrungsanstalt, in der die gefährlichsten Kriminellen zusammenkommen, muß aus der Natur der Sache heraus eiserne Disziplin mit unerbittlichem Arbeitszwang herrschen, d. h. aber eine Atmosphäre, die von derjenigen des Zuchthauses oder des Gefängnisses sich kaum unterscheiden kann. Ziff. 2 des Art. 42 des Schweizerischen StGB ist insofern ja sehr deutlich. Das aber bedeutet: Die Verwahrung gestaltet sich immer als schwerste Uebelszufügung und ist ja eben gerade deshalb fähig, die den Täter verhängte Freiheitsstrafe zu konsumieren. Welche Vollzugspraxis wird sich denn auch diesen kriminellen Elementen gegenüber lange mit der unlösbaren Aufgabe quälen, einen Unterschied zwischen dem „begriffsmäßigen Uebel der Strafe" und dem „leider unvermeidlichen Uebel der Sicherungsverwahrung" herauszufinden, wie Kohlrausch einmal zu dieser Sache gesagt hat! Art. 42 des Schweizerischen StGB hat denn auch, anders als das in diesem Punkte ganz doktrinäre deutsche StGB, im Vollzuge die Verwahrung ganz einfach an die Stelle der Strafe treten lassen. Die Verwahrung leistet also alles das, was dem gefährlichen Verbrecher gegenüber auch die Strafe leisten müßte. Uebrigens ist es gar keine Frage, daß nach deutschem Recht die zunächst zu vollziehende, oft lange Zuchthausstrafe gleichzeitig auch die Sicherungsfunktion der Verwahrung mit übernimmt und die Verwahrung allenfalls überflüssig macht, wenn am Schluß des Strafvollzuges ein Sicherungsbedürfnis nicht mehr besteht.

Mit andern Worten: In der Wirklichkeit des Vollzuges erlebt der Verurteilte nach schweizerischem wie nach deutschem Recht genau das, was für ihn die von Liszt empfohlene unbestimmte Sicherungsstrafe hat bedeuten sollen.

Wenn man sich aber dieser Einsicht nicht verschließt, dann taucht alsbald die juristisch-dogmatische Frage auf, wie denn dieses System, so oder so, vom Gedanken der Schuldhaftung aus verantwortet und gerechtfertigt werden kann. Dieser Frage können wir nicht ausweichen, solange wir rechtsstaatlich denken, also verlangen müssen, daß der Staat den einzelnen Leid und Uebel tragen läßt nur unter der Voraussetzung, daß er dies durch seine Schuld verdient hat. Die Unrechtsfolge aber, die hier über den Verurteilten verhängt wird, knüpft zweifellos nicht an die von ihm begangene und nunmehr richterlich abgeurteilte Tat als solche an. Für diese, isoliert betrachtet, käme vielleicht nur eine relativ geringe Gefängnisstrafe in Betracht. Nein, die Unrechtsfolge hat hier nicht in der abgeurteilten Einzeltat, sondern allein im kriminellen Sein des Täters ihr alleiniges Beziehungsobjekt. Aber da entsteht die Frage, wie denn der Täter das Sein, das Wesen seiner selbst soll verantworten können. Mit der überkommenen Tatschuldlehre können wir diese Frage nicht meistern. Dies sich eingestehen, bedeutet die Erkenntnis, daß hier ein sehr ernstes Problem liegt. Die juristische Dogmatik, die die Schuldlehre entwickelt hat, ist ja keine gedankliche Spielerei, sondern der Prüfstein für das, was sich rechtlich, d. h. unter dem Zeichen der Rechtsidee verantworten läßt.

Es fragt sich, ob es im Bereiche des Rechtlichen außer einer Tatschuld im überkommenen Sinn für kriminalbiologische Tätertypen, wie den Gewohnheitsverbrecher, auch eine Täterschuld, d. h.: eine Schuld für das kriminalbiologische Tätersein geben kann. In der deutschen Strafrechtswissenschaft haben insbesondere Mezger, Bockelmann, Lange und Welzel dieses dogmatische Problem zu klären gesucht. Einheitliche Ergebnisse sind noch nicht gewonnen. Aber so viel hat sich wohl schon geklärt:

es gibt nicht nur eine Tatschuld in dem Sinne, daß ein „Andershandeln-Können“ möglich gewesen, so daß das „Nicht-andersgehandelt-haben“ als im Motivationsansatz fehlerhaft, als pflichtwidrig und vorwerfbar gewertet werden darf; es gibt auch eine ganz echte Täterschuld, die sich auf die Erwerbung eines sozialminderwertigen Charakters bezieht, weil dieser Charakter auf eine verfehlte, vorwerfbare Lebensführung oder auf eine verfehlte, vorwerfbare Lebensentscheidung zurückzuführen ist. Der Mensch hat nicht nur die Pflicht, sich im Einzelfall im Widerstreit der guten und bösen Motive zum Rechten zu entscheiden; er hat auch die Pflicht, an der sozialen Entfaltung seiner Persönlichkeit zu arbeiten. Er darf weder wie Richard III. im Shakespearischen Drama sich vorsetzen, „ein Bösewicht zu werden“, noch darf er einen anlagemäßig bedingten Hang zum Schlechten nach und nach Macht über sich gewinnen lassen. „Dieses Nachgeben, dies Ausweichen und Abgleiten ist der Akt, in dem der Verbrecher nicht nur Schlechtes begeht, sondern durch den er sich zu einem Schlechten macht“ (Bockelmann). Auch diese Täterschuld knüpft also, wie die Tatschuld, an fehlerhafte Motivationen und pflichtwidrige innere Entscheidungen an. So, nur so werden wir sie dogmatisch begründen können.

Daraus aber ergeben sich für den Art. 42 des Schweizerischen StGB, wie für die §§ 20 a, 42 e des deutschen StGB nicht unwichtige Folgerungen.

Wo bei der Erforschung der Täterpersönlichkeit die kriminologische Abartigkeit und soziale Minderwertigkeit zurückzuführen ist auf völlig unverschuldete äußere Einflüsse, die die leibseelische Struktur des Täters geschädigt haben, z. B. schwere Unfälle oder Kriegsverletzungen mit ihren traumatischen Störungen und Beeinträchtigungen der Gehirn- oder körperlichen Funktionen, da wird sich der Richter gestehen müssen, daß das Ergebnis in der täterischen Persönlichkeitsartung Schicksal und nicht Schuld ist. Da aber kann die mit der unbestimmten Sicherungsstrafe verbundene schwere Uebelszufügung rechtlich nicht verantwortet werden. Gerade in dieser Hinsicht ist das schweizerische StGB dem deutschen erheblich überlegen. Es ist sehr weise, daß Art. 42 des Schweizerischen StGB dem Richter für die Verhängung der Sicherungsverwahrung eine „Kann“-Vorschrift zur Verfügung stellt. Was soll sie im Grunde genommen bedeuten? Wenn der vielfach Vorbestrafte ein solcher ist, daß er tatsächlich, wie es in Art. 42 heißt, einen Hang zu Verbrechen oder Vergehen, zur Liederlichkeit oder Arbeitsscheu bekundet, dann wird ja die kriminelle Gefährlichkeit als solche, die Art. 42 bekämpfen will, immer und ausnahmslos gegeben sein. Warum schreibt Art. 42 dann nicht obligatorisch die Sicherungsverwahrung vor? Welche Fälle sollen es sein, die den Richter sachlich bestimmen können, auf diese schwerstwiegende Unrechtsfolge zu verzichten? M. E. können das eben nur die Fälle sein, wo mangels feststellbarer „Täterschuld“ die Verhängung dieser Unrechtsfolge rechtlich nicht verantwortet werden kann. Der Richter wird also eben dann von ihr absehen. In kriminalpolitische Verlegenheit wird er dadurch nicht zu kommen brauchen. Meist wird dann der Fall so liegen, daß Anlaß besteht, den Täter als vermindert Zurechnungsfähigen nach Art. 14 oder 15 zu behandeln oder eine Maßnahme der Art. 43, 44 zu ergreifen. Jedenfalls hat Art. 42 des Schweizerischen StGB mit seiner fakultativen Kann-Vorschrift den rechtlich ganz richtigen Weg beschritten. § 20 a des deutschen StGB aber hat leider das rechtliche Problem verkannt, indem es für den, der sich als gefährlicher Gewohnheitsverbrecher für die richterliche Persönlichkeitsdiagnose herausstellt, die Verhängung der Zuchthausstrafe und in § 42e daneben die Anordnung der Sicherungsverwahrung obligatorisch vorschreibt, wenn auch die Persönlichkeitsprognose ungünstig ist. Kriminalpolitisches Zweckdenken hat hier den Rechtsgedanken an Entfaltung gehindert.

Ich komme nunmehr zum Schluß.

Das zuletzt erörterte Problem hat uns von einer Spezialfrage moderner Verbrechensbekämpfung her wieder zu der Frage geführt, die das Leitmotiv meiner gesamten Ausführungen abgegeben hat: zur Frage des Verhältnisses von Zweckmäßigkeit und Gerechtigkeit, d. h. aber im Bereiche sozialer Problematik letzten Endes immer: zur Frage des Verhältnisses von Macht und Recht. Und damit sind wir wieder zu dem übernationalen Problem gekommen, von dem ich meinen Ausgang genommen hatte. Vor 60 Jahren hat Adolf Merkel, einer der geistvollsten Juristen seiner Zeit, einmal gesagt: „Der

Geist des Strafrechts ist identisch mit dem Geiste, in welchem die Gesellschaft oder diejenigen, welche jeweils über ihre Machtmittel verfügen, den endlosen Kampf mit dem ihren Interessen, Ueberzeugungen oder Einrichtungen sich nicht anpassenden Individuum führen. Denn mit dem ernstesten Teile dieses Kampfes haben wir es im Gebiete des Strafrechts zu tun." Es war das fast die gleiche Zeit, da der unvergeßliche Historiker Jakob Burckhardt einem seiner Freunde aus tiefster Sorge um die europäische Menschheit schrieb: „Für mich ist es schon lange klar, daß die Welt der Alternative zwischen völliger Demokratie und absolutem rechtlosem Despotismus entgegentreibt, welcher letztere dann freilich nicht mehr von Dynastien betrieben werden möchte, sondern von angeblich republikanischen Militärkommandos." Er nennt die Politiker und Machtmenschen, die das System eines solchen absolut rechtlosen Despotismus verwirklichen, die „terribles simplificateurs" und sagt von ihnen voraus, daß sie „zu Mitteln" greifen werden, „welche auch der furchtbarste Despot nicht übers Herz brächte". Jakob Burckhardt hat nur allzu richtig gesehen. Die Geschichte hat die Menschheit dieser furchtbaren Alternative nur zu nahe gebracht. Die Idee der Freiheit und mit ihr die Idee des Rechtes und seiner von ihm bestimmten Kultur steht auf dem Spiel. Das ist der „Menschheit großer Gegenstand", um den jetzt gerungen wird. Aus heißem Herzen müssen wir wünschen, daß der europäischen Welt ihre rechtsstaatliche Kultur, für die das Strafgesetzbuch immer ein sichtbares und vorbildliches Zeugnis darstellen wird, in allen kommenden, welterschütternden Stürmen erhalten bleibe, und, soweit sie sie verloren hat, wiedergegeben werde, und daß ein weiteres Vordringen der „terribles Simplificateurs", deren System sich mitten ins Herz Europas vorgeschoben hat, der europäischen Menschheit erspart bleibe. Nur dann besteht Hoffnung, daß sich „der Güter Bestes", das Recht, wieder den Rang einer alle Macht zwingenden Ordnung erobere. Ich möchte schließen mit einem Worte, das ein griechischer Weiser 700 Jahre vor Christi Geburt den Menschen gegeben hat:

„Höre immer aufs Recht und niemals übe Gewalttat,
denn ein solches Gebot erteilte Kronion den Menschen.
Bestien zwar und Fische und flügelspannende Vögel

Sollen einander verschlingen,
denn sie ermangeln des Rechtes.
Aber den Menschen verlieh er das Recht,
das bei weitem der Güter Bestes."

Die Umgestaltung des Polizeirechts in der britischen Zone

Betrachtungen zur Einführung englischer Verwaltungsinstitutionen in das deutsche Recht*)

Von
HANS SCHNEIDER

Im Bereich des deutschen Polizeirechts vollziehen sich gegenwärtig große Veränderungen. Dieser ebenso tiefgehende wie weitreichende Umgestaltungsprozeß hat nunmehr in der britischen Besatzungszone einen vorläufigen Abschluß gefunden. Die Vorgänge sind der Allgemeinheit verborgen geblieben und selbst von Juristen wenig beachtet worden. Dabei bedarf es keiner Hervorhebung, daß jene Entwicklung das Interesse weiter Kreise verdient, ja beanspruchen darf.

Die nachfolgende Untersuchung möchte zunächst über eine erste Skizze der neuen Rechtslage hinaus durch einige rechtsvergleichende Betrachtungen etwas Klarheit in das unübersichtliche Gestrüpp der positiven Bestimmungen bringen, die neue Entwicklung in ihren wesentlichen Linien und Zusammenhängen aufhellen und schließlich — wenigstens andeutungsweise — auf die hintergründige Problematik dieses Themas hinweisen. Damit möchte sich der Beitrag in den Dienst einer Aufgabe stellen, die der hochverehrte Jubilar, dem diese Festschrift gewidmet ist, in seinen zahlreichen Werken auf so glückliche Weise gelöst hat: durch wissenschaftliche Studien eine sinnvolle Rechtsentwicklung zu fördern.

---

*) Das Manuskript ist im wesentlichen abgeschlossen worden am 1. Oktober 1948. Spätere Gesetzgebung und Literatur bis zum 1. 10. 1949 konnte jedoch in Fußnoten berücksichtigt werden.

I.

Die Polizei teilt das Schicksal des Staates, dem sie dient. Deswegen versteht es sich, daß mit dem Zerfall des nationalsozialistischen Reiches auch das deutsche Polizeiwesen das totale Risiko einer dem totalen Staat verpflichteten Einrichtung an sich erfahren hat. Da in einer neuen Weise für das Dritte Reich zutraf, was für den absoluten Staat galt, daß nämlich dort Polizei und Staatsregiment zu identischen Begriffen wurden, erscheint es als eine geradezu adäquate Konsequenz, daß mit dem Zusammenbruch des nationalsozialistischen Staates auch die Organisation seiner Polizei, wie sie in den Jahren von 1933 bis 1944 von Reichs wegen gestaltet war, zerfallen ist. Nur die Bahnpolizei ist (als der einzige uniformierte Körper überhaupt) in allen vier Besatzungszonen Deutschlands von einer tiefgehenden Veränderung ihrer Organisation und Zuständigkeiten verschont geblieben.

Viele Aenderungen haben sich aus dem Wegfall von Reichsbehörden und dem Obsoletwerden von reichsrechtlichen Zuständigkeiten zwangsläufig ergeben. Der Schwerpunkt des Polizeiwesens hat sich im allgemeinen — von den besonderen und noch in der Entwicklung befindlichen Verhältnissen in der sowjetischen Besatzungszone abgesehen — auf die neuen deutschen Länder verlagert.

Aber auch das sogenannte materielle Polizeirecht, dessen hergebrachte Grundsätze von dem gestürzten Reichspolizeigewaltigen teils suspendiert, teils in Zweifel gezogen waren, ist nach dem 8. Mai 1945 starken Veränderungen ausgesetzt gewesen. Diese sind nur zum Teil durch Akte deutscher Gesetzgeber bewirkt worden, [1]) eine Reihe von wichtigen Entscheidungen haben die Besatzungsmächte für ihre Zone

---

[1]) Württ.-Baden: Ges. über die Neuordnung des Polizeiverordnungsrechts. Vom 7. 2. 1947 (RBl. 1946 S. 40). Erl. über die Neuordnung der Polizei. Vom 22. 12. 1947 (ABlMdJ 1948 S. 17).
Bremen: Ges. über die Rechtsverhältnisse der Polizei. Vom 2. 8. 1947 (GBl. 1947 S. 128).
In den Ländern der britischen Besatzungszone: die in den Anmerkungen 4—7 erwähnten Gesetze und Verordnungen.
In Berlin und in der franz. Besatzungszone: keine bemerkenswerten Akte deutscher Gesetzgebung.

getroffen; im Kontrollrat sind dagegen nur wenige Beschlüsse gefaßt worden. [2])

Bei einer Bestandsaufnahme ergibt sich für die britische Zone, auf deren Gebiet sich diese Untersuchung aus verschiedenen Gründen beschränken muß, folgendes Bild: [2a])

Den ersten Schritt zur Umgestaltung des Polizeiwesens und des Polizeirechts hat die britische Militärregierung bereits im Herbst 1945 unternommen. Durch einen unveröffentlicht gebliebenen Befehl [3]) wurden damals eine Reihe von Anordnungen getroffen, die zwar später in manchem ergänzt, im wesentlichen aber maßgeblich geblieben sind, und zwar auch, nachdem die Polizeihoheit wieder in deutsche Hände gelegt worden ist. Dem neuen Rechtszustand hat kürzlich die Verordnung Nr. 135 der britischen Militärregierung (Amtsblatt S. 713) einen festen Rahmen zu geben gesucht. Für Niedersachsen hat ein schon wiederholt verlängertes Uebergangsgesetz vom 23. April 1947 [4]) einige Fragen der Organisation und der Finanzierung der Polizei ergänzend geregelt. Im Land Nordrhein-Westfalen gilt eine ähnliche Uebergangsverordnung, [5]) in Schleswig-Holstein das Gesetz zur Uebernahme der Polizeigewalt [6]) und in Hamburg ein Gesetz über die Polizeiverwaltung. [7])

Die verschiedenen Neuerungen lassen sich ihrem Inhalte bzw. ihrer Tendenz nach unter drei Gesichtspunkte stellen: 1. der Aufgabenkreis der Polizei ist verengt worden; 2. man hat die Polizei in

---

[2]) KR-Ges. Nr. 31 (über die Auflösung der politischen Polizei). Vom 1. 7. 1946 (KRAmtsbl. S. 163); KR-Direktive Nr. 16 (über die Bewaffnung der deutschen Polizei). Vom 6. 11. 1945 (KRAmtsbl. S. 42).

[2a]) Vgl. auch die (erst nach Abschluß des Manuskriptes veröffentlichten und deswegen hier nicht ausgewerteten) Vorträge von H. J. Wolff und Middelhaufe: Polizeirecht im neuen Deutschland (Bericht über die Polizeichef-Tagung in Hiltrup in Westf., April 1949). Ferner den Aufsatz von Pioch in DV. 1949 S. 225 f.

[3]) BAOR. 38708/20/6 vom 25. 9. 1945.

[4]) Vom 23. 4. 1947 (NdsGVBl. 1947 S. 58). — Eine Zusammenstellung der einschlägigen Vorschriften enthält meine Ausgabe „Oeffentliches Recht in Niedersachsen“, Göttingen 1949.

[5]) Vom 20. 12. 1946 i. d. Fassung vom 6. 3. 1947 (GVBl. NRW. 1947 S. 165).

[6]) Vom 4. 1. 1947 (Amtsbl. Schl.-H. S. 11). Inzwischen ersetzt durch das Polizeigesetz vom 23. 3. 1949 (GVBl. Schl.-H. S. 61).

[7]) Vom 7. 11. 1947 (GVBl. Hamb. S. 73).

ihren Machtmitteln beschränkt; schließlich 3. ist die Polizeiorganisation wesentlich umgestaltet, vor allem dezentralisiert worden.

1. Das Gebiet der sogen. Verwaltungspolizei (also insbesondere das Meldewesen, die Wege-, Wasser-, Bau-, Gewerbe-, Gesundheits-Polizei) ist aus dem polizeilichen Bereich in den Zuständigkeitsbereich anderer Verwaltungsbehörden übergeführt worden. Im allgemeinen sind diese Aufgaben jetzt auf die Gemeinden oder Gemeindeverbände übergegangen. Diese haben dabei (namentlich im Land Nordrhein-Westfalen) die ihnen zugefallenen Aufgaben, die sich nicht auf die bereits bestehenden Abteilungen der Gemeindeverwaltung verteilen ließen, in einer besonderen Dienststelle, dem „Amt für Ordnungswesen" (oder kurz „Ordnungsamt") zusammengefaßt. Diese Behörden nehmen also nunmehr die gleichen Aufgaben wahr, die bis dahin polizeilichen Dienststellen oblagen. Nach deutschen Begriffen ist davon auszugehen, daß es sich bei diesen Angelegenheiten um Auftragssachen handelt. Bei ihrer Erledigung stehen den zivilen Verwaltungsbehörden dieselben Befugnisse und Mittel zu Gebote, wie sie vorher den Polizeibehörden durch das Polizeiverwaltungsgesetz und durch Spezialvorschriften zugewiesen waren. Die materiellen Grundsätze, nach denen dabei entschieden wird, sind ebenfalls die gleichen geblieben. Es gelten also auch weiterhin die Vorschriften der Reichsgewerbeordnung für das Gewerbewesen, die Verunstaltungsgesetze und Bauordnungen für das Bauwesen, die Straßenverkehrsordnung und die Gesetze über das Straßenwesen für die Wegebehörde usw.

Die Bedeutung der erwähnten Zuständigkeitsverlagerung ist außerordentlich. Vom Staatsbürger aus gesehen, läuft die „Entpolizeilichung" der bisherigen Verwaltungspolizei freilich nur auf einen Wechsel der behördlichen Firmierung hinaus. Man kann sagen, daß insoweit der Grundsatz der Firmenklarheit und Firmenwahrheit auch im Verwaltungsrecht zur Geltung gelangt ist. Denn man wird zugeben müssen, daß die sogenannten verwaltungspolizeilichen Aufgaben ihrer speziellen Tendenz und ihrem spezialisierten Inhalt nach dem allgemeinen polizeilichen Tätigkeitsbereich längst entwachsen waren. Nicht nur, daß diese Gebiete von Spezialbeamten und Sonderdienststellen der Polizei bearbeitet wurden; auch die Spezialvorschriften, die für diese Gebiete galten, bildeten gegenüber dem allgemeinen

Polizeirecht in vieler Hinsicht einen selbständigen und zum Teil sogar abgeschlossenen Bereich. Vor allem aber sprengten die verwaltungspolizeilichen Aufgaben vielfach den traditionellen Rahmen polizeilicher Gefahrenabwehr im eigentlichen Sinn. Denn gerade auf diesen Gebieten ist die Entwicklung längst von der bloß negativen Abwendung von Störungen zu positiv-gestaltender Verwaltungstätigkeit fortgeschritten, wie dies der allgemeinen Wendung zum modernen Planungsstaat entspricht.

Ueber eine solche Firmenberichtigung hinaus bedeutet die am 1. Januar 1946 durchgeführte Entpolizeilichung der bisherigen Verwaltungspolizei auch einen Wechsel des Verwaltungspersonals. Nicht mehr staatliche Beamte, sondern kommunale Bedienstete erledigen jetzt die vorhin bezeichneten Verwaltungsaufgaben. Dies hat in der Praxis einen Personalausgleich besonderer Art notwendig gemacht.

Die Entpolizeilichung eines großen Verwaltungsgebietes hat jedoch über die erwähnten Punkte hinaus auch Auswirkungen auf die allgemeine Struktur des Verwaltungswesens überhaupt. Ich möchte dies wenigstens andeuten:

Die Uebertragung der verwaltungspolizeilichen Aufgaben auf die kommunalen Körperschaften bewirkt eine Vergrößerung der ohnehin schon im Krieg stark angeschwollenen Kommunal-Bürokratie. Das führt zu einer erhöhten finanziellen Belastung der Gemeinden, die mehr und mehr auf Staatszuschüsse angewiesen sind. Mit der finanziellen Hilfsbedürftigkeit der Gemeinden droht der kommunalen Selbständigkeit aber eine große Gefahr.

Andererseits bedeutet die Entpolizeilichung gewisser Verwaltungszweige eine behördenmäßige Dezentralisierung und Dekonzentration. Der allgemeinen inneren Verwaltung sind erhebliche Verwaltungsaufgaben entzogen worden. Aber dieser im allgemeinen erwünschten Dezentralisierung steht in Wahrheit kein entsprechendes Anwachsen der kommunalen Potenz gegenüber. Denn die Gemeinden, die heute die ehemals verwaltungspolizeilichen Aufgaben wahrnehmen, erledigen diese als Auftragsangelegenheiten. Ihre Beschlußkörperschaften haben in diesen Bereichen keine Freiheit der Entscheidung. Die Gemeindeverwaltung ist vielmehr insoweit den Weisungen der staatlichen Aufsichtsbehörden unterworfen. Das führt dazu, daß der ohnehin schon große Kreis der Auftragsangelegenheiten gegenüber den Selbstverwaltungsgeschäften der Zahl und der Bedeutung nach weiter erheblich angewachsen ist. Praktisch ist heute eine Gemeinde mehr für den Staat als für sich selbst tätig. Die Selbstverwaltung der Gemeinden läuft so Gefahr, von den Auftragsangelegenheiten völlig überwuchert zu werden. Diese Erscheinung verstärkt den Eindruck von der Fragwürdigkeit der traditionellen Gegenüberstellung und Unterscheidung von Selbstverwaltung und Staatsverwaltung. [8]) Bedenkt man, daß außer dem großen Bezirk der ehemaligen Verwaltungspolizei das Wohnungswesen, die Wirtschaftsverwaltung und die Ernährungsverwaltung zu den Auftragsangelegenheiten der Gemeinden zählt und das Schwergewicht der Tätigkeit auf diesen Bereichen liegt, dann wird man dazu verführt, die These aufzustellen, daß die Gemeinde heutzutage bereits aufgehört hat, in erster Linie eine Selbstverwaltungskörperschaft zu sein, daß sie sich vielmehr darstellt als ein juristisch und vermögensmäßig verselbständigter Teil der Staatsverwaltung, der mit einer gewissen Autonomie auf kulturellem und gemeinwirtschaftlichem Gebiet ausgestattet ist.

Nach Abgabe der sogen. Verwaltungspolizei verbleibt den Polizeibehörden noch ein teils eigenständiger und ein teils besonders übertragener Aufgabenkreis. An den Aufgaben und Befugnissen, die den Polizeibehörden als Hilfsorganen der Staatsanwaltschaft übertragen sind, hat sich gegenüber dem alten Rechtszustand nichts Wesentliches geändert. Verbrechensaufklärung und Verbrechensverhütung machen jetzt geradezu den größten Teil der polizeilichen Tätigkeit aus.

Was aber darüber hinaus noch zu den eigenen, allgemeinen Aufgaben der Polizei gehört, läßt sich positiv schwer beschreiben. „Die hauptsächlichen Aufgaben der Polizei sind — nach den Worten der Verordnung Nr. 135 — der Schutz von Leben und Eigentum, die

---

[8]) Vgl. dazu näher W. Weber: „Wandlungen der Kommunalverwaltung", Oeff. Verw. 1948 S. 19 f. — Lehrreich und ähnlich ist in dieser Hinsicht, was E. L. Hasluck (Loc. Gov. in England, 2. Ed. Cambridge 1948 S. 322 f., insb. S. 341 f.) über die Zukunft der englischen Local Government sagt; im ganzen stellt H. eine skeptische Prognose.

Aufrechterhaltung von Gesetz und Ordnung, die Verhütung und Aufklärung von Straftaten und die Ueberstellung der Rechtsbrecher an die Gerichte." Aber man wird diese, von der britischen Militärregierung gewählte Formulierung nicht als eine erschöpfende Kennzeichnung ansehen dürfen. Denn Aehnliches ließe sich auch von anderen Behörden sagen, insbesondere von der Staatsanwaltschaft und den Gerichten. In Ermangelung von Besserem greift die heutige Praxis weiterhin auf die bekannte klassische Prägung des Polizeibegriffs in § 14 Abs. 1 PrPVG zurück. Nun ist diese Formulierung überaus elastisch, denn der Begriff der öffentlichen Sicherheit und Ordnung ist zeitlich und örtlich wandelbar, und man wird sich daran erinnern, daß mit dieser Flagge schon verschiedene Ladungen gedeckt worden sind. Aber man wird sich grundsätzlich fragen müssen, was wir heute von einem Rückgriff auf den klassischen Polizeibegriff des ausgehenden 19. Jahrhunderts zu erwarten haben. Die gegenwärtig zu beobachtende Restauration des bürgerlichen Rechtsstaats hat im Zeitalter der technisierten Massendemokratie etwas Stilwidriges und in unserer speziellen deutschen Lage beinahe etwas Beängstigendes an sich. Jedenfalls ist es gewagt, sich der Begriffe, Formeln und Grundsätze zu bedienen, die eine bestimmte Normal-Situation und eine feste Ordnung voraussetzen, wie sie uns gegenwärtig (leider!) nicht beschieden sind.

Das Empfinden, daß man heute etwas Neues schaffen müsse, mag auch die Verfasser eines Entwurfs des Polizeiverwaltungsgesetzes für die Länder der britischen Besatzungszone bewogen haben, sich auf die Suche nach einer neuen Formel zur Kennzeichnung des polizeilichen Aufgabenkreises zu begeben. Aber auch nachdem diese Arbeiten bereits mehr als ein Dutzend Entwürfe hervorgebracht haben, bleibt das Ergebnis der Bemühungen gerade in jenem Punkt dürftig und unzulänglich. Das ist verständlich, ja zwangsläufig. Denn der Begriff der Polizei, ihr Wesen und ihre Funktion sind untrennbar verknüpft mit der Entwicklung und Ausprägung der Staatsidee. In dieser Hinsicht tritt der verfassungsgebundene Charakter der Polizei hervor. Deswegen ist die Gestaltung des Polizeiwesens und des Polizeirechts von der Beantwortung verfassungspolitischer Vorfragen abhängig, von staatsgrundsätzlichen Vorentscheidungen, an die man denken muß, auch wenn man sie für den Augenblick vertagt. So ist letzten Endes auch die Reform des Polizeirechts davon abhängig, ob und inwieweit es gelingt, diejenige Identität und Homogenität zwischen Regierten und Regierenden herzustellen, deren ein demokratischer Staat lebensnotwendig bedarf.

Solange die Verfassung des politischen Ganzen nicht feststeht, solange nicht die Vorstellungen über Inhalt und Grenzen der Staatsgewalt einen festen Bestandteil des allgemeinen Bewußtseins bilden, wird es nicht möglich sein, die Position und Funktion der Polizei im Staat klar zu bestimmen. Heute, auf der Schwelle zwischen den Zeiten stehend, werden wir weithin auf Kodifikationen des öffentlichen Rechts verzichten müssen. Wir werden aber ebenso Generalklauseln zu vermeiden haben, die sich nur innerhalb einer wohl gefügten Ordnung mit Vorteil verwenden lassen. Auch auf dem Gebiet des Polizeirechts wird man sich deshalb unter Verzicht auf eine umfassende Begriffsbestimmung des polizeilichen Wirkungskreises mit Provisorien und Improvisationen behelfen müssen. Dabei sollte es gerade ein Beruf von Rechtsprechung und Lehre sein, an der Fortentwicklung und Weiterbildung des Polizeiverwaltungsrechts mitzuwirken. —

2. Die Polizei ist aber nicht nur in ihrer Aufgabe begrenzt, sondern auch in ihren Machtmitteln erheblich beschränkt worden. Dies ist in mehrfacher Beziehung geschehen.

Die Militärregierung hat es zunächst für notwendig erachtet, dem Grundsatz der Gewaltentrennung auch im Bereich der Polizei uneingeschränkte Geltung zu verschaffen. Deswegen sind den Polizeibehörden alle legislativen und alle richterlichen Befugnisse abgesprochen worden. Dies bedeutet den Wegfall des Rechts zum Erlaß von Polizei-Verordnungen einerseits und die Beseitigung der polizeilichen Strafverfügungen [9]) andererseits. Der Erlaß von Verordnungen polizeilichen Charakters soll künftig von den Vertretungskörperschaften

[9]) Gleichlautende Verordnungen über die Aufhebung polizeilicher Strafverfügungen und die Einführung gerichtlicher Strafverfügungen haben (auf Anordnung der Mil.-Reg.) die Präsidenten der OLG in der brit. Zone erlassen (1946). Durch sie wurden Vorschriften der Reichs-Strafprozeßordnung und des Reichs-Jugendgerichtsgesetzes geändert. Die noch heute gültigen Verordnungen der OLG-Präsidenten sind abgedruckt in der gleichnamigen Sonderveröffentlichung des Verordnungsblattes für die brit. Zone (Hamburg 1949).

ausgehen. Das wäre nach den Regeln des demokratisch-parlamentarischen Systems nur folgerichtig. Doch ist nicht klar, welchem Gremium zur Zeit die Beschlußfassung in bezug auf Polizeiverordnungen zustehen soll. [10]) Gegenwärtig ruht das Recht zum Erlaß von polizeilichen Verordnungen infolge Fehlens geeigneter Vertretungskörperschaften in der Ebene des Regierungsbezirkes überhaupt.

Soweit die ehemals verwaltungspolizeilichen Angelegenheiten auf die Gemeinden übergegangen sind, könnten deren Vertretungskörperschaften kraft der ihnen verliehenen Autonomie Ortssatzungen beschließen; dies freilich nur, soweit es sich um Angelegenheiten handelt, die überhaupt zum Kreis der eigenen der Gemeinde zählen (§ 3 I Rev. DGO), was bei fast allen polizeilichen Aufgaben gegenwärtig nicht der Fall sein dürfte (Auftragsangelegenheiten!).

Was den zweiten Punkt anbelangt, den Wegfall der polizeilichen Strafverfügungen, so ist zunächst daran zu erinnern, daß polizeiliche Strafverfügungen keine Erfindung des Führerstaates sind, sondern schon vor mehr als sechs Jahrzehnten von Reichs wegen zugelassen wurden. Die Beseitigung dieser — vorwiegend auf praktischen Erwägungen beruhenden — Einrichtung aus Gründen einer sauberen Gewaltenscheidung muß in einer Zeit besonders wundernehmen, in der es gang und gäbe geworden ist, den verschiedensten Verwaltungsbehörden (Finanzämtern, Zollämtern, Devisenstellen, Preisbehörden usw.) viel weiterreichende Straf-Befugnisse einzuräumen. Verglichen mit der etwa den Wirtschaftsämtern eröffneten Möglichkeit, Ordnungsstrafbescheide über 100 000.— DM zu erlassen,[11]) oder verglichen mit der den Straßenverkehrsämtern zugestandenen Befugnis, neben Ordnungsstrafen die Einziehung von mißbräuchlich benutzten Kraftfahrzeugen auszusprechen,[12]) waren doch die polizeilichen Strafverfügungen bis zu 150 Mark recht kümmerliche und bescheidene Machtmittel der Polizei-Exekutive.

---

[10]) Die Ansichten sind geteilt: vgl. Pioch, DV 1949 S. 124 gegen Kleinrahm, DV 1948 S. 107. Daß es überhaupt in einer so grundlegenden Frage zu einer ernsthaften Kontroverse kommen kann, ist höchst bezeichnend für die völlige Unklarheit, in die sich Gerichte und Behörden versetzt sehen.

[11]) Vgl. § 16 Bewirtschaftungsnotgesetz vom 30. 10. 1947 (WiGBl. 1948 S. 3), § 32 der 2. DVO zum Bewirtschaftungsnotgesetz vom 23. 4. 1948 (WiGBl.

Wenn von deutscher Seite aus der Beseitigung polizeilicher Strafverfügungen auch der Wegfall der Befugnis zur Androhung und Festsetzung von Zwangsgeldern hergeleitet wird, so verkennt diese Auffassung den Charakter und Sinn des Zwangsgeldes als eines Beugemittels. Der grundlegende Unterschied zwischen einer kriminellen Strafe und einem Beugemittel im Rahmen des Verwaltungszwanges ist von der Gerichtspraxis und von der Rechtslehre seit langem klar herausgestellt worden und dürfte zu Mißverständnissen und darauf beruhenden Fehlschlüssen keinen Anlaß geben. Die Beseitigung der polizeilichen Befugnis, Strafverfügungen zu erlassen, hat deswegen den Polizeibehörden nicht die Möglichkeit genommen, sich der Zwangs- und Beugemittel zu bedienen, die auch vielen anderen Verwaltungsbehörden von jeher unbestritten zur Verfügung stehen. Die Polizeibehörden können also auch weiterhin zur Zwangsgeldfestsetzung oder zur Anordnung einer Ersatzvornahme schreiten.

Den Polizeibehörden ist aber nicht nur dieses Recht streitig gemacht worden, die Mil.-Reg. hat ihnen auch die Befugnis abgesprochen, schriftliche Verfügungen an Einzelpersonen oder Sammelverfügungen zu erlassen. Die Gründe für diese Entscheidung sind nach deutschen Vorstellungen schwer zu begreifen. Denn für uns ist schlechterdings kein Grund erkennbar, warum den Polizeibehörden diejenigen Möglichkeiten und Mittel verwehrt werden, die jeder anderen Verwaltungsbehörde im Rahmen ihrer Zuständigkeit unbedenklich zugebilligt werden. Für uns ist auch kaum denkbar, wie die Polizeibehörden ohne solche Befehlsmöglichkeiten ihre Aufgaben erfüllen sollen. Nach den Grundsätzen unseres Verwaltungsrechts wird im allgemeinen mit der gesetzlichen Uebertragung bestimmter Aufgaben auch die Ermächtigung für die beauftragte Behörde einhergehen, sich derjenigen Befehls- und Zwangsmittel zu bedienen, die zur Erfüllung der gestellten Aufgabe erforderlich sind und die sich im Rahmen der Gesetze halten. Zu diesen Mitteln gehört aber vornehmlich die Möglichkeit, Verwaltungsakte zu erlassen.

1948 S. 37), § 5 Ges. geg. Preistreiberei vom 28. 1. 1949 (WiGBl. 1949 S. 11).

[12]) Vgl. die Bekanntmachung des Direktors der Verwaltung für Verkehr vom 26. 2. 1948 (WiGBl. 1948 S. 29).

3. Eine dritte Gruppe großer Veränderungen betrifft den Aufbau und die Gliederung des Polizeiwesens, und zwar sowohl in horizontaler wie in vertikaler Richtung.

Die Beseitigung der früheren politischen Polizei bedarf keines Kommentars. Ein Teil der den Polizeibehörden damit entzogenen Zuständigkeiten wird jedoch gegenwärtig von Dienststellen der Militärregierung wahrgenommen. Als ein weiterer selbständiger Zweig der deutschen Polizei ist die Kriminalpolizei aufgelöst worden. Sie bildet jetzt in der britischen Zone zusammen mit der Ordnungspolizei eine Einheit. Doch führt nicht nur der Umstand, daß die mit der Verbrechensaufklärung und -verhütung befaßten Polizeibeamten eine Spezialausbildung genossen haben und daß ihnen besondere dienstliche Freiheiten zustehen (u. a. kein Uniformzwang), sondern auch die Notwendigkeit weitreichender Information und eines kurzen, schnellen und einheitlichen Melde- und Befehlsweges zu einem Sonderdasein der mit kriminalpolizeilichen Aufgaben betrauten Büros. Ueberdies zwingt die Sparsamkeit dazu, die vielen für den kriminalpolizeilichen Dienst notwendigen Untersuchungseinrichtungen, Archive, Fahndungsblätter usw. für mehrere Länder gemeinsam zu organisieren. Für die britische Besatzungszone ist deswegen bereits eine Zentrale geschaffen worden: das Kriminalpolizeiamt in Hamburg, verbunden mit einer Kriminaltechnischen Anstalt.[13]) So drängen die Umstände zu einer fachlich spezialisierten, aber einheitlichen Organisation der Kriminalpolizeiverwaltung, eine Entwicklung, die auch in England seit einigen Jahren zu beobachten ist. (So wurde dort erwogen, die Ermittlungstätigkeit über den Bezirk von Groß-London hinaus im Scotland-Yard zu zentralisieren.) Es dürfte deswegen eine Frage der Zeit sein, wann sich die Kriminalpolizei auch wieder nach außen hin als selbständiger, den Landesrahmen überschreitender Dienstzweig etabliert.

Wesentlicher ist die Umgestaltung der instanzenmäßigen Polizeigliederung. Bekanntlich folgte die Organisation der Polizei früher dem System der allgemeinen Staatsverwaltung. Die Polizeiverwaltung bildete einen integrierenden Bestandteil der inneren Ver-

---

[13]) Eine Uebersicht über die Organisation der Kriminalpolizei in der brit. Zone bietet E. Voß in der Zeitschrift „Die Polizei", 1948 S. 27 f.

waltung. Selbst der Chef der deutschen Polizei im nationalsozialistischen Reich hat einsehen müssen, daß sich der Polizeiapparat nicht von der allgemeinen inneren Verwaltung trennen ließ, wie er dies ursprünglich erstrebte. Heute scheint freilich der Satz nicht mehr zu gelten, den das preußische Polizeiverwaltungsgesetz von 1931 an seine Spitze gesetzt hat: „Die Polizei ist eine Angelegenheit des Staates". Denn in der britischen Zone ist die Polizeigewalt einesteils Landessache, andererseits ruht sie in den Händen selbständiger Polizeibezirke. Die rechtliche Stellung dieser Polizeibezirke, die einen Regierungsbezirk oder das Gebiet einer Großstadt umfassen und an deren Spitze ein Polizeiausschuß steht, ist einstweilen noch unklar und bleibt in der Schwebe. Gedacht wird wohl daran, die Polizeibezirke zu Selbstverwaltungskörperschaften in polizeilichen Angelegenheiten zu erheben.

II.

Man hat sich in Deutschland damit begnügt, die dargestellte Umgestaltung des Polizeiwesens als eine Maßnahme der Demokratisierung aufzufassen. Kenner des Polizeirechts haben sich darum bemüht, die innere Folgerichtigkeit der angeordneten Neuerungen zu ergründen.[14]) In Wahrheit handelt es sich aber weniger darum, daß hier logische oder in der Natur der Sache liegende entsprechende Einrichtungen geschaffen worden sind, sondern darum, daß die britische Militärregierung ein kühnes Experiment unternommen hat, nämlich den Versuch, das englische Polizeisystem nach Deutschland zu verpflanzen. Es handelt sich also bei den bereits getroffenen Anordnungen nicht um eine Fortbildung, Verbesserung oder Korrektur des in Deutschland vorgefundenen Polizeiwesens, sondern um einen in-complexu Octroi der in England bewährten

[14]) So erblickt ein Fachmann in den Maßnahmen der brit. Mil.-Reg. „nur den vorzeitigen Abschluß einer zwangsläufigen rechtlichen Entwicklung" (Middelhaufe: DV 1949 S. 90).

Art von Polizeiverwaltung. Dieser Vorgang regt zu einer Betrachtung der englischen Polizeiverhältnisse an.[15])

Ist das in Deutschland geltende Polizeirecht wegen seiner landesrechtlichen Verschiedenartigkeit und wegen der großen Zahl der weithin verstreuten Gesetze selbst für den deutschen Fachmann schwer zu übersehen, so erhöhen sich die Schwierigkeiten bei einer Darstellung des englischen Polizeirechts noch beträchtlich. Das liegt in der komplizierten und komplexen Natur des zu betrachtenden Gegenstandes. Die englische Polizeiverwaltung der Gegenwart ist das Spiegelbild einer langen historischen Entwicklung, nicht das Ergebnis einer durchdachten Planung. „The growth of the English police system, like that of most English institutions, has been unplanned, desultory, and informed always by experience, never by prudent anticipation." [16])

A. In England und Wales[17]) liegt die Polizeiverwaltung in den Händen der Behörden der Local Government und zentraler Ministerien.

Die Zentral-Instanz (Central Authority) in Polizeiangelegenheiten ist „The Secretary of State for the Home Departement", kurz: Home Secretary genannt. Sein Amt führt seit der Civil Defence Act von 1939 die Bezeichnung: „Home Office and Ministry of Home Security". Nach außen hin sind seine Polizeibefugnisse freilich wesentlich geringer als es etwa die eines deutschen Innenministers früher waren. Denn er besitzt nur die Befugnisse, die ihm durch Gewohnheitsrecht oder spezielle Vorschrift übertragen worden sind. So hat der Staatssekretär nach Common Law die Be-

[15]) Für das Folgende wurden neben der noch immer hervorragenden Darstellung von Julius Hatschek (Engl. Staatsrecht, Bd. II 1906 S. 494 f.) die mir zugänglichen neuen engl. Standardkompendien der brit. Verwaltung ausgewertet, vor allem: das von MacMillan herausgegebene 14bändige Handbuch: Local Government Law and Administration (London 1934—1941, mit jährl. Erg. Bänden seit 1938). Ferner: John J. Clarke: The Loc. Gov. of the U. K. (14 Ed. London 1948); ders.: Outlines of Central Gov. (10. Ed. London 1945); Hart's Introduction to the Law of Loc. Gov. and. Adm., 4 Ed. bearbeitet von Beattie (London 1948). Während diese Werke ein reiches Material bieten, enthalten sie doch wenig, was sie über den Wert kompilatorischer Encyklopädien hinaushebt. Eine kritische Durchdringung und systematische Bearbeitung des detaillierten Stoffes bieten sie nur

fugnis, Verhaftungen anzuordnen, wenn es sich um besonders qualifizierte Verbrechen handelt (treason, felony, breach of peace). Neben diesen auf gemeinem Recht beruhenden Befugnissen stehen ihm nach Statute Law eine bunte Reihe von polizeilichen Spezialaufgaben (Statutory powers) zu. So die Entscheidung über die Exhumierung und Obduktion von Leichen, den Umgang mit und die Lagerung von gefährlichen Stoffen usw.

Das Polizeigesetz von 1919 hat den Home Secretary außerdem noch ermächtigt, Rahmenbestimmungen über gegenseitige Hilfe (mutual aid) der auf Zusammenarbeit angewiesenen Polizeikörper, Vorschriften über die Ausrüstung, Bekleidung, Bezahlung, Pensionen und Dienstbedingungen der Polizeieinheiten zu erlassen. Die nähere Ausführung dieser Regelung ruht in den Händen der örtlichen Polizeiinstanzen. Doch hat sich der Home Secretary die Bestätigung mancher Entscheidungen vorbehalten, so bezüglich der Ernennung von leitenden Polizeibeamten.

Ferner hat die Fire Brigades Act von 1938 dem Staatssekretär bescheidene Aufgaben auf feuerpolizeilichem Gebiet übertragen. Er kann dabei vor allem Bestimmungen über die notwendige Leistungsfähigkeit der Feuerwehren treffen. Die Inspektion des Feuerwehrwesens selbst ist Sache einer Fire Service Commission, die dem Home Secretary Berichte zu erstatten pflegt.

Das Hauptfeld der polizeilichen Zuständigkeit des Home-Secretary liegt in seinen Kontrollaufgaben. Er ist die höchste und allgemeine Polizei-Aufsichtsbehörde. Nach der County and Borough Police Act von 1856 kann die Krone Inspekteure ernennen, die den Zustand und die Wirksamkeit der lokalen Polizeikräfte überprüfen sollen. Jeder Inspektor berichtet über diese Angelegenheiten an den

---

beschränkt. In dieser Beziehung waren mir anregende Quellen: A. L. Lovell: The Government of Engand, 2. Bd. (dtsch. Uebers. 1913); W. Ivor Jennings: The Law and the Constitution (3. Ed. London 1943); E. L. Hasluck: Loc. Gov. in England (2. Ed. Cambridge 1948); vor allem die von E. C. Wade besorgte u. ergänzte 9. Aufl. von A. V. Dicey's: Introduction to the Study of the Law of the Constitution (London 1948).

[16]) MacMillan X S. 238.

[17]) Die besonderen Verhältnisse in Schottland und Nordirland bleiben im folgenden außer Betracht.

Home Secretary. Die allgemeinen Polizeikräfte [18]) sind dabei in mehrere Inspektionsbezirke eingeteilt.

Die Berichte geben dem Home Secretary Anlaß, etwa festgestellte Mängel des lokalen Polizeiwesens zu rügen und u. U. eine Sperrung der finanziellen Staatsbeihilfen an die Selbstverwaltungsträger herbeizuführen.

Die Einteilung in Polizeibezirke gilt, wie erwähnt, nur für Zwecke der Inspektion und bedeutet keine Schaffung von Polizeimittelinstanzen. Es bestehen unter der zentralen Polizeiinstanz, dem Home Secretary, der vorwiegend die Sicherheitspolizei beaufsichtigt, und dem Gesundheitsministerium (Ministery of Health), das eine Reihe von Gebieten kontrolliert, die wir als Verwaltungspolizei bezeichnen würden, keine polizeilichen Mittelbehörden.

Die Verteilung der polizeilichen Zuständigkeiten hat sich durch die geschichtliche Entwicklung von Fall zu Fall ergeben und entbehrt durchaus der klaren Linie. Nicht minder kompliziert und uneinheitlich ist das Verhältnis der verschiedenen Stellen mit polizeilichen oder polizeiähnlichen Aufgaben, der zahlreichen Ausschüsse, der Inspekteure, Kommissionen und Polizeichefs untereinander. „Das Ganze läßt die jeder Polizeiorganisation notwendige innere Kohärenz und Zentralisation vermissen." [19]) Infolgedessen fehlt der Geist der Subordination, der dem Polizeiwesen auf dem europäischen Kontinent das besondere Gepräge gibt. Daß die Organisation gleichwohl funktioniert, liegt an Gründen, die noch zu betrachten sein werden.

Das Schwergewicht des Polizeiwesens liegt bei den örtlichen Verwaltungen (Local Authorities). In Betracht kommen (für England und Wales) vor allem folgende Polizeikreise:

1. Die City of London. Eine besondere City-Polizei betreut die traditionelle „square mile" der Londoner Innenstadt. Träger der Polizeigewalt ist das Common Council durch einen besonderen Polizei-Ausschuß. [20]) Die Polizeikräfte werden von einem Commis-

---

[18]) Von den Sonderpolizeibehörden, wenn diese Bezeichnung der Kürze halber verwendet werden darf, darf hier abgesehen werden. Es handelt sich u. a. um: Railway Police, Harbor and Dock Police, Canal and River Police.

[19]) Hatschek (a. a. O. S. 496).

[20]) City of London Police Act von 1839; vgl. MacMillan X S. 250 f.

sioner (dessen Wahl der Home Secretary für den König genehmigen muß) befehligt.

2. Der Metropolitan Police District: Er umfaßt den Raum von Groß-London. Früher wurde dieser Bezirk schematisch begrenzt durch einen Kreis mit einem Radius von 15 Meilen, gemessen von Charing Cross (Metropolitan Police Act von 1839). Heute, wo das Gesetz von 1946 gilt, umfaßt der Metropolitan-Bezirk die County of London (ausschließlich der City), die Grafschaft Middlesex, die Städte Croydon, East Ham und West Ham sowie Teile von Surrey, Herts, Essex und Kent, also ein großes und stark bevölkertes Gebiet. [21])

Der Londoner County Council oder eines seiner Committees haben — darin liegt die wichtigste Besonderheit dieser Regelung — mit der Beaufsichtigung und Verwaltung der Polizei im Metropolitan Bezirk nichts zu tun. Die Polizei wird hier vielmehr durch einen ständigen Beauftragten (Commissioner) des Home Secretary geleitet (nicht nur kontrolliert!), sie untersteht also in vollem Umfange der Zentral-Regierung.

3. Die Grafschaften und größeren Städte (Counties and boroughs). Ihr Polizeiwesen ist am wichtigsten, schon wegen der großen Zahl dieser Polizeibezirke und der in ihnen bestehenden Polizeikräfte, [22]) vor allem aber, weil die Eigentümlichkeiten des englischen Polizeiwesens nur im Zusammenhang mit der Local Government zu verstehen sind. Diese Verhältnisse sollen deswegen näher dargestellt werden.

In den größeren Städten (boroughs) richtet sich die Verwaltung und Ausübung der Polizei nach einer Reihe von Gesetzen aus dem 19. Jahrhundert, insbesondere County and Borough Police Act von 1856 und Local Government Act von 1888, sowie verschiedenen neueren Aenderungen. Die allgemeine Einrichtung und Unterhaltung der örtlichen Polizei ruht in den Händen des Watch-Committees,

---

[21]) Näheres Anl. 4 zu sec. 16, Police Act, 1946.

[22]) Im Jahre 1938 gab es in England und Wales 60 Grafschaftspolizeikörper und 121 städtische Polizeikörper, insges. rund 60 000 Polizisten (MacMillan II S. 185). Die Größe der einzelnen Einheiten ist sehr unterschiedlich: 1946 gab es noch sieben Polizeikörper mit weniger als 25 Angehörigen (Hasluck S. 258).

dessen Bezeichnung an die alten Zeiten erinnert, in denen noch Stadtwächter die Rolle der Polizei vertraten. Das Committee besteht aus Mitgliedern des Stadtausschusses. Mehr als ein Drittel der Angehörigen der Stadtvertretung darf jedoch nicht in den Polizeiausschuß entsandt werden. Der Bürgermeister (Mayor) ist von Amts wegen Mitglied dieses Gremiums. Die Mindestzahl der Mitglieder beträgt drei. Das Watch-Committee ernennt und entläßt die Polizisten (Constables) und trifft nähere Bestimmungen über die Zahl der Beamten, verteilt sie auf Revier-Bezirke, kontrolliert und unterhält das Verwaltungs-Vermögen der Polizei. Das Kommando über die Polizeimannschaft hat ein Chief Constable (Polizeichef), der ebenfalls von dem Watch-Committee angestellt wird.

Neuerdings besteht die Tendenz, die Polizeikräfte der kleineren boroughs mit der Grafschaftspolizei zu verschmelzen. Während der Dauer des letzten Krieges wurden bereits Schritte in dieser Richtung eingeleitet (Defense Regulations von 1942) und durch das Polizeigesetz von 1946 fortgesetzt.[23]) Die non-county boroughs (das sind die nicht selbst den Rang einer Grafschaft besitzenden Stadtgemeinden) wurden danach als selbständige Polizeibezirke aufgelöst und in den sie umgebenden Grafschaftspolizeibezirk einbezogen. Außerdem enthält dieses Gesetz ein einfaches Muster-Schema für die freiwillige Verschmelzung von Polizeikräften mehrerer counties. Solche freiwilligen Zusammenlegungen von Polizeibezirken sind in den letzten Jahren wiederholt vorgekommen.

Das Polizeiwesen in den Grafschaften richtet sich ebenfalls noch immer nach den erwähnten Gesetzen von 1856 und 1888. Neuere Vorschriften haben die Prinzipien nicht wesentlich verändert.

Früher unterstand die Grafschafts-Polizei den Friedensrichtern. Nachdem 1888 die County Councils eingerichtet waren, hat man

---

23) Die wichtigsten Gründe für die Verschmelzung der lokalen Polizeikörper zu größeren (ein weiteres Gebiet umfassenden) Verbänden waren u. a.: Bessere Rekrutierung im weiteren Bezirk; bessere Aufstiegsmöglichkeiten für die Polizisten in einem größeren Verband, dadurch erhöhter Anreiz für fähige Leute, diese Laufbahn zu wählen; verbesserte und gleichmäßigere Ausbildung der Constablers; vorteilhaftere Ausnutzung der Kräfte, insbes. Massierungsmöglichkeit und Reserven-Bildung; erhebliche Verbilligung der Verwaltungsaufgaben.

auch für das Polizeiwesen einen Ausschuß geschaffen. So ist seitdem die Organisation der Grafschafts-Polizei ähnlich wie in den Städten. Statt des Watch-Committees sorgt hier ein „Standing Joint Committee" für die Polizeiverwaltung. Es besteht aus einer gleichen Anzahl von gewählten Friedensrichtern und von Vertretern des Grafschaftsausschusses. Das Committee ernennt mit Genehmigung des Home Secretary den kommandierenden Polizeioffizier (Chief Constable). Es bestimmt im übrigen die Zahl und Verteilung der Polizeikräfte und stellt den Polizei-Etat auf. Der Finanzausschuß der Grafschaft oder die Grafschafts-Vertretung als Ganzes haben dabei nichts mitzureden, wie überhaupt die Polizeiausschüsse (Standing Joint Committees bzw. Watch Committees) verglichen mit den anderen örtlichen Fach-Ausschüssen (Finanz-Committee, Gesundheits-Committee, Erziehungs-Committee usw.) der Gesamtvertretung ihres Bezirks gegenüber eine selbständige und eigenverantwortliche Rolle spielen und den Rahmen der Local Government sprengen. [24])

Die Finanzierung der Polizeiverwaltung entspricht dem für den fremden Betrachter schwer durchschaubaren britischen Steuererhebungs- und Verteilungsprinzip [25]) und der Art der Finanzierung der Local Government im besonderen. Jeder Polizeikörper hat seinen eigenen Finanzfonds (Fund), aus dem alle Ausgaben für Polizeizwecke bestritten werden müssen. Der Fonds wird — abgesehen von geringen Eigeneinkünften der Polizei (etwa Gebühren-Einnahmen, anfallenden Geldstrafen u. a.) — gespeist durch die Local Authority und die Central Government. Da die Städte und Grafschaften nicht aus eigener Kraft die von ihnen zu erfüllenden Aufgaben finanzie-

[24]) „Police matters, in fact, are universally treated as lying outside the limits of (Plenar-) Council interference, and the local police organisations regard themselves as far more subject to the direction of the Home Office in London then to that of the local representative body" (Hasluck S. 188).

[25]) Zur Einführung P. Haensel im Hb. d. Fin. Wiss. Bd. III (1929) S. 70 f., insbes. S. 99 f. mit zahlr. Lit. Hinweisen. Ferner A. Schüle: Staat und Selbstverwaltung in England (Die Kommunalaufsicht der Zentralbehörden) H. 20 der Abh. zum ausl. öffentl. Recht und Völkerrecht, Berlin 1933. Der Rechtszustand hat sich aber in diesem Bereich ständig geändert, insbes. wurden andere Verteilungsschlüssel und neue Berechnungsmethoden eingeführt. Eine ausführliche Darstellung der Entwicklung bis zur Gegenwart bietet Clarke, Loc. Gov. (14. Ed. London 1948) S. 635—709.

ren können, werden ihnen Jahr für Jahr Staatszuschüsse gewährt. Nach den jetzt geltenden Bestimmungen [26]) erstattet die Zentralregierung (Home Office) die Hälfte der unmittelbaren Polizeikosten, die der District Auditor, also sozusagen die Bezirksrechnungskammer, anerkannt hat. Früher wurde der Staatszuschuß nur bewilligt, wenn der Home Secretary die Leistungsfähigkeit des Polizeikörpers bestätigt hatte (Certificate of efficiency). Diese Bedingung ist 1930 entfallen. Aber die Verwendung des Zuschusses muß nach gewissen Bestimmungen erfolgen, die der Home Secretary erlassen hat. Der Home Secretary darf den Zuschuß ganz oder teilweise sperren, wenn er nicht davon überzeugt ist (is not satisfied), daß der Polizeidienst wirksam und ordentlich (efficient and properly) wahrgenommen wird, oder wenn er feststellt, daß die notwendige Zustimmung für die Einstellung oder für die Höhe der Besoldung von Polizeikräften nicht erteilt worden ist.

Die verbleibende Hälfte der Polizeikosten, also der Teil, der nicht durch Staatszuschüsse gedeckt ist, muß durch die Stadt bzw. die Grafschaft aus ihrem eigenen Fonds beigesteuert werden. Städte und Grafschaften haben deswegen die Möglichkeit, zur Bestreitung der Polizeikosten Steuern zu erheben. —

B. Der sachliche Umfang der Polizeigewalt läßt sich schwer bezeichnen. Gesetzliche Bestimmungen bestehen darüber nur in Bruchstücken. Die verschiedenen Darstellungen des englischen Polizeiwesens geben zwar regelmäßig an, daß zu den Pflichten der Polizeibehörden gehört: „the prevention and detection of crime, the maintenance of good order, inspections under various statutes and the discharage of miscellaneous duties.“

Aber solche Bemerkungen dürfen nicht zu der Annahme verleiten, es gäbe im englischen Recht eine ähnliche Generalvollmacht für die Polizei wie sie in Preußen § 10, II 17 ALR und § 14 PrPVG boten. Die den Polizeibehörden nach Common Law obliegende Befugnis, gegen Polizeiwidrigkeiten (nuisances) einzuschreiten, ist durch eine lange Praxis und dank einer anhaltenden Gerichtskontrolle auf ganz bestimmte Tatbestände beschränkt worden. Im Ergebnis ist also der polizeiliche Zuständigkeitskreis, wenn man ihn mit den deutschen

[26]) Nachweise bei MacMillan X S. 247.

Verhältnissen zu vergleichen sucht, gewohnheitsrechtlich ähnlich typisiert, wie dies in Süddeutschland durch Aufstellung langer Gesetzes-Kataloge erreicht worden ist. Indem die Polizeistrafgesetzbücher bestimmte Verhaltensweisen oder Zustände für verboten und strafbar erklären, ermächtigen und beauftragen sie die Polizeibehörden, bei Feststellung solcher Tatbestände einzuschreiten. Diese gegenständliche Begrenzung der polizeilichen Aufgaben hat sich in England überwiegend durch Common Law entwickelt. Auch die neueren Parlamentsgesetze haben von der Verwendung von Generalklauseln Abstand genommen. Die moderne Gesetzgebung beschränkt sich darauf, Rahmenbestimmungen für die Organisation des Polizeiwesens zu erlassen und die Vorschriften über eine Kontrolle der Polizeieinheiten zu verbessern. Ueber den sachlichen Aufgabenkreis der Polizei werden dagegen keine allgemeinen Bestimmungen getroffen. Die polizeilichen Pflichten und Aufgaben werden vielmehr als nach Common Law bestimmt vorausgesetzt.

Die möglichen Arten der Betätigung der Polizeigewalt, wie wir sie in Deutschland kennen (Verordnungsrecht, Verfügungsbefugnis, Zwangsgewalt) begegnen uns im englischen Recht in anderer Gestalt und als Ausdruck gänzlich anderen Rechtsdenkens.

Polizeiverordnungen („By-Laws“), die erlassen werden „for the good rule and government“ oder „for the prevention of nuisances“ werden (wie auch andere örtliche Satzungen) von den gewählten Grafschafts- bzw. Stadtvertretungen (nicht etwa den Polizei-Ausschüssen) beschlossen. Im allgemeinen können solche Verordnungen nur auf Grund besonderer Ermächtigungen erlassen werden. [26a]) So sind die städtischen Körperschaften z. B. durch das Feuerwehrgesetz von 1938 ermächtigt und beauftragt worden, Bestimmungen über das Feuerlöschwesen zu treffen. Alle Polizeiverordnungen sind sofort nach ihrem Erlaß an den Home Secretary oder den sonst zuständigen Minister zu senden (Loc. Gov. Act von 1933, sec. 250), der die Verordnung einer Ueberprüfung unterzieht und die Möglichkeit hat, sie binnen einer gewissen Frist wieder außer Kraft zu setzen. Technisch werden die in den By-Laws aufgestellten Gebote oder Verbote als

---

[26a]) Vgl. dazu die Darstellung von A. N. Schofield: Byelaws of Local Authorities (London 1939).

Polizeiübertretungen formuliert, wobei im allgemeinen Geldstrafen in beschränkter Höhe angedroht werden.

Die Polizeiverordnungen dürfen dem Common Law nicht widersprechen, sie müssen inhaltlich genau bestimmt sein, alle Personen gleichmäßig treffen und dürfen den Zweck, den sie kraft gesetzlicher Beauftragung erfüllen sollen, keinesfalls überschreiten. Vor allen Dingen müssen die By-Laws „reasonable", also sinnvoll und zweckmäßig sein. Die reasonableness, die Vernünftigkeit, kann von den Gerichten nachgeprüft werden. Reasonable sind solche Verordnungen, die vor dem Verstand eines vernünftigen Mannes bestehen. Wird die Polizeiverordnung von einem Gericht für unzweckmäßig befunden, so gilt sie als nichtig. Diese Ansicht beruht auf der Erwägung, daß das Parlament niemals die Absicht hat, eine Ermächtigung zum Erlaß unvernünftiger Verordnungen zu erteilen. Die Verordnungen sind deshalb ultra vires erlassen. [27])

Die Möglichkeit, im Einzelfall bei Polizeiwidrigkeiten (nuisances) tätig zu werden, ist für den englischen Constable nach unseren Begriffen außerordentlich beschränkt. Als Polizeiwidrigkeit kommen nur solche Tatbestände in Betracht, die durch Common Law oder Statuten als nuisances anerkannt werden. In der Praxis haben sich eine Reihe von typischen Fällen herausgebildet, die etwa den langen Listen von Polizeiwidrigkeiten entsprechen, wie wir sie z. B. im bayrischen Strafgesetzbuch finden. Private nuisances (zumeist Verstöße gegen die privaten Nachbarrechte) und öffentliche nuisances werden in besonderen gerichtlichen oder quasi-gerichtlichen Verfahren geahndet. Das Klagebegehen geht auf Entschädigung oder auf Erlaß eines förmlichen Polizeiverbotes (injunction). Die Entscheidung über das Vorliegen einer Polizeiwidrigkeit ist immer Sache der Gerichte, nicht aber Aufgabe der Polizeidienststellen selbst, oder gar der einzelnen Polizeibeamten. Die Polizeibeamten üben vielmehr nur Funktionen aus, die mit denen von Gerichtsvollziehern vergleichbar sind, die nur auf richterliche Anordnung hin, zur Vollstreckung richterlicher Erkenntnisse und Verfügungen tätig werden. Der Aus-

---

[27]) Zur Ultra-vires-Lehre im englischen Recht vor allem: Howard A. Street, A Treatise on the Doctrine of Ultra Vires (London 1930). Ferner: David J. Beattie, Ultra Vires in its Relation to Local Authorities (London 1936).

schluß der Polizeibehörden von einer Gebots- oder Verbots-Befugnis geht soweit, daß selbst in den Fällen, in denen die Kommunalvertretungen die Polizeiwidrigkeit selbst durch eine von ihnen erlassene Verordnung tatbestandsmäßig normiert haben, die Entscheidung über die Beseitigung der konkreten Polizeiwidrigkeit den Friedensrichtern bzw. den Polizeigerichten vorbehalten ist.

Nach Common Law hat ein Constable nur sehr beschränkte Befugnisse zur vorläufigen Festnahme von Personen. Nur im Falle verübter oder bevorstehender schwerster Verbrechen (felony),[27a] treason, breach of peace) darf er jemanden ohne Haftbefehl (without a warrant) festnehmen. Dazu kommen eine Reihe von gesetzlich festgelegten Festnahmegründen (bei Diebstählen, nächtlichen Delikten, Münzvergehen usw.). Auch die Möglichkeit, fremde Grundstücke ohne besondere Ermächtigung und gegen den Willen des Bewohners zu betreten, steht den Polizisten nur begrenzt offen.

Diese kurzen Angaben lassen bereits erkennen, daß die Polizeigewalt (im deutschen Sinn) prinzipiell nicht in die Hände der Polizeiausschüsse, Polizeidienststellen oder Polizeibeamten gelegt ist. Man möchte sagen: Die Tätigkeit der Vollzugspolizei steht nicht unter dem Vorbehalt des Gesetzes, sondern unter dem Vorbehalt richterlicher Entscheidung. Nur in den Fällen, wo es sich um die Exekution von richterlichen Entscheidungen oder um vorläufige Maßnahmen zur einstweiligen Sicherung handelt, besitzt das Polizeipersonal die ihnen kraft Gesetzes oder nach gemeinem Recht gewährte Befugnis zum Eingreifen. Dabei erkennt das englische Recht nur dann einen Zwang als zulässig an, wenn Common Law oder

[27a]) Felonies sind dabei nicht etwa nur kriminelle Delikte, die eine Verletzung von Treuepflichten enthalten, sondern eine bunte Reihe von Verbrechen (u. a. Bigamie, Totschlag, Mord, Raub, Transportgefährdung). Demgegenüber sind nach common law nur misdemeanors: tätlicher Angriff, conspiracy, Freiheitsberaubung usw. Eine klare und positive Begriffsbestimmung von felony im allgemeinen läßt sich nicht geben. Die Kompendien beschränken sich entweder auf eine negative Definition (Felony = jedes Delikt, welches nicht treason oder misdemeanor!) oder definieren von der Folge her (felony = ein Rechtsbruch, der mit gewissen Vermögensverlusten bestraft werden kann). Praktisch ergeben sich keine Schwierigkeiten bei der Zuteilung des einzelnen Deliktes, weil entweder eine ausdrückliche Vorschrift vorliegt oder auf ein Präjudiz zurückgegriffen werden kann.

Statute Law eine ausdrückliche Ermächtigung zur Zwangsanwendung verleihen. Für ein Ermessen der Polizeibehörden ist theoretisch kein Spielraum gelassen, wie es überhaupt ein verwaltungsmäßiges Ermessen im Sinne des deutschen oder französischen Verwaltungsrechts nicht gibt.

Wesentlich ist auch folgendes Moment: die polizeilichen Exekutiv-Beamten sind bei Ausübung ihrer Tätigkeit nicht besonders privilegiert. Wie alle Angehörigen im Civil Service, so haften auch die Polizeibeamten in England für die Rechtmäßigkeit ihrer Amtshandlungen persönlich, und zwar sowohl in strafrechtlicher als auch in zivilrechtlicher Hinsicht. [28]) Die rechtswidrige Tätigkeit eines Polizeibeamten wird grundsätzlich nicht durch die Ermächtigung oder den Befehl eines Vorgesetzten gedeckt. Widerstand eines Bürgers gegen einen materiell rechtswidrigen, formell aber ordnungsmäßigen behördlichen Akt würde nicht etwa als Widerstand gegen die Staatsgewalt geahndet werden, wie überhaupt die uns geläufige Trennung von materieller und formeller Rechtswidrigkeit dem englischen Denken ungewohnt ist. Dagegen wird selbstverständlich (passiver) Widerstand gegen eine rechtmäßige Polizeiexekution be-

[28]) Die verbreitete Ansicht, nach englischem Recht gäbe es keine Staatshaftung, ist in dieser Allgemeinheit unzutreffend. Nach common law haftet z. B. jede Local Authority (Gemeinde, Grafschaft usw.) für deliktisches Verhalten ihrer Bediensteten. Ueber die logischen Schwierigkeiten, die sich aus der ultra-vires-Lehre für die Begründung dieser Haftung ergeben, setzt sich die Rechtsprechung hinweg. Nur wenn die Krone für einen ihrer Angestellten in Anspruch genommen werden sollte, ergaben sich bisher Hindernisse und Komplikationen. Erst die Crown Proccedings Act von 1947 (10 & 11 Geo. 6., c. 44) hat den Weg freigemacht für Schadensersatzansprüche gegen die Krone (d. h. also den Staat) wegen unerlaubter Handlung („tort") eines Beamten. Der Staat soll dabei so haften wie ein privater Dienstherr nach common law („if it — the Crown — were a private person of full age and capacity"). Aber diese Haftung erstreckt sich nur auf die von der Krone ernannten oder aus staatlichen Mitteln bezahlten Beamten. Dazu gehören aber gerade die Polizeibeamten nicht, denn sie werden von der Local Authority angestellt und besoldet. Andererseits haftet auch diese Körperschaft wiederum nicht (vgl. Anm. 30), sodaß — auch heute noch — nur der Polizist persönlich für eine Amtspflichtverletzung haftbar gemacht werden kann. Freilich wird dem armen Polizeibeamten in der Regel die Hilfe seiner Anstellungskörperschaft im Prozeß nicht fehlen und der Geschädigte kann praktisch auf Entschädigung durch die Körperschaft rechnen, aber nicht von Rechts wegen!

straft, allerdings vergleichsweise mild: nur mit einer Geldstrafe von 5 Pfund. Tätliche Angriffe auf Constables dagegen können mit einer Geldstrafe bis zu 20 Pfund oder einer Gefängnisstrafe bis zu 6 Monaten geahndet werden.

C. Angesichts der verschachtelten Zuständigkeiten und der Aufteilung der Befugnisse, die hier in gedrängter Kürze vereinfacht dargestellt wurden (und deswegen die Verhältnisse klarer erscheinen lassen, als sie es in Wirklichkeit sind), vor allem aber im Hinblick auf die geringe zentrale Lenkung und den Mangel an straffer Ueber- und Unterordnung drängt sich für den deutschen Beschauer die Frage auf, wie es angeht, daß das englische Polizeiwesen als Einheit funktionieren kann. Wie ist es insbesondere zu erklären, daß die historisch überkommenen Formen und Mittel der englischen Polizeiverwaltung den gesteigerten Ansprüchen des modernen technischen Massenstaates in bezug auf Gleichlauf, Schnelligkeit und Durchschlagskraft genügen und dies offenbar — nach Ansicht der britischen Militärregierung — so gut, daß ihre Verhältnisse zum Vorbild einer Umgestaltung der Polizei in Deutschland genommen zu werden verdienen?

Das gleichmäßige, reibungslose und schnelle Zusammenarbeiten der vielen Polizeikörper setzt mehrere Gegebenheiten voraus, die dem Engländer vielleicht selbstverständlich erscheinen (weswegen die britische Darstellungen sie mit Stillschweigen übergehen können), deren sich der fremde Beobachter aber bewußt werden muß, wenn er das Funktionieren und die Wirksamkeit des englischen Polizeiwesens verstehen will. Folgende Gesichtspunkte dürften in dieser Beziehung bedeutsam sein:

1. Der Zusammenhalt und die Einheit der englischen Polizeikörper werden hergestellt und erhalten durch das Bewußtsein, daß die Krone der allgemeine, höchste Beziehungspunkt ist, von dem sich alle polizeiliche Tätigkeit ableitet. In dieser Vorstellung liegt ein integrierendes Moment von nicht zu unterschätzender Bedeutung. Der König ist als Haupt der gesamten Exekutive nach dem ungeschriebenen Verfassungsrecht des Königreichs für die Aufrechterhaltung der inneren Ordnung des Staates verantwortlich. Er ist der „maintainer of internal order". Diese Aufgabe läßt die Krone durch ihre

Beauftragten wahrnehmen. Dazu gehören die Polizeidienststellen und ihre Bediensteten. Das bedeutet, daß jeder Constabler, mag er auch von einer Stadt oder Grafschaft in sein Amt berufen worden sein, im Namen des Königs handelt. Bei der Ernennung hat deswegen jeder Polizist eidlich zu versprechen „that he will well and truly serve the Sovereign in the office of Constable". [29]) Den gleichen Hinweis enthält seine Anstellungsurkunde. Als sichtbares Zeichen des Ursprungs seines Amtes schmückt ein Abbild der königlichen Krone noch heute den Dienst-Stab der Polizisten. Die Vorstellung, daß ein Constable dem König dient, schließt nach englischer Auffassung die Möglichkeit aus, ihn als einen Beauftragten seiner Grafschaft oder Stadtgemeinde anzusehen. Im Falle Fisher v. Oldham Corpn. (1930) wurde deswegen die Haftung der Stadtgemeinde für einen von ihr beschäftigten Polizisten (der den Kläger pflichtwidrig verhaftet hatte) mit der Begründung verneint, daß alle Polizeibediensteten als „public servants and officers of the Grown" tätig seien. [30])

Die Polizeigewalt in England wäre hiernach trotz ihrer lokalen Handhabung keine Sache der Selbstverwaltung, sondern eine staatliche Angelegenheit. Doch dürfte es richtiger sein, diese uns geläufige Kategorisierung zu vermeiden, weil sie in ihrer Strenge den englischen Verhältnissen nicht entspricht.

2. Die Gleichmäßigkeit der polizeilichen Verwaltung wird bei geringer zentraler Reglementierung und Befehlsgebung in erster Linie gesichert durch eine traditionsgebundene Rechtsprechung. In langer und beständiger Uebung haben die Gerichte die Tatbestände der Polizeiwidrigkeiten und die Mittel ihrer Bekämpfung festgesetzt. Für das englische Rechtsbewußtsein bilden diese Gerichtsentscheidungen einen ebenso festen wie elastischen Maßstab von höherem

---

[29]) Promissory Oath Act, 1868 s. 12.

[30]) Der Richter führte dazu aus: „A police constable is not the servant of the bourough but a servant of the State, a ministerial officer of the central power, though subject, in some respects, to local supervision and local regulation." (1930) 2 K. B. 364. Für den deutschen Juristen ist es dagegen eine geläufige Vorstellung, daß jemand, der staatliche Hoheitsaufgaben wahrnimmt, doch Gemeindebeamter sein kann.

Ansehen, als es von den mit Schnelldruck arbeitenden Gesetz- und Verordnungsmacher des Kontinents erreicht zu werden pflegt.

Vor allem aber ist es ein weiteres Moment, eine funktionelle Kraft, die ein gleichmäßiges und reibungsloses Laufen der komplizierten Polizeiapparatur ermöglicht. Das ist die Verwaltungsroutine. Damit wird eine ebenso wichtige wie verdeckte Erscheinung des englischen Verwaltungswesens berührt. Sie ist es, die (nach dem Urteil von J. Hatschek) [31]) dem englischen Beamtentum seine Permanenz und der englischen Verwaltung ihre Stabilität verleiht. Wie mir scheint — und ich kann dies nur mit dem Mute des Außenstehenden sagen — besitzen die tägliche Praxis, das wechselseitige Eingespieltsein der Behörden, Gerichte und Beamten aufeinander, ihre Geschäftsnuancen, also kurz das, was man als Verwaltungsroutine bezeichnen mag, gerade auf dem Gebiet des englischen Polizeiwesens eine große Bedeutung. Ohne eine solche Routine wäre wohl das Funktionieren der vielen Polizeiorgane und Polizeieinheiten in der Gegenwart nicht möglich. Für den Fremden ist es überaus verwunderlich, daß die vorliegenden Darstellungen des englischen Polizeiwesens über einen so grundlegenden Faktor der Verwaltung kein Wort verlieren. Aus den dürren, zumeist den positiven Quellen zeitlich folgenden Beschreibungen läßt sich gerade in dieser Beziehung nichts ersehen.

3. Außer dem integrierenden und dem funktionellen Moment ist schließlich eine ausgleichende Kraft für die Wirksamkeit der englischen Polizeiverwaltung wichtig: das bereits erwähnte System der dosierten Staatsbeihilfen (grants-in-aid). [32]) Es gestattet der Zentralregierung eine mittelbare und verdeckte Einwirkung auf das lokale und regionale Polizeiwesen. Da praktisch keine Grafschaft oder Stadt auf die beträchtlichen Zuschüsse, die ihr für das Schulwesen, den Straßenbau, den Wohnungsbau und für das Polizeiwesen von Staats wegen gewährt werden, verzichten kann, leuchtet ein, daß den Wünschen, Auskünften, Anregungen und Ratschlägen des Home Secretary von den Polizeiausschüssen und den Polizei-Einheiten gebührend Rechnung getragen wird.

---

[31]) Engl. StaatsR II S. 638 f.

[32]) Siehe oben Anm. 25.

Man hat viel gegen dieses System angeführt, vor allem das Bedenken, daß die Freiheit der örtlichen Entschließung der Notwendigkeit einer zentralen Subvention zum Opfer zu fallen droht. Es darf aber nicht übersehen werden, daß jenes Verfahren bei der in England üblichen Art der Handhabung auch die Betriebsamkeit und den Betätigungsdrang der örtlichen Polizeikörperschaften und Beamten anregt. Denn wo der gebotene Standard nicht erreicht wird, ist die Höhe der Dotation in Frage gestellt, und umgekehrt kann eine Grafschaft oder Stadt, die viel für polizeiliche Dinge aufgewendet hat, mit einer erhöhten Staatsbeihilfe rechnen.

III.

Der Vergleich der gegenwärtigen Polizeiverfassung in der britischen Besatzungszone Deutschlands mit dem in England bestehenden Polizeisystem erweist sich in verschiedener Hinsicht als aufschlußreich.

Zunächst tritt bei vergleichender Betrachtung die Gestalt und das Ausmaß der bereits vollzogenen Gleichschaltung deutlicher hervor: die Verteilung der Polizeiverwaltung auf quasi-autonome Polizeibezirke, die Trennung von verantwortlicher Unterhaltung des Polizeiwesens (durch Polizeiausschüsse) und einsatzmäßiger Leitung der Polizeieinheiten (durch den Polizeichef), schließlich die Reduzierung der Befugnisse der Zentralinstanzen. In letzterer Beziehung besitzt heute der Innenminister eines Landes nur ähnliche Möglichkeiten, wie sie dem Home Secretary zu Gebote stehen: die Befugnis, den organisatorischen und persönlichen Rahmen der Polizeikörper im allgemeinen zu bestimmen, eine Aufsicht über die Einhaltung seiner Richtlinien auszuüben, insbesondere durch Inspekteure die Leistungsfähigkeit der Polizeieinheiten überwachen zu lassen. Seine Kontrollrechte werden auch bei uns jetzt gekoppelt mit finanziellen Handhaben. Denn die Innenminister (nicht andere Stellen) werden von der Verordnung Nr. 135 für die Zahlung von Zuschüssen aus den Einnahmen des Landes für Zwecke der Polizei verantwortlich gemacht.

Der vergleichende Blick auf die englischen Verhältnisse erklärt auch manche Ungereimtheiten der Neuregelung in der britischen Zone, vor allem die gänzliche Entmachtung der polizeilichen Vollzugsdienststellen gegenüber dem Publikum. Die Polizeibehörden sollen weder Verordnungen, noch Strafbescheide, noch überhaupt schriftliche Verfügungen erlassen dürfen. Aber an diesem Punkt wird bereits ersichtlich, wo die Parallele ihre ersten Grenzen findet. Während nämlich in England die Ermächtigung zum Erlaß von Verordnungen (By-laws) den Grafschafts- bzw. Stadtvertretungen zukommt, fehlt es bei uns an einer entsprechenden Beschlußkörperschaft für den Polizeibezirk. Die Gemeinde- und Kreisvertretungen kommen nach deutschen Begriffen dafür nicht in Betracht, und zwar auch nicht, insoweit es sich um ehemals verwaltungspolizeiliche Angelegenheiten handelt, weil das deutsche System der scharfen Trennung von Selbstverwaltungsangelegenheiten und Auftragsangelegenheiten eine Autonomie der Gebietskörperschaften in bezug auf die letzteren ausschließt.

Das, was wir gegenwärtig besonders vermissen mögen, die Verfügungsgewalt der Polizeibehörden, also die Möglichkeit, schriftliche oder mündliche Gebote oder Verbote an einzelne Personen oder Personengruppen zu richten, ist überhaupt für englische Augen kein Mangel. Denn der Constabler und seine Polizeistation haben nie eine derartige Macht gekannt. Sie handeln vorwiegend nicht kraft Gesetzes, sondern kraft richterlichen oder quasi-richterlichen Auftrags. Sie handhaben nicht eine ihnen von Gesetzes wegen eingeräumte Befugnis nach pflichtgemäßem Ermessen, sondern vollstrecken überwiegend richterliche oder quasi-richterliche Aufträge bzw. führen solche Entscheidungen herbei. In Deutschland ist zwar ein Teil der Polizeibeamten zu Hilfsorganen der Staatsanwaltschaft bestellt und steht insoweit im Dienste einer Stelle der Justizverwaltung, aber eben doch nicht im Dienste eines Gerichts. Es fehlt bei uns an den vielen gerichtlichen oder gerichtsähnlichen Instanzen, die dem Justice of the Peace, dem Polizeirichter oder einem Kriminalgericht in England entsprechen.

Diese Abweichungen sind aber nicht nur eine Frage der behördenmäßigen Organisation, also eine Verschiedenheit, die sich durch Schaffung entsprechender Instanzen oder Zuständigkeiten überwinden ließe. Sie ist vielmehr Ausdruck einer wesensmäßigen Andersartigkeit der englischen Verwaltung und des englischen Rechtsdenkens überhaupt.

Das englische Polizeisystem ist untrennbar verknüpft mit der spezifisch englischen Form von Verwaltung, der Local Government wie der Central Government. Diese Institutionen lassen sich mit den in Deutschland entwickelten Formen nicht ohne weiteres gleichstellen, denn der die öffentliche Verwaltung bei uns beherrschende Dualismus von Staats- und Selbstverwaltung ist der englischen Vorstellung fremd. Da jedwede Art der Exekutive aus der Macht der Krone herzuleiten und auf sie zurückzuführen ist, kann es eine örtliche Verwaltung aus eigenem Recht nicht geben. Demgemäß ist auch die Aufsicht der Zentralregierung über die Local Authorities nicht auf Gesetzmäßigkeitskontrolle beschränkt. Die für die deutschen Verhältnisse bedeutsame Unterscheidung von Gesetzmäßigkeit und Zweckmäßigkeit würde mit dem Gedanken der Rule-of-Law nicht verträglich sein. Gliederung und Funktion der englischen Polizei hängen mit dem Dasein und Leben der Local Government aufs engste zusammen. Das mag auch der Grund gewesen sein, weswegen die britische Besatzungsmacht alsbald nach der von ihr eingeleiteten Umgestaltung des Polizeirechts den Versuch unternommen hat, Formen und Methoden der Local Government in Deutschland heimisch zu machen. Die von der britischen Militärregierung revidierte Deutsche Gemeindeordnung legt davon Zeugnis ab. Aber abgesehen davon, daß es sich dabei nur um einige Aeste handelt, die dem deutschen Stamm aufgepfropft worden sind, hat auch ein solcher Octroi nur begrenzte Wirkung, weil die fremden Institutionen bei uns mit den Kategorien und Methoden des deutschen Verwaltungsrechts gemessen und in das deutsche System des öffentlichen Rechts eingeordnet werden. Genau so, wie es unmöglich wäre, die englische Local Government in das französische Verwaltungsrecht einzubauen, ohne daß ihr Wesentliches verloren ginge, wird der Charakter ihrer Verwaltungs-Institutionen und Spielregeln mit der Uebertragung nach

Deutschland verändert. Der tiefere Grund dafür liegt darin, daß England kein dem deutschen Verwaltungsrecht oder dem französischen Droit administratif entsprechendes Rechtssystem besitzt.

A. V. Dicey, der in seiner „Introduction to the Study of the Law of the Constitution" (1885), die (unbeschadet mancher erkannter Mängel) klassisch gewordene Beschreibung des Wesens des englischen Verfassungssystems bietet, behauptete sogar, daß der Begriff des Verwaltungsrechts, wie er sich auf dem europäischen Kontinent herausgebildet habe, insbesondere in der Gestalt des französischen droit administratif, dem englischen Juristen fremd sei und die Uebersetzung „administrative law" ihm unverständlich bleiben müsse. Diese Ansicht, welche (wie Dicey später selbst zugegeben hat) auf einer ungenügenden bzw. veralteten Vorstellung vom Begriff des modernen droit administratif fußte, kann zwar durch die Entwicklung der englischen Gesetzgebung im 20. Jahrhundert als überholt gelten. [33]) Der Bann, den noch vor 20 Jahren Lord Hewart, der damalige Chief Justice of England, über den neuen Despotismus und seine staatlichen Erscheinungsformen — Verwaltungsbürokratie und Verwaltungsrecht — verhängt hatte, [33a]) ist ohne Wirkung geblieben. Das moderne England kann ohne Verwaltungsrecht nicht auskommen. Administrative Law ist heute in England ein fester Begriff. [34]) Gleichwohl ist die tiefgehende Wesensverschiedenheit des englischen Administrative Law gegenüber dem kontinentalen Verwaltungsrecht geblieben und nicht zu übersehen.

Das deutsche Verwaltungsrecht des Verfassungsstaates basiert auf dem Prinzip der Gesetzmäßigkeit der Verwaltung, d. h. nach

---

[33]) Wade, Einleitung zur 9. Aufl. von Diceys Introduction (London 1948) S. cliv und Appendix S. 475 f.

[33a]) Lord Hewart: The new Despotism (London 1929) S. 37 schreibt: „Between the ‚Rule of Law' and what is called ‚administrative law' (happily there is no English name for it) there is the sharpest possible contrast. One is substantially the opposite of the other." Das französische droit administratif sei „fundamentally opposed to the English conception of the ‚Rule of Law'."

[34]) Wade, Appendix zu Dicey a. a. O. S. 482 f.; MacMillan im Vorwort zu seinem Handb. I S. XII; Sir Cecil Thomas Carr: Concerning English Administrative Law (Oxf. 1941); William A. Robson: Justice and Administrative Law (2. Ed. London 1947).

den Worten Fritz Fleiners[35]) einer „Verwaltung auf Antrieb des Gesetzes und innerhalb dessen Schranken". Damit wird der gesetzgebenden Gewalt die bevorzugte Stellung gegenüber der vollziehenden eingeräumt.[36])

Die englische Verwaltung erwächst auf dem Boden des Rule-of-Law. Aber „Law" ist eben gerade nicht nur Gesetz im Sinne eines Aktes der Legislative, sondern umfaßt auch — und sogar überwiegend — das von den Gerichten geschöpfte und festgestellte Common Law. Damit gewinnt die richterliche Gewalt einen Vorrang vor der Exekutive. So stellt A. V. Dicey, dessen diesbezügliche Ausführungen zwar kritisiert worden sind, aber wegen ihres nachhaltigen Einflusses als repräsentativ angesehen werden dürfen, als einen grundlegenden Gedanken heraus, daß Rule-of-Law (Herrschaft des Rechts) in erster Linie die Herrschaft der Gerichte bedeutet. Sein moderner Interpret E. C. S. Wade unterstreicht dies: Zu den wichtigsten Forderungen des Rule-of-Law gehöre, daß nur die Gerichte das Law of the Land auslegen, daß nur sie entscheiden und entscheiden dürfen, was recht und unrecht ist, und zwar gegenüber jedermann, also auch gegenüber Beamten und Behörden in bezug auf ihre dienstliche Tätigkeit.[37]) Aus dieser Konzeption ergeben sich die speziellen Lehren des englischen Rechts: die Bedeutung der richterlichen Rechtschöpfung, der Wert der Präjudizien, der Vorrang richterlicher oder quasi-richterlicher Entscheidung, das Erfordernis der „due process of law„, [38]) die ultra-vires-Lehre, die Ablehnung einer Sonderbehandlung der Beamten, ihre persönliche Verantwortlichkeit und Haftung, das Monopol der allgemeinen Gerichte und das Fehlen einer allgemeinen Verwaltungsgerichtsbarkeit.

Die wesentliche Andersartigkeit der Grundlagen und des strukturellen Zusammenhanges des Administrative Law und des deutschen Verwaltungsrechts, auf die man bei vergleichender Betrachtung

---

[35]) Institutionen des deutschen Verw.-Rechts (8. Aufl. 1928) S. 131.

[36]) Otto Mayer: Dtsch. Verw.-Recht I (2. Aufl. 1914) S. 66.

[37]) Einleitung zu Diceys Introduction (9. Ed. 1948) S. 1XXIX.

[38]) Die Fundamentale (bei uns oft nicht erkannte) Bedeutung, welche diese Klausel im anglo-amerikanischen Recht gewonnen hat, ist durch Hermann von Mangoldt herausgearbeitet worden in seinem Werk: Rechtsstaatsgedanke und Regierungsformen in den V. St. v. Amerika (1938).

trotz mancher Aehnlichkeit in Einzelheiten immer wieder stößt, muß beachtet werden. Erinnert man sich ferner daran, daß der Zusammenhalt, die Geschlossenheit und das Funktionieren des englischen Polizeiwesens noch auf einer Reihe von ungeschriebenen, traditionellen und deswegen nicht künstlich zu schaffenden Voraussetzungen beruht, dann wird man ermessen können, welche Chance die Einführung von Institutionen und Regeln der englischen Polizeiverwaltung in das System des deutschen öffentlichen Rechts besitzt.

Ideengeschichte und Rechtsgeschichte

Von
HANS THIEME

In diesem Sommer sind es gerade einhundertundvierzig Jahre, seitdem in Göttingen der erste Band von Karl Friedrich Eichhorns Deutscher Staats- und Rechtsgeschichte erschienen ist, von dem wir den Beginn der neueren Germanistik datieren. [1]) Zwölf Jahre lang nahm Eichhorn später den Lehrstuhl ein, der mir jetzt anvertraut ist. So liegt es nahe, in einer Zeit, die uns wiederum nötigt, einen neuen Anfang zu machen, ein Thema zu wählen, das die Besinnung auf den seither beschrittenen Weg unserer Wissenschaft vereinigen soll mit dem Ausblick in die Zukunft, beides betrachtet unter dem erschütternden Erlebnis der jüngsten Vergangenheit.

Schon seit langem hat es mich nachhaltig beeindruckt, daß ein Fachkollege, Eugen Rosenstock, den Zusammenbruch nach dem ersten Weltkrieg als so niederschmetternd für unser berufliches Treiben empfand, daß er sich damals außerstande fühlte, seine Vorlesungen über deutsche Rechtsgeschichte einfach wieder aufzunehmen, sondern ihnen auf Jahre den Rücken kehrte, um das Erlebte innerlich zu verarbeiten. [2]) In dem ungleich tieferen Fall, den die heutige Generation getan hat, können wir erst recht nicht der Selbstprüfung entraten. Es darf nicht geschehen, daß wir — um mit Karl Jas-

---

[1]) Näheres bei F. Frensdorff, Das Wiedererstehen des deutschen Rechts, ZRG 29 (1908) Germ. Abt. S. 1 ff. — Der Text gibt, mit geringen Aenderungen und Zusätzen, meine Göttinger akademische Antrittsrede vom 10. Juli 1948 wieder.

[2]) So nach seinem Lebenslauf im — heute leider verlorenen — Album der Breslauer Rechts- und Staatswissenschaftlichen Fakultät. Vgl. auch E. Rosenstock, Der Neubau der deutschen Rechtsgeschichte, „Die Arbeitsgemeinschaft", 1. Jahrg. 1919 S. 132 ff., 172 ff.

pers zu sprechen — in einem „schrecklichen Vergessen" ohne weiteres fortfahren im alten Geleise, daß also, konkret ausgedrückt, Kolleg, Zeitschrift oder Vortragsthemen sich nicht wesentlich unterscheiden von demjenigen, was wir 1932 oder 1939 referiert, publiziert oder diskutiert haben. Alle Geschichtsforschung bezieht ihre Inspiration auf geheimnisvolle Weise aus der Gegenwart. Bemüht sie sich, zeitlos zu sein, so versäumt sie das Wichtigste, ihre pädagogische Aufgabe.

Gewiß, in der unbeirrbaren Selbstbehauptung echten wissenschaftlichen Strebens steckt auch eine große Kraft. Wandlungen spielen sich nicht an der Oberfläche ab und vollziehen sich nicht von heut auf morgen. Dank dem Beharrungsvermögen ihrer Methode und der scheinbaren Vorgegebenheit ihres Gegenstands hat die deutsche Rechtsgeschichte vielleicht weniger dem Zeitgeist geopfert, als andere Fächer. Sie bot sogar manchem, der aus dem geltenden Recht und seiner Dogmatik verdrängt war, ein erwünschtes Feld freier wissenschaftlicher Betätigung.

Aber wir Germanisten haben deshalb doch keinen Grund, uns besser zu dünken, als unsere Brüder. Der Kundige weiß, wie manches auch unser Schrifttum enthält, was wir heute lieber ungeschrieben sähen, und wie darin die alte Generation der mittleren, die mittlere der jungen durchaus nicht nachstand. Ob das alles nur ein Irrtum ohne Verschulden war, oder was er sich etwa vorzuwerfen habe, muß ein jeder mit sich selbst abmachen und sehe am besten den Balken im eigenen Auge. Lassen Sie mich in diesem Zusammenhang noch den Geist eines anderen Göttinger Germanisten und Professors beschwören, Jakob Grimm, der sich in einem Konflikt, wie wir sie nur zu oft haben geschehen lassen, unter Preisgabe seiner bürgerlichen Existenz für die Stimme seines Gewissens entschied: „Die Geschichte zeigt uns edle und freie Männer, welche es wagten, vor dem Angesicht der Könige die volle Wahrheit zu sagen. Das Befugtsein gehört denen, die den Mut dazu haben. Oft hat ihr Bekenntnis gefruchtet, zuweilen hat es sie verderbt, nicht ihren Namen." [3]) Was aber der letzte Grund war für ein solches Verhalten, und worauf es immer beruhen wird, das deutete Jakob Grimm an mit

[3]) Ueber seine Entlassung, Basel 1838, S. 28. Vgl. auch S. 24.

den Worten: „Die Wissenschaft bewahrt die edelsten Erwerbungen des Menschen, die höchsten irdischen Güter, aber was ist sie gegen die Grundlage des Daseins wert, ich meine, gegen die ungebeugte Ehrfurcht vor göttlichen Geboten?“ Damit ist wohl alles gesagt, was unsere innerste Verantwortung betrifft.

Lassen Sie mich nun zuerst einmal drei Problemkreise zeigen, wo mir Wandlungen und neue Methoden in der Wissenschaft vom deutschen Recht am dringlichsten zu sein scheinen. Jedes der hier angerührten Themen ist freilich für sich allein schon so umfangreich, daß wir uns hier aufs Aeußerste beschränken müssen. Das erste bildete vor zwanzig Jahren den Gegenstand der Rektoratsrede Herbert Meyers, meines verehrten Vorgängers: „Recht und Volkstum“.[4]) Damals, 1929, standen wir alle noch bewußt oder unbewußt auf dem Boden der historischen Schule. Vom „nationalen Element im Recht“ war da die Rede, von seinen „großen Grundgedanken, in denen sich der Volkscharakter und die der Nation eigentümliche Weltanschauung äußere“. Es ist kein Wunder, daß das Versprechen, unser Recht aus den Tiefen des Volkstums zu erneuern, in der Folgezeit für manchen die Gewalt einer Rattenfänger-Melodie besaß. Wir Germanisten waren mehr in Versuchung geführt, als die von vornherein im Schmollwinkel stehenden Romanisten. Um so größer und, hoffentlich, um so heilsamer muß nun unsere Ernüchterung sein. Wir haben durch bittere Enttäuschungen wieder gelernt, daß über das Recht zwar etwas Schönes und Wesentliches, aber bei weitem nicht das Entscheidende ausgesagt ist, wenn man es aus dem Volkstum herleitet.

Gewiß, wir können und wollen nicht hinter die historische Schule zurück. Das heißt, wir glauben nicht mehr und auch nicht wieder, wie es manche Naturrechtler getan, an ein allen Zeiten und Völkern gemeinsames Weltrecht. Schon das 18. Jahrhundert hatte bekanntlich diese Vorstellung überwunden. Savigny hat ihm damit einen Wechselbalg unterschoben. Aber es glaubt wohl heute auch kaum noch jemand an ein ausschließlich oder auch nur vorzugsweise völkisch bedingtes Recht. Wir suchen vielmehr angelegentlich nach einer Vereinigung zwischen Naturrechtsidee und raum-zeitlicher

[4]) Göttingen 1929, 2. Aufl. Weimar 1933.

Konkretisierung des Rechts im Lebensbereich von Volk und Staat. Die philosophia perennis bietet uns dafür die Lösung weniger, ewig gleicher principia, aus denen wechselnde conclusiones folgen. Theologische, anthropologische und biologische Wege werden von den verschiedensten Richtungen aus zu demselben Ziel gebahnt. „Recht und Volkstum" sollen in ein Verhältnis der Wechselbezüglichkeit gebracht werden. Auf jeden Fall steht aber das Recht, das seinen Wert und seine Würde aus der Transzendenz bezieht, über dem Volkstum, das zwar ebenfalls gottgegeben, aber dennoch ein Stück Diesseits ist.

Wenn damit die allgemeine, verblüffend und manchmal fast bedenklich konforme Haltung des heutigen Juristen — und keineswegs nur mehr des Theoretikers! — bezeichnet ist, so ergeben sich für den Deutschrechtler daraus zwei Folgerungen:

Wir brauchen erstens nicht etwa Verzicht zu leisten auf die liebevolle Versenkung in das Recht des eignen Volkes, in die rechtliche Volkskunde, die Rechtsarchäologie, die geschichtliche Landeskunde, die uns als Erbe der historischen Schule und als Frucht ausgedehnter Arbeiten der letzten Generation überkommen sind. Einzig die Modewissenschaft der Prähistorie scheint mir ihren Wert für die deutsche Rechtsgeschichte bis jetzt noch nicht bewiesen zu haben. Jedenfalls sind wir also weit entfernt von dem Standpunkt gewisser Amerikaner, die das Recht für genau so übertragbar ansehen, wie die Gesetze irgendeiner anderen Sozialwissenschaft, beispielsweise der Nationalökonomie.

Zweitens aber ist unsere Aufgabe damit allerdings nicht etwa erschöpft. Es hat doch etwas Ueberraschendes, zu sehen, wie im Ausland die historische Schule von Savigny bis Gierke unter das Stichwort „the nationalists" subsumiert wird.[5] Haben wir nicht etwa so manches als germanisch angesehen, was in Wahrheit „national indifferent" war? Wir wollen Germanisten, aber wir wollen

[5]) P. Vinogradoff, Outlines of Historical Jurisprudence I, Oxford 1920 S. 131 ff., wo es z. B. über O. v. Gierke heißt: „His staunch patriotism is both the reason and the consequence of his adherence to the standard of national consciousness as regards legal institutions and rules. In all his works he tries to bring into strong relief juridical ideas which he considers to be peculiar to the Teutonic race or, in a more narrow sense, to the German people."

keine Nationalisten sein.. Ich erinnere nur an das große Problem der Eigenkirche, oder an die Fragen des ligurischen Rechts, oder an die Herkunft der Menschenrechte. Und hat sich nicht die historische Schule, mehr unbewußt vielleicht, als absichtlich, der Rechtsvergleichung, der geschichtlichen Erforschung übervölkischer Zusammenhänge, in allen Ländern nachhaltig in den Weg gestellt? Wir glauben mit Erich Kaufmann,[6]) daß hier einer der wirksamsten Gründe für jene „Isolierung des deutschen Rechtsdenkens" liegt, auf die schon Hermann Isay in seinem heute abermals so aktuellen Vortrag von 1923 hingewiesen hat. Vielleicht darf bei dieser Gelegenheit wieder einmal erinnert werden an den berühmten Satz von Savignys Gegner Thibaut: „Zehn geistvolle Vorlesungen über die Rechtsverfassung der Perser und Chinesen würden in unsern Studierenden mehr wahren juristischen Sinn wecken, als hundert über die jämmerlichen Pfuschereien, denen die Intestaterbfolge von Augustus bis Justinianus unterlag."

Es ist allerdings hier festzustellen, daß es ein Verdienst der Germanistik war, ihre Arbeit nie auf die Staatsgrenzen beschränkt zu haben. Deutsche, österreichische und schweizerische Lehrer und Forscher wetteiferten friedlich und ohne politische Aspirationen miteinander, bis die Atmosphäre vergiftet wurde durch nationalistische Arroganz, Reichs-Metaphysik und Großraum-Ideologien.[7]) Deutsche Gelehrte haben auch Wesentliches beigetragen zur Aufhellung der englischen, skandinavischen und spanischen Rechtsgeschichte. Aber jeder Teil arbeitete dabei mehr und mehr für sich. Die Beziehungen zur ausländischen rechtshistorischen Wissenschaft waren bestenfalls indifferent, im Falle der Franzosen und Niederländer beiderseits voller Mißverständnisse und Spannungen, im Verhältnis zu Polen eine offene Feindschaft. Das Resultat ist heute jedenfalls ein Scherbenhaufen, bei dem auch viel wertvolle, sachliche deutsche Arbeit zu Bruch gegangen ist.

Bezeichnend für die Lage dünkt es mich, wenn ein Forscher vom Range Johan Huizingas neben dem lateinischen, dem

---

[6]) Kritik der neukantischen Rechtsphilosophie, Tübingen 1921 S. 92 ff., 94.

[7]) Es genügt, die Namen von Leers, Steding und Carl Schmitt zu nennen.

angelsächsischen und dem russischen überhaupt keinen besonderen germanischen Kulturtypus mehr anerkennen will. [8]) Er sieht darin nur noch ein Produkt der Humanisten, der Schulmeister und der Politiker, aber keine Realität. Wenn wir also in Zukunft dem Gedanken einer europäischen Völkergemeinschaft auch auf dem Boden der Rechtsgeschichte vorarbeiten wollen — und wie lohnend könnte eine solche Vorarbeit sein! [9]) — so werden wir die Grenzen des germanischen Volksbodens überschreiten müssen, um Hand in Hand mit den Romanisten und mit den Fachgenossen des Auslandes, auf deren Hilfe wir angewiesen sind, geschichtliche Rechtsvergleichung zu betreiben. Wie fruchtbar müßte sich zum Beispiel eine nähere Berührung mit dem angelsächsischen Recht auch für unsere Praxis gestalten lassen! Die seltsame und recht nachdenklich stimmende Tatsache käme uns dabei zugute, daß deutsche Emigranten dem gegenseitigen Verständnis des kontinentalen und des anglo-amerikanischen Rechts in erheblichem Maße vorgearbeitet haben.

Das zweite Thema, wo sich mir ein Wandel abzuzeichnen scheint, betrifft den „Entwicklungsgedanken im Recht". Franz Beyerle hatte ihn vor zehn Jahren zur Debatte gestellt, [10]) nachdem uns die Problematik der Verwendung von Vorstellungen und Begriffen aus dem Bereich der organischen Natur für die Geisteswissenschaften schon seit längerer Zeit aufgegangen war. Zweifellos lassen sich Gesetzmäßigkeiten feststellen, nach denen sich das Recht im Lauf der Geschichte fortbildet. So sprechen wir beispielsweise von dem Gesetz der wachsenden Beschränkung des Rechtszwangs, etwa bei der Bürgschaft, von dem Gesetz der Differenzierung,etwa bei Munt und Gesamthand, von Abspaltung, Verzweigung und Anpassung, von Vergeistigung und Auslese oder von Formenrückbildung und Verkümmerung, etwa beim Vertragsschluß. So nennen wir es eine Verpflanzung oder Nachformung von Rechtsgeschäften, wenn diese Zwecken dienstbar gemacht werden, für die sie von Haus aus nicht bestimmt waren, etwa die künstliche Verwandtschaft dem Zweck letztwilliger

---

[8]) Wenn die Waffen schweigen (Geschonden wereld), Basel 1945.

[9]) Dazu H. Thieme, Das Naturrecht und die europäische Privatrechtsgeschichte, Basel 1947.

[10]) Leipziger Festschrift für Alfred Schultze, Leipzig 1938.

Verfügung. Aber diese Gesetzmäßigkeiten sind nicht mehr dasselbe wie jener gläubige Evolutionismus des 19. Jahrhunderts. Hier handelt es sich nicht mehr um Naturgesetze. Wir haben uns mehr und mehr frei gemacht von der Vorstellung, als walte in der Rechtsgeschichte eine ungeschriebene Notwendigkeit. Vergleiche wie diejenigen von Recht und Sprache, von Werden und Vergehen oder von Jugend und Alter des Rechts wecken unser offenes Mißtrauen. Nur für den Anfang der Lebenslinie wollte Beyerle noch die Entwicklungsstufen plastischer, sinnbildlicher und begrifflicher Formgebung gelten lassen. „Fortan indes umschließt sie alle Möglichkeiten, wie es jede Zeit gerade fordert." Er sprach von einem „Rückschwung des Pendels", der eintreten könne und damals schon in vollem Gange war. Das aber bedeutet das Gegenteil von Entwicklung, denn deren Wesen besteht gerade in ihrer „Nichtumkehrbarkeit". [11])

Mit dem Entwicklungsgedanken ist der Fortschrittsglaube untergraben worden und endlich zusammengebrochen. Das finsterste Mittelalter möchte uns noch barmherzig dünken, gemessen an dem, was wir erlebt haben und noch immer weiter mit ansehen müssen. Wer wollte da noch von einem Fortschritt der Menschheit und des Rechts sprechen? Wer wollte behaupten, unser Recht sei ein Zeugnis für höhere Reife? Bei Aldous Huxley lesen wir beispielsweise: „In der Praxis ist der Glaube an eine größere und bessere Zukunft einer der mächtigsten Feinde gegenwärtiger Freiheit, denn Herrscher fühlen sich gerechtfertigt, ihren Untertanen die ungeheuerlichste Tyrannei aufzuerlegen um völlig imaginärer Früchte willen, die diese Tyrannei dereinst, sagen wir im einundzwanzigsten oder zweiundzwanzigsten Jahrhundert, tragen soll — warum, das vermag nur ein bedingungsloser Glaube an den Fortschritt zu sagen." [12]) Manche retten sich in die Vorstellung einer spiralenförmigen Entwicklung: dieselben Irrtümer wiederholen sich, dieselben Laster und auch dieselben Verdienste und guten Werke — nur auf einer höheren Ebene. Immer noch liegt aber einem solchen Bild der Entwicklungsgedanke

---

[11]) J. Huizinga, Im Schatten von morgen, 1936 S. 17: „Diese Ueberzeugung von der Nichtumkehrbarkeit des Gesellschaftsprozesses fassen wir in den Begriff Entwicklung."

[12]) Wissenschaft, Freiheit und Frieden, Zürich 1947.

zugrunde, eine Stufenfolge, die letztlich optimistisch und fortschrittsgläubig bewertet wird.

Allein, es scheint, als sei hier sogar die moderne Biologie zurückhaltender und vorsichtiger geworden. So läßt sich etwa Hans Krieg vernehmen, vom Standpunkt des Biologen bezeichne das Schlagwort „Fortschritt" ein Mißverständnis, „denn wahrscheinlich gibt es keine Entwicklung, welche aus Minderem Besseres macht, sondern nur eine, welche Allgemeines zu Besonderem spezialisiert. Fortschritt ist im Grunde nichts anderes als eine Aeußerung der biologischen Spezialisierung des Menschen. Jede Spezialisierung aber bedeutet, daß Gewinn auf der einen Seite nur mit Verzicht auf der anderen (oder vielen anderen) erkauft wird."[13]) Oder Edgar Dacqué hat gezeigt, daß keineswegs etwa die Empirie zu der Vorstellung nötigt, als seien die natürlichen Arten, eine nach der anderen, auseinander hervorgegangen, nach den berühmten Gesetzen der Selektionstheorie, nach ihrer Lebenstüchtigkeit, dem Kampf ums Dasein und der natürlichen Zuchtwahl. [14]) Zahlreiche Arten stehen vielmehr nach dieser heute wieder vertretenen Auffassung von Anfang an, soweit wir es verfolgen können, nebeneinander, und neue Arten tauchen aus dem geheimnisvollen Schoße der Schöpfung auf, ohne daß wir ihre Ursprünge kennen, von vornherein eigenartig und nicht als Abkömmlinge der früheren. „Jeder organische Typus ist eine Grundidee der Natur, eine Urform." So ähnlich hieß es schon bei Linné: „Tot sunt genera et species, quot ab initio creatae sunt." Was man aber an Stelle des Wandels, der Entwicklung und des Fortschritts beobachten kann, das ist die Anpassung dieser Arten an die Phasen des geschichtlichen Seins, Baustil und Zeitsignatur, womit sie antworten auf eine sich verwandelnde Welt. [15])

[13]) Marquartsteiner Vorträge über Grenzgebiete der Biologie, Stuttgart 1948 S. 111.

[14]) Aus der Urgeschichte der Erde und des Lebens, München 1936.

[15]) „Tritt eine neue biologische Grundorganisation, also eine höhere Lebensstufe in einem Zeitalter aus dem metaphysischen Grundstamm des Lebensbaumes hervor, so erscheinen mit ihr zugleich ähnliche Gestaltungen in anderen, schon ausentwickelten niederen Aesten oder Typenbahnen." Sie „können den neuen Grundtypus nicht selbst gebären, sondern borgen ihm als Zeitsignatur seine Form irgendwie ab". E. Dacqué, Die Urgestalt, Leipzig 1940 S. 86.

Es gilt nun den Versuch, eine derartige Sehensweise auch für uns zu nutzen. Wir können dabei an längst Bekanntes anknüpfen. Vor einem Menschenalter, also etwa in der Zeit Georg von Belows, arbeiteten wir in der Rechts- und Verfassungsgeschichte noch mit einer genetischen Auffassung und mit der Vorstellung von Entwicklungsgesetzen wie in der damaligen Biologie. Die Theorien über den Ursprung der Stadt, die Entstehung der Zünfte, die Ausbildung der Landeshoheit sind nur ein paar Beispiele dafür. Aber diese ganze Welt ist zusammengestürzt, „durch das Sieb der Geschichte gefallen" (Franz Schnabel). Statt jener „monokausalen" Einheitslösungen und Stammbaum-Lehren sind es heute viel mehr einzeln nebeneinander stehende Typen, die die Forschung zu unterscheiden und in ihrer Wesenhaftigkeit darzustellen gelernt hat. Typen der Stadtverfassung: die Römerstadt, den angelehnten Markt, die Gründungsunternehmerstadt. Typen der Territoriumsbildung aus Blutgerichtsbarkeit, Grundherrschaft oder Vogtei. Typen der Ständeordnung: den Hofhandwerker, den Rodungsbauern, den Fernkaufmann. Indem wir solche Typen ohne entwicklungsgesetzliche Gewaltsamkeiten möglichst rein herausarbeiten, gelingt es uns, die geschichtliche Mannigfaltigkeit und Wirklichkeit unmittelbarer zu erfassen, als dies bei der früheren Einheits- und Stammbaum-Vorstellung möglich war. Zugleich machen wir uns damit erst die sprudelnde Vielzahl der Quellen, die Vorarbeit der geschichtlichen Landeskunde zunutze. Auch im deutschen Privatrecht bewährt sich diese Methode, beispielsweise bei der Typenbildung im Stiftungsrecht, wie die Arbeiten von Dieter Pleimes gezeigt haben. Wir werden nicht umhin können, auch das deutsche Genossenschaftsrecht von hier aus einmal zu untersuchen, wofür Anfänge gleichfalls bereits gelegt sind.

An Stelle von Entwicklung und Fortschritt tritt damit als statisches Element der Begriff der Kontinuität, der uns von verschiedenen Ausgangspunkten heute so sehr beschäftigt.[16]) Das dynamische Moment aber, hindurchgewoben durch jene konstanten Faktoren wie Kette und Schuß am „sausenden Webstuhl der Zeit", bilden dann geistige, politische und wirtschaftliche Kräfte, mit einem

[16]) Vgl. jetzt namentlich H. Mitteis, Die Rechtsgeschichte und das Problem der historischen Kontinuität, Berliner Abhdlg. 1947.

Wort, die I d e e n. Sie sind es, die es uns ermöglichen, sachgemäße Perioden zu bilden. Auf sie antworten jene Typen durch Anpassung und Gebrauch einer Zeitsignatur, und wir sprechen hier wohl richtiger von einander ablösenden Rechtsstilen, als von einer Stufenfolge, die wieder den Gedanken eines Fortschritts und einer zwingenden Entwicklung nahelegen könnte.

Nach diesem Geschichtsbild sind es somit recht eigentlich die Ideen, die die Geschichte machen, Ideen in einem weiteren Verstand, der außer den Kräften des Geistes auch solche der Politik und der Wirtschaft mit umfaßt. Solche Ideen gestalten nun auch die Rechtsgeschichte und prägen die Elemente der historischen Kontinuität, die sie vorfinden, immer wieder um. Eine derartige Idee ist beispielsweise jene gewaltige geistige Bewegung, die in der Freiung städtischer Gemeinden, in der Schwurverbrüderung der Bürgerschaft und in den Gottesfrieden zum Ausdruck kommt. Sie ergreift nach und nach alle genossenschaftlichen Gebilde, auch die Dorfgemeinschaften, auch die Landfriedensbünde; es ist die Zeitsignatur, der Rechtsstil der Zeit, der sich hier auswirkt. Oder wir denken an jene große Strömung, die den Lehensstaat allmählich durch den Aemterstaat ablöst, den Personenverbands- durch den Flächenstaat, die den Hofrechtsverband zersetzt und die freien Leiheverhältnisse einführt, in großen und kleinen Territorien und in allen Teilen des Reiches. Es gibt Dauerfragen in der Rechtsgeschichte, aber verschiedene Zeiten antworten auf sie in verschiedener Weise.

Eine solche „Verknüpfung statischer und dynamischer Betrachtungsweise" — wie sie C l a u d i u s F r e i h e r r v o n S c h w e r i n gefordert hat [17]) — tut der Geschichte keinen Zwang an. Sie läßt die Vielfalt der Erscheinungen und Typen bestehen und bringt doch das Gemeinsame zur Darstellung, das sie alle durchdringt und durchgeistigt. Sie hat auch Raum für Rückschläge und Katastrophen, die der Entwicklungsgedanke nicht zu erklären vermochte. Man hat oft gegen die frühere Verfassungsgeschichte eingewendet — etwa gegen die Darstellung H e i n r i c h B r u n n e r s — daß sie ein blutloses, entstaatlichtes Normalrecht schildere, wie es nie und nirgends wirklich gegolten habe. Man hat gesagt, die Rechtsgeschichte lasse

[17]) Grundzüge der deutschen Rechtsgeschichte, 3. Aufl. München 1944 S. VII.

den geschichtlichen Prozeß gleichsam „gefrieren", um ihn als Ordnung erfassen zu können. Wenn an dieser Kritik etwas berechtigt ist, so vermeiden wir solche Mängel, indem wir den Einfluß der Ideen auf das Recht, also das dynamische Element, erkennbar machen. Wie hat zum Beispiel die Idee der renovatio imperii Geschichte gemacht, die Idee, das römische Recht sei das kaiserliche, oder die Idee von der allgemeinen Freiheit des Menschen vor Gott. Wir haben es nun nicht mehr zu tun mit einer organischen, pflanzenhaften Entwicklung, sondern wir verstehen das Recht als Ausdrucksform des Denkens seiner Zeit und als Funktion der gesellschaftlichen Kräfte.

Damit bin ich nun bei dem dritten Problemkreis angelangt, beim „Lebenswert der Rechtsgeschichte". Niemand hat mehr dazu beigetragen, als Heinrich Mitteis, uns eine solche dynamische Schau der Rechtsgeschichte zu vermitteln. Sie hatte sich von der allgemeinen Geschichte abgelöst, ähnlich wie bei dem Verhältnis von Staatsrecht und Politik im Positivismus. [18]) Von einer „bloßen Institutionengeschichte" und von „seelenloser Wertungsfreiheit" hat man gesprochen. Die ganze politische Welt war aus der Rechtsgeschichte gewissermaßen verbannt. Kaum, daß einmal ein politisches Motiv erwähnt wurde — etwa die berühmten Reiterheere der Araber, die die Entstehung des Lehenswesens beeinflußt haben sollten, — oder eine politische Wirkung, etwa diejenige des Leihezwangs. Mit seiner Schrift von 1926 über „Politische Prozesse des früheren Mittelalters" — nicht ohne geistesgeschichtliche Ursache beinahe gleichzeitig mit Heinrich Triepels berühmter Rektoratsrede über „Die Staatsverfassung und die politischen Parteien" — hat Mitteis, wenn ich richtig sehe, die gegenläufige Bewegung eingeleitet. Man fing nun erst wieder an, nach Grund und Motiv in der Rechtsgeschichte zu fragen. Man suchte sie in etwas Außerrechtlichem. Ist es wahr, daß die Rechtsgeschichte auf weite Strecken nichts anderes ist als Unrechtsgeschichte? [19]) Oder wie ist das Ver-

---

[18]) Dazu C. v. Schwerin, Rechtsgeschichte und Geschichtswissenschaft, Zeitschr. d. Akademie f. dtsch. Recht 5, 1938 S. 15.

[19]) Vgl. H. Hirsch, Die hohe Gerichtsbarkeit im deutschen Mittelalter, Prag 1922 S. 8.

hältnis von Rechtsgeschichte und Machtgeschichte? [20]) Haben Rechtsgeschichte und Verfassungsgeschichte wirklich „zwei verschiedene Aufgaben"? [21]) „Alles politische Handeln", so lesen wir bei Otto Brunner, „ist dem Mittelalter Kampf ums Recht", die Macht „gründet in dieser Welt doch überall im Recht". Dann ist es aber, sagt Mitteis, eben unsere Aufgabe als Rechtshistoriker, den „Gang der Rechtsidee durch die Geschichte" zu zeigen, „die ständige Durchsetzung der Gerechtigkeit", den „Kampf geistiger Macht gegen brutale Gewalt und den Zwang unrechten Rechtes, das Streben nach Freiheit und Autonomie der Persönlichkeit". [22])

In einer derartigen, so stark gegenüber der letzten Generation veränderten Auffassung beruht aber der „Lebenswert der Rechtsgeschichte". Gewiß kann Rechtsgeschichte nicht in Geistesgeschichte aufgelöst werden und ist sie nicht ohne solides Tatsachenwissen möglich. Aber die Tatsachen als solche, auch in ihrer geschichtlichen Aufeinanderfolge, sind für sich allein noch nicht interessant. Sie sind nicht mehr, als der Lehm in der Hand des Künstlers. Sie sind, wenn keine Deutung dazukommt, wenn sie nicht gleichsam transparent werden, nur toter Ballast. Jakob Burckhardt hat einmal gesagt: „Die Geschichtsforscher, welche nur äußere Tatsachen sammeln, sind gleich Leuten, welche einen Berg abgraben wollen. Sie fangen an, graben ein tiefes Loch hinein, das aber im Vergleich zum Berg nichts ist. Inzwischen kommt der Tod, und was lassen sie uns? — Den Schutt, der vor dem Loche liegt . . ." [23]) Und Ricarda Huch, die es verstanden hat wie nur ganz wenige, Vergangenes lebendig zu machen, meint: „Bloße Tatsachen, wenn sie nicht in Beziehung zu uns und zu den Geistern in der Luft, wie

---

[20]) H. Mitteis, Festschrift f. A. Dopsch, Baden 1938 S. 547 ff. — Vgl. auch schon Ders., Politische Prozesse des früheren Mittelalters in Deutchland und Frankreich, Heidelberg 1927 S. 124: „Und so hoffen wir, daß es der gemeinsamen Arbeit von Juristen und Historikern gelingen möge, eine Verfassungsgeschichte zu schaffen, die nicht nur Institutionen schildert, sondern lebendige Kräfte."

[21]) O. Brunner, Land und Herrschaft, 3. Aufl. Brünn 1943 S. 140, 149.

[22]) Vom Lebenswert der Rechtsgeschichte, Weimar 1947 S. 128.

[23]) A. v. Salis, Basler Jahrbuch 1918, S. 289. Vgl. auch den Brief an B. Kugler, 30. März 1870 (Kaphahn, Jacob Burckhardt, Briefe, Leipzig 1935, S. 318).

der Apostel Paulus sie einmal nennt, gebracht werden können, mit denen wir kämpfen, bleiben doch Spreu . . . Ich unterschätzte den Wert der Einzelforschung, die strenge Beschränkung auf das vom Wissen Erfaßte nicht und war weit entfernt zu wünschen, daß aus der Geschichte ein Roman gemacht werde, aber ich fragte mich, zu was die Stücke da wären, wenn nicht die Leidenschaften der Lebendigen die Schatten erglühen lassen, wenn wir uns nicht in sie, sie sich nicht in uns verwandeln?" [24])

Es ist nun die schwere und verpflichtende Aufgabe derer, die dazu bestellt sind, das geschichtliche Erbe zu hüten und weiterzugeben, über ein solches Anhäufen von totem Schutt hinauszukommen. Dann zeigt sich auch erst der eigentliche Wert und die Rechtfertigung der deutschen Rechtsgeschichte. In einem richtig verstandenen Sinn dürfen wir unsere Haltung eine politische und eine pragmatische nennen und uns daran erinnern, daß einstmals das Zentrum der pragmatischen Geschichtsschreibung hier an unserer Georgia Augusta gewesen ist, in dem Göttingen Schlözers, Spittlers und Pütters. [25]) Freilich muß nun sogleich davor gewarnt werden, als sollte etwa überall — um mit Treitschke zu sprechen — „die Dattel vom Feigenbaum gefordert" und der Ertrag der Forschung für die Gegenwart mit der Elle gemessen werden. „Es geht nicht um nützliche Belehrung für das Verhalten in einem bestimmten Fall, der in unmittelbarer Zukunft eintreten könnte, sondern um einen festen Standpunkt im Leben überhaupt." [26]) Jedes Stück saubere Wissenschaft trägt schon als zuchtvolle Leistung einen objektiven Wert in sich. Nie läßt sich im voraus absehn, wozu es einmal gut sein wird. Ein klassisches Beispiel hierfür berichtet uns Hugo von Hofmannsthal: als während des ersten Weltkrieges französische Kolonialoffiziere die Eingeborenen Nordafrikas gegen die Türken mobilisierten, da diente ihnen als wesentliche Unterstützung das Buch eines Leipziger Sprachforschers von 1896, die Grammatik des Tunisischen Arabisch von Hans Stumme.

---

[24]) Frühling in der Schweiz, S. 60.

[25]) Darüber H. Thieme, Die Zeit des späten Naturrechts, ZGR 56 (1936) Germ. Abt. S. 211 ff., 213 mit weiteren Angaben.

[26]) Huizinga, Im Bann der Geschichte, Basel 1943 S. 92.

Soviel aber läßt sich immerhin sagen: im Laufe des Lebens eines Gelehrten, das trotz Nietzsche ganz wesentlich Lang-Leben ist, und ganz besonders in so bedrängter Lage wie heute, wo die Arbeitsmittel nur noch an wenigen Plätzen vorhanden sind, sollte es gelingen, nicht nur Schutt, sondern auch etwas Brauchbares zu fördern. Es gibt Aufgaben, deren möglicher Ertrag in keinem Verhältnis steht zu der darauf verwendeten Mühe. Auch die Wahl der Themen ist letzten Endes eine Qualitätsfrage. Grimms „Andacht zum Kleinen" in allen Ehren, ein Stück davon braucht gewiß jeder echte Historiker. Aber sie ist nicht das Ganze und Einzige, was von uns gefordert wird. Es gibt auch eine heilsame Scheu vor der Geduld des Lesers!

Lassen Sie mich nun noch an einigen Beispielen erklären, wie der Lebenswert der Rechtsgeschichte gerade in unserer Zeit zu verwirklichen ist. Die jüngste Vergangenheit ist recht eigentlich ein Beweis dafür, daß — wie Schopenhauer gesagt hat — noch niemand etwas aus der Geschichte gelernt hat. Daß wir in unserm Wächteramt auch mit versagt haben, ist eine der tiefsten Ursachen für jene eingangs erwähnte Selbstprüfung, die uns allen so not tut. Denn wie vielfältig sind die Lehren, die wir aus der Geschichte hätten ziehen können und müssen! Wie hätte sie uns, recht verstanden, zu warnen vermocht! Wie viele von den wertvollsten Gedanken des Abendlandes sind anscheinend umsonst gedacht worden! Wenn es uns jetzt nicht einmal gelingt, jene Lehren an unsere Zeit, an unsere Hörer heranzubringen, dann wird es Cäsar immer wieder kalt lassen, wenn die Bibliothek von Alexandria in Flammen steht.

Ein erstes Beispiel gewährt uns die Geschichte des mittelalterlichen Strafrechts, indem sie zeigt, wohin es führt, wenn man an einer Stelle der Barbarei Raum gibt. [27]) Ich meine die Anwendung der peinlichen Strafen gegen Landfremde, gegen die Fahrenden, Gaukler, Spielleute und Kesselflicker, die „landschädlichen Leute". Sie sind es, denen zunächst ausschließlich jene grausame Strafjustiz der Landfrieden gilt. Der seßhafte, behäbige Bürger wird nicht davon betroffen. Er genießt offenbar ein solches pein-

---

[27]) Zusammenfassend hierüber jetzt Eb. Schmidt, Einführung in die Geschichte der deutschen Strafrechtspflege, Göttingen 1947 S. 62 ff., 80.

liches Verfahren als Schauspiel mit angenehmem Kitzel und ohne Erbarmen und denkt nicht entfernt daran, daß im Verlauf von ein, zwei oder drei Generationen etwa er selbst, seine Kinder und Kindeskinder ebenfalls Verstümmelungsstrafen und Folter erleiden könnten. Aber das Unheil ist nicht aufzuhalten! Einmal geweckte und entbundene Triebe — nicht etwa Dämonenglaube, wie eine allzu psychologisierende Deutung es erklären will, sondern primitive Grausamkeit — lassen sich nicht mehr zurückdämmen. Zweckmäßigkeitserwägungen, Vergnügen an fremdem Schmerz, Gleichgültigkeit und Roheit wirken zusammen und führen für mehrere hundert Jahre eine Verdunkelung des Rechtsempfindens herbei, die recht eigentlich als ein Rückschritt gegenüber vorangegangenen Zeiten erscheint. Wie viel hätten wir daraus, und aus der Wirkungslosigkeit jeder derartigen Grausamkeit sowie aus ihren unheilvollen Folgen zu lernen gehabt, als wir ebenfalls zuerst nur dem „Volksfremden" gegenüber vom Weg der Humanität in der Strafrechtspflege abwichen! Forschungen über den Ursprung, die räumliche Ausdehnung, die geisteswissenschaftlichen und religiösen Zusammenhänge der Folter könnten heilsam wirken in einer Zeit, in der das böse Feuer zwar an einer Stelle ausgetreten ist, aber an zahlreichen anderen weitermottet und hie und da zu heller Flamme auf flackert.

Ein zweites Beispiel: Das Mittelalter hat in Gestalt der Zunftwirtschaft die vollkommenste Ausprägung einer obrigkeitlich dirigierten Planwirtschaft geliefert, einer Kommandowirtschaft, wie man heute sagen würde, mit allen Schattenseiten einer solchen.[28]) Festsetzung der Preise und Lieferungsbedingungen, numerus clausus, Verhinderung der freien Konkurrenz, Autarkiestreben und minutiöser strafrechtlicher Schutz dieses ganzen Systems, in einer Unzahl von Statuten, Taxen und Ordnungen und mit einem großen Beamtenapparat künstlich aufrechterhalten — dieses alles kennzeichnet die spätmittelalterliche Stadtwirtschaft. Drängen sich hier nicht die Vergleiche und die Lehren für unsere jüngste Vergangenheit und Gegenwart auf? Ruht hier nicht immer noch ein großer

---

[28]) Statt aller vgl. W. Andreas, Deutschland vor der Reformation, 3. Aufl. Stuttgart 1942 S. 313 ff.

Schatz von Erfahrung ungehoben in den Archiven? Auch der politische Mißbrauch wirtschaftlicher Machtstellungen ist durchaus nicht erst eine Erscheinung unseres Zeitalters. Schon die Reformschriften des XVI. Jahrhunderts geißeln ihn, und die Mittel der Monopolbildung und Marktbeherrschung sind damals dieselben wie heute.

Endlich noch ein drittes Beispiel: die Rechtsgeschichte Preußens im XVIII. Jahrhundert [29]) zeigt uns, auf engem Raum und in einer kurzen Zeitspanne vereinigt, den Kampf zwischen autoritären Gewalten und liberalem, rechts- und justizstaatlichem Denken, den Kampf um die Unabhängigkeit der Rechtspflege, die Trennung der Gewalten, die Verwirklichung der Menschenrechte, die bürgerliche Freiheit. Es gibt kaum ein verfassungsrechtliches Problem jener Tage und kaum eines auf dem Gebiet der Gesetzgebung, das nicht heute in verwandter Weise wieder brennend aktuell geworden wäre. Haben wir nicht die verhängnisvolle Wirkung von „Machtsprüchen" der obersten Gewalt, die Ueberspannung der Richtermacht bei der Rechtsfindung, die Gefahr einer verbeamteten Advokatur und einer obrigkeitlich fixierten Rechtsdogmatik und Weltanschauung jüngst wieder erlebt? Wie lehrreich und lebensvoll muten uns daraufhin jene Kämpfe im friderizianischen Preußen an!

Und so ließen sich noch viele weitere Beispiele für den „Lebenswert der Rechtsgeschichte" beibringen: für die Gefährdung der öffentlichen Macht durch private Treuverbände, wie im fränkischen Seniorat, für die Vor- und Nachteile einer ständisch differenzierenden Privatrechtsordnung, wie sie das Mittelalter gekannt hat, für die Bedeutung des Bürgertums, der Selbstverwaltung, der Reichsidee oder des Föderalismus in der deutschen Verfassungsgeschichte. Eine „moralisch-politische Beispielsammlung" hatte Savigny tadelnd eine solche pragmatische Geschichtsbetrachtung genannt — eine Kritik, die sie sich wohl gefallen lassen darf, wenn sie nur mit Takt und echtem historischen Sinn verfährt und sich davor hütet, so zu tun, als könnten wir dem Schicksal in die Karten sehen. Friedrich

[29]) Dazu Eb. Schmidt, Rechtssprüche und Machtsprüche der preußischen Könige des 18. Jahrhunderts, Leipziger Abhdlg. 1943, und H. Thieme, Die preußische Kodifikation, ZRG 57 (1937) Germ. Abt. S. 355 ff.

Meinecke sprach jüngst mit Recht von der „Gefahr, mit theologischer Zudringlichkeit die Geschichte zu meistern und die Pläne Gottes in der Geschichte im einzelnen nachzuweisen.“ [30])

Zweierlei wird dabei noch zu berücksichtigen sein: einmal das rechte Maßverhältnis zwischen dem institutionellen und dem persönlichen Faktor in der Rechtsgeschichte. Die Persönlichkeiten sind das Medium der Ideen, von ihnen geht also die Dynamik aus. Dabei ist es für den Historiker oftmals weniger wichtig, was sie selber gemeint haben, als vielmehr, wie ihre Zeit sie verstanden und wie die Nachwelt ihre Lehren, häufig genug vergröbernd, ausgebreitet hat. Nicht Ramus, sondern die Ramisten, nicht Savigny, sondern die historische Schule, nicht Hegel, sondern die Hegelianer bewirken also den Zeitstil. Zum anderen wird uns eine ideengeschichtliche Periodisierung nötigen, statt der sezierenden Längsschnitte wieder eher Querschnitte durch die Geschichte zu legen, Zeitbilder zu geben im Sinne eines Gustav Freytagh, Jakob Burckhardt oder Johan Huizinga. Auch hierin nähert sich die Rechtsgeschichte wieder mehr der politischen Geschichte.

Nicht allein die Verfassungsgeschichte, sondern auch die Privatrechtsgeschichte bedarf — nach dem Vorbild Andreas Heuslers — dringend einer solchen Behandlung, denn was bis jetzt als deutsches Privatrecht des Mittelalters gelehrt wird, ist ja weitgehend immer noch ein Rückblick vom heutigen Bürgerlichen Gesetzbuch aus, gegliedert nach seinem System und seinen Begriffen angepaßt. Was wissen wir von dem schuldrechtlichen Rechtsverkehr vor der Rezeption? Wie wenig ist uns bekannt über die eigentlichen Massengeschäfte des täglichen Lebens in jener Zeit, die sich nicht in Urkunden niederschlagen! Wie fremd ist uns noch die Methode der Rechtsfindung in den Schöffensprüchen! Wir helfen uns beispielsweise mit dem Begriff des Funktionsersatzes, der unsere eigene aktuelle Vorstellungswelt zur Hilfe nimmt: daß nämlich Rechtsinstitute des Mittelalters einen ganz anderen Sinn haben, als wir mit ihnen heute verbinden, daß sie bestimmt scheinen, eine Lücke auszufüllen, politische, wirtschaftliche oder soziale Zwecke

---

[30]) Ranke und Burckhardt, Berlin 1948 S. 13.

zu befriedigen, etwa das Lehensrecht staatliche Aufgaben, die Regalien solche der öffentlichen Wohlfahrt, oder daß Privilegien an die Stelle der fehlenden Gesetzgebung treten, Genossenschaften die öffentliche Verwaltung ersetzen.

So war es zwar sicherlich eine Ueberspannung, wenn Savigny meinte, alle Rechtswissenschaft sei Rechtsgeschichte, aber ebenso gewiß ist die Rechtsgeschichte, Seite an Seite mit der Rechtsphilosophie, das Mittel, die Rechtswissenschaft von ihrer zwangsläufigen Ausrichtung auf das positive Recht immer wieder zu befreien und ihr die dritte Dimension, die Rückverbindung, zu geben. Es war deshalb kein Fehler, daß in den Habilitationsordnungen einiger Universitäten früher eine rechtshistorische Arbeit unumgängliche Voraussetzung jeder juristischen Habilitation war, und daß heute noch mancherorts wenigstens eine rechtshistorische Exegese in der Doktorprüfung gefordert wird. Denn, wie es Huizinga ausdrückt, der Historiker erlebt in der Geschichte „eine Form geistiger Freiheit, die das höchste ist, was ihm gegeben wurde". [31])

Meine verehrten Hörer, von den drei Problemkreisen haben wir bis jetzt gesprochen, wo mir Wandlungen in der Wissenschaft vom deutschen Recht am dringlichsten erscheinen. Unser Thema, Ideengeschichte und Rechtsgeschichte, hat aber noch einen zweiten Aspekt. Einerseits sahen wir, wie es die Ideen sind, die auch in der Rechtsgeschichte stilbildend und gestaltend wirken, nicht quasinaturwissenschaftliche Gesetzmäßigkeit, nicht die nackte Gewalt, nicht bloß geographische Gegebenheiten und auch nicht der Zufall, wie etwa das Aussterben eines Herrscherhauses.

Andererseits sehen wir aber auch, wie stark die Ideen in der geschichtlichen Betrachtung selbst zum Ausdruck kommen. Jede Zeit schreibt die Geschichte so gut als sie kann, sie schreibt sie immer wieder neu. Das gilt von der Rechtsgeschichte ebenso wie von jeder anderen. Es gibt in Wahrheit keine zeitlose Geschichtsschreibung, genau wie es keine zeitlose Kunst gibt. So ist beispielsweise sogar das Werk Heinrich Brunners, das man mit einem „marmornen Relief" verglichen hat (Ulrich Stutz),

[31]) Im Bann der Geschichte, S. 78.

nicht das Erzeugnis einer von allem Gegenwärtigen abgelösten, nur auf das Tatsächliche konzentrierten Besinnung, sondern wir vermögen auch in ihm heute ganz bestimmte Wertungen zu erkennen, wenn auch nicht so deutlich wie bei Otto von Gierke, seinem leidenschaftlicheren und weniger verhaltenen Fachgenossen. Es sind die Wertungen der späten historischen Schule, und zwar ihrer germanistischen Richtung, und der antiklerikale Liberalismus des Bismarck-Reichs.

Die geschichtlichen Ereignisse erscheinen deshalb auch immer wieder unter neuem Blickpunkt. Wir diskutieren heute immer noch über die Bedeutung des Vertrages von Verdun oder über die Wahl Konrad des ersten zum deutschen König. Die Auseinandersetzung über Karl den Großen, die ein Ruhmesblatt in der Chronik der deutschen Geschichtswissenschaft während des Dritten Reichs ist, hat jüngst durch den Appell General de Gaulles an Charlemagne neue Aktualität bekommen im Hinblick auf ein vereinigtes Westeuropa. Die deutsche Ostkolonisation erscheint angesichts der Oder-Neiße-Grenze mehr denn je als ein notwendiges Thema geschichtlicher Forschung, objektiv und gewissenhaft, aber getragen von unverrückbarer Liebe zu den seit vielen hundert Jahren deutschen Provinzen.

So befinden wir uns denn heute als Folge der jüngsten Ereignisse in einer geradezu ungeheuren Umdeutung und Krise unseres geschichtlichen Bewußtseins. „Das deutsche Volk hat keine Geschichte mehr", schrieb neulich ein Schweizer, „niemand vermag ihm zu sagen, wo es nun eigentlich den Anschluß an seine Vergangenheit finden soll. Dieser Zustand der Geschichtslosigkeit, verbunden mit dem der Staatslosigkeit, wird sich, je länger er andauert, auf die deutsche Volksseele schädigend auswirken." Der hier beschriebene Vorgang, so angreifend er sein mag, entbehrt immerhin auch nicht hellerer Züge. Jene Umdeutung vollzieht sich nicht allein in Gestalt einer Abwertung historischer Gebilde und Persönlichkeiten. Auch für das Gegenteil, für eine kräftige Aufwertung von solchen unter ihnen, die bis jetzt in der Geschichtswissenschaft eine schlechte Zensur bekommen haben, bieten sich Beispiele genug. So findet etwa manche kritische Stimme zum deutschen Einheitsstreben und

Reichsgedanken ihre Ergänzung in einem Lobpreis des Frankenreichs. Oder es sei an den Versuch Otto Voßlers erinnert, ein „freies Verständnis" für den westfälischen Frieden anzubahnen, der bis jetzt allzusehr „vom Gedanken des geschlossenen und souveränen National- und Machtstaates aus" beurteilt worden sei. Wie sehr hat die jüngste Entwicklung auch den Anteil Friedrich des Großen an der deutschen Geschichte in Zweifel gezogen — wie erscheint die Eroberung Schlesiens durch alles, was seither Deutschland, Preußen und das Habsburger Reich erlebten, in immer wechselndem Licht. Wir haben zu diesen Fragen auch als Rechts- und Verfassungshistoriker mitzusprechen, etwa zu der Frage, was das Jahr 1740 für das alte Reich bedeutet hat. Wie zweifelhaft ist doch das Kriterium des Erfolges! Nicht einmal das Walhalla-Prinzip, das sich genügen läßt, wenn der Nachruhm eines Mannes noch fünfzig Jahre nach seinem Tode anhält, scheint vor dem Richtstuhl der Geschichte zu bestehen — am Ende wird uns Menschen das Urteil doch erst am Jüngsten Tag gesprochen.

Freilich ist jeder irdische Richter hier noch einmal davor zu warnen, Ursache und Schuld post festum zu verteilen. Theodor Litt hat den „Knoten aller Geschichtsdeutung" kürzlich folgendermaßen gekennzeichnet: „Die an sich notwendige Kritik an geschichtlichen Handlungen darf nicht in der Weise vorgehen, als ob eigentlich der 1740 Handelnde hätte wissen müssen, was 1945 aus seiner Saat hervorgehen würde. Ich bin in der merkwürdigen Lage, mich als Geschichtsphilosoph auf der einen Seite gegen die wehren zu müssen, die alles auf das Konto der „geschichtlichen Notwendigkeit" setzen, auf der anderen Seite aber auch gegen die, die in der Verschlingung des verantwortlichen Wollens mit den nicht beherrschbaren Fügungen des Gesamtprozesses das zweite Element unterdrücken." [32])

Der Rechtshistoriker wird dabei immer wieder fragen, ob jemand seiner Zeit und Einsicht gemäß bemüht war, dem Rechtswert zu dienen. So wenig wie Eltern, die ihrem Kinde nach bestem Ver-

[32]) Wege und Irrwege geschichtlichen Denkens, München 1948. — Die Frage nach dem Sinn der Geschichte, München 1948. — Das deutsche Schicksal und das historische Denken, Neue Zürcher Zeitung Nr. 2139 und 2169, 1947.

mögen Recht und Sitte eingeimpft haben, verantwortlich gemacht werden können, wenn dieses Kind nachmals im Leben strauchelt, so wenig trifft dafür unter entsprechenden Voraussetzungen einen Staatsgründer die Schuld. Aber so gut, wie dort Erziehungsfehler begangen werden, kann auch hier ein Versäumnis die Ursache späteren Versagens der Staatsschöpfung sein. Das bedeutet kaum allein schon eine Absolution für die Nachfahren, aber der rückblickende Forscher wird doch die Wurzeln solchen Versagens freilegen — in einer möglichst gerechten Weise, will er sich nicht von vornherein um jede fruchtbare Wirkung bringen. Der Jurist, der so viel über die Probleme der Kausalität nachzudenken hat, bringt dafür gewiß ein besonders geübtes Auge mit.[33])

Eine andere Frage ist es allerdings, ob in einem Augenblick, wo so viel über uns zusammengestürzt ist, auch noch die wenigen, fast möchte man sagen die letzten Denkmäler unserer politischen Geschichte umgestoßen werden müssen. Ein trügerischer Heroenkult hatte sie umgeben, gewiß. Aber es will mir scheinen, als ließe man uns besser etwas Zeit für diesen sehr schmerzhaften Ablösungsprozeß von einer vielen von uns immer noch teuren Vergangenheit, und als ließe man uns dabei lieber allein. Am Ende liebt man seine Voreltern auch mit ihren Fehlern, und wenn uns die Nachbarn und Freunde auch in bester Absicht darauf hinweisen — die Folge könnte allzuleicht ein „Trotzdem" sein, wie bei jenem germanischen Häuptling, der lieber bei seinen Ahnen in der Hölle brennen wollte, als in den christlichen Himmel einrücken. Daß eine solche Verstockung am Ende doch nicht eintrete — ich glaube, man muß es unserer eigenen Einsicht überlassen.

Aber was soll man dazu sagen, wenn selbst ein Denker von Format wie Benedetto Croce sich bei der Erörterung des Verhältnisses von „Europa und Deutschland"[34]) zu der Auffassung bekennt, die Germanen hätten infolge der Schlacht zwischen Arminius und Varus im Jahre 9 nach Christus den Anschluß an die ge-

---

[33]) H. Mitteis, Vom Lebenswert der Rechtsgeschichte S. 74; K. S. Bader, Ursache und Schuld, Karlsruhe 1946.

[34]) Bern 1946 („Il dissido spirituale della Germania con l'Europa") S. 25 f., 50, 52.

meinsame Atmosphäre der lateinischen Kultur und damit an die Gemeinschaft der modernen Nationen verpaßt? Am Anfang der deutschen Geschichte, so schreibt der Schüler Hegels weiter, „steht nicht die Kultur Griechenlands und Roms und nicht diejenige des Christentums, sondern die Wildheit und der verwüstende Drang der germanischen Eroberungszüge. Seine Helden von damals waren nichts anderes als Häuptlinge von Horden, und seine Heldendichtung führt uns nicht die menschlichen Gestalten des hellenischen, römischen oder auch französischen Epos vor Augen . . ., sondern die Gestalten von grimmigen Hinschlachtern und von dämonischen, blutrünstigen Weibern." Einer solchen, leider auch von deutscher Seite gelegentlich zu beobachtenden Verunglimpfung der Germanen hätten wir mancherlei entgegenzuhalten. Es sei nur an eine Szene aus der Ilias (Buch 22) erinnert: als der sterbende Hektor bittet, seinen Leib nicht den Hunden vorzuwerfen, sondern heimzugeben, damit er „des Feuers Ehre" überliefert werden könne, da bekennt der rasende Achill zunächst seine Lust zur Menschenfresserei und verkündigt Hektor dann, daß Hunde und Vögel ihn in Stücke reißen werden. Hektor antwortet ihm: „Du trägst in deiner Brust ein Herz von Eisen." Die Söhne der Achaier staunen dann später über die Leiche, „und jeder, der herantrat, stieß noch einmal nach dem Toten". Diese und andere Stellen, die seit langem die Verlegenheit der Altphilologen,[35]) nicht nur in Deutschland, sind — „he has fallen from heroic standards of virtue" meint dazu ein Engländer — zeigen uns deutlich genug, wohin solche geschichtswidrige Kritik und solche kränkenden Kollektivurteile führen. Es ist die Antwort auf manche genau so törichte Anpreisung germanischer Ueberlieferung in unserer jüngsten Vergangenheit, wo man nicht müde wurde, rassenbiologische und familienrechtliche Willkürlichkeiten von dort aus geschichtlich zu legitimieren. Hüten wir uns in diesem großen Umdeutungsvorgang, den wir durchzumachen haben, vor beiden Extremen, die unser Verhältnis zur eigenen Vergangenheit bedrohen, vor kleinlicher Beckmesserei und epigonenhafter Ueberschätzung, und suchen wir uns ein nüchternes, sachgerechtes Urteil zu bewahren,

[35]) W. Schadewaldt, Von Homers Welt und Werk, Leipzig 1944 S. 207 ff., 251 ff, 260, 341.

das Licht und Schatten abwägt, wie es in der Germanenfrage etwa Andreas Heusler abgegeben hat. Nur dann können wir diesen Prozeß ohne Schaden überstehen, ohne Ueberheblichkeit und ohne Minderwertigkeitsgefühle.

Wir stehen am Ende. Eine Reihe von guten Geistern, die gerade über dieser Stätte walten, haben wir beschworen. Möchte ihr Beistand unsere Arbeit fördern, und möchten wir nie das Wort vergessen: und was man ist, das blieb man andern schuldig.

Lassen Sie mich aber zum Schluß noch mit ein paar Worten auf die besondere äußere und innere Not des Rechtshistorikers eingehen. Wir sind unser sehr wenig geworden, einige der besten sind im Kriege geblieben, darunter auch unser Göttinger Kollege Hans Tägert. Schon vor mehr als 10 Jahren hat einer von uns die Germanistik verglichen mit der gewaltig erweiterten Ostfront im ersten Weltkrieg. Die Kräfte reichten schon damals nicht mehr aus! Und wie hat sich seitdem die Lage verschlimmert! Zu werben durch die Art, wie wir unsere Wissenschaft vertreten, und Nachwuchs heranziehen, ist deshalb unsere vornehmste Aufgabe.

Der Rechtshistoriker gilt bei den Juristen gewöhnlich als ein guter Historiker und bei den Historikern als ein guter Jurist. Er hat es nicht leicht, beide zufriedenzustellen. Er ist ein Doppelbürger, ein sujet mixte, in zwei Fakultäten nur am Rande zu Hause, sozusagen in zwei Zonen, und welche Belastung es mit sich bringt, ein Grenzgänger zu sein, wissen wir Heutigen besser als je. Mit seiner juristischen Denkweise ist der Rechtshistoriker leicht den Geschichtsforschern ein Aergernis, und mit seiner Neigung, die Tatbestände zunächst einmal historisch zu entwickeln, erregt er Anstoß bei den Verfechtern des aktionenrechtlichen Denkens. Er weiß oft nicht recht, wo er eigentlich seine Heimat und sein Bürgerrecht hat. Sein juristisches Arbeitsgebiet ist auf Grund eines alten akademischen Zopfes und der besonderen Fruchtbarkeit der Germanistik umfangreicher, als dasjenige irgendeines anderen Lehrstuhls, und doch soll er auch seinen Mann stehen vor Vertretern eines ganz anderen Fachs, das er nur nebenbei studiert hat. Seine besten Hörer sind manchmal gerade juristisch unbrauchbar, denn die Doppelbegabung ist selten, und was ihn eigentlich beschäftigt, kann er seinen

Schülern nur zum geringsten Teil nahebringen. Im Examen wird er seiner Existenz ebensowenig froh wie die Kandidaten und fühlt sein Daseinsrecht bei jeder historischen Frage bestritten. In diesen Dingen liegt also die Problematik der Rechtsgeschichte, ihre Not.

Dennoch bedarf sie der juristischen Fakultät, weil sie sonst allzuleicht antiquarisch würde und nur ein kleiner Trieb am Baum der Geschichtswissenschaft, und weil es dann auch vorbei wäre mit der schönen, erzieherischen Aufgabe, die sie an den jungen Juristen erfüllt. Diese sind zu einem guten Teil die Beamten und Politiker von morgen, und es ist nicht gleichgültig, ob sie etwas vom deutschen Recht und von der deutschen Verfassungsgeschichte wissen. Umgekehrt aber bedarf auch die juristische Fakultät der Rechtsgeschichte, wenn sie nicht im Positivismus steckenbleiben will. Davon sollten unsere Ausführungen zeugen.

In einem solchen unsteten Leben, wie es der Rechtshistoriker notgedrungen führt, über die Grenze zweier Fakultäten hinweg, liegt ja auch ein besonderer Reichtum. Es schafft die Möglichkeit, das eigene Arbeitsgebiet auch von draußen zu betrachten, seine Eigentümlichkeiten, Vorzüge und Mängel deutlicher zu erfassen und ihm so und anders auf besondere Weise zu dienen. Dieses Schicksal teilt dem Rechtshistoriker vor allem die Aufgabe zu, Mittler zu sein zwischen Recht und Geschichte, Wanderer zwischen beiden Welten, wie es die Juristen, besonders wir deutschen Juristen, immer wieder nötig haben, um unsere Abgeschlossenheit zu überwinden. So sucht der Rechtshistoriker also aus jener Not eine Tugend zu machen, allen Schwierigkeiten zum Trotz, nach dem römischen Dichterwort eine

f a t i s a v u l s a p o t e s t a s.

Das Gesinnungsmoment im Recht

Von
HANS WELZEL

Die Stellung, die dem Gesinnungsmoment im Rahmen des Rechts zugewiesen wird, bestimmt sich durch die Auffassung über das Verhältnis von Sittlichkeit und Recht. Die Antwort, die überwiegend die neuere Rechtstheorie auf die Frage hiernach gegeben hat, bedient sich gerade des Gesinnungsmoments: Nur die Sittlichkeit wende sich an die Gesinnung, das Recht dagegen betreffe die äußere Handlung. Die damit zum Ausdruck gebrachte Meinung, daß Sittlichkeit und Recht grundsätzlich getrennt seien, ist trotz ihrer weiten Verbreitung verhältnismäßig jung. Ihr geistiger Vater ist Christian Thomasius, der sich mit Recht als seine Hauptleistung zugeschrieben hat, Sittlichkeit und Recht getrennt zu haben. Voll Stolz hebt er es schon im Titel seines Hauptwerkes hervor: Fundamenta Juris Naturae et Gentium, in quibus secernuntur Principia Honesti, Iusti ac Decori. In diesem Buche trennt er das Ius naturae late dictum in das Honestum, Iustum, Decorum: Honestum dirigit actiones insipientium internas; decorum externas, ut aliorum benevolentiam acquirant; iustum externas, ne pacem turbent et turbatam restituant. Das Honestum weist er der Ethik, das Decorum der „Politik", das Iustum dem Naturrecht i. e. S. zu (1. IV. 98). Die Pflichten des Iustum seien nur äußerlich. die des Decorum und des Honestum dagegen innerlich. *) Diese Trennung ist die Grundlage der neueren Rechtstheorie geworden mit der einzigen Aenderung, daß an Stelle

*) Aber selbst Thomasius hält nicht konsequent durch! An der Stelle, an der er später das Naturrecht vom positiven Recht scheidet, kennzeichnet er das Naturrecht als consilium (1. IV. 34); diesem aber hatte er eine obligatio interna beigelegt (1. IV. 35). Damit fällt das entscheidende Kriterium des Iustum gegenüber dem Honestum dahin.

der unklaren „Politik" des Thomasius die Sitte getreten ist. Von größter Bedeutung wurde es nun, daß man diese Trennung von Sittlichkeit und Recht in die praktische Philosophie Kants hineinlas und sie dadurch mit seiner Autorität umkleidete. Binder (Philosophie des Rechts, S. 821) gibt nur die allgemeine Ueberzeugung wieder, wenn er sagt, es sei „das zweifellose, große Verdienst Kants, die Koordination von Recht und Moral streng durchgeführt zu haben, indem er die Gesetzgebung für die inneren und äußeren Handlungen, die ethische und juristische Gesetzgebung unterscheidet. Kant hat damit der früheren moralisierenden Rechtslehre ein Ende bereitet." Auf dieser Grundlage kommt es zu den stereotypen Wendungen: das Recht normiere das äußere Verhalten, die Sittlichkeit die innere Gesinnung; selbst der Ethiker beugt sich der communis opinio: „Die Rechtsforderung wendet sich nicht an die Gesinnung, sondern ausschließlich an die Handlung" (N. Hartmann, Ethik, S. 384). Es ist durchaus an der Zeit, diese verhältnismäßig junge communis opinio aufzugeben. Ihr Grundfehler besteht darin, daß sie die mehrseitige (dialektische) Gliederung der Sittlichkeit nicht minder verkennt wie die ebenso mehrseitige (dialektische) Gliederung des Rechts. Auch die Sittlichkeit hat ihre „äußere", ihre Handlungsseite: die ethische Materie, wie das Recht seine „innere" Willens- und Gesinnungsseite. Lediglich in dem ganz allgemeinen und vagen Sinn enthält die communis opinio einen richtigen Kern insofern, als das Recht in stärkerem Maße als die Sittlichkeit die objektive Seite der Handlung betont. Wenn man Recht und Sittlichkeit vergleichen will, muß man von dieser Mehrdimensionalität beider Begriffe ausgehen, muß man erkennen, daß beide sowohl eine objektive wie eine subjektive Seite haben und daß darum Sittlichkeit und Recht nach beiden Seiten miteinander verglichen werden müssen. Es geht nicht an, von der Sittlichkeit nur die subjektive Seite (die Moralität) und vom Recht nur die objektive Seite (die materiale Handlungsstruktur) herauszugreifen und dann deren prinzipielle Verschiedenheiten festzustellen. Hierin liegt die Hauptfehlerquelle der communis opinio.

Es kann hier nicht der Ort sein, das Verhältnis von Sittlichkeit und Recht in toto aufzurollen; wohl aber muß es so weit erörtert werden, als es für die Stellung des Gesinnungsmoments in Sittlichkeit und Recht von Bedeutung ist.

Das Problem der Sittlichkeit hat zwei Teilaspekte, die in einem spannungsvollen Zusammenhang miteinander stehen:

1. Das Problem des Gegenstandes des sittlichen Handelns: Was ist sittlich geboten, was sittlich erlaubt? Es ist dies das Problem der ethischen Materie, des ethischen Objekts. Darum ist es die materielle oder objektive Seite der Sittlichkeit. Diese Seite fragt nach den sittlich wertvollen Zielen des Handelns, nach dem ethischen „Gut", d. h. nach den Sachverhaltswerten, die an die Person mit einem Sollen herantreten, sie zu verwirklichen oder zu erhalten. Dabei sind zwei große Gruppen von Pflichtinhalten zu unterscheiden:
   a) solche, die den einzelnen allein angehen: die individuell-persönlichen Lebensaufgaben (individuelle Selbstvervollkommnung): Pflichten der Individualethik;
   b) solche, die dem Menschen als Sozialwesen, also gegenüber dem Mitmenschen obliegen: Pflichten der Sozialethik.

Diese Probleme der materialen oder objektiven Sittlichkeit bezeichnet man terminologisch am besten als die „ethischen" Probleme i. e. S., wie im Griechentum die Ethik vornehmlich die materiale Seite der Sittlichkeit betraf.

2. Das Problem des sittlichen Aktes als solchen: Hier fragt es sich nicht: Was ist ethisch zu tun, sondern wie beschaffen muß der sittliche Akt sein? Diese Seite hat wiederum zwei Teilmomente:
   a) das Problem der Vergewisserung der Pflicht (das Gewissensproblem): die Handlung muß gewissenhaft erfolgen;
   b) das Gesinnungsproblem i. e. S.: die Handlung muß aus reiner Gesinnung geschehen.

Im Unterschied zur objektiv-ethischen Seite nennt man diese Seite zweckmäßig die subjektiv-moralische Seite der Sittlichkeit (Moralität). Beide Aspekte gehören wesensmäßig zusammen. Erst beide zusammen, Ethik und Moralität, ergeben die konkrete Sittlichkeit. In echtem Sinne sittlich vollkommen ist die Handlung nur dann, wenn sie ein ethisch gerechtfertigtes Ziel in moralisch einwandfreier Weise (gewissenhaft und gesinnungsrein) erfüllt.

Von hier aus gesehen bietet das Verhältnis von Sittlichkeit und Recht eine vielschichtige Problematik. Im Hinblick auf die objektive Seite von Sittlichkeit und Recht hat man zutreffend das Recht als einen Ausschnitt aus der Sozialethik angesprochen. In der objektiven Seite treten Sittlichkeit und Recht offensichtlich am engsten zusammen. Schon der Blick in das Strafgesetzbuch zeigt die enge Verbundenheit der ethischen und der rechtlichen Normen. Mit Recht konnte man im Hinblick hierauf das Recht als „ethisches Minimum" bezeichnen. Geht man jedoch auf die subjektiven Prinzipien von Recht und Sittlichkeit ein, so scheinen hier Sittlichkeit und Recht, jedenfalls was das Problem der Gesinnung anbelangt, am weitesten auseinanderzutreten, und die einseitige und ausschließliche Anvisierung dieser Unterschiede hat am stärksten zur communis opinio von der prinzipiellen Trennung von Sittlichkeit und Recht geführt. Die Unterschiede, die hier in der Tat vorliegen, werden am treffendsten mit den kantischen Begriffen von der Moralität und Legalität bezeichnet. Die Sittlichkeit fordert Moralität, das Recht dagegen muß sich mit Legalität begnügen. Moralität bedeutet, daß die Pflicht oder (in unserer Terminologie) das material-ethische Ziel die Triebfeder der Handlung sein muß; d. h. der Handelnde muß das material-ethische Ziel um seines ihm innewohnenden Wertes willen erfüllen, während die Legalität auch andere Triebfedern als das Bewußtsein des material-ethischen Wertes zuläßt. Es handelt sich also um das Verhältnis des Willens zum material-ethisch bzw. rechtlich Gebotenen. Für dieses Verhältnis, das Kant das subjektive Prinzip der praktischen Gesetzgebung nennt, unterscheidet er die sittliche von der juristischen „Gesetzgebung": *) „Diejenige, welche eine Handlung zur Pflicht und diese Pflicht zugleich zur Triebfeder macht, ist ethisch. Diejenige aber, welche das letztere nicht im Gesetz mit einschließt, mithin auch eine andere Triebfeder als die Idee der Pflicht selbst zuläßt, ist juridisch (Metaphysik der Sitten S. 21).

*) Wobei also Gegenstand dieser Gesetzgebung nicht das inhaltliche Rechts- oder Sittengesetz ist, sondern das Verhältnis des Willens zum objektiven (Rechts- oder Sitten-) Gesetz.

Wenn die Rechtsforderung objektiv erfüllt wird, muß es dem Recht gleichgültig sein, aus welchen Motiven heraus der Täter sie erfüllt, während sittlich einwandfrei eine Handlung nur ist, wenn sie auch aus moralischer Gesinnung, aus freier Hingabe an den materialethischen Wert des Zieles vollzogen wird. Der Grund liegt darin, daß das moralisch gute Wollen ausschließlich Sache der Freiheit sein kann, während das Recht als wirkliche Ordnung auf den widerstrebenden Willen auch durch Zwang einwirken muß. Darum muß es, weil es nur die äußere Befolgung der Norm sicherstellen kann, sich mit Legalität begnügen. Die moralische Gesinnung muß es allein der Freiheit überlassen.

Das bedeutet nun nicht, wie man weithin kurzschlüssig gefolgert hat, daß das Recht nicht innerlich, nicht sittlich verpflichten könne, sondern lediglich, daß es sich auch mit einer aus anderen als moralischen Motiven erfolgenden Erfüllung seiner Forderung begnügen muß. Genau das ist auch die Meinung Kants gewesen. „Mag die Freiheit im äußeren oder inneren Gebrauche der Willkür betrachtet werden, so müssen doch ihre Gesetze, als reine praktische Vernunftgesetze für die freie Willkür überhaupt, zugleich innere Bestimmungsgründe derselben sein; obgleich sie nicht immer in dieser Beziehung betrachtet werden dürfen" (Metaphysik der Sitten S. 15). Recht und Ethik sind gleichermaßen innere (moralische) Bestimmungsgründe, aber nur die Sittlichkeit kann sie als solche in Betracht ziehen, während sich das Recht mit legaler Befolgung begnügen muß. Recht und Sittlichkeit unterscheiden sich also weder durch den Inhalt ihrer Pflichten noch durch ihre Verpflichtungsweise, sondern allein durch das subjektive Prinzip der praktischen Gesetzgebung, nämlich dadurch, daß Sittlichkeit Moralität fordern, aber das Recht bei der Erfüllung seiner Forderung sich mit Legalität begnügen muß. „Rechtslehre und Tugendlehre unterscheiden sich also nicht sowohl durch ihre verschiedenen Pflichten als vielmehr durch die Verschiedenheit der Triebfeder, welche die eine oder die andere Gesetzgebung mit dem Gesetz verbindet ... Also nicht als besondere Art von Pflicht (eine besondere Art Handlungen, zu denen man verbunden ist) — denn es ist in der Ethik sowohl als auch im Recht eine äußere Pflicht —, sondern weil die Gesetzgebung im angeführten Falle eine innere ist und keinen äußeren Gesetzgeber haben kann, wird die Verbindlichkeit zur Ethik gezählt" (Metaphysik der Sitten S. 22 f.).

Daß man Kant mißverstehen konnte, hat seinen Grund darin, daß man den Begriff der Gesetzgebung in den angeführten Stellen verkannte. Kant versteht unter Gesetz und Gesetzgebung zweierlei: einmal das Gesetz als materiale Forderung — „ein Gesetz, welches die Handlung, die geschehen soll, objektiv als notwendig hinstellt" (Metaphysik der Sitten S. 20) —; zweitens die Gesetzgebung als das Prinzip des Verhältnisses vom Willen zum objektiven Gesetz („Gesetz" der Moralität oder der Autonomie: also das subjektive Prinzip der Sittlichkeit). In ersterer Beziehung stimmen Recht und Sozialethik überein: sie enthalten beide Pflichten zu äußeren Handlungen und verpflichten beide innerlich (sind innere Bestimmungsgründe); in letzterer Beziehung (der subjektiv-praktischen „Gesetzgebung") fallen sie auseinander: Moralität — Legalität. Von hier aus sind auch die Begriffe Autonomie und Heteronomie richtig zu verstehen. Beide betreffen nicht das Gesetz im objektiv-materialen Sinne; dieses ist weder autonom noch heteronom, sondern eine objektive, kraft seines Wertes innerlich verpflichtende Größe. Autonomie und Heteronomie betreffen vielmehr lediglich das subjektive Prinzip der praktischen Gesetzgebung, nämlich das Verhältnis des Willens zum objektiv-materialen Gesetz. Autonomie ist die freie Selbstbindung an das Gesetz um seines material-ethischen Wertes willen; Heteronomie die Abhängigkeit von wertfremden Antrieben. Moralität und Legalität verhalten sich zu diesen beiden Begriffen in der Weise, daß Moralität autonomes Verhalten ist, während Legaliät ebensosehr autonomes wie heteronomes Verhalten zur Norm sein kann, denn die Legalität muß diese Unterscheidung bei Erfüllung der Rechtsnorm außer Betracht lassen. Dies bedeutet der Satz, daß die Rechtsnorm sich mit legalem Verhalten begnügen muß.

Aber damit ist das Gesinnungsproblem des Rechts keineswegs erschöpft. Auch wenn das Recht die moralische Gesinnung allein dem freien Akt überlassen muß, so ist ihm doch die Gesinnung als solche nicht gleichgültig. Es ist ein folgenschwerer Irrtum in der herrschenden Ethik und Rechtsphilosophie, daß sie den Gesinnungsbegriff weitgehend auf die moralische Gesinnung beschränkt haben — nur darum konnte man zu der Meinung kommen, das Recht wende sich nicht an die Gesinnung — und daß sie übersahen, daß moralische Gesinnung nur eine besondere Art der Gesinnung ist. Gesinnung im Sinne des Gesonnen-seins ist die seelische Dauerhaltung, die beharrliche Art des Wertens und Wollens. In diesem Sinne gibt es auch eine legale (rechtliche) Gesinnung, den beharrlichen Willen zur Erfüllung der Rechtspflichten. Für diese rechtliche Gesinnung ist es gleichgültig, ob ihre Beweggründe mehr die des egoistischen Interesses oder die des Wertbewußtseins (der Pflichterfüllung) sind. Das Recht muß auf alle diese Momente einwirken: durch seinen Wertgehalt auf das moralische Bewußtsein, durch seine Beständigkeit auf die Gewöhnung und durch den Rechtszwang auf die egoistischen Antriebe. Rechtlich-legale Gesinnung umspannt also die autonome (moralische) wie die heteronome Haltung.

In der Gegenwart ist das Bewußtsein von der Bedeutung der Rechtsgesinnung weitgehend geschwunden. Die Rechtswissenschaft pflegt sie als konstitutives Moment überhaupt nicht zu verwenden. Ganz anders die Antike: hier war sie als der subjektive Begriff der Gerechtigkeit die vollkommene Tugend, deren Glanz — nach dem ungewöhnlichen Lob des Aristoteles — schöner strahlt als der des Morgen- und Abendsterns. „Wir sehen also, daß jedermann mit dem Wort Gerechtigkeit eine Haltung bezeichnet, vermöge derer man zur Befolgung des Rechtes geneigt ist, recht handelt und das Rechte will" (*ὁρῶμεν δὴ πάντας τὴν τοιαύτην ἕξιν βουλομένους λέγειν δικειοσύνην, ἀφ' ἧς πρακτικοὶ τῶν δικαίων εἰσὶν καὶ ἀφ' ἧς δικαιοπραγοῦσιν καὶ βούλονται τὰ δίκαια.* (Nik. Ethik V, 1, 1129 a). Für den Griechen bestand die entscheidende Aufgabe des Staatsmannes gerade darin, durch gute Gesetze mit ihren Eigenschaften des Zwanges, der Gewöhnung und des inneren Wertes die Bürger zur beständigen rechtstreuen Gesinnung zu bringen (vgl. dazu ausführlich Nik. Ethik X, 10). In der modernen objektiv-normativistischen Rechtswissenschaft ist der Gedanke an eine sozial-ethische Funktion des Rechts weitgehend verlorengegangen.

Kennzeichnend ist hierfür die Lage im Strafrecht. Wollte man heute die weitaus herrschende Auffassung nach der Aufgabe des

Strafrechts befragen, so würde man unbesehen die Antwort bekommen: Rechtsgüterschutz. Der Gedanke, daß es dem Recht und vollends dem Strafrecht doch wohl in erster Linie auf die Erhaltung der beständigen rechtstreuen Gesinnung, also auf Gesinnungswerte, nicht nur auf Güterwerte ankommen muß, liegt sehr fern. Gewiß schützt das Strafrecht, indem es Landesverrat, Mord, Diebstahl, Betrug usw. unter Strafe stellt, den Bestand des Staates, das fremde Leben, Eigentum usw. Dennoch ist die primäre Aufgabe des Strafrechts nicht der aktuelle Rechtsgüterschutz; denn dazu kommt es gerade dort, wo es konkret in Aktion tritt, in der Regel zu spät. Wesentlicher als der Schutz der konkret-einzelnen Rechtsgüter ist die Aufgabe, die beständige rechtstreue Gesinnung der Bürger in bezug auf diese Güter sicherzustellen, also die Treue gegenüber dem Staat, die Achtung vor der Persönlichkeit (vor fremden Leben, Gesundheit, Freiheit, Ehre), die Ehrlichkeit, Redlichkeit usw. Diese Gesinnungswerte sind das stärkste Fundament, das den Staat und die Gemeinschaft trägt. Bloßer Rechtsgüterschutz hat eine nur negativ-vorbeugende, polizeilich-präventive Zielsetzung, während die zentrale Aufgabe des Strafrechts positiv-sozialethischer Natur ist. Indem es den wirklich betätigten Abfall von den Grundwerten rechtlich-legaler Gesinnung verfemt und bestraft, offenbart es in der eindrucksvollsten Weise, die ihm zu Gebote steht, die unverbrüchliche Geltung dieser positiven Aktwerte, formt das sozialethische Urteil der Bürger und stärkt ihre bleibende rechtliche Gesinnung. In dieser sozial-ethischen Funktion liegt die tiefste Aufgabe des Strafrechts. Darum muß es in seiner Ausgestaltung gerade diese Funktion zum Ausdruck bringen, vor allem durch klare Abhebung gegenüber den bloßen präventiv-vorbeugenden Zweckmaßnahmen: die Strafe darf nur gegen sozialethisch verwerfliche Handlungsweisen angewandt und nicht zur Erreichung wirtschaftspolitischer oder allgemein-politischer Ziele mißbraucht werden. Voraussetzung der Strafe darf nur die Schuld, nicht die ethisch neutrale Gefährlichkeit des Täters sein. Strafe darf nur die durch die Größe der Schuld bemessene Vergeltung, nicht eine nach der Dauer der Gefährlichkeit des Täters bestimmte präventive Zweckmaßnahme sein.

Die Bedeutung der Gesinnungsseite des Rechts greift aber über das Strafrecht weit hinaus, vor allem in das Staatsrecht. Gerade das Staatsrecht muß so ausgestaltet sein, daß die Teilnahme der Bürger am Staatsleben eine lebendige staatspolitische Gesinnung der Bürger zu erzeugen vermag. Gelten die Reformen des Freiherrn vom Stein gerade dieser Erzeugung der lebendigen Anteilnahme der Bürger am Staatsleben, so stellt sich in der modernen Massendemokratie das Problem in einer völlig neuen Weise dar, nämlich dahin, wie es dem großen Durchschnitt der Bürger ermöglicht werden kann, in eigenverantwortlicher Weise an der politischen Willensbildung teilzuhaben, ohne blind fremder Direktive verfallen zu müssen. *)

---

*) Vgl. dazu meinen Aufsatz „Ueber die ethischen Grundlagen der sozialen Ordnung", Südd. Jur. Ztg. 1947 Sp. 409.

Über das Gaiusexemplar der Theophilusparaphrase

Von
FRANZ WIEACKER

Seit Ferrinis[1]) Entdeckung über die Abhängigkeit der griechischen Institutionenparaphrase des Theophilus vom vorjustinianischen Gaius hat man der Paraphrase folgerichtigerweise einen bedeutenden Wert für die Textkritik des Gaius zugesprochen. Dieser mittelbare Vergleichstext des Gaius wäre der oströmische, der dem Theophilus oder denn dem anonymen Urheber der Paraphrase vorgelegen haben muß; er würde sich nahe zu den Exemplaren stellen, die den Kompilatoren der Digesten und den Verfassern der justinianischen Institutionen vor Augen waren und einen schätzbaren Beitrag zur Kenntnis besonders der oströmischen Textformen des Gaius leisten.

Allein die Nutzung der Paraphrase (T) für diese Zwecke ist in Wahrheit an verwickelte und einschränkende Bedingungen geknüpft, die zu oft vernachlässigt worden sind. Zwar ergibt sich in der Tat aus den zahllosen schönen Nachweisungen Ferrinis[2]),

---

[1]) Sčitti I (1929) 1 ff., 15 ff und, verteidigt, revidiert und erweitert, besonders I 81 ff. Dort auch die Nummern für einzelne Beispiele, die im folgenden oft als Ferr. Nr. zitiert sind. Dazu zuletzt berichtigend, bei grundsätzlicher Zustimmung, Arangio-Ruiz, Studi in onore di C. Ferrini (1946) 91 ff. u. passim; erweiternd die eingehende, mir durch die Güte des Verf. während der Korrektur zugängliche Studie Maschis, Annali Triestini XVII, 1947) 75 ff,- die den Nachweis führt, daß Theophilus außer dem Gaiusexemplar und den res cottidianae auch andere klassische Literatur unmittelbar genutzt hat.

[2]) Systematisch, aber nicht ganz erschöpfend in Scr. I 81 ff.

daß T einen vorjustinianischen Gaiustext — wir nennen ihn P — selbständig genutzt hat, sei es, indem er ein lateinisches Original zu Rate zog, sei es, indem er eine griechische Gaiusparaphrase ausschrieb [3]), sei es auf beiden Wegen zugleich. Aber „Benutzung" („Adaptation")[4]) ist ein allzu ungenaues Wort für einen Arbeitsvorgang, den wir erst näher betrachten müssen. Wir gehen, immer an der Hand Ferrinis, vom tatsächlichen Befund aus.

a) Unsere erste Beobachtung ist diese: die Paraphrase umschreibt immer a u c h (mindestens) den vollen Wortlaut der justinianischen Institutionen (I). [4a]) Niemals setzt T alten Gaiustext a n S t e l l e des justinianischen Textes, so daß nun also nicht I, sondern Gaius umschrieben wäre. Vielmehr e r g ä n z t T Wortlaut und Gedankengang von I durch Worte und Vorstellungen, die er nur aus G (oder denn einer Paraphrase von G) schöpfen kann. Es ergibt sich in diesen Fällen somit eine Häufung, meist eine Verdoppelung der Textumschreibung, in der Regel so, daß nun einfach die beiden Wiedergaben (von I und von G) unvermittelt und unelegant nebeneinanderstehen; oder aber so, daß T außer I auch solchen Gaiustext paraphrasiert, den die Institutionen ganz fortgelassen haben, so daß nun der Gedankengang der Paraphrase scheinbar ganz dem Gaiustext folgt; endlich ausnahmsweise so, daß T den Text von I und G kontaminiert und in einen einzigen Gedankengang zusammenzieht. M. a. W.: T zieht entweder solche Partien aus Gaius heran, die I in

---

[3]) Diese seit Ferrinis Arbeiten vorherrschende Annahme gründet sich im wesentlichen auf die Vorstellung, der Verf. hätte sich die Arbeit nicht erleichtert, wenn er statt des lateinischen Institutionentextes den lateinischen Gaiustext umschrieb, während er sich Mühe gespart hätte, wenn er eine ältere (griechische) Paraphrase gleichsam mit verbrauchte (so jetzt auch Fritz S c h u l z , History of Roman Legal Science [1949] 306). Da wir finden werden, daß nicht Bequemlichkeitsrücksichten, sondern wissenschaftliches Bedürfnis Theophilus veranlaßte, auf die alten Texte zurückzugreifen, entfällt d i e s e s Argument. Wohl aber sind gewisse Partien des Theophilus aus anderen Gründen nur als Ausschrift aus einer älteren Paraphrase, nicht als Umschreibungen des Gaiusoriginals vorstellbar (vgl. unten S. 302 vor Anm. 13 u. S. 306). Maschi a. O. 86: „opera o schema di lezioni"; „il materiale gaiano vi era pervenuto attraverso un preparato nella scuola beritese".

[4]) Von adapted' spricht Schulz a. O. 306.

[4a]) Richtig zuletzt Maschi a. O. 88.

veränderter Fassung übernommen hatte, oder solche, die I gar nicht übernommen hatte, die sich aber an den übernommenen Text unmittelbar anschließen; [5]) ausnahmsweise entnimmt auch T seine Notizen aus entfernteren, nicht unmittelbar zusammenhängenden Partien des Gaius. [6]) Gelegentlich schließlich nutzt T die Institutionen des Gaius auch an solchen Stellen, wo die justinianischen Institutionen aus einer anderen Quelle, nämlich den res cottidianae des Gaius, schöpfen. [7])

In all diesen Fällen hat die Paraphrase nicht etwa dem neuen Institutionentext einfach den alten Gaiustext untergeschoben, sondern I wirklich lückenlos fortlaufend erläutert und aus G nur Geeignetes nachgetragen. Ferrini [8]) hat, wie ihm soweit richtig eingewendet worden ist, [9]) die verschiedenen Befunde nicht genau genug unterschieden. Besonders seine anschaulichen Gegenüberstellungen begünstigen den Eindruck, daß T in solchen Fällen an Stelle der Institutionen den Gaius auschreibe; sieht man aber näher zu, so ist fast ausnahmslos vorher oder nachher außerdem der volle Institutionentext umschrieben — während Ferrini aus Raummangel begreiflicherweise nur die interessanteren Abweichungen abdruckt.

2. Dies ist besonders deutlich:

a) bei den zahlreichen antiquarischen Bemerkungen des Theophilus, z. B. I 2,20,32 u. 34—36 = Gai I 244 (Ferr. Nr. 38), I 2,22 pr = Gai II 225 sq (Nr. 39), I 4,3,15 = Gai III 218 (Nr. 54), I 4,6,10 = Gai IV 17 sq (Nr. 59), I 4,10,2 = Gai IV 86, cf IV 87 (Nr. 63) und so öfter. Es ergibt sich hieraus nur, daß T seine rechts-

---

[5]) Beispiele hierfür sind fast alle rechtsgeschichtlichen Notizen aus den Institutionen des Gaius, die I gestrichen hat.

[6]) Z. B. I 3,21 = Gai III 129 (Ferr I 100, Nr. 49), wo T auf den Litteralkontrakt zurückgreift, I, 6, 12 = Gai IV 46 (Ferr 101, Nr. 57) φανερὰν χρυσίου ποσότητα καταδικάζεται = in certam quantitatem pecuniae condemnat)

[7]) Besonders aufschlußreich sind in dieser Hinsicht zu Beginn des zweiten Buches der Institutionen: I 2, 1, 15 = Gai II 68; 2, 1, 17 = II 69; 2, 1, 25 = II 79; 2, 1, 33 = II 77; 2, 1, 34 = Gai II 78 (Ferr. I 89 f., Nr. 20—23). Ferrini berücksichtigt aber nicht genügend, daß I hier überall die res cottidianae, nicht die Institutionen des Gaius exzerpiert.

[8]) A. O. I 24.

[9]) Brokate, zit. nach Ferrini I 81, weil nicht zugänglich.

geschichtlichen Kenntnisse in der Tat aus den Institutionen des Gaius geschöpft hat.

b) Aber es ist deshalb nicht schon richtig, daß T den Gaius nur für historische Bemerkungen herangezogen hätte. [10]) Vielmehr ist er auch sonst ausgewertet, freilich immer so, daß zugleich auch I vollständig paraphrasiert ist und somit eine „Doppelversion“[11]) sich einstellt. Man vergleiche etwa: I 1, 11,3 = Gai I 102 (Ferr. Scr. I 87, Nr. 13), wo jedes Wort von I umschrieben wird, I 3,2,3 = Gai III 14 (Nr. 42): hier folgen nacheinander scharf abgesetzt Umschreibungen von Gai III 14 „amita-potest“ (*εἰ δὲ ἦν — κληρονομῆσαι*) und Inst § 3 „fratris tui-pertinebat“ (*τοῦ ἐμοῦ ἀδελφοῦ — ἐκληρονόμουν*); endlich zu I 4,18 = Gai III 198 (Nr. 52) wird erst G wörtlich paraphrasiert, und es folgt dann der genaue Institutionentext. [12]) In Fällen wie dem letzten ist es wirklich wahrscheinlich, daß T eine schon vorhandene Gaiusparaphrase übernommen und dabei erweitert hat: es wäre sonst offenbar ganz unmotiviert gewesen, erst I und dann noch einmal G, mit genau dem gleichen Inhalt, zu paraphrasieren. [13])

c) In einigen Fällen stehen I und G in der Paraphrase nicht isoliert nebeneinander, sondern sind ineinander verschränkt. So ist in der instruktiven Stelle zu I 4,1,3 = Gai III 184 (Ferr. I 100, Nr. 51) sehr eigentümlich ineinander verwoben der Text von I („ulterius furtum manifestum extendendum est“) und G („alii ulterius eo usque manifestum furtum esse dixerunt“): *ἕτεροι δὲ παραιτέρω τὴν φανερὰν ἐκτείνουσι κλοπὴν λέγοντες μέχρι τοσούτου φανερόν τινα κλέπτην νομίζεσθαι.*

Auch diese Kontamination scheint zu beweisen, daß T gleichzeitig die Institutionen und eine Gaius paraphrase umschrieb; denn den Originaltext des Gaius würde er so nicht in die Institutionen eingearbeitet haben. Aber näher liegt, daß T und I in ihren

---

[10]) Insoweit richtig gegen seine Gegner Ferrini I 81 f.

[11]) Ferrini I 82.

[12]) Dagegen gehört nicht hierher I 4, 1, 1 (a. M. Ferrini I 100, Nr. 50). Denn T: *πράγματος ἀλλοτρίου ψηλάφησις* ist wohl trotz Gai III 195 (rem alienam amovet) aus D 47, 2, 1 § 3 Paul 39 ed (contrectatio) geschöpft.

[13]) Vgl. Anm. 3 a. E.

oströmischen Gaiusexemplaren die gleiche, dem Veronensis überlegene Lesart hatten: alii ulterius manifestum furtum extendendum esse dixerunt. Für diese sprachlich geforderte Lesung bietet Gai IV 37 die überzeugende Parallele „si modo iustum sit eam actionem etiam ad peregrinum extendi".

3. Die Theophilusparaphrase schob den Gaiustext nicht unter, sondern trug ihn nach. Dieser bisherige Befund leidet drei scheinbare Ausnahmen:

a) Zuweilen umschreibt T ein Wort oder wenige Wörter aus dem Gaius, die in I fehlen, und es entsteht dadurch der Anschein, T habe in solchen Fällen nur G wiedergegeben. Bei näherem Zusehen erklären sich solche Stellen wie die Kontaminationen (vgl. soeben 2 c) als Doppelversionen, die durch Erweiterung des Institutionentextes aus G entstanden sind. Nichts hindert also anzunehmen, daß T auch hier immer zugleich I vor Augen hatte. Hierher gehören die Einschübe in I 2,9,5 = Gai II 95 (Ferr. I 91, Nr. 27) I: hoc est quod (vulgo ins. Gai) dicitur = T τὸ παρὰ πᾶσι λεγόμενον I 2,13,3 = Gai II 135 (Nr. 32) I: feminini vero (om. Gai) (vel nominatim vel ins. Gai) inter ceteros = αἱ δὲ θήλειαι καὶ nominatim καὶ inter ceteros; I 4,3,13 = Gai III 217 (Nr. 53) I: feram bestiam (veluti ursum leonem ins. Gai) = T θηρίον ἄγριον ἄρκτους ἢ λέοντας ἢ λύκους, zugleich ein Beleg, daß veluti sqq mindestens kein Glossem der späten weströmischen Gaiusform allein ist: das von T zugefügte ἢ λύκους zeigt, daß er es nicht etwa auf die Paraphrase des alten Gaiustextes absah. Nur in einem Fall folgt T einer (sicher besseren) Variante von G, ohne die uns sonst bekannte Textform von I zu beachten: I 3,19,10 = Gai III 109 (Ferr. I 100, Nr. 48). T liest hier in lateinischem Urtext prôximoi infanti mit G: infanti proximus gegen I: infantiae proximus. Aber dies infantiae ist eine — übrigens von Kruegers Apparat a. h. l. stillschweigend unterdrückte und daher in Krueger-Studemunds Gaius-Edition (Collectio I[4] (1899) p. 126 ignorierte und schlechtere — Lesart der justinianischen Institutionen, nicht des Gaius; sonst kommt auch in den Institutionen nur proximus infanti vor. Endlich in I 2,13,1 = Gai II 127 (nicht bei Ferr.) fehlt in G und in T die justinianische Interpolation „scilicet si alius-non extet" am Ende des ersten Satzes.

Aber T gibt hier eine ganz freie, von beiden Vorlagen weit abschweifende Paraphrase, in welcher der Gedanke „wenn Mißverständnisse nicht zu befürchten“, der in I die Fassung annimmt, „wenn es nur e i n e n Sohn gibt“, in der einfältigen Form erscheint, „wenn er ihn durch eine sonstige individualisierende Bezeichnung unterscheidet“. Als Beispiele werden Beruf, Handwerk, Alter, Hautfarbe — ganz in der Art der Signalements der graeko-ägyptischen Subjektsdeklaration — genannt, Beispiele, die aus dem zeitgenössischen Urkundenleben eingeflossen sein könnten. So hat auch diese Stelle keine Beweiskraft.

b) In zahllosen Stellen ersetzt I die erste Person sg. oder pl. des Lehrers oder im Unterrichtston schreibenden Schriftstellers Gaius durch die zweite Person pl, mit der die kaiserliche Majestät die rechtsbeflissene Jugend des Reiches anredet,[14]) eine stereotyp, oft ganz gedankenlos, aber nicht ausnahmslos [15]) beobachtete Umstilisierung; an Stelle dessen kommt auch Umsetzung in die dritte Person oder das unpersönliche Passivum („dicitur“ usf.) vor. In solchen Fällen kehrt Theophilus fast immer zur 1. Person des Gaiusoriginals zurück, und Schulz [16]) hat hierin den schlagenden Beweis gesehen, daß er hier überall eine vorjustinianische Schulparaphrase des Gaius übernahm. Aber wir können dies nicht zwingend finden. Der Paraphrast, der wie Gaius als Lehrer sprach und schrieb, k o n n t e zu seinen Hörern oder Lesern gar nicht in der zweiten Person pl. (vos,

---

[14]) Vgl. Schulz a. O. 304.

[15]) Ausnahmen z. B. I 1, 9 pr. hier offenbar absichtlich, weil der äußere Wortklang (potestate nostra, liberi nostri) der kaiserlichen Majestät nicht unangemessen schien; dagegen heißt es dann in 1, 9, 3 sofort tuus, tua, wo eine uxor ins Spiel kommt. Aehnlich konnte die 1. Person pl, im Lehrvortrag des Gaius einfach in den pl. maiestatis des redenden Kaisers umgedeutet werden, z. B. 3, 9, 10 sed quod diximus, 2, 9, 4 in fine: loquimur, exposuimus und öfter. Dagegen ist vielfach die 1. Person pl. des Gaius offenbar aus bloßer Schläfrigkeit stehengeblieben, wo sie Kaisers Majestät im Hofton nicht ganz angemessen wäre (1, 10, 1: Ergo non omnes nobis uxores ducere licet; darauffolgend ist sogar in der (hier nicht emendierten?) Institutionenhs. A ein quarundam nuptiis abstinere debemus stehengeblieben; Kr. a. hl.) oder gar ein wenig lächerlich ist (z. B. nos procreaverimus).

[16]) A, O, 306, 343 f., Note 77, mit entschiedener Ablehnung der Verwendung des lateinischen Originals.

vester) oder gar sg. (tuus filius, tua filia usf.) reden, ohne auf fast lächerliche Weise aus dem üblichen Schulstil zu fallen; man denke sich etwa in I 2,9,3—6 das schon in den kaiserlichen Institutionen geschraubte vos (z. B. vobis adquiritur, servi vestri, id vos possidere videmini!) im Munde des Lehrers. [17]) Nochmehr: er durfte schicklicherweise umschreibend nicht wie der Kaiser reden — so wenig er constitutio nostra beibehalten durfte, anstatt es in die Sprache des Unertanen umzukleiden (vgl. zu I 2,20,2: nostra constitutio: *ἡ διάταξις τοῦ ἡμῶν βασιλέως*). Und wir können auch den direkten Beweis führen, daß dies der Grund der Rückkehr zu Gaius ist: T kehrt auch dort von vos zu nos, von tu zu ego zurück, wo er nachweislich nur den Institutionentext zu beachten wünscht (z. B. zu I 2,1,44 wo er ein besonders steifes kaiserliches tu natürlich unbefangen ergänzt). Ja, auch dort, wo Gaius gar nicht in der ersten Person sprach; z. B. zu I 3,2,3 fratres tui = *τοῦ ἐμοῦ ἀδελφοῦ* (Gai III 14: fratris filia), zu I 1,10,6; 1,10,9; 2,9,5 redet T teilweise ohne jede Veranlassung durch den Gaiustext so. Und er tut es natürlich auch dort, wo seine Vorlage weder in der 1. noch in der 2. Person redet (z. B. zu I 1,10,6). Ja, soweit ich sehe, redet er niemals in der 2. Person zum Hörer. Endlich die Gegenprobe: umgekehrt nimmt T keineswegs immer die 1. Person des Gaius auf, vgl. etwa zu Gai II 78 = I 2,1,34, oder zu I 2,1,15 = Gai II 68, wo er mit *τοιοῦτος ἡμῖν—παραδίδοται κάνων* nicht einfach zum „regulam habemus" des Gaius zurücksteuert. [18]) [19])

Wir können danach mit vollkommener Sicherheit sagen: nicht das Gaiusoriginal oder eine alte Paraphrase, sondern die Konven-

[17]) Daß auch das antike Ohr ein exemplifikatives tu scherzweise in eine lächerliche persönliche Ansprache des Hörers umhören konnte, zeigt die bekannte Anekdote über das lächerliche Mißverständnis des Javolen bei Plin. ep. VI 15, 2 („Prisce iubes' — ego vero non jubeo').

[18]) Anders Ferrini I 89. Aber T folgt hier auch im übrigen dem Gaius nicht wörtlich; von den columbae, cervi, apes in II 68 nennt er nur die *ἔλαφοι*.

[19]) Ebenso verfährt er bei der Paraphrase von Stellen aus Ulpians Institutionen, wo er sicher nicht den parallelen Digestentext einsah (vgl. unten S. 312 und Anm. 29): D 1, 6, 4 Ulp 1 inst a me et uxore mea = I 1, 9, 3 ex te et uxore tua = *ἐξ ἐμοῦ καὶ τῆς ἐμῆς τικτομένης γαμετῆς*. Umgekehrt folgt er bei D 1, 4, 1, Ulp 1 inst appellamus = I 1, 2, 6 appellamus = 1, 2 6, appellantur wieder den Institutionen: *κέκληται*.

tionen des Unterrichts führen Theophilus zur 1. Person zurück. M. a. W.: er umschreibt auch hier nicht Gaius, sondern als Untertan redend, Kaiser Justinian.

c) Genau entsprechen die Fälle, wo die Institutionen das Präsens des Gaius in das Imperfekt des rechtshistorischen Berichts verwandeln, während T wieder zum Präsens zurückkehrt (z. B. Gai I 40 evenit [praes.] = I 1,6,7 eveniebat, T wieder *συμβαίνει*). Auch dies geht auf Rechnung des lebhaften, vergegenwärtigenden Lehrvortrags, der wie die für die Paraphrase kennzeichnenden rhetorischen Fragen ein schläfriges Auditorium aufzupulvern gedenkt. So wechselt denn T auch beim historischen Bericht über die Legate von dem Präsens in Gai II 194 = I 2,20,2: zum Imperfekt *ἡ* uindicatíon *δεσπ.'την ἐποίει ἐλέγετο* (G: appellatur) und *ἐτίκτετο δὲ ἐντεῦδεν* personalía *ἀγωγή* (G: III 204 in personam agere debet) und *καὶ ἐντεῦθεν ὁμοίως ἥρμοζεν ἡ* ex testamento (Gai II 213 quoque in personam actio e s t.)[20]) Das heißt: auch hier spricht Theophilus nicht deshalb so, weil er dem Gaius oder einer alten Gaiusparaphrase folgte.

4. Wir stellen uns danach die Benutzung des Gaius besser nicht als bloße „Anpassung" an eine ältere Gaiusparaphrase, [21]) sondern als Kenntnis und Lektüre des Gaius vor. [21]a) Jene Kenntnis konnte freilich auch durch eine Paraphrase vermittelt werden, und dies machten die Fälle wahrscheinlich, in denen alter Gaius- und neuer Institutionentext so unvermittelt nebeneinander umschrieben wurden, daß man sich das Ganze nicht als aus einem Gusse neu entstanden denken kann. Können wir somit nicht mit Sicherheit entscheiden, ob T der Gaius oder eine (dann sicherlich griechische[22])) Paraphrase vorlag, so nehmen wir am zwanglosesten an: beides. Hierfür spricht auch unsere bisher absichtlich zurückgestellte Vermutung über den Verfasser der neuen Paraphrase. War er wirklich der antecessor

[20]) Unrichtig Ferrini I 94, Nr. 36: „la parafrasi espone al presente, quasi diritto in vigore, la dottrina degli antichi tipi di legato."

[21]) Schulz a. O. 306.

[21]a) Zu selbständiger Ergänzung durch Kenntnis und Lektüre anderer klassischer Schriften Maschi a. Anm. 1 a. Ort, besonders 103 ff.

[22]) Im Hinblick auf die Unterrichtssprache spätestens seit Beginn des 5. Jh. sicherlich richtig Schulz a. O. 306.

Theophilus, das Mitglied der Sabinus- [23]) und der Institutionenkommission und der Kenner der Vorlesungen des ersten vorjustinianischen Studienjahres — und dies halten wir für die nächstliegende und methodisch richtigste Annahme [24]) — so ist es unmöglich, daß er nicht sowohl den Gaius wie die griechische Paraphrase des Gaius im ersten Studienjahr auf das Genaueste kannte, vor allem daß er eine e i g e n e Paraphrase aus seinem Kolleg nicht beständig gegenwärtig hatte. Dann aber kommt es fast auf dasselbe heraus, ob er sein eigenes Kollegheft ergänzend ausschrieb oder ob er sein Gaiusexemplar unmittelbar zu Rate zog und seinen Wortlaut, natürlich wieder in der ihm aus dem Unterricht geläufigen Weise, erneut umschrieb.

Wie dem auch sei — in keinem Fall hat er dabei bloß „angepaßt". Wenn S ch u l z (a. O.) meint, der Verfasser hätte schon der Bequemlichkeit zulieb seine Paraphrasenvorlage soweit wie möglich adaptiert, so ist doch zu bedenken, daß die kaiserlichen Institutionen zum bloßen Anpassen viel zu neuartig und mannigfach zusammengesetzt waren, daß sie fortwährend andere Quellen als den Gaius hineinziehen und beständig tiefgreifend ändern. Auch für einen geistig haushälterischen Byzantiner war es bequemer, sie von vornherein neu, aber allerdings im gewohnten Stil durchzuparaphrasieren, als immer wieder hier und da noch verwertbare Fetzen der alten Gaiusparaphrase auf das neue Kleid der Institutionen zu setzen. Theophilus (oder denn Pseudo-Theophilus) schrieb wirklich eine Institutionenparaphrase, mochten ihm dabei auch ein lateinisches Gaius-

[23]) Vgl. unsere Vermutungen in SZ 55, 294.

[24]) Ebenso jetzt Maschi 88. Die Angabe des 6./7. Jh. über die Autorschaft des Theophilus (zu diesen Quellen Ferrini Scr. I 147 f.) kann auf richtiger Ueberlieferung beruhen oder auf der allerdings naheliegenden Konjektur, daß das berühmte Mitglied der Institutionenkommission die Paraphrase geschrieben habe. Aber diese Annahme wäre dann eben für uns ebenso wahrscheinlich und natürlich wie für jenen Byzantiner, besonders da das Zeugnis des Stephanos (Ferrini 113 f.) die Existenz der Paraphrase schon bei Lebzeiten Justinians außer Zweifel setzt. Will man nicht, Mark Twains Scherzwort zum Shakespeareproblem („nicht Shakespeare, aber ein anderer großer Dichter namens Shakespeare") unfreiwillig variierend, sagen, ein anderer gelehrter Zeitgenosse Justinians, den man hundert Jahre später für Theophilus hielt, habe die Paraphrase geschrieben, so muß man schon den antecessor Theophilus als Verfasser gelten lassen.

exemplar und eine griechische Paraphrase zu Gebote stehen, sei es als beständig gegenwärtige Reminiszenz, sei es als handgreifliche Vorlagen, wie es weitaus wahrscheinlicher ist.

II.

1. Dieses Ergebnis ist die wichtigste Grundlage unserer Erwartungen in den textkritischen Ertrag des Theophilus für die Institutionen des Gaius. Theophilus lag ein drittes oströmisches Gaiusexemplar vor — ein drittes neben dem der Digestenkommission und der Institutionenkommission. Wir nennen seine Textform im folgenden P.

Aber nach dem Verhältnis des Theophilus zu den justinianischen Institutionen ist P nur sehr beschränkt erschließbar und für die Herstellung einer weiteren oströmischen Textform des Gaius sehr viel weniger nützlich als man seit Ferrinis Entdeckungen vermuten durfte. Denn:

2. P ist praktisch wertlos, wo sich unsere Gaiusüberlieferung auf den Veroneser Palimpsest (V) und die Vorlage der justinianischen Institutionen (im folgenden: I) beschränkt.

a) Liest nämlich P mit I gegen V, so ist dies bedeutungslos: denn wir wissen jetzt, daß T unter allen Umständen den vollen Text der Institutionen und nicht des Gaius umschreiben wollte. Sein Gehorsam gegen die Textform von I ist daher selbstverständlich und beweist nichts für die Ueberlegenheit der oströmischen Textform I und P.

Nur einmal ließ ein besonderes Indiz den Schluß zu, daß zu I 4,1,3 = Gai III 184 (vgl. oben S. 302) Theophilus mit ἐκτείνουσι selbständig einer besseren Textform „extendendum esse dixerunt" folgte. Denn da er hier in der gleichen Konstruktion wirklich Gaiustext wiedergab, konnte er diese Form schwerlich I entnehmen — besonders da die sprachliche Kritik die Ueberlegenheit und hier auch Ursprünglichkeit der oströmischen Form erwies.

b) Liest aber T mit V gegen I, so wird dadurch zunächst eine Interpolation von I nahegelegt, auch wenn andere Interpolationsindizien fehlen. Eine neue Textform des Gaius kann dann aus I allein nur mehr abgeleitet werden, wenn wir die Interpolation von I aus anderen Gründen mit großer Sicherheit ausschließen können; solche Gründe sind sehr selten. Immerhin ist dieses negative Kriterium zugunsten einer Interpolation in I nicht ganz wertlos, wenn andere Interpolationsindizien fehlen und erst durch Theophilus eine zweifelhafte Lesart von V auch für die oströmische vorjustinianische Textform beglaubigt werden kann.

Beispiele sind außer den oben S. 303 unter 3a) genannten Einschüben einzelner Wörter aus V in den Institutionentext, ein anderes T: *συναινέσαι* — sofern der Aorist hier überhaupt Temporalfunktion hat — zu I 3,22,1 („consentire") = Gai III 136 („consensisse"), wo V grammatisch ohnedies den Vorzug verdient. [24a]

c) Im übrigen ist Theophilus überall, wo außer V und I Gaiustext nicht überliefert ist, nur für die Kritik der nachjustinianischen Ueberlieferung der kaiserlichen Institutionen brauchbar und hier allerdings, wie längst erkannt, von hohem Nutzen. Ein kleines, aber instruktives Beispiel ist das oben S. 303 unten mitgeteilte, wo T zu I 3,19,10: próximos infanti die uns aus keiner Institutionenhandschrift überlieferte richtige Textform „infanti" für „infantiae" erschloß.

Die Erwartung Ferrinis[25]), aus P neue Gaiuslesungen und damit neue Beiträge für die Gaiuskritik zu gewinnen, erfüllt sich also bei der Ueberlieferungslage, die leider durchaus die Regel ist, nicht. Selbst dort, wo T mit V gegen I steht, erfahren wir nicht mehr als die verhältnismäßige Treue der nachklassischen Gaiusüberlieferung mindestens seit der Zeit, als der westliche und der östliche Ueberlieferungsstrang sich trennten — wenn wir von solchen Strängen bei der textkritischen Lage überhaupt sprechen dürfen. Und diese

[24]a) T sah hier wirklich den Gaiustext, dem er in diesem Zusammenhang Mitteilungen über den Litteralkontrakt entnahm, während er freilich mit D. 44, 7, 2 § 2 Gai 3 inst das folgende ‚cum alioquin — possit' (Gai III 136 in fine) fortließ — vielleicht weil dies nur ein Glossem der westlichen Ueberlieferungen ist: es ist eine störende Vorwegnahme des folgenden, sachlich und syntaktisch einleuchtenden Satzes mit cum alioquin in Gai III 137 in fine.

[25]) Besonders in seinen früheren Arbeiten zur Paraphrase, vgl. Scr. I 24.

Wahrheit ist für keinen vorsichtigen Kritiker des Veroneser Gaiustextes eine Sensation. [25a)]

3. Nützlicher kann P werden, wenn neben V und I mindestens eine dritte Textform des Gaius unmittelbar überliefert ist. Der wichtigste Fall ist die dreifache Ueberlieferung durch V, I und Digesten (D), die uns an anderer Stelle [26)] eingehend beschäftigt hat.

a) Selbst hier ist freilich P doch oft wertlos, nämlich

aa) solange Theophilus mit I liest, aus den soeben (II 2 a, S. 308) angegebenen Gründen,

bb) wenn er gegen alle drei direkten Ueberlieferungen (V, I und D) liest: denn die Paraphrase für sich allein kann praktisch eine neue Textform des Gaius nicht begründen. Beispiele hierfür im großen sind die ungezählten Fälle, in denen Theophilús einzigartige, oft ungereimte historische Notizen hat, im kleinen die zur Verdeutlichung aufgesetzten Lichter (vgl. z. B. oben zu I 4,3,13) — gerade weil sie naheliegend sind.

b) Liest dagegen T mit irgendeiner direkten Ueberlieferung gegen I, so können daraus neue genuine oströmische Lesarten des Gaius unter der zunächst überraschenden Bedingung gewonnen werden, daß er nur mit einer Ueberlieferung liest. Denn:

aa) T mit V und D gegen I bestätigt nur eine ohnedies erschließbare Interpolation in I, ist also nutzlos. Die Ausnahme, daß I aus besonderen Gründen sicher nicht interpoliert ist, bleibt praktisch außer Betracht; sie wäre nicht nachweisbar. Ein Beispiel dafür könnte der gedanklich und sprachlich feine Zusatz „sui natura“ in I 2,2,15 sein, der sowohl D 1,8,1 pr als Gai (V) II 13 als auch Theophilus a. h. l. fremd ist.

bb) T liest mit V gegen D und I. Dieses Verhältnis beglaubigt die Lesart von V als auch oströmische und daher wahrscheinlich ursprüngliche, erbringt aber doch keine neue oströmische Textform, da I und D im gleichen Sinn interpoliert sein können

---

25a) Ein analoges methodisches Prinzip bei der Kritik der Digesten aus den Basiliken gibt zutreffend Chiazzese, Confronti testuali etc. (Annali Palermo XVI, 1931) 79 f.: „il mero confronto tra i testi del C. J. e le versioni greche dei Basilici non ci appare un criterio sufficiente per la diagnosi delle interp. giustinianee.“

26) In einer Untersuchung über „Oströmische Gaiusexemplare“, deren Veröffentlichung in einer Festschrift für Fritz Schulz (1950) geplant ist.

— sie sind es meist nicht — und somit als gesicherte Lesart nur V und T zurückbleibt, solange die parallele Interpolation nicht mit genügender Sicherheit ausgeschlossen werden kann. Kann aber, wie meist, [27]) der Beweis geführt werden, daß D und I nicht parallel interpoliert sind, sondern auf eine vorjustinianische Textform zurückgehen, wird die Paraphrase interessant: denn jetzt belegt sie eine selbständige oströmische Textform, nämlich die des dritten oströmischen Gaiusexemplars, das T zugrunde liegt. Aber die Beispiele sind hier trotz der zahlreichen Uebereinstimmungen zwischen T und dem Veroneser Gaius sehr spärlich, weil zufällige Doppelüberlieferungen von D und I bei solchen Uebereinstimmungen ein seltener Zufall sind: denn T hat ja die Institutionen, aber nicht die Digestenfragmente aus Gaius paraphrasiert.

cc) Dasselbe wie zu bb) gilt endlich, wenn T mit V gegen eine andere direkte Ueberlieferung liest. So zu I 4,7,2 (navi praeposuit: WE navis: B) = Gai (V) IV 71 navi = P Oxy 2103 ein. 31 navi (recte) = T *ὅποτε τὸν ἴδιον οἰκέτην*, mágistrón *τις τῆς οἰκείας προβάληται νέως*, immerhin kann *νέως* auch aus der durch B bezeugten Lesart einer Institutionenhandschrift fließen. Sicherer ist I 4,7 pr, dari solent = Gai IV 69 dari solent (recte: Levy, SZ 48 544): P Oxy 2103 lin 18 dari licet = T *κινοῦνται* (solent) und I 3,1,6 parentis = Gai (V) III 8 parentis = Coll 16,2,8 patris W, patri (corr.) BV = T *προγόνων* (parentum).

cc) Am aufschlußreichsten ist jedoch eine Uebereinstimmung von P mit D gegen V und I. Sie allein beweist nämlich wirklich, daß T wirklich eine von V und von I abweichende Form kannte und belegt somit unmittelbar eine dritte oströmische Textform neben I und D. Dieser Schluß ist freilich nur unter der Bedingung zulässig, daß Theophilus diese Lesart nicht etwa erst aus den Digestenfragmenten von Gaius' Institutionen entnahm. Allein dies ist nicht nur nicht wahrscheinlich, da die Geminata der Digesten verstreut sind und T ein Gaiusoriginal hatte, sondern läßt sich direkt widerlegen:

---

[27]) Genaue Nachweisungen in der Anm. 26 angekündigten Untersuchung. Zum bisherigen Stand der Frage vgl. Ferrini, Scritti II (1929) 189—204, Fr. Schulz, Einführung in das Studium d. Digesten (1916) 50 ff.

Auch die Institutionen Florentins, Marcians und Ulpians lagen mit anderen ähnlichen Werken der Digesten- und der Institutionenkommission in je einem verschiedenen Exemplar vor. [28]) Es läßt sich nun durch Vergleich dieser Doppelstellen aus den Digesten und den Institutionen, dessen Wiederholung hier dem Leser erspart bleiben darf, mit Theophilus sofort ermitteln, daß die Paraphrase sich bei Abweichungen zwischen D und I nicht einmal an die Fassung der Digesten anschließt: [29]) Originale jener anderen Institutionenwerke hat er wohl im Gegensatz zum Gaius nicht benutzt. Hat aber T bei den Institutionen Florentins, Marcians und Ulpians nicht in die Digesten geblickt, so wird er es auch bei denen des Gaius nicht getan haben: in der Tat folgt er in der Sache stets I. [30]) Liest er dennoch im einzelnen mit D gegen I und V, so muß seine Lesung einer eigenen Gaiusüberlieferung, nicht den Digesten entflossen sein.

---

[28]) Ferrini, Scr. II 189 ff., v. Kotz-Dobřz, art. Inst in Pauly-Wissowa RE sp. 1572, Krüger, Gesch. d. Qu.[2] (1912) 385, Schulz, Einführ. 50,

[29]) Vgl. Mél. de Visscher (Brüssel 1949) 579 und Anmerkung 7—10; 591. Wir haben die Institutionenstellen mit den Geminaten der Digesten nach den Angaben der Lenelschen Palingenesie zu Florentins, Marcians und Ulpians Institutionen verglichen. Auch zu I 1, 2, 6 quae constitutiones appellantur = D 1, 4, 1, 1 Ulp 1 inst quas vulgo constitutiones appellamus dürfte T kaum auf Berücksichtigung des Digestentextes beruhen, der in der umfangreichen, sehr selbständigen Paraphrase dieser Institutionenstelle sonst nirgends durchblickt: so fehlt das „subscriptione“ und „de plano“ der Digestenstelle und auch das appellamus in D wird ignoriert. Wir erklären dies damit, daß in der justinianischen Institutionenhandschrift des Paraphrasten ‚vulo‘ aus dem Original stehen geblieben war (vgl. dazu den oben Anm. 15 a. E. erwähnten Fall, in dem die Hs. A zu I 1, 10, 1 mit dem vorjustinianischen Gaius liest). Solche Varianten einzelner Institutionenhandschriften, die auf den Gaiustext zurückdeuten, begegnen auch sonst; z. B. I 1, 6, 7, 1 = Gai I 40 ergo EGai autem B, ebenso bei Ulpians Institutionen: I 1, 5 pr = D. 1, 1, 4 DTheoph naturali nomine (recte?) PE communi nomine, WETh Dig datio, B: donatio. Diese eigentümlichen Spaltungen der Institutionenüberlieferungen stellen der Textkritik schwierige Aufgaben.

[30]) Ausnahmsweise kann T γένικὸν ὄνομα zu I 1, 11, 1 = D 1, 7, 2 nur aus Einsicht in das Digestenfragment (pr: Generalis enim adoptio ducbus modis fit) erklärt werden, eine Interpolation, die an das vorausgehende D 1, 7, 1 § 1 Mod 2 reg anknüpft. In Wahrheit schöpft aber T unmittelbar aus dem Modestinfragment (adoptionis nomen... generale), wie er denn auch sonst gelegentlich die Digesten selbst eingesehen hat.

Hier ist die Zahl der Beispiele nun nicht gering:

I 1,15 § 1	D 26,4,7	Theoph.
Sunt autem agnati per virilis sexus cognationem coniuncti	Sunt autem adgnati, qui per virilis sexus personas cognatione iuncti sunt	καὶ adgnátoi μὲν εἰσι οἱ ἐξ ἀῤῥενογενίας ἡμῖν συναπτόμενοι
I 2,9, pr	D 41,1,10 pr	Theoph.
Adquiritur nobis (PWE: vobis, recte?) oder nach der Regel, vgl. oben S. 304 f., emendiert?)	Adquiruntur nobis (sc. res)	πάντα τὰ εἰρημένα . . . προσπορίζεται (= adquiruntur!) ἡμῖν
I ibid.	D ibid.	Theoph.
per eos servos (mit V),	per servos	δι' ἀλλοτρίων οἰκέτων
I 2,9,3 (mit V)	D 41,1,10,1	Theoph.
et convenienter	et his convenienter (recte, cf Gai I 81)	ἀκολούθως τοῖς ἄνω εἰρημένοις
I ibid	Di ibid	Theoph.
B: vel ex donatione et legato ex qualibet. alia causa (T[a]: vel ex donatione legato vel ex qu. a. o.)	vel ex qualibet alia causa	ἐξ ἑτέρας οἱαςδήποτε αἰτίας
I 2,13,2, (mit V)	D. 28,3,13	Theoph.
rumpatur eius (V: mihi, recte) testamentum	rumpat mihi testamentum	ἵνα μὴ rúptan ποιήσῃ τὴν διαθήκην bei der beständigen Verwendung d. Aktivkonstruktion (agnatus rumpit t.) auch in den benachbarten Stellen von I und V (bei einer Para-

phrase) von geringerer Beweiskraft.

dd) Aus demselben Grunde ist T auch dann von Interesse, wenn neben I und V andere direkte Ueberlieferungen des Gaius als D, (z. B. Oxy 2103, PSI 1182, Coll 16,2) stehen unter T wieder e i n e r von ihnen folgt. Ja dieser Fall ist methodisch reiner als gemeinsame Lesarten TD gegen IV, weil hier jede Möglichkeit einer Beeinflussung von T durch den Doppeltext (D) entfällt und die Beziehung der Gaiusvorlage von T zu einer fremden Textform zwingend ist. Diese Textlagen sind leider sehr selten: die beiden ägyptischen Funde decken nur kurze Strecken. Ein Beispiel ist immerhin I 3,1,6: esse videtur = Coll 16,2,7: aequm enim videtur = Gai III 7 (V): aequm enim videbatur = T: *δίκαιον γὰρ ἔδοξεν εἶναι*. Die Uebereinstimmung von T mit V gegen Coll und I wäre noch eindrucksvoller, wenn die Paraphrase im Tempuswechsel sich nicht überhaupt so gern von ihrer Vorlage unabhängig machte (vgl. oben S. 306).

III.

Der Reinertrag unserer Untersuchung wirkt unscheinbar: wesentlich ein negativer Befund. Wir mußten die Bedingungen, unter denen die Theophilusparaphrase wirklich eine Kritik der Gaiusüberlieferung ermöglicht, soweit einschränken, daß die durch Ferrinis Aufbereitungsarbeit geweckte Hoffnung, das Werk auch textkritisch auszuwerten, scheinbar fast zunichte wurde, während andererseits die ältere Meinung, man habe im Theophilus jedenfalls ein sicheres Hilfsmittel für die recensio der j u s t i n i a n i s c h e n Institutionen, durch Ferrinis Forschungen allerdings erschüttert bleibt. Nur e i n Gewinn blieb uns, der ohne erneute Nachprüfung kaum greifbar und jedenfalls kein sicherer wissenschaftlicher Besitz war[31]): daß nämlich die Paraphrase dort, wo sich ausnahmsweise der Durchblick

[31]) Jetzt aber genauer eindringend Maschi, Ann. Triest, XVI (1947) 75 ff., bes. 83 ff., 124 ff.

auf die vorjustinianischen Ueberlieferungen öffnet, das zuverlässige Zeugnis einer dritten Gaiusform der oströmischen Wissenschaft am Vorabend der Kompilation ist. Dies ist ein kleiner Beitrag zu einer noch nicht geleisteten größeren Aufgabe unserer Wissenschaft: zu einer genauen und erschöpfenden Textgeschichte der Institutionen des Gaius, die in den nachklassischen Jahrhunderten im ganzen Reich das Hauptwerk der juristischen Elementarbildung geworden sind.

Drei Gastvorlesungen über

Geltendes Recht

Von
ARNOLD EHRHARDT

I. Das englische Vorbild

A.

I. Ich möchte mit einer Erfahrung beginnen, die ich für typisch halte. Ich las neulich das Buch eines englischen Autors, F. Marion Crawford, das in seiner ersten Auflage (1905) „Sicily and Southern Italy" hieß, und das später unter dem Namen „The Rulers of the South" weltberühmt geworden ist. Der Verfasser berichtet darin, II,47, daß Vater Grisar, der bekannte Kirchenhistoriker, die Besitzungen des römischen Stuhls unter Gregor d. Gr., einem der größten Päpste des frühen Mittelalters, dem die Bekehrung der Angelsachsen zu verdanken ist, auf 1800 Quadratmeilen geschätzt habe. Crawford beeilt sich zu beweisen, daß diese Schätzung weit hinter der historischen Wirklichkeit zurückbleibe, und spart nicht mit seiner Kritik. In seinem Eifer ist es ihm offenbar entgangen, daß die deutsche geographische Meile 7500 m lang ist, während die englische Meile weniger als 1600 m mißt. Mit der Annahme, daß der deutsche Forscher unter einer Meile wohl ein anderes Maß verstanden haben mag als der Engländer, und daß man die Schätzung des Deutschen mit etwa 22 multiplizieren muß, weil das Längenmaß mehr als das $4^1/_2$fache, das Flächenmaß aber das Quadrat davon ausmacht, wird dem scheinbaren Fehler abgeholfen und die Diskrepanz zwischen dem Deutschen und dem Engländer beseitigt.

Das ist eine triviale Erfahrung, die dem Geschichtsforscher geläufig ist und ihn erheitert, wenn sie ihm in der Literatur begegnet. Bei der traditionellen Geringschätzung alles Kontinentalen bei den englischen Gelehrten fühlte ich mich ganz behaglich, als sich dieses Mißverständnis aufgeklärt hatte, so wie Seumes Kanadier, „wir Wilden sind doch bess're Menschen", und machte mich an meine Arbeit, die mich dazu nötigte, das berühmte Buch des Leipziger Philosophen Paul Barth „Die Stoa" zu Rate zu ziehen. Dort fand ich (3./4. Auflage 1922, 204) die folgende Bemerkung zu Joh. Locke: „der Naturzustand hat ein Naturgesetz (so heißt bei John Locke immer das Naturrecht)" und hielt plötzlich inne. Wie sollte denn Locke, wenn er englisch dachte und schrieb, überhaupt gesagt haben? L a w o f N a t u r e oder n a t u r a l l a w waren ja die einzigen Ausdrücke, die ihm zur Verfügung standen. Jedenfalls aber „L a w". Der Unterschied von Recht und Gesetz kann dem Menschen, der nur englisch spricht, nicht deutlich gemacht werden. Es fehlt ihm an der dazugehörigen Terminologie. So wie der englische Forscher sich über die Begriffe geirrt hatte, wenn er unkritisch annahm, daß mit „Meile" im Deutschen das gleiche gemeint ist wie im Englischen, so hatte der Deutsche sich nicht Rechnung gelegt von der Tatsache, daß John Locke kein anderer Ausdruck als L a w zur Verfügung stand, wenn er von Recht und Gesetz sprechen wollte.

II. Es fällt mir nicht ein, an diese Erkenntnis eine billige Kritik knüpfen zu wollen. Sie ist nichts weiter als das erste Phaenomen, das wir zu betrachten und im Auge zu behalten haben, wenn wir versuchen wollen, uns über die angeblich ewigen Probleme des Rechts Rechenschaft abzulegen. „Recht" ist ein terminus, der eine Geschichte und eine räumliche Begrenzung hat. Es gibt in Europa ein Land, das philologisch, philosophisch, theologisch und juristisch ohne diesen Begriff auskommt. Es ist wichtig, sich klarzumachen, daß das scheinbar internationale Anliegen des Naturrechts an dieser terminologischen Klippe scheitern kann.

Wir haben diese terminologische Erwägung weiter zu treiben. Es ist deutlich, daß im Deutschen die Worte Recht und Gerechtigkeit aufs engste etymologisch miteinander verbunden sind. Wir müssen uns andererseits klar machen, daß das in anderen Sprachen und Kulturen nicht der Fall ist. Ich habe mich in den letzten Monaten kritisch mit Paul Koschakers Buch „Europa und das römische Recht“ (München 1947) auseinanderzusetzen versucht. Nur eine Randbemerkung ist im letzten Bande (66) der Sav. Z. von mir darüber erschienen. Bei meiner Beschäftigung mit diesem mißglückten Buch habe ich es vor allem bedauert, daß sich Koschaker keine Rechenschaft über die Probleme der Terminologie von der Zeit an gegeben hat, wo sich die Gelehrten der verschiedenen europäischen Nationen für ihre Untersuchungen im römischen Recht ihrer Muttersprache zu bedienen begannen. Es ist nämlich evident, daß die enge etymologische Beziehung von ius und iustitia, wie sie im Lateinischen vorhanden ist, sich zwar im Deutschen, aber nicht im Französischen und Italienischen, und nun schon gar nicht im Englischen, wiedergeben läßt. Ich habe nicht untersucht, inwieweit das auf das Verständnis des römischen Rechts in der neueren Zeit eingewirkt hat. Es ist mir nur wichtig, darauf hinzuweisen, daß diese terminologischen Gegebenheiten es dem Deutschen leichter machen, sich in die Grundprobleme des römischen Rechts hineinzudenken als etwa dem Franzosen oder dem Italiener mit ihrem droit, diritto einerseits und ihrer justice, giustizia andererseits. Unzweifelhaft hätte das Problem, wieso die romanischen Sprachen die Verbindung von ius und iustitia aufgegeben haben, während sie in Deutschland eingeführt worden ist, einige Beachtung verdient.

Denn um eine Einführung scheint es sich zu handeln. Man muß sich einmal klar machen, daß ja selbst das eine arme Wörtlein „law“, das wir in England für Recht und Gesetz haben, wahrscheinlich ein normannisches Wort, das französische la loi ist. Das stammverwandte angelsächsische Wort für Recht und Gesetz ist infolge der normannischen Eroberung ausgestorben — ausgerottet worden. Nun ist aber auch das deutsche Wort „Recht“ aufs engste mit dem Lateinischen rectum verwandt, und wenn es auch unzweifelhaft kein Lehnwort aus dem Lateinischen ist, vielmehr eine etymologische Urverwandtschaft vorliegt, so ist doch wohl sicher damit zu rechnen, daß diese Verwandtschaft bei der Einführung von directum, diritto, droit im Sinne von Recht in die mittelalterlichen romanischen Sprachen bewußtermaßen von Einfluß gewesen ist.[1]) Ein Austausch hat stattgefunden, der paradoxer Weise das Deutsche dem Lateinischen ähnlicher gemacht hat, als es die romanischen Sprachen sind. Unsere Gedanken werden infolge dieser sprachlichen Tatsachen in besonderer Weise geformt. Dieses Umstandes müssen wir uns bewußt werden, um uns vor falschen Generalisierungen zu bewahren. Die schmerzliche Erfahrung deutscher Juristen, die nach 1933 Deutschland verlassen mußten, daß nicht nur das materielle Recht, das sie gelernt hatten, sondern auch ihre Rechts-Philosophie und Rechts-Geschichte national begrenzte, durch das Mittel des Gedankens, die Sprache, begrenzt waren, ist es wert, in den Kreisen der deutschen Juristen bekanntgemacht zu werden.

III. Diesen Bemerkungen über die sprachlichen Probleme, die mit den Worten Recht und Gerechtigkeit verknüpft sind, muß sich schließlich eine über das Wort „gelten" anschließen. Ich möchte es so energisch betonen, wie ich nur kann, daß es dieses Wort in keiner anderen Sprache, die mir bekannt ist, gibt, außer im Deutschen. Die Vorstellung eines geltenden Rechtes ist mithin eine deutsche Vorstellung in des Wortes verwegenster Bedeutung, und der Jurist, der sich ihrer bedient, muß sich dieser nationalen Grenze bewußt werden. Das bedeutet natürlich nicht, daß der Problemkreis, der mit den Worten „Geltendes Recht" bezeichnet wird, dem ausländischen Juristen unbekannt ist; es bedeutet aber allerdings, daß er das Problem der „Rechts-Geltung" nicht als ein einheitliches anzusehen vermag. Seit vielen Jahren habe ich Gerhart Husserls Buch „Recht und Rechtsgeltung" nicht mehr in der Hand gehabt. Seit nahezu zehn Jahren lebe ich ja mit meiner Bibliothek in einer erzwungenen Trennung von Tisch und Bett, und in den mir zugänglichen englischen, öffentlichen Bibliotheken ist es nicht erhältlich. Ich weiß darum nicht, ob er sich von der nationalen Begrenztheit des Begriffs der „Geltung" darin Rechenschaft abgelegt hat; ich kann nur sagen, daß ich mich nicht daran erinnere. Sollte ich mit meiner Annahme, daß er es nicht tut, recht haben, so ist sein Buch ein Beispiel für den Fall, auf den ich immer wieder zurückkommen muß, den nämlich einer

---

[1]) Vgl. W. C. Sforza „Jus" e „Directum", Bologna 1930.

universellen Argumentation auf unzulänglicher terminologischer Grundlage. [2])

Wiederum enthalte ich mich jedes Kommentars und jeder Kritik. Im theologischen Gebiet habe ich gerade in der englischen Theologie etwas ganz Aehnliches gefunden. Es handelt sich um den theologischen Begriff des „Atonement", ein Wort, das den Opfertod und die Auferstehung Christi einerseits und ihre Wirkungen, Erlösung, Rechtfertigung und ewiges Leben andererseits, in eins zusammenzufassen sich bemüht. Als kontinentaler Theologe kann ich da nicht mit. Ich vermag weder den logischen noch den geistlichen Zwang zu empfinden, diese Dinge getrennt von der Person des Erlösers Jesu Christi in eins zusammenzufassen. Ich kann auch nicht sagen, daß die erhebliche Arbeit bedeutender englischer Theologen, die der Klarstellung dieses Begriffes gewidmet worden ist, mich weiser, besser oder frömmer gemacht hat. Für mich ist das Wort „A t o n e m e n t" — um mich eines Begriffs aus dem Wirtschaftsleben zu bedienen — eine überflüssige und kostspielige Dach-Organisation, d. h. eine Organisation, die Betriebe zusammenfaßt, die ebensogut getrennt existieren könnten — natürlich innerhalb des allgemeinen Systems der Welt- oder, wenn Sie lieber wollen, der nationalen Wirtschaft — und die sie darüber hinaus an ihrer freien Entwicklung hindert.

Sie haben hier ein englisches Gegenbeispiel dafür, worauf es hier allein ankommt, daß nämlich universale Probleme — wie das der Rechtsgeltung — ganz verschieden gelöst werden, je nachdem sie terminologisch organisiert worden sind. Diese Erkenntnis ist bedeutungvoll, selbst wenn man sein Leben als Rechtsanwalt in Eldagsen zu verbringen beabsichtigt. Denn es kommt z. B. von dieser Tatsache her, daß wir in Deutschland — im Gegensatz zu England — das Amt des Rechtsanwalts nicht in zwei verschiedene Berufe aufspalten, den solicitor vom barrister nicht unterscheiden. Damit aber überschreiten wir das terminologische Gebiet, auf dem wir uns solange bewegt haben, und wenden uns zu der materiellen Bedeutung der Ausdrücke, die uns bisher beschäftigt haben.

---

[2]) Wie mir von befreundeter Seite mitgeteilt wird, enthält das Buch auf S. 25 unzulängliche Bemerkungen über englisches Recht.

B.

I. Wiederum ist es nötig, mit sprachlichen — und persönlichen — Fragen zu beginnen. Wenn ein Gelehrter vor etwa 300 Jahren aus seiner Heimat vertrieben wurde, wenn etwa Descartes erst aus Frankreich nach Holland und dann zur Königin Christine nach Schweden ging, so bedeutete das gewiß viel für seine philosophische Arbeit, insofern, als er sich auf seine neue Umgebung umzustellen hatte; allein die Sprache, in der er sich ausdrückte, blieb Lateinisch. In unserer Zeit muß der Gelehrte lernen, sich in der Sprache seiner neuen Heimat auszudrücken. Das ist zum guten Teil ein Uebersetzungsproblem, aber in vieler Hinsicht geht es darüber hinaus. Als gewesener Jurist sowohl wie als werdender Theologe, beides normative Wissenschaften, ist die Uebersetzung der Worte „Recht" und „Geltung" resp. „gelten" mir zu einem Problem erster Ordnung geworden.

Lassen Sie mich mit Recht beginnen. Wer eine fremde Sprache lernt, tut gut, zwei Gebieten seine Aufmerksamkeit zuzuwenden, den Synonymen und den Antonymen. Es gibt das Hauptwort „right" im Englischen: „might is not right", Macht ist nicht Recht, ist eines der beliebtesten englischen Sprichworte. Das Wort hat also gelegentlich die Bedeutung des objektiven Rechts. Aber das ist selten. In aller Regel hat es die des subjektiven Rechtes: es ist mein Recht. So vor allem in der berühmten „Petition of Right", 1628, dem großen Sturmzeichen vor Beginn der englischen Revolution. Aber das Hauptwort right steht ganz im Schatten des Adjektivs right, etwas ist recht im Gegensatz zu unrecht, wrong: Unrecht als ein Substantiv, und vor allem unrecht als ein Adjektiv. Als Adjektive aber befassen sich beide Worte ganz speziell mit dem, was objektiv recht und unrecht ist. „It is right — it is wrong" etwas zu tun, das ist eine Feststellung, die man von Leuten in England alle Tage zu hören bekommt. Sie, verehrte Anwesende, werden begreifen, was das bedeutet. An Stelle des Begriffes „das Recht" erlaubt und verbietet etwas zu tun, wird hier die Frage nach Recht und Unrecht zum Gegenstand des persönlichen Urteils gemacht. Es ist meine Entscheidung, daß ich finde, daß etwas nicht recht ist; und nicht das Recht als solches entscheidet, daß dieses oder jenes von mir getan oder nicht getan werden soll.

Diese Haltung hat ihre Vor- und Nachteile. Lassen Sie mich mit dem Nachteil beginnen. Die Majestät des Rechtes als einer transzendenten, verpflichtenden Idee leidet von der Haltung, daß der Bürger und Arbeiter das Recht hat zu sagen, eines seiner Gebote ist nicht recht. Ich habe erlebt, daß viele Engländer es z. B. bitter empfunden haben, daß eine gesetzliche Ausnahme von der allgemeinen Militär-Dienstpflicht für solche Personen gemacht werden mußte, die mit zureichender Begründung geltend machten, es sei unrecht zu kämpfen. Die finstere Majestät des Krieges war nicht mächtig genug, diesen Widerstand zu überwinden, und die beiden sittlichen Prinzipien, von denen das eine behauptete, daß es die Pflicht eines Menschen sei, gegen das Unrecht des Krieges zu protestieren, und das andere, daß es unrecht sei, sich der Verteidigung des Vaterlandes zu entziehen, stießen mächtig aufeinander und verursachten allerlei große und kleine Widerwärtigkeiten. Allein, man hatte im Kriege von 1914/18 seine Erfahrungen gemacht: die Ausnahmslosigkeit des Rechtes ließ sich in England nicht gegenüber der Energie aufrecht erhalten, mit der der Einzelne sein „it is not right" geltend machte.

Wer sich diese Haltung klar macht, dem wird die prekäre Situation, in der sich „the Law" im Sinne des gesamten Systems des Rechts in England befindet, ganz deutlich werden. Der Engländer denkt auf dem Gebiet der Moral in antithetischen Postulaten. Z. B. ist es, wie gesagt, einerseits die moralische Pflicht des Mannes, für das Vaterland in den Krieg zu ziehn; andererseits gibt es Quäker, die dagegen protestieren, und Geistliche, denen es obliegt, über das Gebot „Du sollst nicht töten" zu predigen. Für sie werden Ausnahmen verschiedener Art gemacht. Von hier aus erklärt sich die Kunst des Kompromisses, die in England wichtiger und bedeutender ausgebildet ist als irgendwo sonst auf der Welt. Man mißversteht die Freude des Engländers am Kompromiß vollkommen, wenn man annimmt, daß sie aus einer gewissen Laxheit im Grundsätzlichen entspringe. Gerade das Gegenteil ist der Fall. Aber es müssen allerdings zwei Grundsätze anerkannt werden, um zu einem wirklichen Kompromiß zu kommen. Beide Parteien müssen bereit sein, anzuerkennen, daß der Gegner zu seiner Ansicht berechtigt sei, und beide Parteien müssen in der Lage sein, das Wesentliche, worauf sie bestehen müssen, vom Unwesentlichen, das aufgegeben werden kann, zu unterscheiden. Wo dann noch keine Einigung erreichbar ist, kommt man zu dem Schluß, „we agree to differ“, wir sind einig, daß wir uns nicht einigen können.

Wie gesagt, diese Haltung bringt das Recht in eine prekäre Situation. Im Grunde genommen erscheint das normierte Gesetz, ein Act of Parliament etwa, nur so lange als die Erledigung einer Frage, als die öffentliche Meinung bereit ist, es als eine solche anzuerkennen. Ich habe es am eigenen Leibe erlebt, wie Miß Eleanor Rathbone und der Bischof von Chichester es durchsetzten, daß die internierten deutschen Flüchtlinge freigelassen werden mußten, trotz der klaren gesetzlichen Bestimmung, daß feindliche Staatsangehörige im Falle des Krieges zu internieren seien, und obwohl Mr. Churchill im Parlament erklärt hatte, daß England Hitlers Gesetz nicht anerkennen könne, wonach alle geflüchteten deutschen Juden und zahlreiche andere Personen ihrer Staatsangehörigkeit beraubt wurden. Das Gesetz über die Internierung feindlicher Staatsangehöriger im Kriegsfall ist in England noch heute nicht abgeschafft, aber in meinem Fall und in dem meiner Mit-Flüchtlinge wurde es nicht angewendet, weil es nach der Ansicht der in Presse und Parlament zum Ausdruck kommenden öffentlichen Meinung unrecht war. Es wurde vielmehr ein Apparat geschaffen zur Aufstellung von Kategorien und zur Prüfung aller Einzelfälle, die eine ungeheure Arbeit verursachten: geltendes Recht galt diesmal nicht, obwohl es dazu bestimmt war, in Geltung zu bleiben.

Immer wieder fragt man sich in solchen Fällen, wo bleibt die Achtung vor dem Gesetz; wie kommt es, daß ein so dicht bevölkertes Land wie England, ein Land, erfüllt mit Industrie, abhängig vom Ausfuhrhandel, und heute bedroht durch den Verlust des größten Teils seines Kapitals, einen solchen Zustand ertragen kann? Was bewirkt die Geltung des Rechtes, wenn der Gehorsam als solcher nicht als eine sittliche Qualität geachtet, sondern in zahlreichen Fällen geradezu verachtet wird? Ich möchte diese Frage so beantworten, daß ich zuerst bespreche, was sich nicht nachahmen läßt, und danach das, was mir generell wichtig zu sein scheint.

IIa. Wenn man in England nach einem Vorbild für gesetzliche Anarchie ausschaut, so wenden sich die Blicke nach Eire, Irland. Zwei Beispiele mögen vergegenwärtigen, was damit gemeint ist. Ein verstorbener Vorgänger von mir an derselben Kirche, an der ich jetzt bin, Ire von Geburt, empfand auf einem Urlaub in Irland den lebhaften Wunsch, auf die Jagd zu gehen. Er ging daher zu dem Führer der lokalen I. R. A., der illegalen republikanischen Organisation in dem Dorf, in dem er sich aufhielt, und borgte sich das Gewehr, das dieser illegaler Weise, wie jedermann wußte, besaß. Das tat mein Vorgänger, obwohl er der englische Offizier gewesen war, der beim Oster-Aufstand in Dublin, 1916, die ersten Schüsse für König Georg hatte feuern lassen. Mit diesem Gewehr ging er dann wildern. Das ist das eine Beispiel. Das andere ist von demselben Mann, wie er eines Tages dringend ein Glas Bier trinken mußte, zu einer Zeit, wo nach dem Gesetz die Wirtshäuser geschlossen waren. Er ging also zu dem nächsten Polizisten und fragte ihn, wo das wohl möglich sein würde. „Gehen Sie zur Witwe McNamara, da und da", war die Antwort, „und sagen Sie ihr, daß ich Sie schicke." „Wollen Sie denn nicht mitkommen?" „Sehen Sie denn nicht, daß ich im Dienst bin? Aber —" mit einem Blick auf die Uhr, „in zwanzig Minuten bin ich frei, und dann komme ich Ihnen nach."

Dergleichen findet sich in England nicht. Nur wo sittliche Ueberzeugungen im Spiel sind, kann das Gesetz seine Majestät nicht behaupten. Als im Jahr 1945 die Versendung von Lebensmitteln nach Deutschland verboten war, sagte mir eine Frau, die durch ihren Mann, der zur Besatzungsarmee gehörte, zahlreiche Pakete nach Deutschland schickte, „ich wünsche mir nur, daß sie mich vor Gericht stellen: da wollte ich sie meine Meinung hören lassen". Die Regierung hat sich wohl gehütet, solche Fälle vor Gericht zu bringen. Das Kompromiß war noch nicht gefunden, das diese Frage befriedigend lösen konnte, und während ein Geistlicher in einer Predigt und in der Zeitung erklärte, man solle die deutschen Kriegsgefangenen sämtlich mit Strychnin vergiften, sammelten andere ebenso öffentlich für Deutschland. (Ich erwähne diese Geschichte nur, weil dieser exaltierte Herr durch den Widerspruch, den er erregte, der Sache Deutschlands mehr geholfen hat als zahllose wohlmeinende, aber schweigende oder leise Stimmen für Deutschland.)

Ich sagte, wenn die Stimme der Sittlichkeit schweigt, behauptet das Gesetz seine Majestät. Es tut das, weil die sittliche Forderung in England stets auf ein konkretes Verhalten gerichtet ist. Das abstrakte Verlangen, „die Schweinerei muß anders werden", ist kein englisches Gefühl. Das englische Temperament ist dort, wo es sich nicht um eine konkrete sittliche Entscheidung handelt, konservativer als vielleicht das irgendeiner anderen Nation in Europa. Quod semper, quod ubique, quod ab omnibus, diese berühmte Formel des Vincentius von Lerinum, zeigt sich in England in ihrer vollen Größe. In allen Verhandlungen über die Regelung von Angelegenheiten findet ein fieberhaftes Suchen nach Präzedenzfällen statt. Man vermeidet womöglich neue Regelungen, ehe man sich über ihre möglichen Folgen in vollem Umfange Rechnung abgelegt hat. Daneben ist die Kunst der Auslegung in hohem Maße ausgebildet. Immer wieder ist man als Fremder überrascht über das, was aus einem scheinbar klaren Text herausgelesen werden kann. Ein theologisches Beispiel ist etwa in dem Bekenntnisbuch der Anglikanischen Kirche, den XXXIX Artikeln, zu finden. Dort heißt es:

Art. 22 „Die römische Lehre vom Fegfeuer ist eitel, nutzloserweise erfunden und auf keinerlei Zeugnis der Hl. Schrift gegründet, sondern vielmehr im Widerspruch zum Worte Gottes."

Seit langem ist man sich darüber einig, daß dieser Artikel nur die römische Lehre vom Fegefeuer verdamme, aber die Möglichkeit einer biblischen Lehre vom Fegefeuer offen lasse, obwohl es historisch feststeht, daß es zur Zeit, wo die XXXIX Artikel verfaßt wurden, eben nur eine römische Lehre vom Fegefeuer gab, und daß die Reformatoren eben nur diese verwerfen konnten; aber auch, daß die Reformatoren überzeugt waren, daß die Lehre vom Fegefeuer überhaupt mit der christlichen Botschaft unvereinbar sei.

II b. Was wir hier geschildert haben, sind Charakteristika der englischen Praxis, und diese lassen sich von anderen Nationen mit anderem Temperament und mit ihren eigenen Traditionen nicht nachahmen. Was wir nunmehr zu versuchen haben ist, die Prinzipien dieser Praxis deutlich zu machen, insoweit sie für unsere Frage der Rechtsgeltung von Bedeutung sind. Welches sind diese Prinzipien? Das erste ist das der formalen Autorität. Eine der möglichen Uebersetzungen von „Geltung" ist nämlich „authority". Wiederum möchte ich mit einem Beispiel beginnen:

Im Frühjahr 1947 fanden auf zwei Truppentransporten von Liverpool nach dem Osten, Indien, wenn ich mich recht erinnere, Meutereien statt. Die Soldaten machten geltend, daß die Schiffe überbelegt seien, und daß die Lebensverhältnisse an Bord nicht nur unerträglich, sondern sogar in den Tropen direkt verantwortlich für Epidemien geworden seien. Vor dem Kriegsgericht über die Meuterer wurde von dem Offizier, der die Anklage vertrat, anerkannt, daß diese Behauptungen sachlich berechtigt gewesen seien, und daß mehrere formale Beschwerden beim Kriegsministerium erfolglos geblieben seien. Die Meuterei sei tatsächlich der einzige Weg gewesen, um einer unhaltbaren Situation endlich Abhilfe zu verschaffen. Ein deutscher Jurist würde unter diesen Umständen ernstlich die Frage erwogen haben, ob etwa ein „Notstand" vorgelegen habe. Aber dieser Begriff ist dem englischen Recht unbekannt. Die Meuterer wurden zu teilweise recht hohen Gefängnisstrafen verurteilt. Ebenso ist dem englischen Recht der spezielle Tatbestand des Mundraubes unbekannt. Eine Strafmilderung kraft Gesetzes, infolge spezieller, typischer Verhältnisse des Täters, ist sehr selten. Im Einzelfall mag der Richter milde oder streng sein; das Gesetz dagegen soll so wenig Ausnahmen machen wie möglich. Der Tatbestand des Mundraubes erscheint dem Durchschnitts-Engländer als sentimental.

Diese formale Autorität des Gesetzes wirkt aber auch negativ. Wenn etwa der Spruch eines Schwurgerichts aus formalen Gründen, obwohl materiell richtig, aufgehoben worden ist, so gibt es in aller Regel keine neue Verhandlung. Der Angeklagte ist frei, obwohl er das in Frage stehende Vergehen begangen hat. Auch gibt es keine Verhandlung, wenn es kein zuständiges Gericht gibt. Z. B. wurde festgestellt, daß ein Offizier, der seit mehr als sechs Monaten aus der Armee entlassen worden war, während seiner Dienstzeit in der Armee Unterschlagungen begangen hatte. Für diese Unterschlagungen war das Kriegsgericht zuständig. Ein Kriegsgericht kann aber nur über solche Personen zu Gericht sitzen, die Soldaten sind oder wenigstens vor weniger als einem halben Jahr aus der Armee entlassen worden sind. Der Betreffende konnte nicht bestraft werden. Andererseits war es einem entlassenen Offizier, dem öffentliche Vorwürfe hinsichtlich seines Verhaltens in der Besatzungs-Armee gemacht wurden, unmöglich, vor Gericht seine Unschuld zu erweisen, weil er seit mehr als sechs Monaten entlassen worden war. Diese Regel ist erst in jüngster Zeit — in wenig glücklicher Weise — durch Gesetz geändert worden.

Was uns an diesen Fällen interessiert, ist das Prinzip der formalen Autorität des Gesetzes, das eine erhebliche Bedeutung hat. Es wird modifiziert durch ein anderes Prinzip, das der Effektivität. Wiederum ist effectivity eine der möglichen Uebersetzungen von Geltung.

Wer sich einmal mit den Prinzipien von R. v. Iherings Buch „Der Zweck im Recht" bekanntgemacht hat, der wird wissen, daß das Recht dazu bestimmt ist, gewisse Rechtsgüter zu schützen. Da, wo dieser Zweck nicht erreicht wird, erhebt sich die Frage nach der Geltung des Rechtes. Wiederum möchte ich ein Beispiel zitieren. Viele von Ihnen, die — etwa als Kriegsgefangene — in England gewesen sind, mögen sich über Stangen mit gelben Blechkugeln gewundert haben, die — offenbar nutzlos und unbeachtet — an Straßenecken und überall dort, wo ein Fußgänger-Uebergang über die Straße markiert ist, aufgepflanzt sind. Es sind die sog. Belisha beacons, Belisha Fackeln, aufgestellt auf Grund eines Gesetzes zur Regelung des Straßenverkehrs, das der damalige Innenminister Hore Belisha im Parlament eingebracht hatte. Das Gesetz hat sich nicht bewährt und wird nicht angewendet, obwohl es formal nie abgeschafft worden ist. Andererseits ist das Hexerei-Gesetz aus dem 18. Jh., die Witchcraft Act, noch heute von großer Bedeutung für die Bekämpfung der Charlatanerie. Es ist ein Gesetz, das ursprünglich dem Zwecke diente, zwischen dem Hexenglauben einerseits und dem gemeinen Verbrechen des Betruges andererseits zu unterscheiden, und den ersteren straffrei zu stellen und den letzteren zu verfolgen. Dieses Gesetz ist nun mit so großer Weisheit abgefaßt, daß es noch heute alle die der verdienten Strafe zuführt, die sich den Aberglauben ihrer Mitmenschen zunutze machen. Die polizeiliche Ueberwachung von Spiritisten beruht auf diesem Gesetz. Harmlose „Erforscher übernatürlicher Kräfte" wie Sir Oliver Lodge oder Sir Arthur Conan Doyle sind von ihm unbehelligt geblieben, aber die geriebenen Schwindler, Astrologen, Wahrsager usw. sind ihm verfallen. Für das rechtliche Leben in England ist es von großer Wichtigkeit, daß es eine äußerst kräftige öffentliche Meinung gibt, die über die Effektivität von Gesetzen entscheidet, ein gemeinsamer Instinkt, der den Durchschnitts-Engländer leitet, und darüber hinaus der Rat erfahrener Männer, den man gut tut, in Zweifelsfällen einzuholen.

Neben Autorität und Effektivität steht als ein drittes objektives Erfordernis der Geltung des Rechts in England seine Notwendigkeit. Wenn das englische Publikum nicht davon überzeugt ist, daß eine Frage gesetzlicher Regelung bedarf, so wird es nicht bereit sein, ein entsprechendes Gesetz zu tolerieren. Ein gutes Beispiel dafür ist das Gesetz über die Verteilung der Arbeitskräfte. Gesetzlich kann der Arbeitsminister jeden, der nicht arbeitet, in eine Fabrik oder sonstwohin zur Arbeit schicken. Tatsächlich hat sich aber bisher das Parlament über alle die Fälle, in denen das geschehen ist, Rechenschaft geben lassen.

III a. Diesen objektiven Forderungen der Geltung des Gesetzes, die dem deutschen Verständnis immerhin nahestehn, stehn nun aber die subjektiven gegenüber, für die, wie ich fürchten muß, das Verständnis weit geringer ist. Hier steht an erster Stelle die Loyalität. Das Recht in England ist mein Recht. Es gilt, weil ich es anerkenne. Das ist der erste Grundsatz. Diese Anerkennung des Gesetzes ist aber nun eben kein Gehorsam schlechthin, es ist vielmehr die Folge das Vertrauen, das das Volk seiner Regierung entgegenbringt, weil es sie kennt. Mein Member of Parliament (M. P.) steht auf dem linkesten Flügel der Labour Party, ich selbst wähle Tory. Wenn ich aber gesetzlich benachteiligt werde, ist es nicht nur seine Pflicht für mich einzutreten, ich weiß vielmehr, daß er es tun wird. Wenn ich nach London komme und einer Parlamentssitzung beiwohnen will, suche ich ihn im House of Parliament auf, und er führt mich ein; wenn ich ihn darum bitte, kommt er, wenn er kann, und spricht zu den Kindern in meiner Sonntagsschule. Ich habe die Möglichkeit mit ihm zu korrespondieren, und obwohl ich ihn kritisiere, darf er sich doch nicht von mir zurückziehen. Dieses persönliche Verhältnis gibt ihm die Möglichkeit, seine Meinung zu sagen, und ich werde mich wohl hüten, ihm eine „Platform", die Möglichkeit zu einer Propagandarede, zu verschaffen; allein er ist „mein" M. P., und dieses persönliche Verhältnis ist von hoher Bedeutung. Meine Ansicht ist von Interesse für ihn, nicht nur weil ich in meiner Gemeinde einen gewissen Einfluß haben mag; und seine Tätigkeit ist mir wichtig, weil er „das Recht" aus dem Felde der abstrakten Idee in das der persönlichen Beziehung überträgt. Mein Urteil, ob die objektiven Voraussetzungen eines Gesetzes gegeben sind, bleibt nicht ungehört.

Aus diesem Verhältnis ergibt sich ein Vertrauen, daß das Recht nicht unmenschlich — übermenschlich — eben eine Idee bleibt, sondern lebt, verständig und verständlich ist. Es schafft eine persönliche Freiheit für jeden Einzelnen, indem der Inhaber der höchsten Gewalt im Staate verpflichtet und bereit ist, dem Einzelnen auf gleichem Fuß zu begegnen. Das bedeutet, daß die Organe der Staatsverwaltung, Polizei, Arbeitsamt usw. dem unmittelbaren Einschreiten des M. P. — oder auf seine Veranlassung des Ministers — ausgesetzt sind, wenn sie sich Uebergriffe haben zuschulden kommen lassen. Schließlich verpflichtet es den Einzelnen zu Zurückhaltung und Takt. Man kann nur wirklich wichtige Dinge, Dinge, die die Allgemeinheit angehen, mit dem M. P. verhandeln; für Quisquilien hat er keine Zeit; und, wie ich schon gesagt habe, ist es eine der großen Gaben der Engländer, daß sie sich bemühen, das Prinzipielle vom Nebensächlichen zu unterscheiden, und dabei hart mit sich selbst sind.

III b. Haben wir hier die persönliche Seite der Rechtsgeltung berührt, gewissermaßen den Alltag des Rechts, so ist davon das Gericht völlig getrennt. Die englischen Richter und Barristers sind dieser Alltäglichkeit enthoben. Das Pathos eines der größten englischen Soziologen des Rechts, das Pathos der Romane von Charles Dickens, schreibt sich daher, daß die Gerichte, die er schildert, dem hohen Ideal der Pflege der Gerechtigkeit, dem sie zu dienen bestimmt sind, nicht entsprachen. Denn die Gerichte stellen in England den Anspruch, über der verwaltungsmäßigen Anwendung des Gesetzes die Gerechtigkeit walten zu lassen. Bereits der Titel verrät das, den der Richter führt: er heißt „justice", Lord Justice, Gerechtigkeit. Diese Richter sind Männer von großer Erfahrung, und es kommt praktisch nicht vor, daß einer Entscheidung nach dem Gesetz nicht zugleich die Gründe beigefügt werden, warum sie auch den moralischen Anforderungen der Gerechtigkeit entspricht, wie sie der spezielle Richter versteht. Häufig genug spricht sich ein Richter in solchem Zusammenhang prinzipiell über Fragen der gegenwärtigen Moral, Schwarzhandel o. ä. aus, und dergleichen Aeußerungen, die bisweilen auch sogar eine Kritik der Maßnahmen der Regierung enthalten, sind des allgemeinen Interesses sicher. Sittlichheit, das Gebiet der praktischen Vernunft, wie es Kant genannt hat, ist in England der Ausgangspunkt aller Philosophie, Religion und Politik. Vorurteile, selbst bornierte Vorurteile, sind leider durchaus nicht selten, aber die Verpflichtung, eine eigene Meinung zu haben und gegebenenfalls für sie einzustehen, und für sie zu leiden — und nicht die Gemeinsamkeit der Weltanschauung — das ist das Bindemittel der Nation.

C.

Ich bin am Ende. Was ich habe darlegen wollen, ist dreierlei. Das Erste ist, daß „Recht" kein universaler Begriff ist, daß vielmehr die Transzendenz der rechtlichen Ordnung in meiner neuen Heimat nur dann anerkannt wird, wenn und soweit sie durch die transzendente sittliche Ordnung garantiert ist. Ein Gesetz wie das vom Juli 1934, wonach die Ermordung von Roehm und seinen Anhängern — und die der anderen Opfer des 30. Juni 1934 — für legal erklärt wurde, und das mir selbst von einem hervorragenden Juristen aus der Emigration als eine Lösung des Problems bezeichnet wurde, da es formal verfassungsmäßig erlassen worden sei, ist schlechthin unmöglich, denkwidrig, unvollziehbar. Recht und unrecht sind in erster Linie Adjektive, nicht Hauptwörter, sinnvoll in dem Zusammenhang, etwas ist recht oder unrecht.

Das Zweite ist, daß „Geltung“ die Zusammenfassung verschiedener objektiver und subjektiver Elemente in einer terminologischen Dach-Organisation ist. Die objektiven Elemente sind Autorität, Effektivität und Notwendigkeit, die subjektiven Loyalität, Vertrauen, Freiheit und Takt. Wenn sie im Begriff der Geltung zusammengefaßt werden, so muß man sich klar machen, daß es sich um eine solche „Dach-Organisation“ handelt. Die moralische Aufgabe ist aber gerade in diesem Gebiete der Geltung gestellt, und sie mag wohl bisweilen verdunkelt werden, wenn sich die objektiven Elemente vor den subjektiven so breit machen, daß die letzteren nicht zu Worte kommen.

Und drittens, daß sich die Teilnahme der Oeffentlichkeit, die Teilnahme der Bürger und Arbeiter am Recht, im Alltage des Rechts bemerkbar machen muß, in der Annahme oder Verwerfung des Rechtes im täglichen Leben, wenn nötig auch unter Einsetzung der eigenen Person mit hohem persönlichen Risiko, nicht jedoch in der Kritik der Urteile der Gerichtshöfe. Den Männern, die im Gericht auftreten, Richtern sowohl wie Advokaten, ist vielmehr zuzuerkennen, daß sie die wahren Repräsentanten der sittlichen Ueberzeugungen der Nation sind. Der deutsche Jurist, dem ich die Einführung in diese Auffassung vom geltenden Recht verdanke, und dessen Werke Ihnen allen zugänglich sein können, ist der Verfasser des „Kampfes ums Recht“, dessen Name noch einmal am Ende genannt zu werden verdient, Rudolf von Ihering.

II. Die Frage nach dem natürlichen Recht

A.

In meiner ersten Vorlesung habe ich es unternommen, Ihnen den Gedanken nahezubringen, daß der Schritt vom kontinentalen ins angelsächsische Rechtsgebiet eine fundamentale Umstellung verlangt. Zwei Fragen drängen sich auf, die eine nach dem historischen Grund der Verschiedenheit, die andere nach der Lehre, die aus dieser Verschiedenheit für die gegenwärtige Ausbildung des deutschen Rechtsstudenten und für seinen zukünftigen Beruf zu ziehen ist. Auf diese beiden Fragen möchte ich jetzt eine kurze, aber darum, wie ich hoffe, nicht weniger gründliche Antwort geben. Das scheint mir um so nötiger, als die häufigen gutgemeinten Versuche der „Um-Erziehung", die meine jetzigen Landsleute mit dem ihnen bisweilen eigenen missionarischen Ernst und Eifer heutzutage unternehmen, meist daran scheitern, daß sie kaum die deutsche Sprache und gar nichts von deutscher Tradition und Geschichte begriffen haben. Wer, wie ich, an einer englischen Universität deutsch gelehrt hat, weiß von dem Mangel dieser Voraussetzungen ein Liedlein zu singen. Der gegenwärtige Zeitpunkt ist noch dazu wenig geeignet, Engländern für beides die nötige Einführung zu verschaffen. Aber zur Sache:

Das kontinentale wie auch das angelsächsische Recht ruhen auf der Grundlage der europäischen Philosophie und Religion. Das heißt, die Systeme sind miteinander vergleichbar. Die leichtherzigen Versuche, die im Anfang dieses Jahrhunderts unter der Leitung von Männern wie Josef Kohler gemacht worden sind, unter dem Schlachtruf „Recht ist Recht" die Rechte der Europäer, Chinesen, Inder, Afrikaner, Australneger usw. alle über einen Kamm zu scheren, sind verfehlt. Es ist richtig, daß diese Völker sozialen Ordnungen folgen, aber es ist unkritisch, diese Ordnungen für ohne weiteres mit dem BGB vergleichbar zu erklären. Auch die Forschung in alten Rechten, ob es nun das der Babylonier oder das der alten Isländer ist, hat darunter gelitten, daß man die leichtherzige Behauptung „Recht ist Recht" unkritisch zur Parole genommen hat. V. Amiras Nordgermanisches Obligationenrecht wird sich eine ebenso drastische Kritik gefallen lassen müssen wie die vorderasiatische Jurisprudenz von Koschaker oder San Nicolo, oder wie die Meister dieser Kunst sonst heißen mögen. Die philosophischen Grundlagen, auf denen die Männer des ausgehenden 19. Jh. gebaut haben, die optimistischen Träume, daß eine paneuropäische Zivilisation der Generalnenner der Menschheit überhaupt sein könnte, haben sich als wackelig erwiesen, und ihre Weiterbenützung ist nicht zu empfehlen. Wir müssen von Neuem anfangen. Es ist darum eine kritische Feststellung, daß das englische und das deutsche System miteinander vergleichbar sind.

Ihre Verwandtschaft zeigt sich gerade in der Tatsache, daß sie so verschieden erscheinen. Denn wenn sie wirklich etwas der Art nach anderes wären, dann würden uns die philosophischen Mittel fehlen, ihre Verschiedenheit festzustellen. Das ist z. B. der Fall bei den Staaten der Bienen und Ameisen, wo wir entweder zu dem Schluß kommen, tout comme chez nous, wie es die Tierfabel und in ihrem Gefolge die Rationalisten des 18. Jahrhunderts gemacht haben, oder uns kurzerhand entschließen, auf die moralische Auswertung unserer Beobachtungen überhaupt zu verzichten, wie es die moderne Naturwissenschaft tut — nicht ohne Schaden für ihre Seele.[3])

Die Erkennbarkeit der Verschiedenheit des deutschen und des englischen Rechts scheint mir in erster Linie auf die Gemeinsamkeit ihres Ausgangspunktes hinzudeuten. Dieser gemeinsame Ausgangspunkt aber liegt in den gemeinsamen moralischen Traditionen des Christentums. Mit dieser Feststellung fange ich nun nicht etwa an zu predigen. Das Charakteristikum der christlichen Moral Europas ist es nämlich, daß sie die Sätze der vorchristlichen europäischen Moral nicht materiell verändert hat. Sokrates, Aristoteles, die Stoa, selbst Epikur und die Kyniker sind vom Christentum nicht abgesetzt, sondern eingesetzt, haben das Recht und den Rang erhalten, ihre Antwort auf die moralische Forderung zu geben. Das Christentum hat die moralischen Ansprüche verpflichtend gemacht, hat verlangt, daß man seinen Nächsten als Mit-Menschen betrachten muß, aber es hat die Erfüllung dieser Forderung unter das Prinzip gestellt, „den Juden ein Jude und den Griechen ein Grieche". Nicht zu trinken, nicht zu rauchen und in Sack und Asche gekleidet zu gehen, sind nicht Prinzipien der christlichen Ethik. Es gab und gibt vielmehr auch jüdische und heidnische Asketen und Zeloten. Dergleichen ist nicht verwerflich, aber es ist auch nicht gefordert. Kurzum, das Christentum war das Vehikel, mit dessen Hilfe die antike Ethik, und speziell die aristotelische Ethik, zur europäischen Ethik geworden ist; und von dieser europäischen Ethik leben sowohl Deutsche wie Engländer, selbst wenn ihre Regierungen versuchen sollten, sich den Verpflichtungen dieser Ethik zu entziehen.

---

[3]) Planck Religion und Naturwissenschaft, Vortrag Dorpat 1928.

Die Ethik ist nun aber in Griechenland im 5. Jh. v. Chr. in das Zentrum der europäischen Philosophie gestellt worden. Das war nicht selbstverständlich, sondern war die Tat des größten griechischen Denkers, und eines der größten Denker aller Zeiten, des Sokrates. Er lenkte die Blicke der Griechen auf die zentrale Tatsache, daß im Mittelpunkt menschlichen Denkens nicht die Erkenntnis zu stehen habe, sondern die Verantwortung. Von dem ungeheuren Schritt, der da im menschlichen Bewußtsein vollzogen wurde, stammt auch die Autorität des menschlichen, europäischen Rechts. Es ist auch noch nach Sokrates, sowohl in der Stoa wie im Neu-Platonismus, versucht worden, für den Nomos objektive Existenz zu postulieren. Orientalische Einflüsse, die wir zumal aus dem Alten Testament kennen, sind in dieser Richtung tätig gewesen, aber diese Versuche sind gescheitert. In dieser Hinsicht hat das Christentum sich zur Wehr gesetzt und der Vergöttlichung der Normen menschlichen Verhaltens widerstanden. Es hat hier, wo das moralische Gebiet überschritten und das metaphysische, theologische Gebiet betreten wurde, eine wirkliche Option vollzogen. Und der Gegenstand seiner Option kann wieder durch den Namen eines Mannes charakterisiert werden, Aristoteles. Das Bündnis zwischen der aristotelischen Moral und der mittelalterlichen Kirche war kein Zufall, sondern das notwendige Ergebnis der Beschränkung der moralischen Kategorie auf das ihr zukommende Gebiet des irdischen menschlichen Lebens. Die Ethik in dem Sinne, wie das Christentum sie versteht, ist nicht ewig, sondern irdisch. Das Bündnis zwischen aristotelischer Moral und christlichem Glauben ist in Wirklichkeit von dem größten Denker des christlichen Abendlandes, dem hl. Augustin, geschlossen worden, als er in seinem Kampf gegen Pelagius eindeutig erklärte, daß gute Werke nichs zum Erwerb des ewigen Lebens beitragen könnten. Angelegt war dieses Bündnis bereits im Römer-Brief des hl. Paulus, aber vor Augustin war das Verständnis dieses Teils der paulinischen Botschaft, zumal in der westlichen Kirche, ungenügend gewesen.

Wir haben uns nur mit einem Teil der aristotelischen Ethik zu beschäftigen, nämlich insoweit sie die Rechtslehre angeht. Hier hat Aristoteles die Formulierung des alten Heraklit von Ephesus aufgenommen, von dem größten Gesetz, dem göttlichen, aus dem alle irdischen Gesetze erflossen sind, aus dem sie alle sich nähren, und das sie alle unendlich überragt. Das „göttliche" hat er wohlweislich gestrichen. [4]) Daß der Nomos etwa bei den Göttern gelten könne, hat er nie zugeben wollen. [5]) Dagegen hat er dieses größte Gesetz zu definieren unternommen und hat es in dem Sittengesetz gefunden, das in jedem Menschen lebe. Seinen Beweis hat er in dreierlei Hinsicht geführt. Einmal, daß ein sittlicher Befehl in jedem Menschen lebe. Das hat er zur Grundlage seiner Definition gemacht. Ein Wesen menschlichen Körpers, in dem der sittliche Befehl nicht lebt, ist kein Mensch und steht außerhalb der menschlichen Ordnung. Das ist der Sinn seiner These, daß der Mensch ein ζῶον πολιτικόν, ein politisches Wesen sei. Zum Zweiten, daß der sittliche Befehl ein wirkliches Gesetz sei, weil er die Gemeinschaft der Menschen nicht nur faktisch statuiert — indem alle Menschen seinem Anspruch unterworfen sind — sondern auch lebendig organisiert, indem er macht, daß sie mit- und füreinander leben. In der Terminologie der französischen Revolution haben wir hier die Gleichheit und die Brüderlichkeit. Und drittens, daß das Sittengesetz das Staatsgesetz aus einem Tyrannen zum Eigentum der Bürger macht, indem es im Wege der Billigkeit und der Gewohnheit den starren, toten Buchstaben des Gesetzes lebendig und elastisch macht, das dritte und wichtigste Ergebnis des Sittengesetzes, das Prinzip der Freiheit unter dem Gesetz. In diesem Sinne hat Aristoteles die staatliche Rechtsordnung der Kategorie des Moralischen unter- und eingeordnet, in die sie nicht ipso facto gehört. Das staatliche Gesetz kann auch der Kategorie des Magischen oder des Religiösen eingeordnet werden. An die Stelle der sittlichen Verantwortung kann als höchstes Prinzip der Rechtsordnung das Schicksal, ja sogar der Zufall treten, Heimarmene oder Tyche, wie die Griechen sagten, Fatum oder Fortuna der Römer, und diese Möglichkeit ist im Hellenismus wie im Neu-Platonismus ernstlich erwogen worden; oder es kann die prophetische Verkündigung des göttlichen Willens diesen Platz einnehmen. Dafür ist die Geschichte des jüdischen Volkes im Alten Testament repräsentativ. Ja es muß sogar gesagt werden, daß diese Verneinung der

[4]) Cf. Theophrast in Stob. Serm. 3.50.

[5]) M. Wundt Gesch. d. Ethik II, 122.

Göttlichkeit des höchsten Gesetzes eine empfindliche Lücke gelassen hat. Empfindlich jedenfalls für den antiken Menschen, der auf seine sittliche Verantwortung verwiesen wurde, und dem doch nicht gesagt wurde, wem gegenüber er sich zu verantworten hätte; der auf den sittlichen Befehl verwiesen wurde, und der doch nicht erfuhr, was der Inhalt dieses sittlichen Befehls sei. Wir alle, soweit wir noch in der Schule der von Kant modernisierten aristotelischen Moral aufgezogen sind, haben diese Lücken schmerzlich empfunden. In der Mystik haben sie bis zu dem beängstigenden Horchen auf die Weisung der „inneren Stimme" geführt, ob die nun biologisch als die Stimme des Blutes oder pietistisch als die Stimme Gottes dargestellt wird — „guidance" im Jargon der heutigen Oxford-Gruppen-Bewegung — es ist alles dasselbe.

Diese Kritik ist wichtig, aber ehe wir sie weiter verfolgen, müssen wir uns über die Umstände Rechenschaft ablegen, unter denen Aristoteles seine gewaltige Leistung der Koordination des Rechts und der Moral vollziehen konnte. Wir müssen m. a. W. noch einmal den Blick von Aristoteles zurück auf Sokrates wenden. Ein großer Mann ist darum groß, weil er die besten Kräfte, Gedanken, ja auch Träume seiner Epoche in seinem Leben gültig zum Ausdruck bringt, seiner Zeit in seinem eigenen Leben den Spiegel vorhält. Was verschlägt es, daß die Zeit empört den Rahmen zerbricht — das Bild bleibt. Das Bild ist das der Epoche des Unterganges des athenischen Staates am Ende des 5. Jh. Als das staatliche System vernichtet war, stellten die Uebriggebliebenen sich die Frage nach dem Sinn ihres Ueberlebens. Viele fanden die Antwort im Patriotismus, „trotz alledem und alledem"; viele in reiner Abenteuerlust, reiner Diesseitigkeit; viele in der Bewunderung der Schönheit der Schöpfung — dies war die Zeit des Polyklet und des Skopas, der Wegbereiter des Praxiteles, des größten Meisters der Darstellung körperlicher Schönheit — aber der höchste Ausdruck der Zeit war ihre Wendung von der physikalischen zur moralischen Philosophie. Diese Epoche ordnete die Naturwissenschaft, ja selbst die Mathematik und sogar die Musik, der Ethik unter, wieviel mehr das Recht. Wenn man anerkennen muß, daß die Moral, wenn sie nicht den ganzen Menschen verantwortlich hält, nicht nur löcherig, sondern schlechthin Heuchelei sei, und wenn man von da aus den Anspruch der Ethik auf die Beaufsichtigung der genannten Gebiete verstehen kann, so muß man doch andererseits zugeben, daß in keinem von ihnen der klare, runde Beweis des Zusammenhanges geführt worden ist, den Aristoteles für Recht und Moral erbracht hat, weder für die Naturwissenschaft und die Moral im Parmenides des Plato, noch für die Mathematik und die Moral in seinem Timaeus, noch im Corpus des Hippokrates für die Medizin und die Moral oder gar irgendwo für die Musik. Das war, wenn wir Kant folgen, infolge des existentiellen Widerspruchs zwischen normativem und analytischem Denken unmöglich. Immerhin hat aber die Bemühung um ein Verhältnis zur Moral in all diesen Gebieten menschlichen Geistes nicht gefehlt. Auch ist es noch heute für Menschen wie Gustav Planck oder Sir James Jeans, die theologisch verlangt haben, daß die Naturwissenschaft ad maiorem Dei Gloriam getrieben werden solle, eine große Frage, ob ihre rein faktische Behandlung ohne Berücksichtigung der ethischen Konsequenzen wirklich erträglich ist.

Immerhin — alle diese Gebiete des menschlichen Geistes haben es im Laufe der Zeit unternommen, sich der Herrschaft der Moral zu entziehen, wie die Musik, die Mathematik, Physik und Medizin, so auch das Recht. Daß es dazu kam, hatte beim Recht sowohl äußere wie innere Gründe. Auf die wesentlichste Ursache habe ich bereits hingewiesen: die Lücke im Gebiet der Autorität. Die Frage war offen geblieben, wem gegenüber das Sittengesetz den Menschen verantwortlich machte und wofür es ihn verantwortlich machte? Die großen Ungeheuer, die der Schule des Aristoteles und seines Zöglings Alexander d. Gr. entsprangen, die Diadochen, entnahmen seiner Ethik das Gebot, „sei, der du bist“, d. h. der Mensch ist nur sich selbst verantwortlich und nur dafür, daß er sich selber treu bleibt; und so zerstörten sie den Gedanken des Gesetzes und die damit gegebene Garantie von Gleichheit, Brüderlichkeit und Freiheit. In dem Augenblick aber, wo die traditionellen Werte der Billigkeit und Gewohnheit ihren Schein verloren und der Mensch zu fragen begann, warum? wurden die materiellen Probleme der Ordnung, in der Menschen und Staaten leben, gefährlich. In einem solchen Falle mußte die Macht der Gewalt die Autorität der Tradition ersetzen, und mit der Freiheit war es vorbei. Das war das Ergebnis der Diadochenzeit. Die großen Bestien vernichteten sich gegenseitig, aber ihre Werkzeuge, die aus ihren Kriegen zurückkehrten, konnten nur durch militärische Disziplin gebändigt werden, denn sie besaßen keine sittlichen Ueberzeugungen mehr, waren nicht mehr „Menschen" im Sinne des Aristoteles. Wir haben daher in Aegypten das Vorbild eines „totalen" Staates der Antike und im Geschichtswerk des Polybius den erschütternden Bericht über die Zustände in Griechenland, wo sich das „Gesetz der Fäuste", wie es Aristoteles nannte, nicht einheitlich durchführen ließ. In dieser Situation trat Rom auf den Plan.

Rom kam in einer zweifachen Rolle. Es brachte die Disziplin, die das Griechentum sich selbst nicht auferlegen konnte. Das römische Imperium war eine militärische Okkupation des Mittelmeer-Beckens. Wer sich das nicht fortdauernd vor Augen hält, kann Rom nicht verstehen. Aber es kam mit der Parole des alten Ennius:

„Parcere subiectis ac debellare superbos."

Die Untertanen zu schonen und die Stolzen niederzuwerfen. Wir müssen darauf hören, was zuerst kommt, die Schonung der Unterworfenen; wir dürfen aber auch nicht überhören, was dem folgt, die Stolzen zu Boden schmettern. Rom legte sein Imperium über die Welt, aber es war ein Imperium des Rechtes. Rom verneinte die Gleichheit zwischen Herrschern und Beherrschten: stolz durfte nur der Römer sein, und auch er nicht s u p e r b u s. Aber durch die augusteische Reform war die Autorität der römischen Traditionen bewahrt worden, mochte auch ihre Effektivität in den vorhergehenden Bürgerkriegen gelitten haben. Den Inhalt dieser Traditionen erfahren Sie am besten aus R. Heinzes Geist des Römertums oder aus F. Schulz Prinzipien des Römischen Rechts. Wir können jetzt nicht darauf eingehen. Wir müssen uns nur klar machen, daß dieses römische ius, das selbst im Lager, vor dem Standgericht, die Grundsätze der fides, der auctoritas und der aequitas zu Wort kommen ließ, in der Welt die Prinzipien der Freiheit und der Brüderlichkeit wiederherstellte, aber nicht das Prinzip der Gleichheit.

Das autoritative Prinzip im römischen Recht und sein disziplinärer Charakter machten es zu einem ausgezeichneten Instrument der kirchlichen Hierarchie im Westen des Reiches. „Ecclesia vivit lege Romana" war kein Glaubenssatz. Er galt auch nur im Rahmen der westlichen Kirche; aber hier hat er das Schicksal der Völker auf Jahrhunderte bestimmt. England vor allem war der Unterwerfung unter das kirchliche Recht am nächsten, zumal als Heinrich II. dem toten Thomas a Becket unterlag, der durch seinen Tod in der Kathedrale von Canterbury auf einige Zeit die kirchliche Sondergerichtsbarkeit für England durchsetzte. Aber schon vor der Renaissance und der Zeit Heinrichs VIII. unterlag die Kirche doch dem Königtum: sie konnte weder die päpstliche noch die eigene Autorität in rechtlichen Angelegenheiten bewahren. Ebenso unterlag aber auch das Königtum der Tudors, als es seinen Herrschaftsanspruch mit Hilfe des säkularen römischen Rechts absolut machen wollte. Heinrich VIII. stattete die kontinentalen Doktoren des Rechts mit besonderen Privilegien aus und versuchte das römische Recht an den Universitäten von Oxford und Cambridge heimisch zu machen. Warum? War es ein besseres Recht als das zeitgenössische englische? Möglich — ja sogar wahrscheinlich; aber Heinrich war kein Philanthrop. Nein, es war das Recht, das zwischen Herrschern und Beherrschten unterschied, ein Recht der Obrigkeit, ein Recht, das dem Sittengesetz nicht subordiniert war, sondern sich ihm gleichberechtigt zur Seite stellte. Sittlichkeit war also nicht die notwendige Voraussetzung seiner Autorität. Es bot Papiergeld statt Gold, getragen von der Autorität des den Staat repräsentierenden, absoluten Monarchen. Dieser Versuch scheiterte nunmehr gerade an dem Widerstand der vom Humanismus neu belebten kirchlichen Ethik, und indem er scheiterte, trennte sich die englische Rechtsentwicklung von der auf dem Kontinent. England nahm bewußt seine Stellung unter der Herrschaft des kirchlich-aristotelischen Prinzips, nach dem nicht allein das Sittengesetz die oberste Norm des Rechts ist, sondern auch seine unmittelbare Auswirkung in der Form von Gewohnheit und Billigkeit Normen der konkreten Rechtsordnung schafft, die stärker als das geschriebene Recht sind.

Auf dem Kontinent ging die Entwicklung einen anderen Weg. In Deutschland und in Frankreich riß die Autorität des staatlichen Rechts die Herrschaft an sich. Es kam nicht so sehr auf den Inhalt der Rechtssätze als darauf an, daß eine wesentlich rationale Ordnung, eine Hierarchie, begründet wurde. Die Idee der Herrschaft triumphierte, und diese Idee war, wie wir gesehen haben, römisch. Sie begründete den modernen Staat. Der Absolutismus französischen Musters war seine früheste Ausprägung. Aber aus dem Ideengehalt des Rechtes, das seinem Wesen nach römisch und daher aus einem uns bekannten System sittlicher Werte abgeleitet ist, erhob sich der Widerstand. Machiavelli, der geistige Vater des modernen Staates, fand seinen größten Gegner — trotz Calvin und Friedrich d. Gr. — in dem Juristen Montesquieu. Auch in Deutschland ist dieser Kampf ausgefochten worden, aber in einer eigentümlichen Form. Hier war es ein Kampf zwischen dem „Naturrecht" und der historischen Rechtsschule. Ich wage es, in diesem Kampf eine Stellung gegen das heute wieder so moderne Naturrecht einzunehmen. Es ist mir eine angenehme Pflicht, auf eines der Verdienste von Koschakers Europa und das Römische Recht hinzuweisen, nämlich auf seinen Nachweis der Veränderung des Charakters der historischen Rechtsschule durch ihr Eingehen auf die aus dem Naturrecht hervorgegangene Forderung nach einem „System" des Rechts. In Wahrheit hat das Recht kein System. Im Pandektenrecht aber haben die Professoren des 19. Jahrhunderts das Privatrecht mit Hilfe von unkritischen, abstrakt erscheinenden Formulierungen ummauert, und die anderen Gebiete des Rechts, Strafrecht, Staats- und Verwaltungsrecht, sind darin gefolgt. Das Ziel dieses Unternehmens war die Abwehr der „unjuristischen", ethischen Kritik vom Standpunkt der Freiheit und Brüderlichkeit. Das Verdienst des Römischen Rechts war es gewesen, daß es nie mehr als ein „offenes" System besessen hatte. Die Pandektisten haben es in ein geschlossenes System verwandelt. Dazu verhalf ihnen vor allem die Philosophie Hegels. Darum ist es wichtig, darauf hinzuweisen, daß repräsentativ für diesen Vorgang die frühen sozialistischen Schriften über das Erbrecht von Gans und zumal Lassalles System der Erworbenen Rechte gewesen sind. Obwohl ihr wissenschaftlicher Wert fragwürdig ist, so steht doch ihre symptomatische Bedeutung außer aller Frage. Auch haben sie auf die Entstehung des deutschen Staats-Sozialismus einen tiefer gehenden Einfluß gehabt als die vergleichbaren Arbeiten von St. Simon und Louis

Blanc. Hegels Ideen zur Rechtslehre haben in ihnen ihre erste große juristische Verarbeitung gefunden. Nun war aber Gans von den orthodoxen Romanisten geächtet und Lassalle niemals Professor geworden, und so müssen wir es dem Professor Koschaker wohl vergeben, daß er sich ausdrücklich dafür entschuldigen zu müssen glaubt, daß das Römische Recht in Deutschland im 19. Jahrhundert keine sozialistischen Werke hervorgebracht habe. Und doch hätte er seine These von dem Charakterwandel des historischen Rechts durch den Einfluß des Naturrechts in der Pandektistik an diesen beiden weit besser demonstrieren können als an Windscheid und Regelsberger.

B.

Dies ist also unser Ergebnis: infolge der Rezeption der römischen Idee der Autorität des Rechts auf dem europäischen Kontinent ist ein gefährliches Element in die europäischen Rechtssysteme eingedrungen, das Element der Herrschaft. Denn das römische Recht hat sich als ein Recht der Herrschenden über die Beherrschten entwickelt, wenigstens insoweit als wir es kennen. Dieses gefährliche Element ist aber zugleich ein höchst segensreiches gewesen. Es hat den Untertanen den Anspruch auf Sicherheit und Klarheit des Rechts zugestanden, den die Rechtsgenossen in England und Amerika in diesem Umfange nicht besitzen. Die große Zahl der gelehrten Richter, der gesicherte Rechtsgang und die weit geringeren Kosten der Prozesse scheinen mir große und schätzenswerte Vorteile des kontinentalen Rechtes, die nicht ohne weiteres aufgegeben werden sollten. Die Gefahr liegt darin, daß sich gewissenlose Menschen der Herrschaft mit Hilfe des nur formalen Rechtes bemächtigen können, indem sie es für völlig „autonom“, völlig von der Ethik gelöst erklären.

Diese Gefahr wird aber nicht beseitigt, sondern steigt gewaltig, wenn man das Recht unhistorisch, abstrakt, kurzum als „Naturrecht“ ansieht. Ich weiß, daß man geglaubt hat und noch glaubt, daß das „natürliche“ Recht sich auf eine „natürliche“ Moral aufbaue. Aber damit ist erst einmal die Frage gestellt, ob es so etwas wie eine „natürliche" Moral überhaupt gibt? Die Anwort auf diese Frage ist, daß wir jedenfalls keinen materiellen Satz aufstellen können, der von allen Mitgliedern auch nur des deutschen Volkes, ja auch nur der Universität Göttingen, als „natürliche" Forderung der Ethik anerkannt werden würde. Die am weitesten verbreitete, sog. „goldene" Regel, „alles, was ihr wollt, daß euch die Menschen tun, das tut ihr ihnen auch", hat ihren konträren Gegensatz in Nietzsches berühmten Wort, „was fällt, soll man auch stoßen". Darum ist auch Kants kategorischer Imperativ, so zu handeln, daß die Maxime unseres Willens jederzeit zugleich als das Prinzip einer allgemeinen Gesetzgebung gelten könne, rein formal und dabei weder exakt noch überzeugend. Nicht exakt, weil wir nicht wissen, ob die „allgemeine" Gesetzgebung für die Nation, den Staat oder die Menschheit zu gelten hätte, wobei jedem von uns bei aller möglichen Abstraktion der Ueberblick fehlen würde, selbst wenn die Gelegenheit zum Handeln darauf warten wollte, bis wir uns über Maximen und Prinzipien klar geworden wären; nicht überzeugend, weil das Wort „jederzeit" der Tatsache widerspricht, daß auch Maximen von historischen Gegebenheiten abhängig sind. Das „Naturrecht" mit seiner „natürlichen" Moral hilft uns aber nicht nur nicht weiter, sondern es vernichtet uns. Denn es stellt dem bloß menschlichen Argument das un-menschliche der Natur gegenüber. Wenn jemand erklärt, nicht unsere Satzung verlange eine Handlung, sondern „die Natur" tue es, dann darf er keine Ausnahme, keine Milderung, keine Abänderung zugeben, dann wird das Staatsgesetz zum Schicksal. Wer sich leidenschaftlich für ein materielles Naturrecht einsetzt, hat entweder zu wenig Erfahrung, indem er seine eigenen, zeitgebundenen Ueberzeugungen von Recht und Unrecht für „natürliche" hält, oder zuviel Eigendünkel, indem er hofft, alle Menschen mit Liebe oder Gewalt zu diesen seinen Ueberzeugungen bekehren zu können. Wer an beiden nicht leidet, und wer weiß, daß sowohl Gesetze wie Rechtsentscheidungen nur von sterblichen, fehlsamen Menschen herrühren, der wird sich hüten, im Hinblick auf welches Rechtsprinzip immer von Naturrecht zu reden: so etwas gibt es nicht.

Was gibt es dann aber? was ist der Wegweiser? Hier wäre es am Platze, von der christlichen Lehre der Gerechtigkeit zu reden, und das soll auch den Gegenstand meines dritten Vortrags bilden. Vorläufig dürfen wir jedoch auf dem philosophischen Boden bleiben, da wir ja davon ausgegangen sind, daß das Christentum zwar die Autorität des Rechtes aufgerichtet hat, aber keine materiellen Grundsätze der Moral aufgestellt hat — und noch viel weniger Grundsätze des Rechtes —, sondern vielmehr verlangt, daß der Mensch verantwortlich leben, sich der Motive und Maximen seiner Handlungen bewußt werden müsse. Für unser europäisches Recht habe ich Sie bereits auf die Ideale der Römer, die fides, auctoritas und aequitas hingewiesen. Wenn Sie von der abstrakten Autorität des Rechts loskommen wollen, dann tut es Ihnen nicht gut, wenn sie sich weigern, von seinen Ursprüngen Kenntnis zu nehmen. Dann müssen Sie vielmehr umgekehrt die Kunst der im europäischen Sinne gerechten Entscheidung bei den großen Meistern des römischen Rechtes studieren. Dann müssen Sie ferner, solange Sie auf der Universität sind, es vermeiden, sich von den Kommentaren, die die Praxis braucht, imponieren zu lassen, wenn sie auch noch so viele Reichsgerichts-Räte zu Verfassern haben, sondern müssen sich darüber zu informieren suchen, was die Menschen denken und gedacht haben, deren Recht Sie einst zu verwalten haben werden. Ich weiß wohl, daß eine gewisse Gesetzeskenntnis auf der Universität erlernt werden muß; aber diese Kenntnis kann Sie nicht bilden. Der juristische Techniker ist noch lange kein guter Richter, sondern im besten Falle ein Handlanger für den guten Richter. Mit dem Bombast der sog. juristischen Dogmatik dürfen Sie sich ebensowenig von wirklicher Philosophie weglocken lassen, wie Sie sich nicht mit den zweifelhaften Theorien der National-Oekonomie von der wirklichen Geschichtswissenschaft abwendig machen lassen sollten. Diese Dinge gewinnen erst dann eine Bedeutung, wenn Sie die Fakten der europäischen Geschichte und die Ideale des europäischen Geisteslebens kennen. Der deutsche Jurist — und nicht nur der deutsche Jurist — ist leider in den berechtigten Verdacht gekommen, daß er annehme, er könne mit der Kleiderkarte seine Blöße decken und mit der Brotkarte seinen Hunger stillen.

Konkret gesprochen heißt das, daß Sie sich demgegenüber verantwortlich fühlen müssen, was reell vorhanden ist. Damit aber kommen wir zu der entscheidenden Frage, die den Studenten des Rechts zu beseelen hat, der Frage nach der Gerechtigkeit. Hier kann nun das englische, an Aristoteles geschulte Rechtsdenken eine wirkliche Hilfe sein, indem es Sie darauf hinweist, was von den kontinentalen Philosophen so oft übersehen wird, daß Gerechtigkeit eine Tugend ist, und sich eben darum der logischen Definition entzieht. Die griechische Philosophie war in dieser Hinsicht weitergekommen als die moderne Ethik. Sie hatte die guten Motive menschlichen Handelns — „Tugend" ist das gute Motiv menschlichen Handelns, so wie „Laster" das schlechte Motiv menschlichen Handelns ist — auf vier Kardinaltugenden reduziert, auf Gerechtigkeit, Mut, Weisheit und Mäßigung; aber sie hatte diese vier nicht addiert, sondern die Gerechtigkeit bewußt an die Spitze gestellt und gelehrt, daß aus der Vereinigung der drei anderen diese höchste menschliche Tugend resultiere. Die Aufgabe des juristischen Studenten scheint mir nun darin zu liegen, daß er an den Berichten über vergangene Rechts-Streitigkeiten die Wirkung dieser Prinzipien in den gefällten Entscheidungen kritisch zu erkennen lernt.

Gefällte Entscheidungen bilden den Hauptinhalt der römischen Rechtsbücher, zumal der Pandekten wie auch des justinianischen Codex, aber wir finden sie auch etwa in den Sammlungen von Weistümern und Schöffensprüchen des deutschen Rechts. Mit Dankbarkeit erinnere ich mich an eine Einführung in die Probleme der deutschen Ostsiedlung, die ich an Hand von Magdeburger und Leipziger Schöffensprüchen als Student von dem damaligen Königsberger Germanisten Guido Kisch erhielt. Auch Gesetze sind letzten Endes nichts anders als Entscheidungen von typischen Rechtsfällen. Auf dem Wege des Vergleichs des typischen Falles mit individuellen Erfahrungen muß man sie zu verstehen suchen. So gewinnt man z. B. einen Einblick in den Geist des deutschen Urheberrechts aus den Lebensbeschreibungen großer Verleger, zumal aus der Lebensbeschreibung des Mannes, der das Privilegium des ehemaligen Deutschen Bundes erkämpft hat, Friedrich Perthes, ein Buch, das wir seinem Sohn Clemens Perthes, dem ehemaligen Professor des öffentlichen Rechts in Bonn, verdanken. Ueberhaupt ist es wichtig, sich der Kämpfe bewußt zu werden, die um die Entwicklung des Rechtes geführt worden sind. Mut, Weisheit und Mäßigung, die zusammen die Tugend der Gerechtigkeit ausmachen, erscheinen in vorbildlicher Form in den Gedichten, in denen der alte Athener Solon seine Gesetzgebung dargestellt hat, die vor allem der Schuldenabwälzung der attischen Bauern und der Einschränkung der Personalhaftung galt. Der Jammer der Entrechteten, die Ungerechtigkeit der Wohlhabenden, sowie die Ungeduld und der Haß der Unterdrückten bilden den Hintergrund.

Diese Eindrücke müssen Sie sich zu verschaffen suchen, weil sie Sie über die wirklichen Umstände des menschlichen Lebens aufklären, in das Sie als Richter und Anwälte einzugreifen haben werden. Sie dürfen nicht darauf vertrauen, allein im Wege logischer Deduktion aus dem Gesetzbuch zu einer ehrlichen Entscheidung von Rechtsfällen gelangen zu können. Vor der Subsumption steht die Formulierung des Tatbestandes, der nicht nur die juristisch, sondern auch die menschlich wichtigen Umstände zur Geltung bringen muß. Dazu aber müssen Sie diese Menschen kennen und sich klar machen, daß es sich für sie in ihren rechtlichen Angelegenheiten auch heute noch in erster Linie um Genugtuung handelt — auch in den sog. Zivil-Sachen. Sie müssen mit den Gedanken, Wünschen und Hoffnungen der Menschen, denen Sie Recht sprechen sollen, vertraut sein. Hoch über der zweckmäßigen Anordnung materieller Interessen steht die Kunst, eine Entscheidung so zu treffen, daß der Betroffene sich ihr unterwirft. Wie oft habe ich als Referendar gehört, daß eine Partei oder ein Verurteilter vom Gericht wegging mit dem gemurmelten, „das nehme ich nicht an". Das ist ein böses Zeichen, selbst wenn das Urteil materiell korrekt ist. Als Gegenbeispiel möchte ich Sie auf die Rechtssprüche des Salomo oder Daniel verweisen, deren Pointe nicht so sehr in der Geschicklichkeit besteht, mit der die Lügner überführt werden, sondern in der moralischen Autorität, die der Richter über die Parteien gewinnt. Das läßt sich nicht durch ein falsches Pochen auf die gesetzliche Macht des Richters erreichen. Der Richter muß vielmehr eine Persönlichkeit sein, die durch Gerechtigkeit Vertrauen einflößt, d. h. durch die Verbindung von Mut, Weisheit und Mäßigung. Deutlich erinnere ich mich der Entrüstung, die mich erfüllte, als — vor 1933 — der Vorsitzende des Staatsgerichtshofs zum

Schutz der Republik, ein Reichsgerichts-Rat, dessen Namen ich nennen könnte, zur Rede gestellt wegen einer Entscheidung, mit dem alten Sprüchlein des letzt-instanzlichen Richters antwortete, „ich habe nur den gestirnten Himmel über mir". Anstatt daß ihn diese Betrachtung demütig gemacht hätte, benutzte er sie in dem Sinne von „ihr könnt mir im Mondschein begegnen".

Damit komme ich zu dem letzten Punkt betreffend die Anforderungen, die ein richtiges Studium des Rechts an Sie stellt. Es verlangt, daß Sie sich mit dem Bewußtsein der Endlichkeit und Vergänglichkeit rechtlicher Regelungen erfüllen. Wenn Sie die von mir genannten Quellen studieren, so müssen zwei Gedanken Ihre Richtschnur sein: Zuerst Respekt vor der Größe der Männer, zumal der römischen Juristen, deren Entscheidungen noch heute, nach rund zweitausend Jahren, für uns richtunggebend sind. Wer von uns kann auch nur davon träumen, daß unsere Entscheidungen nur zwanzig, ja auch nur zwei Jahre halten werden? Wenn ich mich recht erinnere, so hatte jener Präsident des Staats-Gerichtshofs, den ich soeben erwähnte, einige Nazis verurteilt, und es dauerte eine sehr kurze Zeit, bis der gestirnte Himmel über ihm zusammenfiel wie ein Kartenhaus. Die andere, ebenso wichtige Erwägung ist aber, daß wir Eintagsfliegen nicht nur das Recht, sondern auch die Pflicht haben, jene großen Männer zu kritisieren; daß wir in unserer Zeit ihnen gegenüber recht behalten können; daß auch die größten Leistungen auf dem Gebiet des Rechts nie mehr, aber auch nie weniger sein können als menschlich. Lassen Sie sich das durch ein letztes Beispiel illustrieren: Unsere Zeit ist auf einmal wieder aufgerufen, zur Frage der Sklaverei Stellung zu nehmen. Die Zwangsarbeit, die während des Krieges von Deutschland eingeführt, nach dem Kriege von Kriegsgefangenen und Verschleppten in den Siegerstaaten geleistet werden mußte und z. T. noch heute geleistet wird, widerspricht dem christlich abendländischen Grundsatz der Gleichheit, den das römische Recht in dieser Form nicht kannte, und dem gegenüber die römischen Juristen daher ganz anders reagieren mußten als wir. Wo wir Anschauungen begegnen, die in dieser Weise von der Unterbewertung des Mitmenschen diktiert sind, müssen wir uns heutzutage zur Wehr setzen. Warum? Weil Gerechtigkeit eine Tugend, ein gutes Motiv zum Guten ist. An dieser Stelle aber halte ich inne, weil bei der Frage danach, was das Gute ist, das juristische Gebiet aufhört und das theologische Gebiet, die Frage danach, wem wir verantwortlich sind, beginnt. Nur soviel will ich sagen, daß die Antwort nicht einfach „dem Staat" oder „der Nation" lauten darf. Damit wird die Frage nur verschoben, weil sie dann lauten muß, wem ist der Staat, wem ist die Nation verantwortlich. Mit allem Nachdruck wünsche ich aber noch einmal zu betonen, daß im Mittelpunkt des juristischen Studiums nicht das geschriebene Recht stehen darf, auch nicht etwaige wirtschaftliche, historische oder psychologische Gegebenheiten, sondern allein der ganze Mensch.

III. Die christliche Lehre

A. In den beiden ersten Vorträgen habe ich so über geltendes Recht gesprochen, daß ich zwar auf die theologischen Ansatzpunkte unverhohlen hingewiesen habe, aber nicht näher auf sie eingegangen bin. Man mag das als eine unnötige, ja vielleicht als eine jesuitische Vorsicht ausgelegt haben. Eine solche Kritik würde mir nicht nur nicht unangenehm sein, sondern ich müßte sogar bekennen, daß ich vor den pädagogischen Prinzipien der Societas Jesu einen großen Respekt habe und es als Lob auffassen würde, wenn mir begründetermaßen ihre Weisheit und Vorsicht zugesprochen würde. Es handelt sich aber in diesem Vortrag nicht darum, für das, was bisher gesagt oder nicht gesagt worden ist, eine Entschuldigung vorzubringen, sondern vielmehr den eingeschlagenen Weg zu seinem logischen und theologischen Ende zu verfolgen. Das Recht der Menschen, so soll in diesem letzten Vortrag behauptet werden, hat zu seinem Ziele, den Lobpreis Gottes auf Erden zu vermehren. Recht ist eine zweckgebundene Betrachtungsweise, und über seinen materiellen Regelungen steht als der Zweck aller Zwecke: in maiorem Dei Gloriam.

Dieser Endzweck rechtlicher Betrachtung wird gerade in neuerer Zeit auch in evangelischen Kreisen dadurch zu erreichen gesucht, daß man unter den Werten, die dem Schutz des Rechtes unterstellt sind, solche aussucht, die in besonderer Weise als „christliche" bezeichnet werden. Es wird damit behauptet, daß an gewissen Stellen für den Christen die unmittelbare Wirksamkeit der ewigen, göttlichen Gerechtigkeit innerhalb eines objektiv existierenden Systems irdischen Rechtes erkennbar sei. Als das Prinzip dieses irdischen Rechtes wird der zugestandenermaßen heidnische Satz suum cuique tribuere aufgestellt, aus dem dann weitgehende „christliche" Forderungen abgeleitet werden. So wird z. B. die Einehe als eine christliche Forderung proklamiert. Diese These kommt dann und insoweit der behaupteten Berührung des Ewigen mit dem Irdischen am nächsten, als der Ehe von einem großen Teil der Christenheit sakramentaler Charakter zugesprochen wird, was, wie wir sehen werden, für die Begründung eines christlichen Rechtes von entscheidender Wichtigkeit ist. Es bleibt jedoch schwer ersichtlich, wieso diese Forderung von dem Satze suum cuique abgeleitet werden könnte. Es wird ferner die Familie als solche als „werthaft" bezeichnet — in Ablehnung des nationalsozialistischen Grundsatzes, der dieses Prädikat nur der erbgesunden, kinderreichen Familie zubilligen wollte. So sympathisch diese These rein menschlich betrachtet erscheinen mag, so erinnert sich der Christ doch des Herrenwortes, Matth. 19. 12 „es sind etliche verschnitten, die sich selbst verschnitten haben um des Himmelreichs wegen". Wenn nun die Familie als „werthaft" bezeichnet wird, so werden Zölibat und Virginität abgewertet, und dagegen möchte ich gerade als christlicher Ehemann und Familienvater protestieren. Schließlich wird für eine (profitlose) Nächstenliebe eingetreten, die das Eigentum — ich sage lieber: die irdischen Güter — zum Dienst für den Nächsten gebrauchen lehrt. Solch ein Satz läßt keinen Raum für die christlichen Anachoreten und Asketen einerseits, die die irdischen Güter überhaupt verachten; aber er übersieht auch andererseits den Segen, den das heute öffentlich allgemein gescholtene und heimlich allgemein praktizierte Streben nach irdischem Gewinn und irdischer Bequemlichkeit gerade den Armen in dieser Welt gebracht hat. Die sog. Luxusgüter von heute sind die Gebrauchsgüter von morgen, und Gott bewahre uns das Streben nach verständigem Luxus, statt der so modernen Verbindung von öffentlicher Demut und heimlicher Extravaganz.

Dieses ganze Streben nach einer Aussonderung spezieller christlicher Werte bringt uns nun aber gefährlich nahe an die Klippen der Lehre von den guten Werken, zu jener pharisäischen Gesetzlichkeit, die es zu allen Zeiten dahin gebracht hat, die Mücken zu seihen und die Kamele zu verschlucken. In sich selbst sind alle die genannten drei Punkte hohe Werte innerhalb des Gebietes irdischer, menschlicher Ethik; nur hat die Torheit Christi im Zölibat wie im Anachoretentum Mahnzeichen aufgerichtet, die uns daran erinnern, daß auch die strikteste Befolgung der puritanischen Regeln, wie sie etwa Calvin für die Genfer aufgestellt hatte, noch nicht „christlich" ist, ja sogar unter Umständen sehr wohl widerchristlich sein kann.

B. Ehe man an die Aufstellung solcher „christlicher Werte" geht, ist es jedenfalls erforderlich, sich der Prinzipien bewußt zu werden, die einer solchen Auswahl zugrunde gelegt werden müssen. Das heißt, daß man sich mit dem Begriff christlichen Handelns sowie mit seiner Richtschnur vertraut machen muß. Man muß prüfen, ob es so etwas wie eine Pflicht zum christlichen Handeln überhaupt gibt, und wenn das bejaht wird, ob sie besagt, daß gewisse Handlungen ipso facto christlich, andere ipso facto unchristlich sind, und schließlich, ob diese Pflicht zum christlichen Handeln eine Rechtspflicht ist. Zu beginnen ist diese Betrachtung von der behaupteten Richtschnur. Unsere erste Frage ist die, ob die Bibel Richtschnur unseres rechtlichen Handelns ist? Wir haben in der Hl. Schrift Alten und Neuen Testamentes drei Dinge, von denen auszugehen ist: das Wort „Gesetz", die verschiedenen Bestimmungen des durch die Jahrhunderte gewachsenen jüdischen Volksgesetzes und die autoritative Auslegung des Gesetzes. Das Wort „Gesetz" verlangt juristische Interpretation, die Sätze des Gesetzes sind Rechts-Befehle, die Auslegung zeigt juristische Technik. In der Mitte dieses Gesetzes aber stehen die Beschneidung, die Sabbath- und die Speisegebote. Will man einzelne „Werte" von daher aufstellen, so muß man hier beginnen. Man muß sich klar machen, daß alle diese Befehle, die im A. T. ausgesprochen sind, von den Christen nicht befolgt werden, nicht einmal die noachitischen Speisegebote, obwohl das sog. Apostelkonzil, Acta 15, sie den Heidenchristen ausdrücklich zur Pflicht gemacht hat. Diese Tatsache müssen wir erst einmal ernst nehmen, ehe wir Verhaltungsmaßregeln für „werthaft" erklären, die sich mit weit geringerer Klarheit aus der Hl. Schrift ableiten lassen. Die Einehe z. B. ist von den Juden bis spät in die christliche Zeit hinein nicht für verbindlich gehalten worden, und ist ihnen auch heute noch nur im Wege der Ordnungsregel auferlegt.

Diese erste Tatsache habe ich betont, weil sie vor der unkritischen Schnelligkeit warnen soll, mit der christliche Juristen Schlüsse aus dem Satz des hl. Paulus zu ziehen geneigt sind, der besagt, daß den Christen das Gesetz ins Herz geschrieben sei. Dieses Gesetz ist ganz gewiß das Liebesgebot, „liebe deinen Nächsten wie dich selbst". Es muß nun aber erkannt werden, daß dieses Gebot die Fülle der Vorschriften des Pentateuch nicht aufhebt, sondern zusammenfaßt. Es war ja keine Neu-Erfindung Jesu Christi, sondern fand sich bereits in Lev. 19. 18. Mit ihm war daher der entscheidende Grundsatz der Auslegung und Anwendung des mosaischen Stammesgesetzes aufgestellt worden; aber dieser Grundsatz befreite niemanden von der Befolgung des Gesetzes. Im Gegenteil, er machte das Gesetz nur um so strikter. Es wurde damit gesagt, daß man niemanden zwingen dürfe, Bestimmungen zu beachten, die man selbst nicht gesonnen war einzuhalten; es wurde damit vielleicht überhaupt die Anwendung von Zwangsmaßregeln ausgeschlossen; aber das geschah im Letivikus mit dem guten Vertrauen, daß sich das mosaische Gesetz um seines göttlichen Ursprunges willen eben von selbst durchsetzen werde. Wenn uns also Gott das Gesetz „liebe deinen Nächsten wie dich selbst" ins Herz geschrieben hat, und wenn behauptet werden muß, daß dieser Satz die Summe des mosaischen Gesetzes ist, so müssen wir, die wir das mosaische Gesetz nicht halten, zunächst einmal anerkennen, daß wir das Gebot der Nächstenliebe in seinem ursprünglichen Sinne nicht befolgen.

Dieser Schluß ist darum von höchster Wichtigkeit, weil er uns die Forderung aus der Hand schlägt, daß andere ungeprüft diese biblische Weisung uns gegenüber befolgen sollten. Er macht es unmöglich, die Nächstenliebe zum Rechtssatz zu erniedrigen und aus ihr konkrete Befehle des Rechtes abzuleiten. Das wäre nämlich eine unzulässige Vermischung der Kategorien. Durch die Erneuerung gerade dieses Befehls der Nächstenliebe in Christo hat der alte Satz aus Lev. 19 aufgehört ein Rechts-Satz zu sein. Wir leben nach Christi Auferstehung in einer Zeit, in der Recht Recht ist und Liebe Liebe, und wo es im irdischen Bezirk ein eitles Unterfangen ist, in der Liebe vom Recht und im Recht von der Liebe zu reden. Das wird auch dadurch nicht geändert, daß wir uns auf die Rechtfertigung in Christo Jesu berufen. Jesus Christus ist als die Fleisch gewordene Liebe Gottes auf die Welt gekommen, und Er hat das Gebot der Nächstenliebe erfüllt, indem er das ganze mosaische Gesetz erfüllte. Es ist die Grundlage christlicher Freiheit, daß der Mensch Jesus von Nazareth das Gesetz bis zum letzten Buchstaben erfüllt hat, bis hinab zu dem Fluch von Deut. 21. 25 „ein Gehenkter ist verflucht bei Gott". Darum das Wort vom Kreuz, „mein Gott, mein Gott, warum hast Du mich verlassen". Dieses Beispiel habe ich gewählt, weil der hl. Paulus Gal. 3, 13 aus ihm denselben Schluß gezogen hat, der hier vorgetragen wird. Er sagt: „Christus hat uns erlöst von dem Fluch des Gesetzes, da er ward ein Fluch für uns. Denn es steht geschrieben, verflucht ist jedermann, der am Holz hanget."

Dieser Satz des hl. Paulus richtet eine Warnung auf, die nicht überhört werden sollte. Er spricht vom „Fluch des Gesetzes". Damit ist aber gemeint, daß das Gesetz selbst ein Fluch ist. Aus diesem Grund sagt der hl. Paulus 1. Kor. 15. 56 „die Kraft der Sünde ist das Gesetz", und Röm. 3. 20 „durch das Gesetz kommt Erkenntnis der Sünde". Ich zitiere diese Dinge, weil ich darauf aufmerksam machen muß, daß wir als Christen vom Gesetz her weder argumentieren können noch dürfen. Das Gesetz ist in Christo erfüllt, und wer auch nur das Gebot der Nächstenliebe als Gesetz aufzurichten wagt, handelt nicht nur unchristlich, sondern widerchristlich. Das bezieht sich natürlich in erster Linie auf das jüdische Stammesgesetz. Es fragt sich nun, ob das, was für das jüdische Stammesgesetz gilt, auf andere Staatsgesetze angewendet werden muß. M. a. W. ist es nötig anzunehmen, daß die Ueberwindung des von Gott selber gegebenen Gesetzes des Moses in Christo die Gerechtigkeit der nicht von Gott gegebenen staatlichen Gesetze unangetastet gelassen hat? Die Frage stellen, heißt sie verneinen. Man lese den Anfang des Römerbriefes und mache sich klar, wie der hl. Paulus alle Heiden, und zumal die Römer, als „ohne Gesetz", *ἄνομοι* bezeichnet. Die irdischen, staatlichen Gesetze haben eben einfach keine Beziehung zur göttlichen Gerechtigkeit und Majestät gehabt, und haben sie auch heute nicht. Das braucht jetzt hier nicht ausführlich erörtert zu werden. Aber für den Europäer auf dem Kontinent, und zumal für den Deutschen, erhebt sich hinter den konkreten Staatsgesetzen mit finsterem Ernst der abstrakte Begriff des Rechts. Es war daher ein theologisches Bedürfnis, aus dem ich diesen Begriff in den beiden ersten Vorträgen analysiert und darauf hingewiesen habe, daß im Englischen nicht einmal ein Wort dafür vorhanden ist. Denn ich muß immer wieder betonen, daß der Begriff des Rechts nicht vorgegeben ist, daß er vielmehr historisch entstanden ist, und daß die Bewunderung und wahrhaft religiöse Scheu, die diesen Popanz für absolut und transzendent erklärt, gar nichts weiter ist als die durch die Jahrhunderte dauernde Kontinuierung des Herrschaftsanspruchs des römischen i u s. Die Römer waren es aber gerade, die der hl. Paulus für gesetzlos, *ἄνομοι*, erklärte. Darum ist jener „heilige Schauer“ vor dem Recht Götzendienst; darum sind die Ansprüche moderner Gesetzesfabrikanten „das Recht zu verwirklichen“ Schwindel und streuen den Völkern Sand in die Augen. Mit der Erfüllung des Gesetzes Mosis durch Christus ist der Christ von dem Fluch des transzendenten Rechtes befreit, von welchem Staat es auch ausgehen, von welcher Philosophie es auch proklamiert werden mag, mit welchen juristischen Sicherungen es auch umgeben sein könnte. Das Recht ist nicht mehr und nicht weniger als eine der Kategorien innerhalb des Bezirks der irdischen Moral.

Nun ist aber festzustellen — und das ist die zweite Voraussetzung für unsere Frage nach der christlichen Grundlage staatlichen Rechtes — daß sich die Menschen in aller Regel vor der Freiheit vom Gesetz, die uns in Christo erworben ist, fürchten. Sie sehnen sich nach der Stütze des Rechts, weil sie an die in der Befreiuungstat Christi wirkende Gnade Gottes nicht glauben wollen. Das hat der hl. Paulus mit den Galatern erlebt, die, kaum daß sie von ihren heidnischen Ritualgesetzen los waren, sich sofort auf das jüdische Gesetz stürzten, gewiß nicht ohne tätige Beihilfe von Juden-Christen, aber ebenso gewiß mit erheblicher eigener Begeisterung. Es ist eine ganz unzulässige Annahme, daß sie von Jerusalem aus unter das jüdische Gesetz gezwungen worden wären. Wie hätte das wohl in der noch gänzlich ungefestigten Kirche geschehen sollen? Nein, sie haben sich freiwillig bereit erklärt, sich beschneiden zu lassen. Freiwillig heißt hier allerdings, daß einige Enthusiasten, wie das so geschieht, sich haben beschneiden lassen, und daß die übrigen sich geniert haben, weniger enthusiastisch zu erscheinen, und ihnen gefolgt sind. Das war alles sehr menschlich und erinnert an Nietzsches Tadel, daß die Christen in der Regel nicht erlöst genug aussehen. Darum eben griffen diese Galater nach der leiblichen Beschneidung. Aber in Wahrheit gibt es kein körperliches Zeichen der Erlösung. Die Ehebrecherin, Joh. 8. 3, war z. B. eine wirkliche Ehebrecherin, und doch hat Christus ihr vergeben; der hl. Paulus sprach die Wahrheit, wenn er klagte, Röm. 7. 19. „das Gute, das ich will, tue ich nicht; sondern das Böse, das ich nicht will, das tue ich", und gerade so war er ein wahrer Christ.

Dies also sind die beiden Voraussetzungen, unter denen die Menschen immer wieder an Christus mit der Frage herantreten, „was soll ich tun, daß ich das ewige Leben erlange", wie jener reiche Jüngling im Evangelium. Immer wieder hat Er dafür die gleiche Antwort, einmal: „halte die Gebote", und ferner: „dir fehlt noch eins, entäußere dich alles dessen, was du hast, und folge mir nach." Um diese zwei Antworten im menschlichen Leben zu koordinieren, scheint mir die primitiv klingende Auslegung nicht schlecht zu sein, die erklärt, daß die zweite Antwort, entäußere dich und folge mir, die religiöse Weisung für den Sonntag sei; und daß die Zehn Gebote dazu bestimmt seien, den Alltag zu regeln, und daß sich daraus eben das Weitere ergeben müsse. Das moderne Aburteilen über die Sonntags-Christen hat sich in meiner Praxis viel zu oft als eine billige Entschuldigung derer erwiesen, die den Sonntag nicht heiligen wollen. Ich würde mich freuen, wenn es recht viele Menschen gäbe, die bereit wären, wenigstens einen Tag der Woche Gott zum Opfer zu bringen. Ich möchte aber diese Auslegung doch leicht modifizieren. Die Antwort Christi zielt, wie mir scheint, auf das hin, was vom Christen in seinem Verhältnis zu seinem Mitmenschen und was von ihm im Verhältnis zu Gott gefordert wird. Es sind die höchsten

Gebote der Gottes- und der Nächstenliebe, die hier im argumentum ad hominem ausgesprochen werden. Von diesen beiden Antworten ist nun die erste, halte die Gebote, in unserem Zusammenhang insofern die wichtigere, als das Recht ja eben eine Angelegenheit der Welt, eine Angelegenheit zwischen Mensch und Mensch, und nicht eine Angelegenheit zwischen Mensch und Gott ist. Wenn freilich die ganze Menschheit aus erlösten Christen bestünde, Menschen, die an die Rechtfertigung in Christo glauben, dann wäre die Unterscheidung zwischen der Richtung auf Gott und der Richtung auf die Mitmenschen hinfällig. Für solche gibt es überhaupt kein Gesetz, 1. Tim. 1. 9 „daß dem Gerechten kein Gesetz geboten ist". Da aber das Höchste, das sogar dem getauften Christen möglich ist, der Hilfeschrei des verzweifelnden Vaters ist, „ich glaube, Herr, hilf meinem Unglauben", so ist die gemachte Unterscheidung von höchster Bedeutung. Und hier ist nun zu betonen, daß wir uns von den zahlreichen Auslegungen der Zehn Gebote, und zumal von der in Luthers Kleinem Katechismus, deren Tiefe ich aufrichtig bewundere, nicht darüber täuschen lassen dürfen, daß es zunächst einmal darauf ankommt, die zweite Tafel rein wörtlich zu erfüllen, Vater und Mutter zu ehren, nicht zu töten, nicht Unzucht zu treiben, nicht zu stehlen, nicht zu lügen, nicht neidisch zu sein. Wer kann von sich sagen, daß er wirklich diesen primitiven Forderungen in seinem Leben genügt hat? Und wer darf es wagen, die schwereren Forderungen jener Auslegungen irgend jemand aufzuerlegen außer sich selbst, und noch dazu als göttliches Gebot? Die Mission des Christen ist es ja, Gottes Vergebung auch für diese primitivsten, schwersten Sünden vor der Welt zu bezeugen; das staatliche Recht aber legt uns viele Pflichten auf, die weit darüber hinausgehen, in der zynischen Ueberzeugung, daß selbst die Nürnberger keinen hängen, den sie nicht zuvor gefangen haben.

C. Das rechtliche Handeln des Christen ist also missionarisches Handeln, das bestimmt ist, die Rechtfertigung in Christo zu bezeugen. Lassen Sie es mich wiederholen, denn es ist das Zentrum aller dieser Betrachtungen: das rechtliche Handeln des Christen ist missionarisches Handeln, bestimmt die Rechtfertigung in Christo vor der Welt zu bezeugen. „Ihr sollt meine Zeugen sein, in Jerusalem, in Judäa und bis an der Welt Enden." Die Menschheit ist rechtlich organisiert, und innerhalb dieser Rechts-Organisation bezeugt der Christ die Ueberwindung des transzendenten Fluchs des Gesetzes durch die Rechtfertigung in Christo. Das geschieht von Fall zu Fall in verschiedener Art und Weise. Ich habe bereits auf die berühmte Wendung hingewiesen, „den Juden ein Jude und den Griechen ein Grieche". Das ist eine, wie mir vorkommt, sachgemäße Abkürzung von 1. Kor. 9. 20/1. Ich möchte aber nun speziell auf die Einleitung zu diesem Abschnitt aufmerksam machen, 1. Kor. 9. 19 „denn wiewohl ich frei bin, habe ich mich doch jedermann zum Knecht gemacht, auf daß ich viele gewinne". Das ist die Haltung des Christen gegenüber dem staatlichen Gesetz, daß er sich als Freier unter das Gesetz beugt, auf daß er viele gewinne. Das war auch die Haltung Christi, Phil. 2. 6sq, der „sich selbst erniedrigte und ward gehorsam bis zum Tode, ja bis zum Tode am Kreuz". Und dieser Tod wurde ihm von den Römern auferlegt, in Anwendung ihres römischen Gesetzes.

Nun könnte man wohl fragen, hat es diese Haltung nicht schon zuvor gegeben? Was ist der Unterschied zwischen dem Gehorsam Christi und dem Gehorsam eines Sokrates, der auch aus Achtung vor dem Nomos den Giftbecher leerte, ja der sich auch, wie wir aus Platos Kriton wissen, einer jenseitigen Gerechtigkeit getröstete. Dieser Vergleich ist um so beunruhigender, als wir aus Plato Rep. 2, 362A, erfahren, daß die Sophisten jener Zeit behaupteten, daß der vollkommene Gerechte von der Staatsgewalt nach grausamen Martern gekreuzigt werden würde. So hat denn auch ein Kirchenvater, Justinus der Märtyrer, im 2. Jh. es ausgesprochen, daß Sokrates vor Christo ein Christ gewesen sei. Was also, fragen wir, zeichnet die Haltung des Christen vor der ethisch vorbildlichen des Sokrates aus? Oder sollte die Tatsache, daß das Christentum keine materiellen Regeln der Ethik aufgestellt hat, eben dies bedeuten, daß der wahre Christ es wirklich nur bis zur völligen Selbst-Verneinung gegenüber dem Staatsgesetz bringen könne, im leidenden Gehorsam verharren müsse, was immer das Staatsgesetz über ihn verhängen möge? Ist das Christentum etwa ein passiver Nihilismus, so wie der Nationalsozialismus, wie ihn etwa H. Rauschning geschildert hat, aktiver Nihilismus war?

Die Antwort auf diese Frage ist „nein". Dieser leidende Gehorsam an sich ist weniger als christlich. Das rechtliche Handeln des Christen soll nicht nur den leidenden und sterbenden Heiland bezeugen, sondern vor allem den Auferstandenen. Aber indem wir diese These aufstellen, müssen wir zugleich vor der Nervosität warnen, die soeben gerade ernsthafte Christen ergriffen hat und sie zu Anklagen und zu Selbst-Anklagen veranlaßt, die es ihnen erschweren, die Rechtfertigung anzunehmen, die allein von Gott kommt. Eine englische Aeußerung, die mir gerade zur Hand ist, mag veranschaulichen, was ich meine:

Von Sir James Marchant, aus dem Daily Telegraph (1942).

„Wir wissen, daß viele römische und protestantische Christen in Deutschland der Tyrannei des absoluten Staates und dem hinterhältigen Heidentum Hitlers unter großen Opfern Widerstand geleistet haben. Aber wir sind tief enttäuscht, daß die organisierten christlichen Kirchen nicht viel mehr getan haben, um ihr Volk von der unaussprechlichen Schande zu befreien, die über es gekommen ist. Sie müssen wissen, daß Hitlers fürchterliche Verbrechen zu Gott um Rache schreien.

Woher kommt es, daß die deutschen Kirchen nicht ein ganzes Heer von Jüngern hervorgebracht haben, die bereit sind, eher das Martyrium zu erleiden als zuzulassen, daß ihr eigener Charakter und der ihrer Nation mit dem Blut ihrer Mitchristen besudelt wird?

Trotz der Gestapo sollten sie zu Zehntausenden in Städten und Dörfern demonstrieren und auf Straßen und Plätzen vor Gott in die Knie sinken, um ihr Vaterland, ihre Kirche und ihren eigenen Charakter zu retten. Würden Hitlers Maschinengewehre sie niedermähen, so würde ihr Blut zur Aussaat für Deutschlands Wiedergeburt werden."

Wer von uns, der unter Hitler in Deutschland gelebt hat, kann sich der Wucht dieser Anklage entziehen? Wer von uns aus den alliierten Ländern, der den Jammer der Flüchtlinge, zumal der deutschen Flüchtlinge aus dem Osten sieht, zittert nicht davor, an seine eigene Kirche eine ähnliche Frage zu stellen? In jedem Fall wächst das Schuldgefühl, aber nicht — worauf es doch ankommt — der Glaube an die Vergebung. Unzweifelhaft ist es die Pflicht des Christen, den Märtyrertod zu erleiden, wenn er dazu berufen wird; aber das Zeugnis des Christen, auf das es in der Welt des Rechtes im allgemeinen ankommt, ist das eines christlichen Lebens, das es verhindert, daß es zwischen dem Willen Gottes und dem staatlichen Gesetz zu einem blutigen Konflikt kommt. Es ist dem Christen aufgegeben, durch das Vorbild eines christlichen Lebens das Leben der Staatsbürger so zu lenken, daß gute Sitte, Ehrbarkeit, Zucht, Ordnung und Sicherheit allen Bürgern zugute kommen. Wie geschieht das?

D. Wenn wir in Joh. 13. 34 das Heilandswort lesen, „ein neu Gebot gebe ich euch, daß ihr euch untereinander liebet", so sind wir jerzt gefeit gegen die Annahme, daß das Liebesgebot selbst das neue Gebot sei. Die Nächstenliebe war ja bereits in Lev. 19. 18 geboten; in Joh. 13. 34 wird sie dagegen als der Erfolg des neuen Gebotes verheißen. Was ist dann aber dieses „neue Gebot"? Das Gesetz in Lev. 19. 18 war — obwohl größer als jedes säkulare Gesetz — einem Staatsgesetz vergleichbar, zugleich Gottes Wort und jüdisches Stammesgesetz. Aber wenn wir es einem modernen Staat auferlegen wollten, so würden wir von ihm eine Leistung verlangen, die selbst das auserwählte Volk Gottes nicht zu erbringen vermocht hat.

So kommen wir also nicht weiter. Wenn wir zu den Grundlagen einer christlichen Rechtsordnung kommen wollen, dann müssen wir uns zunächst einmal von der Idee einer abstrakt existierenden Gerechtigkeit befreien. Wir müssen noch einmal zurück zu der Geschichte vom reichen Jüngling. Auf dessen Anrede „guter Meister" antwortet der Heiland Matth. 19. 17 „was heißest du mich gut? Niemand ist gut als Gott allein". Damit also müssen wir anfangen, daß wir Gerechtigkeit in Gott allein suchen, und d. h. in Jesus Christus, in dem allein wir Gott erkennen können. Jesus Christus aber erkennen wir im Wort und Sakrament. Wenn es mir erlaubt sein mag, eine allgemeine Kritik an den mir bekannten neueren Arbeiten zu üben, in denen jetzt in Deutschland und der Schweiz eine christliche Grundlegung des Rechts versucht wird, so ist es die, daß sie die Sakramente aus dem Kreis ihrer Erwägungen ausschließen. Und doch ist es das Sakrament des Altars, bei dessen Stiftung der Heiland das

Wort vom „neuen Gebot" ausgesprochen hat. Die Sakramente sind diejenigen Regeln, die der Heiland seiner Christenheit auferlegt hat, die einzigen Regeln formalen Gesetzes, die sich in den Evangelien finden. Ich möchte betonen, daß meine eigene Kirche, die Church of England, heute den zwei Haupt-Sakramenten fünf sakramentale Akte zuordnet, Buße, Konfirmation, Ehe, Priesterweihe und Salbung, und daß es mir viel leichter werden würde, die Gedanken einer christlichen Rechtsordnung zu entwickeln, wenn ich mich auf diese mitberufen könnte. Im Kreise deutscher evangelischer Studenten möchte ich jedoch davon absehen und mich auf Taufe und Abendmahl beschränken.

Beginnen wir mit der Taufe. In der Taufe wird der Mensch Glied einer transzendenten Organisation, der christlichen Kirche im Himmel und auf Erden. Von hier aus ergibt sich, daß schrankenloser Individualismus wider die Güte Gottes streitet. Wir sind darauf gewiesen, daß wir im gegenseitigen Dienst stehen, und zwar als Glieder. Als solche haben wir verschiedene Aufgaben, wie der hl. Paulus sagt, 1. Kor. 12. 18 „nun hat aber Gott die Glieder gesetzt am Leibe, ein jedes für seine besondere Aufgabe, wie Er gewollt hat". Damit ist der christlichen Kirche eine Hierarchie geschaffen, ib. 28 „aufs erste die Apostel, aufs zweite die Propheten, aufs dritte Lehrer" usw. Wenn wir die Kirche als den Leib Christi verstehen, wenn wir in Christo Gottes Gerechtigkeit erkennen, und wenn wir diese Gerechtigkeit auf die Welt zu übertragen als unseren missionarischen Auftrag ansehen, dann haben wir hier eine Anweisung, die es deutlich macht, daß der Mensch nie und nimmermehr als „Masse" bezeichnet werden darf, daß ein christlicher Kultusminister sich nie und nimmermehr als den „Exponenten der Masse" bezeichnen darf, auch wenn er Sozialist ist, nicht nur weil er damit vor der eigenen Verantwortung zu fliehen scheint, sondern vor allem, weil er der Würde der Menschen zu nahe tritt, die er nach dem Vorbilde des Leibes Christi als Glieder in ihrem Beruf, der „Berufung" zu sein hat, betrachten muß.

Weiter gibt es Erste, Zweite und Dritte, Vorgesetzte und Untergebene, am Leibe Christi. Die Untergebenen haben sich dieses dienenden Standes bewußt zu sein und ihn im Gehorsam auszufüllen.

Das heißt nicht, daß sie nicht zu einer höheren Stellung streben dürfen, wenn sie sich zu ihr berufen fühlen, aber das befreit sie nicht davon, ihre Pflicht in dem Stande zu tun, in den sie berufen sind: ib. 15 „so aber der Fuß spräche, ich bin keine Hand, darum bin ich des Leibes Glied nicht, sollte er um deswillen nicht des Leibes Glied sein?" Andererseits aber darf kein Glied sich über das andere erheben, denn es gibt keinen Leib, der wirklich seiner Aufgabe gewachsen wäre, wirklich lebensfähig wäre, ohne Glieder aller Arten zu haben: ib. 21 „die Glieder des Leibes, die uns dünken die niedrigsten zu sein, sind die nötigsten". Damit ist das Recht und Unrecht des Klassenkampfes deutlich gekennzeichnet; damit ist insbesondere deutlich gemacht, daß die Rechtordnung des Leibes Christi eine Klassenherrschaft ausschließt. Aus dem Bilde des Leibes und der Organisation läßt sich also ein System des Sozialaufbaues ableiten, das bis in erhebliche Einzelheiten geht, und von dem hier nur eben die gröbsten Umrisse angedeutet werden können.

Dies ist jedoch nicht das einzige Ergebnis der Taufe. Vielmehr „sind wir mit Ihm begraben durch die Taufe in den Tod, daß gleichwie Christus ist auferweckt von den Toten, also sollen auch wir in einem neuen Leben wandeln", Röm. 6. 4. Mit diesem Gebot ist dem einzelnen die imitatio Christi auferlegt. Wiederum kann ich auch hier nur auf ein paar Hauptzüge eingehen. Christi Stellung zu dem Recht seiner Zeit, sowohl in seinen Worten wie in seinen Handlungen, verdient ein Studium, das über die Zinsgroschen-Geschichte hinausgeht. Auf zwei Umstände will ich hinweisen: den einen, daß Er es ablehnte, in einem Erbstreit Richter zu werden: „Mensch, wer hat mich zum Richter oder Erbschlichter über euch gesetzt", Luk. 12. 1, daß Er aber die Rechtsfrage hinsichtlich der Ehebrecherin, Joh. 8. 3sq, nicht als unter seiner Würde ansah, sondern in seiner wundervollen Art schlichtete, „wer unter euch ohne Sünde ist, werfe den ersten Stein". Ich möchte nicht mehr aus diesem Gegensatz schließen als dies, daß es auch eine Rangordnung der rechtlichen Fragen gibt, und daß die personenrechtlichen höher rangieren als die reinen Geldansprüche. Das ergibt sich auch aus dem so viel umstrittenen Vers aus dem Gleichnis von den Arbeitern im Weinberg, Matth. 20. 15 „habe ich nicht Macht zu tun, was ich will mit dem Meinen", der niemals ohne seine zweite Hälfte gelesen werden darf, „siehest du darum scheel, daß ich so gütig bin". Wer in der wahren Nachfolge Christi steht, kann mit dem Seinen nur „gütig" sein und soll sich darin nicht hindern lassen. An dieser Stelle lag das Zeugnis im Kampf der Bekennenden Kirche um ihr Recht an der Kirchenkollekte. Das Zweite ist die Geschichte von der Tempelsteuer, die auf Dinge zurückweist, die wir bereits verhandelt haben. Achten Sie auf die berühmte Pointe, Matth. 17. 26 „so sind die Kinder frei". Diese Geschichte hat ihren Sinn darin, daß der Christ sein Verhältnis zu Staat und Nation nicht als metaphysisch anzusehen hat. Man kann sie als eine Kernstelle gegenüber den berühmten „Schöpfungsordnungen" verwenden, die uns die Freude verkümmern wollen, Volk und Vaterland aus freien Stücken zu geben, was wir in wunderbarer Weise von Gottes Gnade erhalten haben, und uns einreden wollen, daß wir von irgendeinem Schicksal in ein Volk hineingeboren werden und darum den oft sehr fragwürdigen Leitern dieses Volkes auf Gedeih und Verderb ausgeliefert sind. Die Frage von Zwang und Freiwilligkeit öffentlicher Leistungen und damit das ganze Problem der Demokratie, eröffnet sich von der Feststellung her, daß die Kinder frei sind.

Dies sind also die zwei großen Prinzipien, die vom Taufsakrament auf die Frage des Rechts überstrahlen, das erste, die Organisation in einem lebendigen Leibe, das andere: die imitatio Christi. Wir haben auch gesehen, wie sich aus diesen beiden Prinzipien bedeutende materielle Regeln ableiten lassen. Alle diese Regeln können aber noch nicht zur Behandlung und Entscheidung rechtlicher Fragen führen, und noch viel weniger zu einem Kodex geschriebenen Rechts, womöglich gar zu einem Universal-Gesetzbuch, wie es das Preuß. Allg. Landrecht zu sein versuchte oder, in seiner Art, der neue Codex Juris Canonici für die römische Kirche. Wir halten vielmehr dafür, daß die Gerechtigkeit Gottes — wie beim Menschen, so auch bei Gott — eine proprietas, eine Eigenschaft ist, etwas, das sich in Gottes Hand bewährt, aber nicht eine Hypostase oder eine Emanation Gottes. In dieser Hinsicht unterscheidet sich die evangelische Lehre von der katholischen, und dieser Unterschied hat seinen Grund in der Verschiedenheit der Lehre vom Sakrament des

Altars. Denn auch die römische Lehre vom Recht gründet sich letztlich auf die Berührung Gottes mit dem Irdischen in den hl. Sakramenten; und in der Lehre vom Leibe Christi und von der Nachfolge Christi sind fundamentale Unterschiede zwischen der römischen Doktrin und unserer, wie ich glaube, nicht vorhanden. Anders steht es aber mit der Frage, ob wir einen Kodex christlichen Rechts schaffen können. Die Antwort ist: nein. Ehe ich zu den Fundamenten dieser Frage vorstoße, lassen Sie mich jedoch ein Geständnis machen: ich bin unfähig gewesen, Emil Brunners Untersuchungen zu der Frage nach dem christlichen Recht zu lesen. Sie haben mit der Dogmatik der Kirche, wie mir scheint, nichts zu tun. Sie sind „modern", und die Kirche ist alt, und wer seinen Sprung ins genus aliud mitmacht, wird sich dafür verantworten müssen, ob er den Bekenntnissen treu geblieben ist, denen er in seiner Konfirmation und Ordination Treue gelobt hat.

Aber zur Sache: Im Sakrament des Altars empfängt der Christ durch die leibliche Vereinigung mit dem Leib und Blut Christi die Rechtfertigung im göttlichen Gericht kraft der Annahme des Gerichts, das die Welt über den Heiland hat ergehen lassen. Römisch-katholische Lehre ist es, daß die reale Präsenz des Heilandes kraft der Transsubstantiation in den irdischen Elementen von Wein und Brot eine permanente ist, so daß die geweihten Elemente als Erscheinungsform der göttlichen Gerechtigkeit im Besitz der Kirche auf Erden verbleiben. In diesem Sinne werden die geweihten Elemente in den römischen Kirchen auf oder neben dem Altar aufbewahrt. Evangelische Lehre ist es, daß die göttliche Realpräsenz „in actu" bei der Feier des Sakramentes im Wort und in den Elementen jeweilig gegenwärtig wird. Von diesem verschiedenen Verständnis des Altarsakraments her vermag die römische Kirche zu postulieren, daß ein echtes Naturrecht, das Recht der erlösten Natur, ihr permanenter Besitz sei. Wir können das so formulieren, daß die steinernen Gesetzestafeln in der Bundeslade des jüdischen Tempels durch die Spuren des Meßopfers, die im Tabernaculum aufbewahrt werden, gewissermaßen ersetzt und erneuert sind. Daraus läßt sich die Autorität einer formulierten Rechtsordnung, die unter der Obhut dieser Insignien der ewigen Gerechtigkeit steht, ableiten. Der Codex Juris

Canonici des Kardinals Gaspari ist nicht das heilige Recht der römischen Kirche, aber er ist durch die Tatsache, daß die römische Kirche die geweihten Elemente als Leib und Blut des Heilandes zu permanentem Besitz empfangen hat, autorisiert und enthält ein Recht, das das bloß irdische transzendiert. Hier, und nur hier, ist ein wirklicher Beweis der Transzendenz des gesetzten Rechts angetreten, der schlüssig ist, insofern die axiomatischen Voraussetzungen angenommen werden.

Von der evangelischen Lehre her ist zu einer solchen Konsequenz nicht zu gelangen. Vielmehr hat man anzuerkennen, daß gerade so wie sich Gottes Gerechtigkeit je und je in actu im hl. Sakrament enthüllt, so auch das christliche Rechtsdenken sich je und je an der konkreten Entscheidung bewähren muß. Es scheint, daß diese Auffassung der lebendigen Wirklichkeit näher steht als die römische, vor allem aber, daß sie allein dem Christen die volle Freiheit gibt, die Maximen wirksam zu machen, die wir aus dem Taufsakrament abgeleitet haben. Im einzelnen ließe sich viel darüber sagen, doch würde das unsere Zeit weit überschreiten. Ich möchte nur noch einmal das zentrale Problem der staatlichen Gesetzgebung und Rechtsprechung angreifen. Die logische Konsequenz der römisch-katholischen Haltung ist, daß solche staatlichen Gesetze, die dem transzendenten römisch-kanonischen Recht widersprechen, der Zensur der Kirche verfallen. Da der Kommunismus als Lehre durch eine päpstliche Enzyklika verboten ist, so liegt hier die Ursache für die wiederholten Proteste und Konflikte zwischen der römischen Kirche und der Staatsgewalt im europäischen Osten. Es ist aber zu bemerken, daß der Hüter des transzendenten Rechts in der römischen Kirche der Papst ist, und daß darum solche Konflikte und Proteste nicht ohne Konsultation mit der Kurie stattfinden sollen. Die evangelische Lehre betont im Gegensatz dazu den Missionsauftrag des einzelnen. Wir sind verpflichtet, uns klarzumachen, daß die Christen, die die Welt bekehren sollen, eine Minderheit sind. „Darum“, sagt Justin der Märtyrer, „ist alles, was da gut und heilsam gesagt worden ist, unser, der Christen, Eigentum.“ Gute und heilsame Gesetze sind aber solche, die ein menschliches Leben in der Freiheit ermöglichen, denn im Wort und im Sakrament ist uns in Christo das Leben in der Freiheit geschenkt, und so ist es unser Beruf, die Frohe Botschaft, die Botschaft des Lebens in der Freiheit, auszurichten. Wie ein solches Leben in der Freiheit zu ermöglichen sei, hängt von vielen Umständen ab. Es ist jedoch unzweifelhaft, daß in einer Menschheit, die der Macht des Todes noch bis auf den heutigen Tag unterworfen zu sein glaubt, die richterliche Gewalt, die Strafgewalt, die Zwangsgewalt, ja auch der Krieg den Christen als Aufgabe gegeben sind. Ob der Christ selber kämpfen dürfe, läßt sich allgemein nicht behaupten. Ich nehme in dieser Hinsicht meine Weisung von dem Märtyrer Maximilianus, der unter Diokletian vor 303 n. Chr. deswegen hingerichtet wurde, weil er sich weigerte, Soldat zu werden. Er wurde von seinem Richter darauf hingewiesen, daß zahlreiche Christen in der Armee dienten. Darauf erwiderte er, „sie müssen wissen, was ihnen frommt, ich aber muß dem Herrn Christo gehorchen". Das ist eine klassische Antwort nicht nur in dieser Frage, und ich weise auf sie hin, weil sie nicht nur für die christliche Einstellung zum Kriege wichtig ist, sondern weil sie mir für die Haltung des Christen zum Recht überhaupt entscheidend zu sein scheint. Wir müssen uns klar machen, daß der hl. Paulus in Gal. 3. 24sq. ganz deutlich sagt, daß das Gesetz der Pädagoge, der Kinder-Erzieher, auf Christus hin gewesen sei, „damit wir durch den Glauben gerecht würden. Nun aber der Glaube gekommen ist, sind wir nicht mehr unter dem Zuchtmeister." Das heißt positiv, daß uns im Glauben die Verantwortung für unsere Entscheidungen auferlegt ist. Als Erwachsene sind wir Christen in unserem ganzen Leben in die Spannung eingetreten, die durch die zwei Gebote gekennzeichnet ist, Röm. 13. 1 „seid untertan der Obrigkeit, die Gewalt über euch hat", und Act. 5. 29 „man muß Gott mehr gehorchen als den Menschen", und kein anderer Mensch, und vor allem kein Gesetz, kann uns von dieser Verantwortung befreien. Sondern wir können uns allein der Vergebung der Sünden, die uns im hl. Sakrament des Altars leiblich zuteil wird, getrösten. Bei den Gesetzen ist ja überhaupt der Inhalt weit weniger entscheidend als die Gesinnung, aus der sie erflossen sind, d. h. ob sie aus Gewinnsucht und Herrschsucht oder in bewußter Verantwortung vor der Gerechtigkeit, die in Jesu Christo ist, formuliert worden sind. Aber auch der evangelische Christ vermag nur Anweisung und Rat zu erteilen, er kann aber niemals der Ansicht und Entscheidung seines Mitchristen präjudizieren, selbst dann nicht, wenn er seiner eigenen Ueberzeugung so gewiß ist, daß er bereit ist, darauf den Märtyrertod zu erleiden. Wenn solche Anweisung und Rat auf seine Zugehörigkeit zum Leibe Christi und auf seinen Auftrag zur imitatio Christi gegründet sind, so sind sie gerade in dieser Beschränkung christlich. Im Sinne dieser Erkenntnis ist es aber nun gerade ganz besonders wichtig, so wie wir es im Falle des Militärdienstes eben getan haben, sich mit den Erfahrungen und Ansichten vertraut zu machen, die in der christlichen Kirche in ihrer fast zweitausendjährigen Geschichte ausgesprochen worden sind. Denn die Kirche ist, wie gesagt, nicht modern. Durch alle die langen Jahre ihrer Existenz hat sie Rat und Weisung in Fragen des Lebens zu erteilen gehabt, und ihre Autorität ist in diesen Fragen die Autorität unserer lieben Väter, der wir mit Dankbarkeit und Respekt gegenüberzustehen haben, auch wenn wir gegebenenfalls von ihnen abweichen müssen. Denn durch die hl. Sakramente sind wir unseren Vätern zugegliedert, und auch sie sind im Glauben der Weisung des hl. Paulus gefolgt, Phil. 2. 5.

„Ein jeglicher sei so gesinnt, wie Jesus Christus auch war.“

Schriftenverzeichnis von Julius von Gierke

1. Bücher

Die Versicherungsforderung bei Veräußerung der versicherten Sache. 1899.

Geschichte des deutschen Deichrechtes. Bd. I 1901. Bd. II 1918.

Begriff der Transportversicherung. 1910.

Die deutsche Hanse. 1918.

Handels- und Schiffahrtsrecht. 1921, 6. Auflage 1949.

Die erste Reform des Freiherrn vom Stein. 1924.

Sachenrecht des Bürgerlichen Gesetzbuches. 1925, 3. Auflage 1948.

Die deutschen Rechtsbücher und ihre Handschriften. (Neuauflage von G. Homeyer) zusammen mit C. Borchling u. K. A. Eckhardt. 1931.

Der Versicherungsverein auf Gegenseitigkeit nach deutschem Recht. 1941.

Versicherungrecht Teil I (1937) ,Teil II (1948).

Große deutsche Juristen der Vergangenheit in Reimsprüchen. 1949.

2. Abhandlungen aus Zeitschriften und Festschriften

Darf bei Kapitelswahlen hinsichtlich der Feststellung der absoluten Majorität der Contemptus mit in Anschlag gebracht werden? Zeitschrift für deutsches Kirchenrecht Bd. 10, S. 24 1901.

Der Versicherungsvertrag bei Nießbrauch, Iherings Jahrbücher 40, S. 341 ff.

Der Entwurf eines Gesetzes über den Versicherungsvertrag, Bankarchiv 1903.

Inwieweit ist die Vertragsfreiheit bei Versicherungsverträgen durch zwingende Vorschriften zu beschränken? Gutachten für den deutschen Juristentag 1904.

Chrenecruda und Spatenrecht, Z. der Savigny-Stiftung, Germ. Abt. Bd. 28, S. 290 ff.

Die Haftpflichtversicherung und ihre Zukunft, Z. für das gesamte Handelsrecht (ZHR) Bd. 60, S. 1 ff.

Der Begriff des Brandes, ZHR, Bd. 71, S. 327 ff.

Die Verspatung, Festschrift für H. Brunner, S. 775 ff. 1910.

Das Boezemrecht (Busenrecht), Festschrift für Otto von Gierke, S. 1091 ff. 1911.

Die Haftung des Versicherungsnehmers für fremdes Verschulden, Leipziger Zeitschrift 1909, S. 721 ff.

Karl Lehmann, ZHR, Bd. 82, S. 1 ff.

Der österreichische Entwurf eines Handelsgesetzbuches, ZHR, Bd. 85, S. 232 ff.

Freizeichnungen beim Umzugstransport. Zentralblatt für Handelsrecht. 1926, S. 1 ff.

Versicherungsvertrag und Versicherungsgeschäft, ZHR, Bd. 86, S. 144.

Valuta und Lebensversicherung, ZHR, Bd. 86, S. 336 f.

Wann verstößt die Anwendung eines ausländischen Urteils gegen den Zweck eines deutschen Gesetzes? (§ 32 Ziffer 4 ZPO.) ZHR, Bd. 88, S. 143 ff.

Reform des deutschen Firmenrechts, ZHR, Bd. 100, S. 305 ff.

Artikel „Deichverbände" im Handwörterbuch der RW (Stier-Somlo-Elster) 1925.

Viktor Ehrenberg. Seine Bedeutung für die Rechtswissenschaft, Iherings Jahrb. Bd. 82. S. 1 ff.

Die Fortsetzung der offenen Handelsgesellsachft mit den Erben eines Gesellschafters in der Festgabe für C. Wieland 1934.

Die neue rechtswissenschaftliche Studienordnung in Deutschland, ZHR, Bd. 101, S. 145 ff.

Deutsche Rechtswissenschaft, ZHR, 102, S. 348 ff.

Die Gesellschaft des österreichischen Rechts, ZHR, Bd. 107, S. 161 ff.

Danzigs deutsches Recht, ZHR, Bd. 107, S. 161 ff.

Grundfragen der Reform des Schadensersatzrechts, ZHR, Bd. 108, S. 140 ff.

Carl Ritter, ZHR, Bd. 109, S. 1 ff.

E. Felkes, Die geschichtliche Entwicklung der Deichlast in Nordfriesland. Z. der Savigny-Stiftung, Germ. Abt. 59, S. 538 ff.

Die öffentlichen Versicherungsanstalten des Privatversicherungsrechts, ZHR, Bd. 109, S. 157 ff.

Das Handelsunternehmen, ZHR, Bd. 111, S. 1 ff.

Die Einheit des Rechts, ZHR, Bd. 111., S. 39 ff.

Firmenuntergang und Firmenverlegung, ZHR, Bd. 112, S. 1 ff.

Handelsrechtliche Literatur

in den Verlagen Walter de Gruyter & Co. und J. Schweitzer

Handelsrecht:

Aktiengesellschaft, Das Recht der entstehenden — —. Von Dr. L. Homberger. Gr.-Oktav. VI, 45 S. 1907. (Schweitzer) 1,50

Aktiengesellschaften, Die Umgestaltungen der Satzungen der — — nach dem neuen Aktienrecht. Von Dr. W. Schmidt, RA u. Notar in Berlin. Oktav. 197 S. 1938 5,40

Aktiengesellschaften und Kommanditgesellschaften auf Aktien, Gesetz über — — (Aktiengesetz) vom 30. Januar 1937. Erläutert von R. Frhr. v. Godin, RA und Notar in München, und Dr. H. Wilhelmi, RA. u. Notar in Frankfurt a. M. 2. Aufl. in Vorbereitung. (Guttentagsche Sammlung Deutscher Reichsgesetze Nr. 205.)

Aktiengesetz, Das — —. Kommentar zum HGB, Buch 2, Abschn. 3/4. Mit Einführungsgesetz, Durchführungsverordnungen und Einführungsverordnungen für Oesterreich und die sudetendeutschen Gebiete. Von Vizepräs. C. Ritter und OLGRat J. Ritter. Lfg. 1: §§ 1—144. 2. völlig neubearb. Aufl. VIII, 464 S. 1938. (Schweitzer) 16,—. Lfg. 2: §§ 145—304; Einf.-Ges. zum AkG §§ 1—32; Durchf.-Verord. zum AkG §§ 1—40; 3. Durchf.-Verord. zum AkG; Wortregister. Gr.-Oktav. 370 Seiten. 1939. 15,20. Nachtrag 1940 —,80. Ges.-Umfang VIII, 834 Seiten. 1939. Mit Nachtrag 32,—, geb. 34,—

Aktienstrafrecht. Kommentar zu den §§ 288—304 des Aktiengesetzes. Von E. Schmidt. Oktav. 50 Seiten. 1940. . . . . 3,—

Aktienwesen, Die Entwicklung des deutschen — —s im 19. Jahrhundert. Von Dr. K. Bösselmann. Oktav. XI, 204 Seiten. 1939. . . . . 7,—

Aktienwesen, Die Sanierung unseres — —s. Von E. Brodmann. Oktav. 46 Seiten. 1931. . . . . 3,—

Aktionärschutz, Ueber — — nach deutschem, englischem und französischem Recht. Von Dr. W. Böhm. Oktav. IX, 114 Seiten. 1910. (Schweitzer) . . . 2,70

Aufschlußpflicht, Die — — von Vorstand und Aufsichtsrat gegenüber der Generalversammlung nach deutschem Aktienrecht. Von Dr. A. Arnold. Gr.-Oktav. 80 Seiten. 1908. (Schweitzer) 2,40

Aufsichtsrat der Aktiengesellschaft, Der — —. Eine Darstellung seiner Aufgaben, Rechte und Pflichten für die Praxis. Von Dr. jur. E. Tremblau. Oktav. VIII, 100 Seiten. 1917. . . . . Geb. 3,—

Bankdepotgesetz. Gesetz über die Verwahrung und Anschaffung von Wertpapieren vom 4. Februar 1937. Erläutert von Rechtsanwalt Dr. K.-H. Riecke. Oktav. 92 Seiten. 1937. (Stilkes Rechtsbibl. Nr. 163.) . . . . Geb. 2,40

Bank- und Kreditgesetzgebung, Die deutsche — —. Zusammengestellt von Dr. jur. J. C. D. Zahn, RA. in Berlin. Oktav. XVI, 342 Seiten. 1937. . . . . . Geb. 6,— (Guttentagsche Sammlung Deutscher Reichsgesetze Nr. 202.)

Binnenschiffahrts- und Flößereirecht. Erläuterungswerk, bearbeitet von O. Vortisch, RA. und Notar, und Prof. Dr. O. Zschucke. Oktav. XIX, 922 Seiten. 1938. (Guttentagsche Sammlung Deutscher Reichsgesetze Nr. 36.) . . . . . Geb. 15,—

Devisengesetzgebung, Die — —. Texte und Regelungen (nach dem Stande vom 10. Februar 1937). Von Dr. jur K. Urbanek, RA. in Berlin. Mit Verweisungen. Oktav. 199 Seiten. 1937. (Stilkes Rechtsbibl. Nr. 158.) . . . . Geb. 4,80

D-Mark-Bilanzgesetz und die Umstellung von Schuldverhältnissen. Kommentar von Dr. H. von Boehmer, RA. b. d. OLand.Ger. in Düsseldorf. Din A 5. XII, 394 Seiten. 1949 . . . . 12,—

Dokumentenakkreditive. Einheitliche Richtlinien und Gebräuche für Dokumentenakkreditive. Drucksache Nr. 82 der Internationalen Handelskammer. Neudruck Mai 1948. Herausgeg. unter Mitarbeit von Dr. E. Trost, Berlin. Oktav. 36 Seiten. 1948. (Kommissionsverlag.) . . . . 1,—

Erwerbs- und Wirtschaftsgenossenschaften, Das Reichsgesetz, betreffend die — —. Kleiner Kommentar. Begonnen von L. Parisius und Dr. H. Crüger. 26. Aufl. von Dr. J. Lang und Dr. L. Weidmüller in Vorbereitung. (Guttentagsche Sammlung Deutscher Reichsgesetze Nr. 29.)

Gesellschaften mit beschränkter Haftung. Kommentar zum Gesetz betreffend die — — (früher Staub-Hachenburg). Von M. Hachenburg. 5. Aufl., unter Mitarbeitet von F. Bing und W .Schmidt. 2 Bände. Oktav. Bd. I: §§ 1—34. VI. 527 Seiten. 1926. Bd. II: §§ 35—84. 452 Seiten. 1927. . . . . cplt. 43,—, geb. 47,—

Güter als Seefracht, Gefährliche ——. Neue, durch Nachträge verm. Aufl. 1. Teil: Gesetzliche Vorschriften für die Seeverfrachtung gefährlicher Güter im Auszuge. 2. Teil: Technische Erläuterungen zu den Stoffen des Güterverzeichnisses der Seefrachtordnung unter besonderer Berücksichtigung ihrer Zusammensetzung und gefährlichen Eigenschaften nebst Beispielen aus Seeunfällen. Für Schiffsoffiziere insbesondere Ladungsoffiziere, Verlader und Verfrachter. Von Schmaltz. Oktav. IV, 152 und 10 Seiten. 1925. . . . . 3,—

Handbuch für Baugenossenschaften. Von A. Scheidt, Unterstaatssekr. d. Preuß. Ministeriums f. Volkswohlfahrt. 2. umgearb. Aufl. Oktav. X. 548 Seiten. 1920. 12,—, geb. 13,50

Handelsgesetzbuch nebst Einführungsgesetz vom 10. Mai 1897. Textausgabe mit Sachregister. 16. Aufl. in Vorbereitung. (Guttentagsche Sammlung von Textausgaben ohne Anmerkungen mit Sachregister.)

Handelsgesetzbuch, Das —— mit Ausschluß des Seerechts. Erläutert von Vizepräs. C. Ritter. 2. Aufl. Gr.-Oktav. 914 Seiten. 1932. (Schweitzer). . . 28,—, geb. 30,50

Handelsgesetzbuch, Kommentar zum ——. Von Mitgliedern des früheren Reichsgerichts. 2. Aufl. 4 Bände. . . . . Je Band ca. 40,—

Handelsgesetzbuch und Wechselordnung, sowie Nebengesetze und Auszug aus dem Bürgerl. Gesetzbuche. Von Just.-Rat R. Basch. Erläutert durch die Rechtsprechung des Reichsgerichts. Neubearb. von W. Basch, RA. a. Kammergericht u. Notar in Berlin. 10. Aufl. Oktav. VIII. 460 Seiten. 1931. (Schweitzer.) Geb. 4,50

Handelsrecht, Deutsches ——. Ein Handbuch für den praktischen Gebrauch mit Anmerkungen aus der Rechtsprechung. Von Dr. W. Heun, LGDir. in Berlin. 2 Bände, 2. Aufl. Oktav. Gesamtumf. XXIV, 1728 S. 1944. (Schweitzer.) Geb. 21,—

Handelsrecht und Schiffahrtsrecht Von Dr. J. v. Gierke, o. Prof. der Rechte a. d. Univers. Göttingen. 6. umgearb. Aufl. Oktav. XIII, 567 Seiten. 1949. Halbl. 24,—

Handelsrichter, Leitfaden für ——. Von Dr. M. Isaac, RA. u. Notar in Berlin. Oktav. 134 Seiten. 1932 3,60

Nachindossament des protestierten Wechsels, Das ——. Von Th. Böhme. (Dissertation.) Oktav. IV, 66 Seiten. 1908. . . . . 2—

Nutzungsrecht an Unternehmen und Unternehmensbeteiligungen. Von R. Frhr. v. Godin, RA. in München. Oktav. XII, 129 Seiten. 1949. . . . . 8—

Offene Handelsgesellschaften, Das Recht der ——. Systematisch dargestellt. Von Dr. A. Hueck, Prof. d. Rechte a. d. Univers. München. Gr.-Oktav. 309 S. 1946. 18,—

Offene Handelsgesellschaften, Kommanditgesellschaften und stille Gesellschaften von der Errichtung bis zur Auflösung. Nebst Vertrags- und Anmeldeformularen und mit Berücksichtigung des Steuerrechts. Von A. Starke. Oktav. XIV, 167 Seiten, 1928. . . . . 5,—

Pflichtversicherung für Kraftfahrzeughalter u. Kraftfahrversicherungsbedingungen. Textausgabe mit Erläuterung der gesetzlichen Vorschriften und Versicherungsbedingungen sowie mit Sachregister. Von G. E. Fromm, Sen.-Präs. i. Reichsaufsichtsamt f. Privatversicherung. Oktav. XV, 267 Seiten, 1941. . . . . . . 5,— (Guttentagsche Sammlung Deutscher Reichsgesetze Nr. 223.)

Privatversicherungsrecht, Handbuch des ——s. Von Prof. Dr. W. Kisch. Lex.-Oktav. (Schweitzer) Bd. II: Die Lehre von der Versicherungsgefahr. XXII, 604 Seiten. 1920. . . . . In 4 Lieferungen cplt. 11,70

Recht der großen Haverei, Das ——. Von Dr. Ph. Heck, Ger.-Ass. u. Priv.-Doz. an der Univers. Berlin. Lex.-Oktav. XXXV, 839 Seiten. 1889. (Schweitzer) 18,—

Reichsgesetz, Das —— betreffend die Abzahlungsgeschäfte. Vom 16. Mai 1894. Von Dr. K.-A. Crisolli unter Mitwirkung von J. Crisolli. 4., völlig umgearb. Aufl. des Werkes von Hoffmann-Wilke. Oktav. 413 Seiten. 1931. . . . . . . Geb. 7,20 (Guttentagsche Sammlung Deutscher Reichsgesetze Nr. 34.)

Reichsgesetz, Das —— betreffend die Erwerbs- und Wirtschaftsgenossenschaften. Kommentar zum praktischen Gebrauch für Juristen, Genossenschaften und ihre Mitglieder. Von L. Parisius und H. Crüger. Bis zur 3. Aufl. herausgeg. von L. Parisius und H. Crüger, später von H. Crüger und A. Crecelius. 12. neubearb. Aufl. von F. Citron. Oktav. XV, 605 Seiten. 1932. . . 25,20, geb. 27,—

Reichsgesetz, betreffend die Gesellschaften mit beschränkter Haftung. Das ——. Begonnen von L. Parisius und Dr. H. Crüger. 20. Aufl. von Dr. W. Schmidt, RA. und Notar. In Vorbereitung. (Guttentagsche Sammlung Deutscher Reichsgesetze Nr. 32.)

Steuerrecht und Handelsrecht, Die Zusammenhänge zwischen —— und ihre Entwicklung, untersucht an dem Gewinn und an der Bewertung. Eine bilanzrechtliche und bilanzkritische Darstellung mit praktischen Beispielen. Von Dr. jur. J. Hein. Oktav. IX, 280 Seiten. 1928. . . . . 10—, geb. 12,—

Stimmrecht des Aktionärs. Das — —. Von Dr. J. Haselberger. Gr.-Oktav, VIII, 68 Seiten. 1906. (Schweitzer) . . . . 2,—

Seerecht, Das öffentliche — —. Erläutert von J. Sebba. Oktav. XVI, 596 Seiten. 1932. (Guttentagsche Sammlung Deutscher Reichsgesetze Nr. 19.) . . . . . Geb. 11,70

Uebermäßiger Gewinn im Sinne der Preissteigerungsverordnung vom 23. Juli 1915/23. März 1916. Von RA. Dr. A. Rosenthal, Hamburg. Lex.-Oktav. 19 Seiten. 1917. (Schweitzer) . . . . —,80

Verfügungsrecht beim Frachtgeschäft, Das — —, mit besonderer Berücksichtigung des Postfrachtgeschäfts. Von Dr. jur. P. Leutke, Postinsp. Oktav. 270 S. 1905. 5,—

Veröffentlichungen der Vereinigung der Handelsrechtslehrer Deutscher Hochschulen. Oktav. Heft 1: Bericht über die erste Tagung der Vereinigung in Berlin am 7. und 8. März 1927. Mit Beiträgen von E. Heymann, H. Wüstendörfer, O. Schreiber, A. Nußbaum. 65 Seiten. 1928. . . . . 5,—

Volkswirtschaftlich richtige Kostenrechnung. Von L. Mann. 1950. 144 Seiten. In Vorbereitung.

Wechselgesetz und Scheckgesetz mit Anmerkungen und den Texten der Nebengesetze. Von A. Esderts. Oktav. 224 Seiten. 1935. (Stilke) . . . . Geb. 5,50

Wechselordnung, Staubs Kommentar zur — —. Fortgesetzt von J. Stranz und M. Stranz. 13. Aufl. völlig neubearb. für das Wechselgesetz vom 21. Juni 1933. Von M. Stranz und Martin Stranz. Oktav. XII, 835 Seiten. 1934. . . . . . Geb. 24,—

Wertpapiere, Gesetz über die Verwahrung und Anschaffung von — —n (Depotgesetz) vom 4. Februar 1937. Nebst einem Anhang: Schrankfachvertrag und verschlossene Einlage. Erläutert von Dr. G. Opitz, RA. Oktav. XXXII, 704 Seiten. 1937. . . . . Geb. 14,—
(Guttentagsche Sammlung Deutscher Reichsgesetze Nr. 203.)

Wertpapiere, Recht der — — (einschl. Wechsel- und Scheckrecht). Von Cl. Frhr. v. Schwerin. 3. Aufl. bearb. von Prof. Dr. W. Siebert, Göttingen. In Vorbereitung. Lehrbücher und Grundrisse der Rechtswissenschaft, Bd. VII.

Privat- und Sozialversicherungsrecht:

Angestelltenversicherungsgesetz in der Fassung des Ausbaugesetzes vom 21. Dezember 1937 nebst Ausführungsbestimmungen. Kommentar von Dr. F. Allendorf und Dr. F. Haueisen. Mit einem Geleitwort von A. Grießmeyer. Oktav. 511 Seiten. 1938. . . . . Geb. 12,—
Nachtrag. 10 Seiten. 1938. . . . . —,30
(Guttentagsche Sammlung Deutscher Reichsgesetze Nr. 214.)

Angestelltenversicherungsgesetz. Von Ministerialrat G. Ziegler. (Sonderdruck aus: Sammlung in der Praxis oft angewandter Verwaltungsgesetze und Verordnungen.) Oktav. 68 Seiten. 1927. (Schweitzer). 1,10

Assekuranz, Geschichte der — — und der hanseatischen Seeversicherungsbörsen Hamburg, Bremen, Lübeck. Von F. Plaß. Gr.-Oktav. XIII, 790 Seiten. 80 Abb. und 3 Seeversicherungspolicen in Fksm. 1902. . . . . 18,—
(Cram, de Gruyter & Co., Hamburg.)

Aufsichtsamt für das Versicherungswesen Groß-Berlin. Veröffentlichungen. 1. Jahrgang. Heft 1. 1948 6,—, 2. Jahrgang. Heft 1. 1949. 3,80. — Heft 2. 1949. 3,60. — Heft 3. 1949. 4,—. Erscheinungsweise: Nach Bedarf. Preis je nach Umfang. Als nach dem Kriege wiedererschienene Fortsetzung der:
Veröffentlichungen des Reichsaufsichtsamts für Privatversicherung. Quart. 1.—38. Jahrgang (1939). Einzelne komplette Jahrgänge sind aus Restbeständen noch lieferbar. Auf Wunsch nähere Angaben.

Beaufsichtigung der privaten Versicherungsunternehmungen und Bausparkassen vom 6. Juni 1931, Gesetz über die — —. Von RA. Dr. jur. H. Goltz. Oktav. 165 Seiten. 1931. (Stilkes Rechtsbibl. Nr. 122.) . . . . Geb. 4,—

Brandversicherungsgesetz. Von Ministerialrat G. Ziegler. (Sonderdruck aus: Sammlung in der Praxis oft angewandter Verwaltungsgesetze und Verordnungen.) Oktav. 23 Seiten. 1927. (Schweitzer) . . . . —,70

Frachtversicherung, Die — —. Von W. Mohr. Oktav. 60 Seiten. 1927. 2,70
(Cram, de Gruyter & Co., Hamburg.)

Haftung des Versicherers, Die — — für Güter aus deutschen Schiffen in italienischen und portugiesischen Häfen. Von R. Martin. Gr.-Oktav. 40 S. 1918. 4,—
(Cram, de Gruyter & Co., Hamburg.)

Kundenversicherung, Die Grundzüge der — — (Generalversicherung der Speditions- und Lagergüter) mit einer Einleitung über das Interesse als Element der Sachversicherung. Von Dr. J. Weygand, RA. in Leipzig. Oktav. 162 S. 1914. 4,—

Lebensversicherung zu Gunsten Dritter, insbesondere der Interessenkonflikt zwischen dem Begünstigten und den Gläubigern des Versicherungsnehmers. Von W. Schwarz. Oktav. VIII, 50 Seiten. 1914. 1,25

Leistung und Gegenleistung im Versicherungsvertrage. Eine Grundfrage des Privatversicherungsgesetzes. Von Dr. Fr. Haymann, o. ö. Prof. der Rechte an der Universität Köln. Oktav. 103 Seiten. 1933. . . . . 6,—

Obergutachten über Unfallvergiftungen. Dem Reichs-Versicherungsamt und anderen Gerichten erstattet. Von Prof. Dr. L. Lewin. Oktav. VIII, 379 S. 1912. 5,—

Reichsknappschaftsgesetz, Das —— in der Fassung der Bekanntmachung vom 1. Juli 1926 nebst Einführungsgesetz zum Gesetz vom 23. Juni 1927. Von Prof., Dr. Ing. e. h. M. Reuß, Wirkl. Geh. OBergrat, und Dr. F. Hense, OBergrat a. D. 2. Aufl. Mit Nachtrag 1931. Oktav. XVI, 640 u. 7 Seiten. 1927. Geb. 10,80 (Guttentagsche Sammlung Deutscher Reichsgesetze Nr. 155.)

Reichsversicherungsordnung, Die —— nebst dem Einführungsgesetze, den wichtigsten Ausführungsvorschriften und den ergänzenden Gesetzen und Verordnungen. Neue Aufl. in Vorbereitung. (Guttentagsche Sammlung Deutscher Reichsgesetze Nr. 161.)

Seeversicherungsbedingungen, Allgemeine Deutsche ——. 24. Taus. Oktav. 56 Seiten. 1939. 1,80
Englische Ausgabe: **General Rules of Marine Insurance** adopted by the German Underwriters. Translated by A. Sieveking. Oktav. 64 Seiten. 1920. . . . 2,70

Seeversicherung, Besonderheiten der ——. Von K. Doernberger. Gr.-Oktav. 66 Seiten. 1911. (Schweitzer) 1,80

Seeversicherung, Das Recht der ——. Ein Kommentar zu den allgemeinen Deutschen Seeversicherungsbedingungen. Von C. Ritter. Gr.-Oktav. 1494 Seiten. 1924. Anastatischer Neudruck 1943. 2 Bände. . . . . Geb. 98,— (Cram, de Gruyter & Co., Hamburg.)

Versicherungsbedingungen für Haftpflichtversicherung, Allgemeine ——. §§ 1—4: Der Versicherungsschutz. Erläutert von Dr. jur. H. Oberbach. Oktav. XII, 280 Seiten. 1938. . . . . Geb. 9,20 (Guttentagsche Sammlung Deutscher Reichsgesetze Nr. 213.)
——. Teil II: §§ 5—6: Der Versicherungsfall. §§ 7—12: Das Versicherungsverhältnis. Oktav. 368 Seiten. 1947. . . . . 20,— (Guttentagsche Sammlung Deutscher Reichsgesetze Nr. 213a.)

Versicherungsstatistik über die unter Reichsaufsicht stehenden Unternehmungen, Herausgeg. vom Reichsaufsichtsamte für Privatversicherung. Quart. Für 1902 bis 1938 sind noch Restbestände vorhanden. Auf Wunsch nähere Angaben.

Versicherungsunternehmungen, Gesetz über die privaten ——. Vom 12. Mai 1901. Von Dr. jur. h. c. H. Koenige, Sen.-Präs. a. Reichsgericht i. R. 3. umgearb. Aufl. v. H. Koenige u. A. Petersen, OReg.-Rat a. D. Oktav. 856 S. 1927. Geb. 18,— (Guttentagsche Sammlung Deutscher Reichsgesetze Nr. 62.)

Versicherungsvertrag, Das Zustandekommen des ——es. Von H. Hagemann. Oktav. 67 Seiten. 1934. . . . . 4,— (Aus: Hamburger Rechtsstudien. (Cram, de Gruyter & Co., Hamburg.)

Versicherungsvertrag, Reichsgesetz über den ——. Von E. Bruck und H. Möller. 8. Aufl. in Vorbereitung. (Guttentagsche Sammlung Deutscher Reichsgesetze Nr. 83.)

H. Wegelaar:

Gewerbesteuergesetz vom 1. Dezember 1936 (RGBl. 1 S. 979). Textausgabe mit kurzen Erläuterungen. 1947. 256 Seiten. . . . . 6,— (Sammlung Guttentag Nr. 231.)

Reichsabgabenordnung vom 22. Mai 1931. Textausgabe mit kurzen Erläuterungen. 1949. 298 Seiten. . . . . Geb. 7,50 (Sammlung Guttentag Nr. 236.)

In der Sammlung Göschen erschien: Jeder Band DM 2,40

Allgemeine Betriebswirtschaftslehre. 1. Bd. 6. unveränderte Aufl. 1948. 134 Seiten. (Band 1008)

——, 2. Bd. 6. unveränderte Aufl. 1948. 123 Seiten. (Band 1153)

——, 3. Bd. 6. unveränderte Aufl. 1948. 153 Seiten. (Band 1154)

Bei Fragen zur Produktsicherheit wenden Sie sich bitte an:
If you have any questions regarding product safety,
please contact:

Walter de Gruyter GmbH
Genthiner Straße 13
10785 Berlin
productsafety@degruyterbrill.com